SeaEagle

SeaEagle

SeaEagle

【令人不可思議的唐王朝】

一讀就停不下來的大唐史

中國歷史上，貢獻最巨、國力最強、歷時最長的王朝之一！

造反與等死，請自由選擇：大唐的建立

兄弟之血鋪就登基之路：玄武門之變

從尼姑到皇后：一代女皇，日月當空

一個男人與一個女人的戰爭：玄宗即位

女人是用來犧牲的：馬嵬坡，縊死楊貴妃於此

裝傻裝出來的皇位：大唐最後的希望：皇太叔宣宗登基

劉觀其——著

前言

千年前，秦王李世民執長刀、跨八駿，劈開一個新的時代；

千年前，皇后武則天建明堂、封泰山，登臨全天下的巔峰；

千年前，明皇李隆基殺韋后、誅太平，打造最繁華的盛世。

打開那一扇通往唐朝的窗戶，端見那一騎的風采自戰火中走來，用開明豁達的胸襟和英雄天縱的才華，編織了大唐江山的輝煌開篇，「兼聽則明，偏信則暗」，將天下英雄盡收彀中；聽見那一聲爽朗的笑聲，面對叛亂者「殺姊屠兄，弒君鴆母，人神之所同嫉，天地之所不容」的指責和謾罵，女帝微笑著細讀檄文，歎息著：「宰相之過也。人有如此才，而使之流落不偶乎！」正是這樣的王者氣度，使得大唐王朝在一位嬌媚女子的手中真正走向了輝煌。

忽而，長安市上的酒香縈縈繞繞，吹開了門外的捲簾。一壺酒、一杯茶讓整個都市馨香四溢，香氣中帶著興旺與繁華，延伸到揚州、蜀州，「揚一益二」成為世間佳話；揮灑至敦煌，開啟了古老的文明；漂洋過海，讓東西方的文明交匯。

然而，唐朝亦未能脫離盛極而衰的歷史規律。一陣陣「漁陽鼙鼓遁地來」，一場安史之亂結束了開元盛世的絢麗，留下「流血塗野草，豺狼盡冠纓」的滿目瘡痍，但是大唐畢竟在廢墟中重新站起。雖然痼疾纏身、日薄西山，但仍然有新的發展留給後人，募兵制、兩稅法的光輝一直照耀整個宋朝。

唐朝人喜歡外來文化，穿胡裝、聽胡樂、觀胡舞、吃胡食是全社會的風尚，「胡音胡騎與胡妝，五十年來競紛泊」，是唐朝人百無禁忌的自信和海納百川的胸懷。

唐朝人喜歡逛夜市，不理睬朝廷的禁令，在夜幕降臨之後走出家門，到勝業坊買蒸餅，到頒政坊吃餛飩，去崇仁坊看那「晝夜喧呼，燈火不絕」的夜景，是唐朝人享受的熱鬧與繁華。

唐朝人喜歡好詩，白居易初到長安，被人嘲笑「**長安百物皆貴，居大不易**」，待展示出「**野火燒不盡，春風吹又生**」的千古名句後，又被連連讚歎：「**有句如此，居天下亦不難**」，這是唐朝人對文化的尊重與推崇。

唐朝人喜歡遊玩，在春和景明的好天氣裡，帶著家人到樂遊原和曲江池邊遊覽美景，「**傾國妖姬雲鬢重，薄徒公子雪衫輕**」，是唐朝人的自在逍遙和開朗奔放。

千年以降，這一切都已煙消雲散，「**曲終人不見，江上數峰青**」，唯留下點點遺跡，數聲歎息，和史書裡、詩作中那充滿悵惘的回憶與憑弔。然後，就有了這部書，將唐朝三百年的那些鼎盛與衰敗、和平與動盪、文明與淪喪一一收錄，展示尊前。

本書以正史為藍本，彙集多年來歷史學者的研究成果，去粗取精、削繁就簡，用輕鬆的語言進行闡釋，竭盡所能地將那漫漫三百年的歷史完整全面地呈現出來。當然，由於時間和精力有限，本書未能做到面面俱到，有所紕漏之處也敬請讀者大度見諒和不吝賜教。

目錄

西元六一八年，是一個什麼樣的世界？

當時的阿拉伯半島出現了阿拉伯帝國，他們把羅馬帝國最後的根——東羅馬帝國給打垮了，他們一路過關斬將，把敘利亞、大馬士革、埃及甚至渡海把西班牙也給佔領了，當時歐洲的法蘭西帝國忙著應付戰爭，人民衣無蔽體、民不聊生，東歐與北歐更是一片蠻荒之地。

當時的日本正處於飛鳥時代，只有語言沒有文字，西元六四五年，才由孝德天皇推行「大化革新」，派出大量的「遣唐使」，釐定官制；實行均田制；改良稅制，行租庸調法；建立兵制，仿府兵制；仿唐律，確立法律；創立學制；調查戶口，建立以天皇為中心的中央集權國家體制。

當時的韓國，新羅聯合唐朝先後滅百濟、高句麗而統一朝鮮，建立專制王權，篤信佛教，並且以佛教作為統一思想與文化的工具，用唐衣冠、年曆，仿製漢字，一切模仿中國，當時號稱「君子國」。

唐朝在中亞建立中國的宗主權，並且在朝鮮的平壤、越南的河內設有長住官，稱為「都護府」。當時西方世界的腐敗、混亂、分裂，只有中東的穆斯林阿拉伯人的帝國可以與之匹敵。唐朝不僅可以自立於世界民族之林，更在人類文明的發展史上遙遙領先。

第一卷　高祖開國——旭日初升的曙光

第一章　代隋立唐，從唐公到唐皇

楊花謝了李花開

「大江東去，浪淘盡，千古風流人物」，在隋末這個群雄四起，英雄輩出的年代，多少人匆匆地來又匆匆去，甚至沒能來得及留下屬於自己的篇章就被歷史的洪流淹沒。從隋煬帝登基實施他的暴政，大起義揭開序幕開始，隋朝末年的這段歷史就猶如一團亂麻。撥開歷史的迷霧，透過歷史的塵埃，或許可以在這段混亂的歷史中理出一條主線，這條主線就是兩個家族的興衰榮辱，一個是大隋皇室楊氏家族，一個是後來的大唐皇室李氏家族。

「桃李子，莫浪語，黃鵠繞山飛，宛轉花園裡。」

當這首《桃李章》在東都廣為流傳的時候，隋煬帝楊廣還在興致勃勃地在全國各地遊幸，為他一手創造的「盛世宏圖」沾沾自喜。

大業十一年（西元六一五年）的三月五日，隋朝的歷史上發生了一件大事，明公李穆一家被滿門抄斬。這一切的起因都是因為一句在當時流傳甚廣的讖語——「楊氏將滅，李氏將興」。

這句讖語的來源是一個夢，相傳早在隋文帝時期，楊堅就曾在夢中夢到大興城被洪水淹沒，隨後便決定在原來的長安城旁另選新址營造都城。後來，解夢之人認為夢中的洪水對現實有象徵意義，於是名字裡帶水的人便開始被懷疑是後來要奪取楊家天下之人。

也有一說是這場夢是隋煬帝所做，但夢的內容卻不盡相同。傳說在隋煬帝的這個夢中，也是大水以滔天之勢衝向了都城。整個長安都陷入汪洋大海之時，只有栽種在城頭的三棵李樹安然無恙，並且樹上果實累累，生機盎然。隋煬帝驚醒之後，馬上召術士進宮為他解夢。術士安伽陀向隋煬帝分析道，可能是李姓之人將禍亂天下，於是「楊氏將滅，李氏將興」的讖語便傳了出來。

雖然這些傳說或許都有後世附會之嫌，但這句讖語在當時流傳甚廣，不少人，比如李密和李淵都在這上面做過文章，向天下人暗示自己是拯救天下蒼生於水火的真命天子。

一句流言可以成就一個人，一句流言也可以使一個人死無葬身之地，這就是流言的威力。無論這個夢是誰做的，在這個夢中都有兩個關鍵點，一是李姓之人，二是人名之中有水的人。如今回過頭來去看那段歷史，當時可以被懷疑的李姓人士除了李穆、李渾更有李密；名字帶水的除了李渾、李敏（乳名洪兒），更有李淵，為什麼隋煬帝偏偏滅了李穆一族呢？這就要從李穆的兒子李渾和當時的權臣宇文述兩人間的糾葛開始說起。

說起明公李穆，可謂是隋朝的開國功臣。當年李穆助隋文帝建國，富貴榮華集於一身，為世人所欽羨。李穆更是被隋文帝封為司徒，一門上下都受到了皇帝的恩寵，幾乎達到了人人為官的地步。明公之後，李家雖說大不如前，但也還算得上是朝中的大族。

本來一切相安無事，楊廣繼續做他的皇帝，李家人繼續做楊家的臣子，但事情出就出在明公李穆的那個爵位上，從某種程度上可以說是這個曾經讓人羨慕的爵位毀了李渾一家。

李穆死後，他的爵位沒有傳給兒子，而是傳給了嫡孫李筠。李筠繼承了祖父的爵位之後便有些得意忘形，這讓身為叔父的李渾十分不滿。然而李渾的爵位不如侄子李筠，於是他在表面上忍氣吞聲，但暗中卻與另一個侄子李善衡聯手殺了李筠並嫁禍給了別人。

然而李穆的子嗣眾多，李筠死了，爵位的繼承者也不一定是李渾。急於想獲得爵位的李渾想到了隋煬帝身邊的紅人，自己的妹夫宇文述，希望他能幫助自己順利地繼承父親的爵位。為了得到宇文述的支持，李渾許諾：一旦自己繼承了爵位，他將把李家每年田賦的一半作為報答送給宇文述。一向貪圖享樂的宇文述見錢眼開，便答應李渾在皇帝面前為他美言幾句。

事情發展得很順利，李渾在隋煬帝的支持下如願以償獲得了爵位，也如約每年都將許諾給宇文述的錢財送到他府上。但幾年之後，李渾卻突然違反了自己的諾言，再也沒有給宇文述送過任何東西。此時李渾的地位已經今非昔比，宇文述雖然對他的舉動怒火中燒，但卻敢怒不敢言。雖說他跟李渾是親戚，但此時對金錢的欲望和遭到背叛的憤怒已經戰勝了一切，宇文述決定暗中報復李渾，將李家欠自己的都拿回來。

而在此時，由於「李氏將興」的流言，隋煬帝已經對身為右驍衛大將軍的李渾逐漸產生了猜忌之心。於是，宇文述趁機對皇帝暗示，李渾的名字中帶水，而且李家的孫子李敏小名叫做洪兒，也帶有水字。現在民間又流傳「李姓的人將當皇帝」，李渾如今擔任著右驍衛大將軍之職，位高權重，一旦謀反，後果不堪設想。

本來就猜忌心重的隋煬帝此時坐不住了，再加上有楊玄感謀反的前車之鑑，更加重了他對李渾一家的懷疑。「欲加之罪，何患無辭」，很快李渾一家就以「意欲謀反」之罪被抓了起來。但「謀反」之罪沒有證人證詞便成立不了，為了滿足自己的復仇之心，宇文述決定將李渾一家趕盡殺絕。

到了這樣的關鍵時刻，宇文述的目光投向了一個女人，這個女人便是李敏的妻子——宇文娥英。提起宇文娥英也可說的上是血統純正，身分高貴。她的父親是北周皇帝宇文贇，母親是隋文帝的女兒，也就是當時北周的皇后楊麗華。然而，這位身分顯貴的公主這次也沒能逃脫「謀反」的罪名，和李家人一起被抓進了監獄。

詭計多端的宇文述決定讓李家人自己「承認」自己的謀反之罪，他對宇文娥英說：「李家一門謀反之事已經查實，當今皇上是你的親舅舅，只要你肯如實地交待出事情的始末，他肯定會念在血肉至親的份上放你們一條生路的。倘若不然，李家一旦被滅，你也逃不過一死。」

這位公主可能是遠離政治圈太久，竟然聽信了宇文述的一派胡言，她不知道，李家幾十口人的性命就掌握在她的一念之間。在宇文述的「好言勸說」下，原本不知所措的宇文娥英似乎看到了一線生機，於是按照宇文述的指示，宇文娥英承認了李渾和李敏曾經謀劃過叛亂，並商量廢掉楊廣、擁立李敏登上帝位。

拿到宇文娥英親手寫下的證詞之後，隋煬帝大怒不止，當即下令滅了李氏一族。主動坦白的宇文娥英也沒有逃過一劫，幾個月後便被毒酒賜死。李氏一族覆滅後，這件血案的始作俑者宇文述也沒有得到什麼好下場，雖然隋煬帝因為此事而被宇文述的「忠心不二」深深感動，但不久之後宇文述就死在了宇文家族之人的手中。

曾經煊赫一時的李穆一族就這樣被滅了門，這件事也讓天下人震動不已。這場災難讓李渾一家命喪黃泉，卻讓天下人更清楚地認識到了隋煬帝的昏庸無道。此時，身在外地的李淵身為李姓之人也在「楊氏將滅，李氏將興」的流言中感覺到了不安，對隋煬帝的警惕心也提高了不少。

「半仙」的力量

和隋煬帝楊廣一樣，唐朝的開國皇帝——李淵也是北周貴族出身。他於北周武帝天和元年（西元五六六年）出生於長安，祖父李虎是北周的八柱國之一。當年李虎和宇文泰等人一手創建了北周的天下，後被追封為唐國公，可謂是榮寵集於一身，為世人所欽羨。

李氏一支到了唐高宗時期超越了原來所認定的祖先漢朝名將李廣，而直接追溯到了老子李耳的身上，這顯然是李唐王朝的統治者為了給自己尋求一個更加高貴的出身，刻意附會而來。事實上，在李淵的身上流淌著鮮卑族的血液，這股少數民族血液來自他的母親，也就是北周貴族獨孤信的女兒獨孤氏。

李淵幼年喪父，七歲時，他便承襲了父親唐國公的爵位。由於父親去世得早，年幼的李淵從小就養成了一種較為獨立的性格，和其他的貴族子弟相比，他為人「倜儻豁達，任性真率，寬仁容眾，無貴賤咸得其歡心」，更沒有沾染上貴族子弟的惡習。當時有個叫史世良的人，十分善於摸骨相面。他曾在給李淵相面之後，對他說道：「公骨法非常，必為人主。願自愛，勿忘鄙言。」李淵聽了之後大喜過望，從此更加注重自己的言行舉止。

楊家的地位在北周時期原本不如李家，但如今楊家成了帝王之家，再加上李淵父親早逝，李家的地位就逐漸衰落了下來。隋文帝代周建隋之後，年輕的李淵得以進入宮廷擔任隋煬帝的近侍，即當時所說的千牛備身，任務是保護隋文帝的安全。

隋文帝為人十分勤勉，常常為了朝政耽誤了休息的時間。作為他的侍衛，李淵的工作看似輕鬆，其實卻十分辛苦。隋文帝的獨孤皇后與李淵的母親是親姐妹，因此她對這個侄子十分喜愛。李淵雖然幼年喪父，但姨媽獨孤皇后對他關懷備至，因此李淵和楊氏家族的感情很深。憑藉著和隋朝皇室的深厚關係和自身擁有的才華，李淵的仕途一直都走得比較順利，並很快就得到了朝廷的器重。

在擔任千牛備身的幾年時間內，李淵的表現尚佳，於是隋文帝決定派他到地方去歷練歷練，以便增長自己的才幹，更好地為國家效力。離開了京城的李淵先後擔任過譙州刺史、隴州刺史和岐州刺史等官職。李淵性格豁達，對人也十分和善，他為官所到之處，百姓都交口稱讚。他又喜歡廣交朋友，結納豪傑，因此朝野上下都對他讚歎不已。

在李淵外放為官的期間內，晉王楊廣憑藉他的狼子野心順利地排擠掉了自己的哥哥太子楊勇，繼承了隋文帝的帝位。隋煬帝即位之初，李淵正在樓煩郡擔任太守，後又被隋煬帝召回朝中任殿內少監一職。在這段時間內，隋煬帝可以說對李淵還是比較信任的。

隋煬帝在出征高麗之時，還將督運糧草的重擔交給了時任衛尉少卿的李淵。隋煬帝二征高麗時，楊玄感在黎陽起兵叛亂，李淵遂奉命在弘化郡擔任留守並掌管著關右諸軍，此時的他也開始逐漸掌握了一些兵權。

連年的暴政使得隋末農民起義爆發，天下大亂，隋煬帝對自己的統治越來越力不從心。再加上年齡的增長和四起的流言，他的猜忌心越來越重。李渾一家被滅之後，隋煬帝的目光便轉移到了其他的李姓貴族身上，這中間，當然包括了在外地做官的李淵。

隋煬帝對於李淵的猜忌甚至一度達到了希望除之而後快的程度。據說一次，隋煬帝急召李淵去他的行宮覲見，李淵懼怕隋煬帝，因此稱病沒有前去。隋煬帝對於李淵的推脫十分不滿，馬上召來在宮中為嬪的李淵的外甥女王氏前來詢問。隋煬帝問王氏道：「你舅舅為何遲遲不肯入宮呢？」王氏低頭回答道：「舅舅因為得了病所以沒能前來。」隋煬帝聽言，說道：「病了怎麼還沒有死？」

其實，李淵也逐漸感覺到了隋煬帝對自己的猜忌。為了打消隋煬帝心中的懷疑，他開始縱情聲色，酗酒、受賄、遊蕩於青樓楚館之間，竭力地掩蓋自己的真實行為。不僅如此，李淵還收集了許多的錢財和珍貴的玩物，不停地向隋煬帝進獻。自穢這一保命的招數在歷朝歷代已經屢見不鮮，但隋煬帝還是被眼前的景象迷惑了。他開始認為李淵不過就是個酒色之徒，根本不會對自己造成多大的威脅，不必太過擔心。

順利逃過一劫的李淵從此迎來了他的春天，因為隋煬帝對他的懷疑慢慢變淡，他的官運更加亨通。大業十一年（西元六一五年），李淵奉朝廷之命前往山西鎮壓當地的農民起義。隋朝的平叛大軍在李淵的率領下抵達龍門之時，受到了農民起義軍首領毋端兒的猛烈攻擊。李淵當即率兵迎戰，將毋端兒打得落荒而逃，他也因此官至右驍衛大將軍並太原道撫慰大使。

李淵在隋朝末年為穩定河東的局勢有著非常大的貢獻，這一點是不容置疑的。當時在山西境內聚集著一群人數多達十萬的農民起義軍，這支起義軍的首領名叫魏刀兒，又有個名號叫做歷山飛。來到山西的李淵馬上率軍前去征討，但隋軍只有區區五六千人，如何與歷山飛龐大的起義部隊相抗衡呢？

不出所料，兩軍在河西雀鼠谷口相遇了，為了以少勝多，李淵心生一計。他下令隋軍分成兩部分，一部分是精銳的騎兵，由李淵本人親自率領，埋伏在部隊兩側；一部分是老弱病殘的將士，由他們舉著旗幟，負責運送糧草和輜重在中間緩緩前行。農民起義軍畢竟不是正規軍隊，看見中間部隊旌旗飄揚，馬上就中計了，遂對其發起進攻。

一切都在李淵的掌握之中。老弱部隊馬上不敵強橫的農民軍，紛紛敗下陣來，農民軍見隋軍丟下輜重，頓時蜂擁而上，相互爭奪，局勢一片混亂。時機已經成熟，李淵即率精銳部隊從左右兩翼圍攻上去，大敗歷山飛的農民軍。面對強大的李淵，歷山飛再無力抗爭，數萬人被收編。這一戰，以少勝多，從此也可以看出唐高祖李淵卓越的軍事才能。

大業十三年（西元六一七年），這一年可以說是李家和楊家命運開始逐漸發生逆轉的年份。就是在這一年，李淵被任命為太原留守。而此時，農民起義的戰火已經在各地點燃，各地的有識之士都紛紛舉起大旗反抗隋煬帝的暴虐統治，隋朝的統治已經是日薄西山。而李淵，也即將在隋末的歷史上翻開屬於自己的一頁，在這亂世風雲中煥發出奪目的光彩。

起兵，只是時間問題

可以說，李淵作為唐朝的開國之君在歷史上得到的評價是很低的，《資治通鑑》中甚至有言：「高祖所以有天下，皆太宗之功。」所有的功勞都是李世民的。至今很多人都認為李淵才華平平，甚至是李建成、李元吉等人都是這場驚天動地的起義中的配角，只有秦王李世民才是真正的王者。所謂「成者王，敗者寇」，雖然李淵拉開了唐朝盛世的帷幕，但還是在玄武門之變中輸給了自己的兒子李世民，所以夾在千古暴君隋煬帝和古今一帝唐太宗之間的李淵在歷史上得到這樣的評價也就不奇怪了。

事實上，在楊玄感起兵反隋的時候，就有人勸過李淵，讓他趁此機會奪取天下。李淵來到太原之後，當時的鷹揚府司馬許世緒也曾經對李淵說：「天下盛言，楊氏將滅，李氏將興，唐公你手握太原郡、馬邑郡、樓煩郡等五郡的兵馬，如果起兵，定能成就大業！」

據說，早在大業十一年（西元六一五年）李渾一家被滅門之後，李淵的好友，當時的河東撫慰副使夏侯端就對他說過：「**天下方亂，能安之者，其在明公。但主上曉察，情多猜忍，切忌諸，強者先誅，金才既死，明公豈非其次？**」意思是李渾已死，下一個被懷疑的對象或許就是李淵，因此讓他早做準備。

對於這一點，李淵心裡也是十分贊同的，但他認為時機尚未成熟，遲遲都沒有起兵。夏侯端還對他說過，經過他的觀察，如今帝星不穩，晉陽上空卻有異像，對應的就是李淵。聽了夏侯端的話，李淵雖然十分心動，但起兵畢竟是件大事，一旦失敗，楊玄感一家就是個血淋淋的例子。再加上自己的一切都是隋朝的皇室所給予的，所以說，李淵對隋室，對楊家的感情是非常複雜和微妙的，這或許也是他一直都沒下定決心的原因之一。

認清局勢後的李淵在接下來的幾年內，一直都韜光養晦，甚至用自穢的方法掩藏自己的行為，以此來獲得隋煬帝的信任，為起義爭取時間。他也曾經對雄心勃勃的李世民說：「依我看來，楊家的氣數已盡，覆滅只是遲早的事。我之所以一直沒有起兵，是因為你們兄弟都未齊，而且時機也尚未成熟。」

所以說，李淵對於起兵反隋一直都有一個清醒的認識，不如《新唐書・太宗本紀》中所記載：「**高祖起太原，非其本意，而事出太宗**」，是被李世民和裴寂所逼迫的。然而，晉陽起兵李淵雖是總領全域者，劉文靜、裴寂、李世民、李建成等人也都是重要的參與者，其中李世民起到的作用尤為大，這一點，也是毋庸置疑的。

晉陽起兵的濫觴開始於一次在大牢中的深夜密談，談話雙方分別是唐國公李淵的次子李世民和當時的晉陽令劉文靜。

劉文靜，字肇仁，出生於官宦世家，祖父做過刺史，父親因為為隋朝作戰而死於沙場，後被追授了開府儀同三司的頭銜。父親死後，劉文靜便因襲了父親的職位，直到五十歲才當上晉陽令。隋末天下大亂，群雄四起，時為晉陽令的劉文靜也因為被李密在瓦崗造反的事所牽連被捕入獄。

劉文靜雖然官職不高，但卻頗有見識。他曾對他的朋友，晉陽宮監裴寂說：「**時事可知，吾二人相得，何憂貧賤！**」認為他與裴寂在亂世之中必然會有一番作為。透過好友裴寂的引薦，劉文靜結識了唐國公的次子李世民，並認定他以後必定成就非凡。劉文靜不俗的談吐和非凡的見識吸引了年輕氣盛的李世民，他被捕入獄之後，李世民便親自到牢中來看望他，兩人就當今天下之事進行了一番長談。

當時，李世民看著劉文靜歎息道：「如今天下大亂，我們該如何是好呢？」劉文靜言道：「天下大亂，只有擁有劉邦、劉秀這樣才能的人才能平息戰亂，救天下蒼生於水火。除此以外，別無他法。當今皇上遠在江都，東都洛陽又被李密包圍，義軍四起。倘若有一人能夠振臂一呼，天下之人必將聽從他的號令。天下亂民收歸己用，只要善於經營，取代楊家，奪取天下也並非難事。」李世民點頭讚歎，劉文靜接著說：「在下在晉陽為官多年，據我所知，太原的亂民中有不少就是英雄豪傑，倘若有人能夠領兵起事，加上唐公手下的數萬大軍，便可以號令天下，直搗長安，成就大業。」

劉文靜的看法和李世民不謀而合，但他又怕父親不答應起兵。於是，李世民找到了晉陽宮監裴寂。裴寂和李淵交情很好，在李世民的勸說下答應幫他勸李淵起兵反隋。就在此時，李淵因為在馬邑郡戰敗就要被隋煬帝押赴江都問罪，生死懸於一線。李世民趁機向父親進言道：「當今皇上無道，天下百姓苦不堪言。如今在晉陽四處都是流民，您不要拘於小節，起義才是轉危為安的唯一途徑。如若不然，我們全家都要性命不保。」

李淵聽李世民所言，大驚亦大怒，喝斥道：「**汝安得為此言，吾今執汝以告縣官！**」沉思片刻又說：「**吾豈忍告汝，汝慎勿出口！**」第二天，李淵和李世民又進行了一次長談，聽了李世民的懇切之言，最後李淵道：「**吾一夕思汝言，亦大有理。今日破家亡軀亦由汝，化家為國亦由汝矣！**」勉強答應起兵。

此時的李世民年僅二十歲，年紀輕輕，閱歷尚淺，既無官職也沒有什麼社會地位。而此時的李淵已經五十二歲，他歷經世事多年，又有唐國公的爵位且手握重兵。所以，不論從哪個方面來說，李世民都不可能直接越過他的父親直接一手策劃晉陽起兵的所有事宜。只是李淵要考慮的因素太多，才一直猶豫不決罷了。

所謂「秦王之勇略，志大而功成，不知高祖慎重之心，持之固，養之深，為能順天之理，契人之情，放道以行，有以折群雄之躁妄，綏民志於未蘇，故能折棰以御媧尤，而繫國於苞桑之固，非秦王之所可及也。」王夫之這段話可以說是終於給了李淵一個較為公正的評價。李淵就如同《易經》中所說的「潛龍」一樣，在深「淵」之中蓄積著力量，等帶著機會的到來。

造反與等死，請自由選擇

如前所述，晉陽兵變是以李淵為首的政治軍事集團一手策劃並執行的一場反對隋朝暴虐統治的軍事政變。在這次兵變中，核心人物毫無疑問是當時的唐國公李淵，而李世民等其他人則是重要的參與者和執行者。從李淵前期用自穢的方法掩飾自己的真實意圖，積極地和各方的英雄豪傑結交等行為來看，這場兵變可謂是「蓄謀已久」。但事實上，這場兵變真正的導火索卻是因為在馬邑郡的一次兵敗，正是經歷了這場兵敗，李淵才感到危機正在一步步向他逼近，於是終於下定決心起兵反隋。

大業十三年（西元六一七年），盤踞在晉陽北邊的突厥突然來犯，不久之後便圍攻了馬邑郡。聽到消息後的李淵即刻命部下高君雅和王仁恭率軍前去抵抗。但不幸的是，高君雅和王仁恭因為違背了李淵的作戰方略，被突厥軍打得慘敗。馬邑郡戰敗的消息傳到江都，隋煬帝聞訊後大怒，立刻下令逮捕李淵和王仁恭，押送江都問罪。

所謂「置之死地而後生」，與其被處死還不如乘此機會高舉義旗，這樣才有可能轉危為安，獲得一線生機。正是因為如此，李世民和裴寂等人都力勸李淵起兵反隋。當時眾人都勸李淵道：「今主昏國亂，盡忠無益。偏裨失律，而罪及明公。事已迫矣，宜早定計。且吾士十馬精強，宮監蓄積巨萬，以茲舉事，何患無成！代王幼沖，關中豪傑並起，未知所附，公若鼓行而西，撫而有之，如探囊中之物耳。奈何單總伸之囚，坐取夷滅乎！」

李淵深以為然，於是決定起兵。歷史往往是由許多個巧合組成的，事實上，馬邑郡的戰敗是一個十分偶然的事件，但在當時看來卻是一件可以決定一個人甚至是一個王朝生死的大事。或許也是上天的旨意，催促正在猶豫不決的李淵早做決定。正當李淵決定起兵，開始著手準備一切的時候，隋煬帝的使者又來到了晉陽。讓人詫異的是，凶殘成性的隋煬帝這次卻下令赦免了李淵，並將其官復原職，繼續主持太原的軍政事宜。隋煬帝對李淵的態度在短時間內發生了如此大的轉變，或許他也意識到李淵是穩定河東地區的關鍵，倘若殺了他，河東必將大亂。

隋煬帝這次雖然放過了李淵，但李淵卻沒有打消心中起兵反隋的想法。隋煬帝一直對李淵就心存疑慮，這次是因為自己還有利用價值才逃過一劫，那麼下次呢？誰又能揣摩暴虐成性、反覆無常的隋煬帝的心思呢？再者，眾人都已知道李淵同意起兵，一旦機密洩露出去，這可是謀反大罪，說不定整個李家都要遭受滅頂之災。所謂「箭在弦上，不得不發」，當時的情況對於李淵來說就是無論他當時願不願意，起兵都是必然之舉了。

然而，想要起兵必須要有周全的計畫和足夠的人力支持，最重要的是要獲得百姓的擁護。事不宜遲，出獄之後，李淵立即找到了劉文靜商量對策。為了籠絡民心，為後來的招兵買馬建立基礎，李淵授意劉文靜偽造了一份詔書。這份詔書的內容是：隋煬帝為了收回在前三次東征中失去的顏面，決定第四次征討高麗，他下令太原、西河、馬邑、雁門這四郡的年輕男子（二十歲到五十歲）全部都應召入伍，並且年底之前必須趕到涿郡參加東征，違令者殺無赦。

這道偽造的詔書讓整個晉陽都陷入了恐慌之中，所有的百姓都相信這是反覆無常的隋煬帝的意思。一時之間，謠言四起，李淵等人想在兵變之前製造混亂的目的達到了，但此時橫亙在李淵面前的還有兩個人，那就是副留守王威和高君雅。這兩個人與其說是李淵的部下，不如說是隋煬帝派來監視李淵的兩個間諜，如果起兵大計被他二人知道，後果將不堪設想。

更讓李淵苦惱的是，憑藉自己手下的兵力想要起兵反隋是遠遠不夠的，但想要在王威和高君雅眼皮底下公開徵兵等於是直接宣布了自己要謀反。正在李淵絞盡腦汁的時候，一個叫劉武周的人出現在了李淵的視線之中。如果說馬邑郡的兵敗是一個突發事件，那麼這次的劉武周事件或許又是上天給李淵的一個機會。

劉武周，生卒年不詳。他本是河間人，後隨父親劉匡舉家遷徙到了馬邑郡。他曾在洛陽跟隨太僕楊義臣，後又參加了征遼的戰爭。劉武周驍勇善戰，在東征是立下戰功因而被升為建節校尉，後回到了馬邑郡，在郡長王仁恭的府上擔任鷹揚校尉。

劉武周出生在富貴之家又喜與英雄豪傑相交，時逢亂世，天下有識之士都希望藉此機會成就一番事業，劉武周當然也不例外。他先是在百姓之中散布「皇帝無道，貪官橫行，當群起而攻之」的流言，隨後又以生病為由召集了不少英雄豪傑前來助他起事。

大業十三年（西元六一七年）二月八日，為了給自己的起義軍準備充足的糧食，劉武周斬殺了自己的上司王仁恭，帶人洗劫了馬邑郡的糧倉。隨後劉武周又下令廣開糧倉，救濟馬邑郡的窮苦百姓。在亂世之中，能有一口飯吃就是不少百姓的唯一願望，由於劉武周手中有糧，不少百姓都主動投靠了他。不久之後，劉武周手下的兵馬就發展到了一萬多人。劉武周為了保存自己的實力，馬上投靠了始畢可汗阿史那咄吉。始畢可汗見劉武周率兵來投大喜過望，遂封他為定楊天子。

就在李淵為如何徵兵絞盡腦汁的時候，劉武周適時地攻佔了汾陽宮，這下李淵徵兵就有了理由。得知汾陽宮被佔領的消息之後，李淵馬上找來了部下王威和高君雅商量對策。李淵對王威和高君說：「如今劉武周攻佔了汾陽宮，皇上一旦怪罪下來我們都脫不了關係，這下該如何是好？」事情緊急，王威、高君雅都表示願意聽從李淵的吩咐，於是李淵說：「如今唯一的辦法就是即刻發兵平叛劉武周的軍隊，但江都路途遙遠，等聖上批復已經來不及了。不如我們先平復叛亂再報皇上，二位意下如何？」

因為李淵是隋煬帝的表哥又是朝廷重臣，再加上此時情況危急，王威、高君雅一時也想不出別的更好的辦法，只得點頭同意。見他二人鬆了口，李淵又言道：「此時我手中的兵馬不夠充足，要平息這場大亂，恐怕還要招募些兵馬。」王威、高君雅不知是計，便欣然同意了李淵徵兵的意見。

經過了王、高二人的同意，李淵馬上派出李世民和劉文靜等人到各地徵兵。因為李淵素來愛民，在當地的聲望頗高，十幾天內，就有數萬人前來應徵。李淵將召來的這些士兵駐紮在太原的興國寺內，並命自己的親信劉弘基和長孫順德統領這支部隊。

對於李淵的種種行為，王威和高君雅漸漸產生了懷疑。高君雅認為劉弘基和長孫順德是征遼戰爭的逃兵，按律當斬，根本沒有資格統領軍隊，遂下令將這二人扣押。此時，武士彠（音獲）勸他道：「劉弘基和長孫順德都是唐國公的貴客，大人您扣押他們一定會惹怒唐公，到時候局面可就沒法收拾了。」聽了武士彠的話，高君雅也覺得頗有道理，於是就收回了命令。

此時的李淵也知道紙包不住火，起兵大計遲早有一天會被高君雅和王威發現，到時候後果無法想像。因此，除了加快準備起兵之外，李淵還馬不停蹄的催回了在河東郡的李建成兄弟和在大興的女婿柴紹幫助自己成就大業。

晉陽兵變：大業的開端

大業十三年（西元六一七年），起兵諸事都已經準備妥當。六月五日，李淵宣布在晉陽起兵並向太原各個郡縣發布了公告，號召各郡縣聽從他的指令，擁護他一起拯救天下蒼生。在起兵前的誓師大會上，李淵歷數了隋煬帝的諸多罪狀，並聲稱自己要拯救天下萬民於水火之中。

雖然打的是「尊隋」的旗幟，但是對於李淵起兵的真實目的，天下大部分人都是心知肚明的。儘管如此，面對隋煬帝的暴虐統治，很多人還是贊同了李淵的做法。再加上李淵起兵之後，便下令打開太原的官倉，救濟了許多當地的窮苦百姓。於是，越來越多的人都前來都加入李淵的起義大軍，起義軍的聲勢便逐漸壯大了起來。

有支持的當然就有反對的，西河郡就是其中一個鮮明的例子。西河郡是太原的大郡，也是太原通往長安的重要通道，可以說地理位置十分重要。面對西河郡的公然反抗，李淵決定殺雞儆猴。他馬上下令，命李建成、李世民等人率兵攻打西河郡。可貴的是，李家的軍隊一路上對百姓都十分尊重，甚至可以說是秋毫無犯。如此一來，李家的軍隊在山西就獲得了很大的聲譽，不少人都稱他們為仁義之師。

雖然西河郡公然反抗李淵起兵，但在僅僅五天的時間內就被氣勢高昂的李家軍攻破了，郡丞高德儒也被李世民扣押。城池一被攻破，整個西河郡就陷入了恐慌之中。這又是為什麼呢？因為在隋末亂世，反抗起義軍失敗後慘遭屠城是一種很常見的現象，西河郡的百姓十分擔心李家軍也會沿用此慣例進行屠城。但為了穩定民心，李世民只下令處斬了西河郡郡丞高德儒，沒有傷害到西河郡其他無辜的百姓。

西河郡一役，李家軍向天下展現了自己的風範，他們是「清君側」的仁義之師，絕不會不守信用，濫殺無辜。西河郡大勝的消息傳來，李淵本人也十分讚賞李世民的做法，一項沉穩謹慎的他也無比興奮地言道：「以此行兵，雖橫行天下可也。」

六月十四日，李淵宣布在太原成立大將軍府，自己任大將軍，封劉文靜為司馬，裴寂為長史。隨後又下令成立三軍，封世子李建成為隴西公，左領軍大都督，統領左三統軍；次子李世民為敦煌公，右領軍大都督，統領右三統軍；剩下的中軍則由自己親自領導。隨後又封李元吉為太原郡守，命他留守太原，穩定後方。至此，李唐王朝的政治軍事機構可以說是初步形成了。

事情發展到了這裡，晉陽起兵已經打下了非常穩固的基礎，接下來要做的就是一步步向長安挺進了。七月，李淵親自率領了三萬大軍向霍邑進發。在霍邑，他遭遇了隋朝將領宋老生的部隊。聽聞李淵率兵來攻，宋老生帶了兩萬精兵前來抵抗，但終不敵李淵。攻下了霍邑之後，李家軍又馬不停蹄地佔領了臨汾和絳郡等城池，一路勢如破竹，最終抵達了龍門。

到達龍門之後，李淵下令將手下的軍隊分為兩部分，由主力部隊渡過黃河奪取關中，另一支軍隊由此向河東進發阻擊駐紮在那裡的隋朝大將屈突通的部隊。兵分兩路後，李淵馬上率主力部隊向河東進發，並在這裡順利地渡過了黃河。與此同時，王長諧和劉弘基的部隊也奪下了韓城，並南下切斷了蒲津橋。渡過黃河之後，李淵馬上率部佔領了永豐倉等官倉，而此時萬年、醴泉等地的官員都表示願意歸降於他。不僅如此，聽聞唐國公兵至，不少豪強子弟、江湖英雄都紛紛來投，李家軍一時之間又壯大了不少。

旗開得勝的李淵決定一鼓作氣，直搗長安。他下令，命世子李建成率軍駐紮在永豐倉，守住潼關這個咽喉。李世民等人則率大軍由高陵、涇陽、武功、鄠縣等地一路向長安進發。更為喜人的是，在行軍的過程中，前來投奔的官民數不勝數，到了涇陽，部隊人數已經達到了九萬人。在這之後，李世民等人的軍隊又和李神通和後來的平陽公主的「娘子軍」匯合，聲勢更加浩大。

十月，李家二十萬大軍順利地在長安城外匯合，準備攻城。而此時，留守長安的正是隋煬帝的孫子——代王楊侑，輔佐的大臣則是刑部尚書衛玄和左翊衛將軍陰世師等人。李家大軍的到來讓駐守在長安城裡的人慌了手腳，衛玄見大事不妙，又沒有辦法解決，遂一病不起，最後死在了家裡。衛玄一死，陰世師等人只好勉為其難，督軍守城。

十一月，萬事已然具備，李淵於是下令大軍攻城。自從隋煬帝離開長安後，城中本來就守備不足，再加上李家大軍士氣勃勃，不日就拿下了長安城，陰世師、骨儀等人被殺。此時，鎮守在河東的屈突通聞得長安城被破，即刻下令駐紮在河東的隋軍向洛陽撤退。然而這一切都在李淵的預料之中，屈突通部在撤退的過程中遭到了劉文靜所率領的部隊的圍堵追截，一時之間潰不成軍。最後，大將屈突通被劉文靜所俘，押解長安。到達長安之後，李淵認為他是個將才，所以沒有殺他，而是將他任命為兵部尚書。

奪取長安之後，十二月，李淵又派人去巴蜀之地招降。按照起義一開始制定的「尊隋」的旗號，李淵在取得了以長安為中心的大片疆土後沒有直接稱帝，而是擁立了當時的代王楊侑為帝，並遙奉遠在江都的隋煬帝為太上皇。傀儡皇帝楊侑在李淵的扶持下登基後，改大業十三年（西元六一七年）為義寧元年，而關中，從此就掌控在了李淵手中。

皇帝旅遊遭事故

就在李淵率軍在中原馳騁並一舉攻下了長安之時，隋煬帝楊廣還在江都過著他那風花雪月的日子。大業十二年（西元六一六年），經歷了三次東征的失敗和慘痛的雁門之圍，原來野心勃勃的隋煬帝逐漸對自己、對朝政都失去了信心。七月，江都為皇帝巡遊新打造的龍舟運達了洛陽，面對混亂萎靡的朝政，隋煬帝不顧後果地下令離開東都洛陽，第三次巡遊江都。

面對隋煬帝的荒唐舉動，大臣宇文述只是一味奉承，但當時的左侯衛大將軍趙才第一個站出來反對，認為如今民變四起，皇帝應速回大興主持天下大事。除趙才之外，奉信郎崔民象更是在洛陽城的城門阻止隋煬帝的南行，並因此慘遭殺害。可以說，當時許多人心裡都非常清楚，大興是隋朝的政治中心，隋煬帝在這樣的關鍵時刻放棄了大興，就等於是直接放棄了整個天下。儘管如此，已經身心俱疲的隋煬帝又怎麼聽得進這些勸告。

在離開洛陽之前，隋煬帝命年僅十二歲的皇孫楊侑留守大興，十三歲的皇孫楊侗留守洛陽。在離開之時，隋煬帝曾留詩曰：「我夢江都好，征遼亦偶然。」如果說前兩次的遊幸是為了滿足內心的奢欲，這一次的巡遊江都可謂是避難之舉，頗帶些倉皇的意味。大興和洛陽已經不屬於他，而他即將要去的江都，也將成為他的葬身之所。

大業十三年（西元六一七年）中原大亂。已經回到江東的隋煬帝面對這樣的狀況，遲遲不敢北歸。就在這一年，李淵已經佔領了長安並擁立了隋煬帝的孫子楊侑為帝，而隋煬帝則被遙尊為太上皇。長安城被破的消息很快便傳到江都，一時之間，整個江都人心惶惶。

隋煬帝在江都的一年多的時間內，惶惶不可終日，生活更加荒淫無度。他在江都為自己營造了極為奢華的宮殿，終日與皇后蕭氏和眾妃嬪遊宴於此。除此之外，為了麻痺自己，隋煬帝每天喝的酩酊大醉，退朝之後更是因為心中恐慌就戴著頭巾，穿著短衣，策杖而行，直到天黑才回到寢宮。

自知時日不多的隋煬帝曾對皇后蕭氏說道：「外間大有人圖儂，然儂不失為長城公，卿不失為沈后，且共樂飲耳！」一次，隋煬帝對著鏡子自娛，向蕭后言道：「好頭顱，誰來砍之？」蕭后聽後大驚，問他何出此言。隋煬帝笑說：「貴賤苦樂，更迭為之，亦復何傷！」可見他也自知時日將近，只能無奈的享受著這最後的歡愉。

為了能在江都長久地生活下去，隋煬帝下令在丹陽（今江蘇南京）修建宮殿，以圖在江東建立據點，偏安一方，繼續做他的末日皇帝。江都可以說是隋煬帝的發跡之地，他對這個地方有相當深刻的感情，但隋煬帝的隨從和將士們多為關中人士，對家鄉甚是思念，對於隋煬帝留在江東的決定，他們十分不滿，逐漸心生怨恨，更有不少將士悄悄地逃離了江都。

眼看著天下大亂，皇帝還整日享樂無度，隋煬帝的愛將司馬德戡與直閣裴虔、舍人元敏、虎賁郎將元禮等人也都密謀逃離江都。但他們在夜間商議出逃之事的時候無意間被蕭后的宮女聽見。宮女將司馬德戡等人欲謀反的消息告訴了蕭皇后，而蕭皇后為了使消息不外露，下令將宮女處死。之後，不止一人向蕭后告知此事，蕭后歎道：「你們告知我又有何用呢？事已至此，誰也無法力挽狂瀾，救陛下於水火，如今再說這些也只是徒增傷悲和煩惱罷了。」

參與密謀叛亂的趙行樞、楊士覽和當時的將作少監宇文智及交情甚篤，遂將此事告知了他。但宇文智及不十分贊同他們的做法，他認為當今皇帝雖然無道，但擅自逃走也不是上策，他認為在如今的混亂局面下只有將欲叛逃者召集起來，起兵建立帝王之業才是長久之計。趙行樞、司馬德戡等人也十分贊同他的看法，並推舉宇文智及和宇文化及兩兄弟為首，帶領他們起事。

隨後，令人熟悉的場景上演了，在起事之前製造輿論，這一招在歷朝歷代已經屢見不鮮，不少人都用過。這一次，司馬德戡等人在軍中散布消息說隋煬帝已得知眾將士預謀叛逃，已經為他們準備好了毒酒，要將他們全部賜死。聽了這個消息，無論是參與叛逃計畫的還是沒有參與此事的人都非常恐慌，大家議論紛紛，都覺得與其犧牲自己給隋煬帝陪葬還不如將昏君殺死，共建偉業。

收買人心的目的達到了，司馬德戡立即將眾將士召集起來，宣布了兵變的始末，大家都表示一定聽從號令，唯他馬首是瞻。這天夜裡，司馬德戡將幾萬兵馬都召集起來在東城放了一把火，大火熊熊燃起，整個城裡都被火光照亮。三更時分，隋煬帝被一片喧嘩聲驚醒，又看到城中的火光，馬上找來近衛裴虔通，問他發生了什麼事。已經加入兵變行動的裴虔通謊稱是草房失火，已經派人去救了，想必沒有什麼大事。此時的隋煬帝還是比較信任裴虔通的，聽他如此說，便又回到寢宮休息去了。

隋煬帝不知道，這場大火是分布在四處的叛軍開始行動的信號。眼見大火燒起，各路叛軍紛紛行動起來，江都的大街小巷都被他們控制了起來。到了五更，天快亮了。司馬德戡率兵從北邊的玄武門進入了皇宮，直接衝向了隋煬帝的寢殿。隋煬帝聞訊，大驚失色，馬上換了衣服逃到了西閣，但最後還是被叛軍們搜了出來。

將士們將狼狽不堪的隋煬帝押回了寢宮，面對眼前的場景，隋煬帝歎息道：「朕有何罪？怎麼會落到今天這個地步？」一個將士答道：「陛下即位以來，外勤征討，內極奢淫，老百姓已經是苦不堪言。如今天下大亂，難道不是你的罪過嗎？」隋煬帝又問叛軍的頭領是何人，司馬德戡答道：「普天同怨，又何止一人！我等平日雖受你寵幸，現在發生這樣的事我們也是有負於陛下。如今天下大亂，我們更是身不由己，只得拿陛下的頭顱來告慰天下苦難的百姓了。」

這時年僅十歲的皇子楊杲（音稿）被嚇得當場哭了出來，遂被裴虔通一刀殺死。眼見叛軍向自己一步步逼來，隋煬帝說道：「天子自有天子的死法，何由你等動手，拿鴆酒來吧！」見眾人不聽，隋煬帝便解下了自己的白練巾，一代帝王，就這樣被一條白巾縊死在了叛將的手中。

隋煬帝死後，蕭皇后和宮人將他的屍體裝入用床板做的棺材裡，草草地埋葬了，後來他的靈柩又被遷至多處。相傳，因為隋煬帝生前倒行逆施，作惡太多，他的棺木所葬之處，必是電閃雷鳴之地。而且因為無人打理，隋煬帝的墓地也漸漸被荒草掩蓋，直到清朝嘉慶年間才在雷塘附近被發現。

隋煬帝一死，歷時三十八年的隋朝統治宣告結束了，而對於此時身在長安的李淵來說，機會卻到來了。原來李淵遲遲不肯稱帝，一是因為自己打的是「尊隋」的旗號，再者，隋煬帝雖然身在江都，但一直都沒有死，此時貿然稱帝，便會成為那些仍然忠於隋煬帝的勢力的攻擊對象，同時也給予其他軍事勢力攻打自己的藉口。

其實，早在楊侑當上傀儡皇帝的那天開始，李淵就在為自己代隋立唐做準備。他先是在長安城宣布廢除隋煬帝的苛政酷法，使得民心歸於李氏。他雖尊楊侑為皇帝，但長安城的一切大權都由他掌控，他的長子李建成也被封為唐王世子，李世民和李元吉則也分別被封為秦國公和齊國公。

義寧二年二月，李淵又「加九錫，賜殊物，加殊禮焉」，一度成為相國，已經是有實無名的皇帝了。三月，江都發生兵變，隋煬帝被殺，宇文化及等人又擁立楊浩為帝，王世充也在洛陽擁立楊侗為帝，如此一來，李淵改朝換代就有了合理的藉口。

同年四月，楊侑下詔退位，將帝位禪讓給李淵，但李淵以「要慎重考慮」為由拒絕了這次的禪位。後來，又有「東海十八子，八井喚三軍，手持雙白雀，頭上戴紫雲」的讖語傳出，暗示李淵才是天下真正的主人。再加上裴寂等人的再三勸諫，李淵覺得在天下人面前做足了樣子，終於答應順應天命，登基稱帝。

義寧二年（西元六一八年）五月二十日，李淵在太極殿稱帝建國，國號為唐改元武德，是為唐高祖。李氏家族就這樣在隋末的亂世風雲中建立了屬於自己的政權，而等待著李淵和他的唐朝的，將會是一場更為嚴峻的考驗。

第二章　玄武門變，兄弟之血鋪就登基之路

再逼我，就把你吃掉

在李淵的所有兒子當中，李建成是嫡長子，根據中國古代皇家「立嫡立長」的繼承原則，李建成是皇太子的不二人選。所以在唐朝建立之初，李建成就被立為太子，成為了國家的儲君。當然，李建成之所以能被立為太子，不僅僅是因為他的嫡長子身分，更是因為他在唐朝開國的一系列戰爭中立下的功勞，這些戰功固然比不上李世民，但也足夠使他名副其實地享有皇太子的榮耀。

和唐高祖李淵一樣，太子李建成也在「一代天驕」李世民的光環下和那部只屬於勝利者的《唐史》中黯然失色。在《舊唐書》中，太子李建成是個性情殘忍的庸才，和他同屬一派的齊王李元吉也是個「凶狂」之徒。《資治通鑑》也記載：**「太子建成性寬簡，喜酒色遊畋，齊王元吉多過失，皆無寵於上。」**但這些記載的真實性和可信度非常值得懷疑，很容易就可以從中看出破綻。

首先，喜愛酒色遊獵本來就不是什麼天理不容的過錯，且歷朝歷代的王公子弟基本上都有這些嗜

好，估計李世民本人也不能免。所以，從這些生活小節根本就不能得出李建成是個酗酒荒淫的昏庸之人。

其次，早在太原起兵的時候，李建成就是唐軍的左領軍大都督，和李世民的地位相當，並無高下之分。從此可見，唐高祖對他的信任還是很強的，而李建成也不負所望，率領自己的軍隊立下了不少戰功。只是因為他後來居太子之位，常年都是隨父親駐守在長安，沒有太多出外打仗的機會，所以在戰功方面就漸漸比不上弟弟李世民，但也不能因此就否定他的軍事才能。

至於兩派之間的爭鬥，《資治通鑑》中稱：「**世民功名日盛，上常有意以代建成，建成內不自安，乃與元吉協謀，共傾世民，各引樹黨友。**」認為李淵因為李世民功高而想廢長立幼是名正言順的，而李建成和李元吉的反抗則是居心叵測，圖謀不軌。《舊唐書》更是將唐朝的三百年興盛全部歸功於唐太宗李世民，稱：「**若非太宗逆取順守，積德累功，何以致三百年之延洪，二十帝之纂嗣？或堅持小節，必虧大猷，欲比秦二世、隋煬帝，亦不及矣**」，歌功頌德的氣味未免太濃，不足以作為證明玄武門之變合理性的證據。

按照中國古代的傳統，太子作為儲君一般都是留在皇帝身邊的，一方面可以幫助幫助皇帝處理朝政，一方面也有利於皇帝對接班人的培養。所謂「君之嗣嫡，不可以帥師」，遇到重大軍事事件，太子都是留守京都，這也是對儲君的一種保護。正因如此，唐初的許多戰爭都是李世民為將領，很少由太子李建成領軍出征。但是李建成留守長安也並無嚴重失誤，可見他對於治國還是有一定的天賦和才能的，不是個一無是處的庸才。

早在武德二年（西元六一九年）的時候，太子李建成就開始感受到李世民給自己帶來的無形的壓力。魏徵也很明確地對李建成說過：「秦王功蓋天下，中外歸心。」所以，他對秦王集團的防範和猜忌之心也與日俱增，每日惴惴不安。當時的禮部尚書兼太子詹事李綱也曾上書勸諫他不要聽信外間的傳言而疏遠自己的親兄弟，但李建成沒有放在心上，依然是日夜飲酒消愁。李綱見他如此，只能辭去官職默默離開。

秦王集團的勢力在一天天壯大起來，李建成感受到的威脅也與日俱增。於是他想盡一切辦法擴充自己的實力，以此來和弟弟李世民相對抗。李世民最大的優勢就是立下戰功無數，而李建成除了在建國前率兵出戰過之外，建國後就一直留在都城，很少有出外的機會。因此留守多年的李建成也蠢蠢欲動，希望多立戰功來壓制李世民。

武德五年（西元六二二年）十一月，竇建德原來的部下劉黑闥為了給死去的君主報仇，於是舉兵反唐。這是一個絕佳的機會，當時的太子洗馬魏徵和太子中允王珪都建議李建成道：「如今秦王功蓋天下，中外大有歸其之勢。殿下您身為太子，長久以來居住在東宮，沒有建立什麼大的功勳來鎮服海內。如今劉黑闥率眾起事，也不過是殘兵敗將，不足萬人。殿下您應該親自率兵去攻打他來求得功名，以此來交結山東的豪傑。這樣我們就可以安心，不用再受秦王的威脅了。」聽了王圭和魏徵的意見，李建成馬上向唐高祖請示，要求率軍前去平叛。

太子本來是不能隨意領兵出征的，或許是唐高祖也意識到以李建成現在的能力和功勳不足以壓制李世民，所以也准許了他的奏請。這次出征，李建成不僅大獲全勝，給自己贏得了榮譽。更重要的是他的「親民」政策使他在河北地區獲得了很高的聲望，很多人才都投歸到他的門下，當時的幽州總管羅藝就在其中。

羅藝是隋朝舊臣，武藝高超且英勇善戰，在隋朝任虎賁郎將一職。隋末天下大亂，群雄四起，羅藝奉朝廷之命鎮壓了不少農民起義，在當時聲名顯赫。武德三年，已經擁有了涿郡一帶的羅藝歸順了唐朝，高祖大喜過望，封他為燕王並賜李姓。在征討劉黑闥叛軍的時候，羅藝立下了汗馬功勞，後來便留在長安做了左翊衛大將軍。

投歸了太子門下的羅藝後來奉李建成之命私下調遣幽州三百騎兵來保衛東宮。李建成這麼做的目的很明確，一是為了保護自己的生命安全，二是為了擴充東宮集團的軍事實力。但這件事很快就被人告發，李建成也受到了嚴厲的懲罰。但高祖的譴責沒有阻止李建成招兵買馬的腳步，他還在全國各地招募了兩千餘人駐守在長林門，這些衛士以保衛東宮為己任，號稱「長林兵」。

為了給自己的集團增加實力，李建成還拉攏了自己的弟弟——齊王李元吉。李元吉是竇皇后所生的小兒子，和李建成、李世民是同父同母的親兄弟。所謂「虎父無犬子」，李元吉也像他的兩個哥哥一樣，李元吉武功卓越，能「力敵十夫」。在跟隨其兄李世民前去洛陽征討王世充之時，就有過出色的表現。

當時，由於竇建德援軍的到來，李世民在攻打洛陽城的時候採取的是「兵分兩路」的策略。由他親率精銳部隊前去虎牢阻擊竇建德的部隊，而將圍攻東都洛陽的使命交給了弟弟李元吉。李世民率軍離開洛陽城後，「世充出兵拒戰，元吉設伏擊破之，斬首八百級，生擒其大將樂仁昉、甲士千餘人。」因為他在洛陽的出色表現，李世民才擺脫了後顧之憂，順利地攻克了竇建德的大軍。這一年，李元吉才只有十九歲。

後來，李元吉還參加了平定劉黑闥的戰役，在李世民回長安之後，剩下的掃清殘餘勢力的任務也是李元吉率軍完成的。雖然說李元吉為人有些驕傲且放縱，但高祖對於他還是十分喜愛的，也沒有因此疏遠他。

那麼，李元吉為什麼要接受李建成的邀請加入太子集團呢？

首先，從平常人的角度來看，李建成是嫡長子又已經被立為太子，繼承皇位只是時間問題。而李元吉排行第四，繼承皇位的可能性可以說是微乎其微。眼見兩位兄長為爭奪權位鬧得不可開交，身為皇子的李元吉既然無法置身事外，就只得從中選擇一個為未來資本。權衡利弊，可能覺得李建成日後繼承帝位的可能性更大，所以便加入了東宮陣營。

其次，太子和齊王的聯合還有某種程度上的情感因素，那就是李元吉和長兄的關係較好。李世民為人較為嚴厲，甚至有些苛刻，而李元吉為人比較放縱。再加上他曾經在太原棄城而逃，這也是他軍事生涯中最為失敗的記錄。這件事一直讓他耿耿於懷，害怕李世民登基後會因此為難他。而李建成為人比較寬厚，比較容易相處。

但《資治通鑑》中記載，則是說李元吉「見秦王有大功，每懷妒害」，意思是因為妒忌李世民，進而轉向與之相抗衡的李建成。又有記載說是李元吉想要除去兩位兄長，自己謀求太子之位，所以先與實力稍遜的李建成聯合，剷除了李世民之後再回轉頭來對付李建成。稍加分析就可以知道，以李元吉的身分和實力，根本無力跟建成、世民相抗衡，他投靠李建成也不能說明他有取而代之的想法，所以這些記載都充滿了疑點，根本不足以取信。

其實，和李世民一樣，李建成最後決定以武力解決這場爭鬥也是經過了苦苦掙扎的。從單純的自衛逐漸發展到對兄弟的圖窮匕見，這一過程中李世民和李建成大概都是充滿了無奈和不安吧！

帝王與父親的抉擇

建國伊始，唐高祖就將太子之位立定，這可以說是一個十分明智的舉動。確立皇位繼承人一方面可以鞏固剛剛建立不久的政權，另一方面也可以阻止子嗣之間為爭奪儲君之位而發生流血事件。雖然高祖的出發點是好的，但這只是他的一廂情願，歷史上太子被奪權而不得善終的例子數不勝數，前朝隋文帝的太子楊勇就是前車之鑑。

事實上，唐高祖對於李建成這個太子花費了很多的心血。在軍事和政治各個方面，唐高祖都給予太子最大的鼓勵和幫助，「憂其不嫻政術，每令習政事，自非軍國大事，悉委決之」。再加上齊王李元吉和太子的關係比較親密，李建成在建國後幾年內的成長非常迅速，東宮集團的勢力也逐漸壯大起來。

而次子李世民則是眾多兒子中的佼佼者。這個兒子自小就聰慧過人且志向遠大，神采非凡又氣度寬宏，而且累立戰功、威名赫赫，李淵對這個兒子也是十分喜愛的。據說，早在太原起兵之時，李淵就曾對李世民說過：「如果大事能成，都是你一手創造的，應該立你為太子。」但李世民拒絕了父親的這一建議。進駐長安之後，李淵又一次將這件事提了出來，希望立李世民為世子，但李世民又一次推辭了。

當然，這些記載和對晉陽起兵的記載一樣，恐怕有很大的偽造成分，不能全然盡信。但高祖李淵確實曾經被李世民的功勳所震撼，有過另立太子的想法。因為楊文幹事件，他曾一度想立功蓋天下的李世民為太子，而把李建成降為蜀王，但最終作罷。

不能另立太子，又不能解決掉兒子們之間的矛盾，高祖又想讓李世民參照漢朝梁孝王的先例在洛陽分主天下。有了這種想法後，他召來李世民對他說：「當初在太原起兵，後來平定天下，都是你的功勞，我有意立你為儲，但你又多次推辭。建成比你年長，且又位居東宮多年，我也不忍心將他廢除。你們兄弟既然難以相處，你就還是回到洛陽建天子旌旗，和漢朝的梁孝王一樣吧！」

看到父親如此為難，李世民涕泣漣漣，反覆表示自己不願離開長安，不願離開父親的身邊。高祖又思慮再三，也覺得這種想法也不夠妥當，所以最終也沒能實施。但也有一說是高祖想讓李世民在洛陽分主天下的想法被李建成和李元吉得知，他們認為讓李世民回到洛陽等於是放虎歸山，後果不堪設想，而李世民留在長安只是匹夫一人，比較好對付。所以他們派人製造謠言，稱秦王府的很多人聽說要回洛陽，都興奮異常，恐怕秦王這一去就不會再回來了。高祖聽信了這些傳言，這件事最後才不了了之。

不管是哪種說法，可信度都不高。首先，唐高祖對李世民的態度複雜和搖擺不定這是眾所周知的，他本來就對李世民不太信任，他也知道自古以來的嫡長子繼承制，認為廢長立幼是極其危險的行為，所以不太可能廢建成而另立李世民。

再者，以唐高祖多年的政治經驗，他不可能在兒子們鬧得不可開交的時候提出「分主天下」的法子，因為這無異是火上澆油，只會讓事情變得更加複雜，更加難以解決。但事實上，李淵一直希望這件事能夠得到很好的解決，不會做這樣不妥當的決定。所以這些記載恐怕是貞觀史臣給太宗謀取帝位所做的掩飾，只是為了說明他的帝位不是他爭搶而來，他只是拿回了本來屬於他的東西罷了。

但從李世民的角度來看，父親這樣搖擺不定的態度一度給了他從正途獲得皇位的希望，然而最後依舊歸於失望，內心的躁動和不甘與日俱增。而從太子李建成的角度來看，父皇搖擺的態度使得他的危機感越來越強，自我保護的意識逐漸向畸形發展，於是發動東宮集團不惜一切代價中傷和陷害李世民。

李建成、李世民兄弟之間的鬥爭李淵都看在眼裡，而對於這些禍起蕭牆、兄弟相殘的鬥爭，李淵採取了聽之任之的態度，既不鼓勵也不阻止。例如，齊王李元吉曾告發李世民謀反，並當面請求父親誅殺李世民。

但高祖認為李元吉所說的謀反沒有真憑實據，且李世民聲望日隆，殺了他定會引起天下人的不滿。李元吉又言道：「當初洛陽之戰平定王世充後，秦王不聽從詔令，遲遲不肯回朝。他還散發金銀等錢財收買人心，這就是謀反的鐵證。」事實上，李世民在洛陽散發錢財，穩定民心的舉動是在高祖的詔令下才進行的，只不過李世民利用了這個機會以樹私恩，既完成了父親交代的任務也替自己收買了民心。

高祖聽聞這件事後也說：「**此兒典兵既久，在外專制，為讀書漢所教，非復我昔日子也。**」但經過再三考慮，他沒有按李元吉的建議誅殺李世民，也沒有懲罰毫無憑據就誣陷自己哥哥的李元吉。自此，高祖「**於太宗恩禮漸薄，建成、元吉轉蒙恩寵**」，但從唐高祖一直沒有表明態度對付李世民的做法中可以看出，雖然他後來逐漸將天平偏向了東宮集團，但在內心或許還是希望這幾個兒子能夠和睦相處，不要發生流血事件。

高祖李淵這樣模糊不清的態度讓李建成和李世民的關係越來越惡化，經過李建成等人的多方引導，李淵越來越覺得李世民圖謀不軌，對自己的皇位是個極大的威脅。他甚至懷疑李世民和突厥勾結，想要謀權篡位。「玄武門之變」前夕，李淵幾乎完全倒向了太子一邊。他聽從了李建成和李元吉的話，準備將李世民逮捕入獄。但此時李世民的勢力已經蔓延到了整個朝廷，滿朝文武有不少和他交好的人，宰相陳叔達就是其中之一。

聽說高祖要下令逮捕秦王，陳叔達馬上上書勸諫，稱：「**秦王有大功於天下，不可黜也。且性剛**

烈，若加挫抑，恐不勝憂憤，或有不測之疾，陛下悔之何及。」李世民對唐朝的蓋世之功是高祖一直不敢對他採取極端措施的一大原因，陳叔達這一招果然奏效，高祖馬上放棄了這個計畫。

從這些事件來看，唐高祖對鬥爭雙方的態度從維持兩者平衡到倒向太子集團，但這個過程中又充滿了猶豫，以致多次在李建成和李世民兩方中搖擺不定。從深層次來分析，唐高祖這種矛盾的心情也很容易理解。

皇室不是一般的家庭，唐高祖一方面希望自己的兒子們德才兼備，但作為一個皇帝，他又不能容忍兒子的才能超過自己進而給自己造成威脅。李世民才能出眾又頗為張揚，可以說是「功高震主」，正好犯了高祖的忌諱，所以李淵對這個兒子既依賴又猜忌，這也是他最後偏向於李建成集團的根本原因。

「被迫」政變

隨著時間的發展，太子和秦王的爭鬥愈演愈烈，並逐漸向白熱化發展。所謂「先發制人，後發制於人」，太子集團決定先下手為強，徹底地將李世民一派解決掉。至於怎麼將這個心腹大患除去，李建成等人首先想到的是剪除掉李世民左膀右臂。這些人才對李世民的崛起到了關鍵性的作用，倘若不能為我所用，就必須除而後快。

太子集團的目光首先落到了秦王府的護衛軍尉遲敬德頭上。為了收買尉遲敬德，使他為自己效力，李建成先是用了收買人心的慣用伎倆——金銀賄賂。他暗中派人送了一車金銀給尉遲敬德，但沒想到這個武將根本沒將錢財放在眼裡，不僅拒絕了李建成還將太子有意收買秦王府人才的事情告訴了李世民。尉遲敬德對李世民的忠心是有原因的，他本是宋金剛手下的大將，與李世民在戰場上有過多次交鋒。降唐之後，李世民不僅沒有因為二人之前的衝突而為難他，反而對他大加提拔，對他有知遇之恩。

李世民聽了尉遲敬德的話後，說道：「**公心如山嶽，雖積金至斗，知公不移。相遺但受，何所嫌也！且得以知其陰計，豈非良策！不然，禍將及公。**」一方面十分相信尉遲敬德的忠貞，另一方面也擔心他因為知道了李建成等人的陰謀而受到迫害。果不其然，李建成見收買不成就派人刺殺尉遲敬德，後又想誣陷他，但都沒有得逞。除了尉遲敬德外，李建成還試圖拉攏秦王府的段志玄和程知節等人，但最終也是失敗而還。

一次次的碰壁使李建成意識到這些人已經跟隨李世民多年，根本不會輕易轉向自己。所以，他便逐漸打消了收買的念頭，轉而設法離間李世民和秦王府的謀臣。李建成和李元吉先是想方設法貶黜了李世民的心腹謀臣房玄齡和杜如晦。房、杜兩人被逐出秦王府後，李世民的實力頓時削弱了下來。

就在這個關鍵時刻，上天似乎又一次向李建成伸出了機會之手，這次給太子集團帶機會的是唐朝多年來的宿敵突厥。經過了幾年的太平時光，突厥人又在這一年捲土重來。這一次突厥的騎兵直接壓過了邊境，圍攻了唐朝的邊塞城市——烏城。

這一次，唐高祖沒有派身經百戰的李世民出征，而是聽取了李建成的意見派了小兒子李元吉前去烏城迎敵。唐高祖下這個決定恐怕也是不想讓李世民的戰功更擴大，又引發兄弟們的妒忌和猜忌，但李建成向父親推舉李元吉有著自己目的。首先，他希望借出征突厥的機會將秦王府的精銳部隊調離，使李世民陷入孤立無援之地，其次，他和李元吉還計畫在昆明池為大軍踐行的時候進行刺殺活動，奪取李世民的性命，將秦王集團一網打盡。

但李建成等人往往沒有想到的是，秦王府的眼線已經布滿了整個長安，這個消息很快就傳到了李世民的耳中。得知太子等人在東宮密謀圖害自己的消息後，李世民馬上召集了長孫無忌、尉遲敬德、高士廉、侯君集等人商議大事。經過討論，大家都認為與其坐以待斃，不如先發動政變除去太子集團。否則的話，不僅這麼多年的苦心經營要付諸東流，眾人連性命都可能不保。李世民歎息道：「骨肉相殘，古今大惡。我很清楚自己已經危在旦夕，但我想等他起事我再以仁義之師來討伐他，不知這樣是否可以呢？」事實上，李世民也不願背負殺兄的惡名，寧願受制於人。手下的人見他如此猶豫，心底都暗中著急。

這時，心直口快的尉遲敬德首先站了出來，他勸李世民道：「事已至此，大王您倘若還是猶豫不決，臣就轉身回到草莽之中，不想留在大王身邊一起等死。」見尉遲敬德如此，長孫無忌接著說道：「您如果不接受尉遲敬德的意見，不止是他，我也不願再在你身邊效力。」

面對心腹愛將們如此決絕，李世民心如亂麻，不知如何是好。最後，他決定採用歷來成大事前都用的占卜的方法來決定起事與否，但被張公瑾阻止了。張公瑾勸他道：「現在的事態很明瞭了，占卜又有何用呢？如果卦象不吉，我們就在這裡等死嗎？」在眾人的逼迫下，李世民只能決定起事。

因為李世民重要的謀士房玄齡和杜如晦已被李建成藉機罷黜，所以決定起事之後，李世民馬上派長孫無忌前去將他二人召回來共成大事。但此時的房玄齡和杜如晦還不知道局勢已經發生了這麼巨大的變化，出於對自己的保護也是為了逼迫秦王下決心，他們對前來傳達命令的長孫無忌說：「臣等奉皇上旨意，不能再聽秦王旨令了。如果今天我們私自去覲見秦王，一定會被處死。」

長孫無忌將他二人的話原封不動地傳達給了李世民，李世民以為房、杜背叛了自己，便讓尉遲敬德拿著自己的佩刀去一探虛實。倘若他們真的背叛了自己，尉遲敬德可以當場將他們處死。

但當房玄齡和杜如晦看到尉遲敬德前來後，終於明白李世民已經下定決心。二人馬上喬裝打扮，跟隨長孫無忌和尉遲敬德潛入秦王府。經過眾人的商討，最終決定在玄武門設伏，「擒賊擒王」，將李建成和李世民一舉拿下。雖然已經決定了在玄武門發動政變，但這一批老道的政客還是給自己留了一條後路，派人馬不停蹄地回李世民的根據地洛陽布置。萬一失敗，就撤回洛陽，再做打算。

就在萬事俱備的時候，一件小事使得整個政變計畫差點落空。古代的帝王們十分注重天象，他們自稱為「天子」，上天的旨意便是他們奉行的準則。所以歷朝歷代都有這樣一批人，他們幫助皇帝觀察天下，以此來探查神秘的老天一個又一個暗示。

這天，太史令傅奕向唐高祖上了一道密奏，說：「**太白見秦分，秦王當有天下。**」意思是天下即將要發生巨大的變動，而這一星象是代表著災難的。太史令的報告在當時給唐高祖帶來了很大的震撼力，再加上他早就知道李世民對皇位野心勃勃，如今天象如此，恐怕是秦王府又要有什麼動靜了。

六月三日，唐高祖就因為這件事召見了李世民，想探探虛實。面對一直對自己有所懷疑的父親，李世民拿出了自己最大的資本——軍功。李世民對父親說：「臣於兄弟無絲毫負，今欲殺臣，似為世充、建德報讎。臣今枉死，永違君親，魂歸地下，實恥見諸賊！」表面上說是死後無臉見王世充、竇建德等人，其實是提醒唐高祖自己對於這個國家是有過大功的。

與此同時，他還向父親舉報，說李建成和李元吉二人淫亂後宮。聽李世民如此說，高祖的疑心病又犯了。思慮再三，高祖決定將這件事擱置明日，並下令第二天審理李建成和李元吉是否有染於後宮。

對於這件事的處理又一次展示了李世民敏銳的思維和高深莫測的政治手段。他不僅處變不驚，化險為夷，還在為自己開脫的同時把對手拉進了這個漩渦，使高祖的注意力完全從他身上轉移。那麼，李建成和李元吉到底有沒有和父親的妃子發生不正當的關係呢？

事實上，李建成和李元吉確實與後宮的妃子交好，希望她們在高祖面前替自己說好話，這也是一種常見的政治手段。而至於有沒有淫亂之事，這就不得而知了。但從李建成接招後敢於坦然進宮對質這一點來看，這件事的可能性應該不大。

兄弟相爭，秦王登基

玄武門位於長安太極宮的北部，是皇親國戚和眾臣們進入皇宮的必經之地。關於玄武門在當時的重要地位，陳寅恪先生曾有評論：「玄武門在唐代多次政變中均處於關鍵地位，誰能控制它，就容易在軍事上處於優勢，取得勝利，因此乃兵家必爭之地。」

秦王集團之所以選定在玄武門起事，一是因為這裡是進出皇宮的要道，李建成和李元吉聽詔入宮一定會從此經過，而且如果在玄武門設伏失敗，還可以利用地利控制住唐高祖，為自己謀求一條後路。所以在決定發動政變後，李世民首先派人收買了玄武門的守將常何，以此來保證日後在玄武門的設伏不會受到阻礙，加大政變成功的機率。

武德九年（西元六二六年）六月四日，唐高祖召太子李建成、齊王李元吉入宮，準備著手調查他二人是否如秦王所說在後宮有淫亂之事。後世有人認為李世民舉報太子和齊王淫穢後宮其實是「調虎離山之計」，將二人調離東宮，在玄武門將其射殺。而就在李建成和李元吉準備入宮之前，李世民帶領長孫無忌、尉遲敬德、張公謹、公孫武達、劉師立、杜君綽等人早早就埋伏在了玄武門，等待著他二人的到來。

事實上，老天還是給了李建成和李元吉最後一個逃生的機會的，但因為李建成的疏忽大意，最終沒能抓住這一線生機。因為就在李世民等人在玄武門積極準備的時候，後宮的張婕妤早就覺察到了異常的狀況，並派人告訴了李建成和李元吉，說秦王府有異動，要他們多加防範。對於張婕妤傳出的消息，李建成和李元吉的態度是截然不同的。李元吉對這個消息非常重視，認為應該託病不要入朝，靜觀其變，並讓東宮的軍隊做好準備，以防不測。但是李建成卻認為皇宮「**兵備已嚴，當與弟入參，自問消息。**」

當天，毫無防備的李建成和李元吉像往常一樣，騎著馬從玄武門入宮。當一行人走到臨湖殿的時候，覺得情況有些異常，立刻準備退回東宮，但為時已晚。李世民已經在此等候多時，見狀便縱馬而出，追了上去。

眼見李世民追了上來，騎著馬的李元吉回過頭來張弓就射，但此時他內心十分驚慌，根本定不住神，所以幾次都沒能射中。相比之下，李世民就沉著冷靜的多，他先是一箭將李建成射下馬來。這時，秦王府的伏兵盡出，李元吉寡不敵眾，也在亂箭中摔下馬來。

就在這個時候，發生了一個小插曲。李建成當場斃命後，玄武門陷入了一片混亂之中，李世民的坐騎也受了驚嚇。可能李世民在一箭射殺了自己的親兄弟後一時之間沒有回過神來，所以身經百戰，弓馬嫻熟的他沒有控制好胯下的駿馬。這匹受驚的馬帶著李世民跑進了樹叢，隨後一人一馬都被困住不得脫身。李元吉見翻盤的機會來了，便準備用弓弦勒死李世民。

就在這生死一線的關鍵時刻，尉遲敬德趕了過來，一箭將李元吉射死，解救了李世民，然後又將李建成和李元吉的頭顱砍了下來。這一年，李建成三十八歲，李元吉只有二十四歲。由於在政變中立下大功，在李世民被立為太子之後，尉遲敬德成為受恩賞最多的官員，得到了齊王府的所有珍寶。

聞得太子在玄武門被殺，東宮的兩千將士在薛萬徹和馮立的率領下，馬上拿起武器趕到了玄武門，準備反擊。在激戰的過程中，敬君弘與呂世衡被氣勢洶洶的東宮軍隊殺死。張公瑾見一時抵擋不住，便下令將宮門關閉，以此來抵擋對方的猛烈進攻。薛萬徹等人見玄武門難以攻克，還萌生了去攻打秦王府的想法，但當他們看到提著李建成和李元吉首級的尉遲敬德後，便知大勢已去，隨後便紛紛散去了。

就在玄武門發生慘案之時，完全不知情的唐高祖還在宮中和宰相們泛舟，準備稍後審理太子等人後宮淫亂之事。但當他看見身穿鎧甲、手持長矛前來的尉遲敬德時大吃一驚，知道出了大事。唐高祖問發生了什麼事，尉遲敬德稟報道：「太子和齊王作亂犯上，秦王已經舉兵誅之，現在特地派臣前來保護陛下的安全。」殺了李建成和李元吉之後，唐高祖是李世民最顧忌的人，他派尉遲敬德前來，表面上說是為了保護唐高祖的安全，其實是一不做二不休，乾脆逼宮篡位。

高祖聽了尉遲敬德的稟報，便問此時在旁的裴寂和陳叔達等人：「朕不曾想會發生今天這樣的事，現在該如何是好？」陳叔達和蕭瑀都說：「建成和元吉二人本是無義之人，又無功於天下。他們嫉妒秦王的功德，共為奸謀。如今秦王已經將他們除去，更是天下歸心。陛下如果立他為太子，將國事交與他就無事了。」見朝中重臣都已倒向李世民，唐高祖終於明白局面已經不是自己能夠控制的了，為了給自己留些顏面，他只得找個台階，言不由衷地表示同意：「善，此吾之夙心也。」

隨後尉遲敬德又以長安城中現在還未恢復正常為由，請高祖將長安城的兵馬都交由李世民指揮。高祖此時已經是龍遊淺底、虎落平陽，無奈只得答應了尉遲敬德的要求，將兵權交了出去，並命天策府司馬宇文士及當眾宣讀這一旨意，遣散了東宮的將士。

這場驚心動魄的政變以李世民的完勝而告終。一切都已經妥當之後，李世民來到了高祖面前，痛哭流涕，希望高祖能夠體諒他處於危難之中不得不這麼做的一片心。不論李世民這麼做是否是發自內心，但確實是給自己的忠孝仁義做足了面子，也使得後世對他在玄武門之變的表現多了不少正面評價。

三天之後，李世民因救社稷有功被立為皇太子，而秦王府的官員們也是一人得道雞犬升天，封官賞賜自是不在話下。除了立李世民為太子的詔書之外，唐高祖還頒布了一道詔令，內容是：「自今後，軍機、兵仗，凡厥庶政，事無大小，悉委太子斷決，然後聞奏」，主動將所有國家大事的處理權都交給了李世民。

十六日，幾乎失去所有權力的唐高祖準備退位，或許他心裡也知道他和李世民關係不佳，並且多次打壓他，所以藉此給自己留個面子也留條後路。但李世民拒絕了高祖的這一請求，因為他自己也不想造成逼父讓位的現象。但事已至此，貪戀皇位也是徒勞無功。兩個月之後，唐高祖主動下詔將帝位讓給李世民，自己退居二線當起了太上皇。八月初八，李世民在東宮顯德殿即皇帝位，成為了大唐王朝的第二位君主，是為唐太宗。

回顧李世民與李建成爭權的全過程。李建成和李元吉曾多次設計來打擊李世民的勢力，但這些計策之間不成體系，相互孤立，雖然能使李淵對他越來越疏遠，但始終沒有一次打擊能沉重致命到令他徹底垮台。而根據史書的記載李世民對付李建成只有兩次，一次是「楊文幹事件」，一次就是「玄武門事件」。這兩次都是計畫周詳，能給予李建成以沉重打擊。自始至終，李世民都以一種軍事家的眼光對全域進行把握與控制。將奪權之事，當成一場戰爭來打，怎能不勝？

玄武門之變，李世民勝利了。但這個「弒兄挾父」的罪名終究不太光彩，而且這個問題就像一塊揮之不去的陰影籠罩在李世民的心頭，久久不肯散去。李世民是個好皇帝，但是不管他立下再大的功績，他的頭上都永遠刻著篡位者的標誌。明末學者王夫之一再揭露李世民的瘡疤，他說唐太宗的行為有些邪惡，但因為他的貞觀之治曾是歷史上令人憧憬的黃金時代，千百年來，當人們談及此事時，多採用迴避的態度。

正是對玄武門「原罪」耿耿於懷，在這件事的鞭策下，李世民借鑑歷史，實行仁政，勵精圖治。他吸取隋朝滅亡的原因，非常重視老百姓的生活。他強調以民為本，還常說：**「民，水也；君，舟也。水能載舟，亦能覆舟。」**

太宗即位之初，下令輕徭薄賦，讓老百姓休養生息。唐太宗愛惜民力，從不輕易徵發徭役。他患有氣疾，不適合居住在潮濕的舊宮殿，但他一直在隋朝的舊宮殿裡住了很久。貞觀之初，在唐太宗的帶領下，全國上下一心，經濟很快得到了好轉。到了貞觀八、九年，牛馬遍野，百姓豐衣足食，夜不閉戶，道不拾遺，出現了一片欣欣向榮的昇平景象。也許貞觀之治有些被誇大了，貞觀時期比亂世當然好，也比一般的和平時期強，但遠沒有現在通常吹捧的那樣美好。但有一點是值得肯定的，人們的生活確實在一天天地好轉，老百姓們看到了希望。

是不是改了史書，有了卓越的政績，李世民找到了心理平衡，不再為此事耿耿於懷了呢？魯迅先生說：「一部中國歷史，概括起來，無非瞞和騙這兩個字。」但是對於李世民來說，他瞞得了世人，但能瞞得了自己嗎？「原罪」這種東西，在心理上是很難消除的。一直會伴隨這個人一生，已近暮年的唐太宗像所有的老人一樣，喜歡回憶，喜歡懷舊，喜歡反思。於是他又恢復李建成太子封號，還把跟李元吉妃子生下的孩子過繼到其名下。李世民這樣做有一個目的，那就是寄希望於後代，不要再發生玄武門慘劇。

李世民最終也沒有擺脫「原罪」的糾纏，但無論如何他都開創了一代盛世，為中國日後的發展奠定了堅實的基礎。如此又何必要計較「一日之惡」與「三年之善」孰輕孰重呢？

第三章 貞觀之治，光照百代的盛世牡丹

「一日之惡」與「三年之善」

登基之後的唐太宗面臨著一個重大的問題，那就是如何處理太子李建成和齊王李元吉留下來的殘餘勢力。雖然這兩人已經在「玄武門之變」中喪生，但他們的死不代表著太子集團勢力的最終消亡。這些勢力依舊分布在全國各地，隨時都有可能威脅到自己的統治。這是一個巨大的挑戰，究竟應該對他們實行安撫政策，收買人心，還是武力鎮壓，消除隱患，唐太宗也難以抉擇。

早在玄武門事變之後，秦王府的將領們就在這個問題上各執己見，大部分人都認為應該將太子的這些餘黨全部處死，以免放虎歸山，日後難以處理。但尉遲敬德卻認為，如今最重要的是安撫人心，既然李建成和李元吉已死，濫殺無辜只會喪失民心，弄得天下大亂。

唐太宗也認為如此甚好，於是便以唐高祖的名義頒下詔書，大赦天下，表示除了李建成和李元吉兩人，其餘人一概不予追究。對於政敵的殘留勢力，唐太宗的這種做法是十分明智的，一來可以穩定局

勢，使人心思歸，為日後的統治打下堅固的基礎，二來可以緩解天下人對於他殺兄奪權這種行為的譴責。

對於唐太宗想要「化干戈為玉帛」的和解態度，大部分太子和齊王的舊部都**「心術豁然，不有疑阻」**，馮立、薛萬徹等人在政變後很快就歸順了李世民。對於他們的配合，唐太宗也十分滿意，稱他們以前為太子賣命，也是忠義之士。由於東宮集團首領等人紛紛歸順，那些散落在長安附近的東宮兵勇也都放下了武器，長安附近的隱患基本解除了。

但事情到這裡沒有結束，在地方上還有一些勢力集團不滿李世民的統治，製造出了不少的事端。李建成在各地的殘部中，勢力最強大的當屬幽州大都督廬江王李瑗和涇州總管羅藝。廬江王李瑗是唐高祖堂兄的兒子，於武德元年（西元六一八年）被封為廬江王，任信州總管，武德九年（西元六二六年）升至幽州大都督。

李瑗和李建成的關係十分密切，在李建成與李世民爭奪帝位的時候一度準備在北方策應。但事實上，李瑗並非將才，所以朝廷派將軍王君廓到幽州擔任他的副手。李瑗很有自知之明，知道自己對處理軍事沒有天賦，再加之王君廓是朝廷派來的命官，所以對他十分尊重，遇事都與他商議，還與他結成了兒女親家。

李世民早就知道李瑗和李建成的關係非同一般，所以玄武門之變後，他便馬不停蹄地派人召李瑗回京，以免他在幽州製造出什麼事端。為了讓李瑗不疑有他，李世民還特意讓崔敦禮作為使者前往幽州。從地理位置來看，幽州離長安還是有一定的距離的，所以李瑗雖知朝廷可能發生了事變，但具體情況卻不甚明朗。敕使崔敦禮的到來，一時之間讓李瑗慌了手腳，不知如何是好。在和王君廓商量之後，李瑗決定先將崔敦禮扣押起來，再找燕州刺史王詵前來商議大事。

就在此時，李瑗手下的兵曹參軍王利涉卻對他說：「大王您如今不奉召入京又拘押來使，已經如同謀反。現在各州的長官都是朝廷命官，未必都會肯聽從您的指令，如果徵兵不齊的話，該如何處理呢？」李瑗聽後也覺得有理，便向他詢問具體事宜。

王利涉接著說道：「山東之地是竇建德的故地，現在還有很多竇建德的部下。大王您應當使他們官復原職，在當地鎮守，如此河北之地就沒有後顧之憂。之後再聯合燕州刺史王詵北連突厥，您再親率大軍開往洛陽，不出兩個月便可以平定天下。」王利涉還認為王君廓曾經跟隨李世民東征並頗受寵信，所以不可靠，應該先將他除去而讓王詵掌控兵權。

但李瑗和王利涉的談話卻被王君廓得知，他決定先下手為強，王君廓首先找到了王詵，將不知所以的他殺死並砍下其頭顱。隨後，他又帶著王詵的首級向眾士兵宣布：李瑗和王詵私自扣押朝廷來使，意圖謀反。如今逆臣王詵已被我除去，你們跟著李瑗只有死路一條。何去何從，你們自己考慮。

眾人見局勢已定，便跟隨王君廓將崔敦禮從牢中放了出來。雖然是大勢已去，但為了自保，李瑗還是帶領手下的幾百將士手持兵刃意圖反抗，但被王君廓當眾勒死。一場兵變還沒開始就宣告失敗，李瑗的頭顱被送到長安之後，王君廓因平叛有功，代替李瑗成了幽州大都督。

李瑗死後，唐太宗的目光又落到了涇州總管羅藝的身上。羅藝是隋朝舊臣，後歸順李唐王朝，征戰多年，立下了不少功勳。唐朝建立之後，羅藝和李建成關係密切，曾經幫助他招攬了大批將士駐紮在東宮，號稱「長林軍」。但這件事後來被高祖發現，李建成受到了嚴厲的譴責。而羅藝卻因為勞苦功高，得以赦免。

事後，羅藝被高祖放了外職，鎮守涇州。太宗即位之後為了安撫住他，便下令封他為開府儀同三司。但區區開府儀同三司不能滿足羅藝的野心，他「懼不自安」，借檢閱軍隊之機召集了大軍來到了幽州，意圖謀反。

太宗聞訊後大驚，馬上派長孫無忌和尉遲敬德率大軍前去鎮壓。讓人出乎意料的是，朝廷的討伐大軍還未到達，當地的太守趙慈皓便聯合統軍楊岌將羅藝趕出了幽州。兵敗之後，羅藝拋棄妻子向突厥逃去，但卻在到達寧州之時被部下所殺，首級被傳到了京師。至此，李建成殘留下來的兩大武裝力量迅速潰滅，可見此時太宗是眾望所歸，李建成的殘部已經是強弩之末了。

除去了李瑗和羅藝兩大武裝力量，唐太宗還對消除山東和河北之地的隱患做出了很大的努力。李氏家族出於關隴政治集團，武德年間，唐高祖因此也啟用了很多關隴地區的政治階層。和高祖一樣，唐太宗登基以來，山東人士也沒有得到公平的待遇。

貞觀元年（西元六二七年），殿中侍御史張行成對太宗這種因地域原因對人才差別對待的做法進行了勸諫。當時唐太宗「**言及山東、關中人，意有同異**」，張行成便勸他道：「臣聽說天子以四海為家，不應以東西為界。如果陛下這樣的話，天下人便會覺得您內心狹隘了。」太宗聽了張行成的話，很有感觸，便打破成見，擢用了很多山東地區的人才。

河北地區本來是竇建德和劉黑闥的勢力範圍，當年劉黑闥起兵謀反，李建成奉旨出征。他聽從了魏徵的建議，在當地實施了「安撫民心」的政策，破了劉黑闥的大軍。從此之後，這片地區就成了李建成的勢力範圍。玄武門之變後，一部分太子殘部逃到了這裡，在暗中威脅著唐太宗的統治。為了消除河北地區的隱患，只能懷柔安撫，武力鎮壓只會適得其反。

為此，太宗派魏徵出使河北。魏徵本來是竇建德的部下，平劉黑闥時獻計有功，在河北地區頗有人望。魏徵沒有辜負唐太宗的期望，到達河北之後按太宗的旨意將一些太子原來的殘部釋放，以此來獲得當地地主豪強的支持。除此之外，魏徵還主持減免了當地的賦稅，百姓對此感恩戴德，人心漸趨平穩。

就在太宗登基兩個月後，他下令封李建成為息王，封李元吉為剌王，並以親王的禮儀安葬。葬禮舉行的那天，太宗允許太子宮和齊王府的人前去送葬，而他本人也是在宜秋門上痛哭流涕。貞觀十六年（西元六四二年），又追贈李建成為皇太子，李元吉為巢王。

天下安定之後，唐太宗便開始著手於民生、軍事、法律等各個方面的治理，在幾年時間內，便使得天下富足，社會穩定。對於李世民的治國之能，後人一直頗為稱許，許多人認為這是因為他天賦異稟，具有常人所無法比擬的政治才能。其實與生俱來的智慧和後天培養的治世才華確實是唐太宗的長處，但卻不是他能夠創造貞觀盛世的唯一原因。

事實上，在李世民的內心深處有著強烈的治世願望，這種深刻的願望來自於一種恐懼，那便是隋朝的滅亡和發生在玄武門那一場血案。而「玄武門之變」雖然是唐太宗一生無法平復的傷痛也是他唯一為世人所詬病的事件，但這「一日之惡」卻成就貞觀的「三年之善」。這些因素在無形之中制約著、鞭策著唐太宗，使他最終成為了一位獨步古今的君王。

蛋糕的切法

解決完李建成等人的遺留問題之後，唐太宗便開始著手於政治班底的變革，組織起自己信任的領導集團。唐代的政府機構中宰相人數很多且更換頻繁，僅唐高祖在位的九年時間裡，前前後後就一共有十二位宰相。武德年間的這些宰相主要由隋朝遺臣和關隴貴族集團而組成，他們有一個很明顯的特點，就是基本上都出身高貴且有過多年的從政經驗，但思想上都比較保守。

以此來看，這些人不符合銳意改革的唐太宗心目中對於宰相的要求。再加上這些人都是高祖時期留下來的臣子，他們對剛登基不久的唐太宗的忠心程度以及唐太宗對他們的瞭解度都不如原來秦王府的官員來得深刻。正所謂「一朝天子一朝臣」，他們最終被秦王集團的政治班子所代替也是時勢所趨了。

自武德九年（西元六二六年）六月，李世民被立為皇太子開始，他就開始為自己的領導班子進行「換血」，即將原來秦王府的官員慢慢轉移到國家的最高權力機構中，用他們來代替高祖時期的舊臣。所以秦王府的眾多謀臣在這段時間內都得到了迅速的升遷，例如長孫無忌和杜如晦被擢升為左庶子，房玄齡和高士廉則被封為右庶子。再加上太子詹事宇文士及，新的領導集團已經初具規模。

一個月之後，李世民又有了進一步的舉動，他任命房玄齡和高士廉為宰相，並將兵部和吏部的大權交由杜如晦和長孫無忌掌管。這一次是李世民掌權時期最高領導層的第一次較大的調整。透過這次的調整，宰相集團一改以往全部是高祖舊臣的局面，煥發出了新的生機。但隨著時間的發展，新舊宰相之間逐漸出現了不小的隔閡，有鑑於此，唐太宗又逐步用調職或罷黜等方法將這些舊官員排除出了最高權力機構。

在這些被罷黜的高祖舊臣中，蕭瑀、陳叔達和宇文士及因在武德年間就歸順唐太宗，且對他獲得帝位有一定幫助，所以在離開之後得到了較好的待遇。而封德彝因為生前對李世民和李建成中間首鼠兩端，猶豫不決，貞觀十七年（西元六四三年），唐太宗下令收回他死後的贈官和食封，就連他的諡號也被更改。從唐太宗做這些高祖舊臣的處理態度來看，可以清楚地看到，太宗是個既念舊情又無法忘懷舊怨的人，他對宰相裴寂的處理就是最好不過的例子。

裴寂早在晉陽起兵的時候就跟隨在唐高祖李淵的身邊，可以說是李唐王朝不折不扣的開國功臣。他雖然在才能各個方面都不如同一時期的劉文靜，但卻因為和高祖是多年至交，所以仕途一路暢達。武德二年（西元六一九年），朝廷發生了著名的「劉文靜事件」，這場表面上是裴寂和劉文靜的意氣之爭的案件，最後以劉文靜的被冤殺而告終，而裴寂基本上沒有受到任何懲罰。或許就是在這個時候，唐太宗就開始對裴寂懷恨在心，所以多年後，裴寂也迎來了他命運的低谷。

其實在武德九年（西元六二六年），裴寂受到的待遇還是不錯的。此時的他雖然只有司空的虛職，但還是朝廷的一等公，並擁有著朝廷賞賜的一千五百戶封食邑。如果情況不發生太大的變化，縱然手中沒有實權，但這些爵位和封邑也足夠裴寂安享晚年了。但到了貞觀三年（西元六二九年），局勢還是發生了巨大的變化。唐太宗下令免除了裴寂的一切官職，並將他的封食邑削減了一半，將其「放歸本邑」，原因就是當時的「法雅」一案。

遭到罷職的裴寂本想留在京師，但唐太宗卻將武德年間的舊事重提，認為遣他回鄉已經是念及舊情，法外開恩，不容商議。無奈之下，裴寂只好回到了家鄉蒲州。但事情到這裡還沒有結束，不久之後，汾陽就傳來了「裴公有天分」的謠言。

唐太宗聽聞這件事後大怒，他當著眾臣的面歷數裴寂的四大罪過，其中包括「位為三公而與妖人法雅親密」，其後「負氣憤怒，稱國家有天下，是我所謀」，回到蒲州後有「妖人言其有天分，匿而不報」，最後「陰行殺戮以滅口」，條條都是死罪。念及他是開國重臣，唐太宗決定免除他的死罪，但「活罪難逃」，遂下令將他流放到偏遠的靜州，後死在回京途中。

處理完這些武德舊臣後，唐太宗還下令啟用了魏徵、王圭和溫彥博等人。唐太宗這麼做的目的有兩個，其一是他的確看重這幾人的才華，希望能夠收歸己用，幫助自己處理朝政，其二是這種不計前嫌的做法能夠展現出他作為一個君主的寬容和大氣，對此時經歷亂局、極需安撫的人心很有幫助。

到了貞觀三年（西元六二九年），房玄齡、杜如晦、溫彥博、魏徵等人都先後進入了國家的最高決策層。這樣一來，最終的領導集團的主要成員都是由唐太宗親自選拔的官員而組成，這對他日後施行自己的政治方案和鞏固自己的統治起有著極其關鍵的作用。

完成權力重組之後，唐大宗將迎來一項更為重大的挑戰，那就是治理這個龐大的帝國。古往今來，多少帝王敗在「能得天下不能治天下」的循環裡。唐太宗之所以能為世人所稱道，就是他做到了一般的君主難以做到的事，既以武功得了天下，又憑文才治理了天下。言易行難，要打造這讓後世人無限神往的大唐盛世，唐太宗付出的努力和辛酸也是任何人都無法切身體會的。

「大亂之後，其難治乎」，如何在這紛紜的國事中理出頭緒，確立自己的治國方向，關於這個問題，唐太宗在登基之初就和群臣討論過。這場治世之論異常激烈，在唐太宗的鼓勵下，大臣們各抒己見。每個人的想法都不同，看法和意見數不勝數，難以統一，但其中較為有代表性的是名臣魏徵和封德彝的辯論。

在魏徵看來，如果天下長久安定，民眾則驕佚，不容易教化，但戰亂之後，百姓經歷了愁苦，則比較溫馴聽話。這就如同饑者思食物，渴者思飲水，道理是一樣的。所以說，唐太宗所說的「大亂之後」，不是難治，而是易治。

聽了魏徵的話，唐太宗也提出了自己的疑惑，他詢問魏徵：「一個善於治理國家的君主，要使得天下大治恐怕也要百年的時間。如今天下已是大亂之後，能很快達到天下大治嗎？」魏徵回答道：「話雖如此，但聖人說過治天下，只要上下齊心，三年之內必定可以將天下治理地井然有序。」唐太宗心下暗許。

但封德彝（音宜）對魏徵的看法不十分認同，他反駁道：「自夏商周三代以來，人心越來越向奸佞詭詐發展。因此，秦朝用嚴酷的律令，漢朝則是王霸道相雜用，這些都是人心不穩造成的結果，不是不想將天下治理好。魏徵是個書生，不識時務，只懂紙上談兵。倘若聽信他的言論，國家的滅亡指日可待。」因此，他主張施行嚴刑峻法，加強統治的力度，這一看法也得到許多人的認同。

魏徵不甘示弱，反唇相譏，說道：「古往今來大亂之後大治的例子比比皆是，黃帝、顓頊、商湯、周成王都是如此。如果按你所說，古人都人心純樸，今人都漸漸奸惡，豈不是今天的人都變成鬼了嗎？那樣的話，人主還怎樣治理天下。」

魏徵和封德彝二人各執己見，你來我往，爭得不可開交。但最後，英明的唐太宗還是採納了魏徵的意見，並據此制定自己的治國方略。

親身經歷隋末大亂的唐太宗更清楚地知道，百姓之所以作亂都是為時勢所逼，如果不是沒有生存的機會，是不會放著好好的日子不過去當盜賊的。所以，李唐王朝雖然是靠武功奪得了天下大權，但唐太宗認為此時應該採取魏徵所提倡的「王道」，與民休息，制定合理的政策讓百姓安居樂業，如果一味使用重刑重律，不僅不能「止盜」，反而會使得人心不穩，社會動亂。

天下英雄入吾彀

「**為政之要，唯在得人**」，作為一個賢明的君主，唐太宗還有一個長處，就是善於收攬人才。他求賢舉才有一個特點，那就是「**以才舉官**」，不拘一格。早在他即位之前，就招納了大批人才為他效力，即位之後更是經常命宰相們向他舉薦各類能人志士。

太宗舉才「**內舉不避親，外舉不避仇**」，只要有才華，都可以歸為己用。例如，秦叔寶、尉遲敬德、程知節等人都是以往敵軍的大將，還有前太子李建成手下的很多官員如魏徵等，唐太宗都沒有避諱，而是都以禮待之。他選拔官員有一套很嚴格的規定，即從「**身、言、書、判**」等四個基本標準，再加上德與才來綜合衡量。

唐太宗用人不拘一格，還表現在他用人不論門第出身、富貴貧賤，一律一視同仁。據說貞觀年間有個出身貧寒的書生李義府，由於擔心自己不能入朝為官，於是他賦詩感歎：「**上林多許樹，不借一枝棲。**」唐太宗聽聞後對他說「**吾將全樹借汝，豈惟一枝。**」打消了他內心的顧慮。而且唐太宗此言並非只為博取人心，他手下的許多大臣，如馬周、戴冑、岑文本等人都出身寒微。

為了拓寬選官的途徑，唐太宗還下令改革了科舉制度，這也是貞觀時期制度改革的一項創舉。漢魏時期選官無一定的標準，主要是依靠官員的舉薦，即所謂的「舉孝廉」。但這種方式根本不能保證所選官員的品質，更有甚者藉機欺上瞞下，進入官場，不僅沒有治理國家的才能，反而給社會帶來混亂。

到了魏晉時期，又誕生了「九品官人法」，主要靠門第來選拔人才，但弊端也顯而易見。因為這種制度使得貴族世家基本壟斷了官場，庶族地主之中雖然也有不少治國良才，但卻因為門第的關係而被埋沒，而門第顯赫的人家即使是庸才也能很輕易地進入官場，這顯然是對資源的一種極大浪費。既然這些選官制度存在著種種弊端，那麼必然隨著時間的發展慢慢被淘汰，所以，科舉選官制度就應運而生。

科舉制度首創於隋文帝開皇年間，是隋唐兩朝選拔官員重要的途徑之一，並一直延續到清末。科舉考試的優點在於它形式公開，競爭公平，採取的是擇優入取的標準，一改以往的以「門第」授官的方式，給一些寒門庶族入朝為官，成為統治階層的機會。

隋文帝時期，科舉設秀才和明經兩科，到了隋煬帝時期，又增設了進士科，著名的房玄齡、許敬宗等人都是隋朝的秀才，只是因為隋末天下混亂才沒能為官。科舉制度在隋朝的規模較小，按照朝廷的規定，各郡因行政等級每年選拔的秀才分別為上郡三人，中郡二人，下郡一人，數量較少。

到了貞觀年間，由於治國的需要，唐太宗求賢若渴。為了擴展選拔官吏、招攬人才的途徑，唐太宗繼承並完善了科舉制，大開了庶族做官的途徑。據記載，唐太宗在貞觀元年（西元六二七年）就大開選舉，不久之後又透過科舉考試的途徑選拔人才。

貞觀年間的科舉制度較於隋代及唐初有很多不同之初，首先改變了考試的時間，並增加了考試地點。和隋朝不同，唐代常科考試的日期不再定於冬季。原因是經過改革後參加考試的士子較前代大大增加，如果還按舊制，路途遙遠的士子便來不及進京應試。因此唐太宗下詔將十一月考試的時間改為「四時聽選，隨闕注擬」，給考生提供了便利。不僅如此，為了方便各地考生從容應考，唐太宗還下令特設了「東選」，考生可以根據自身的情況選擇在長安還是洛陽參加考試。

其次，唐太宗下令在原來的秀才、明經和進士科的基礎上增加了考試科目。唐朝的科舉考試有六科，分別是秀才科、進士科、明經科、明法科、明書科和明算科。其中取士較多的是進士與明經兩科，尤其是進士科更是做官的主要途徑。這兩科的考試內容也不盡相同，明經科考帖經，主要就是背誦儒家的經典，比較簡單，但也較為空洞。

進士科除了要考明經科所要考的科目以外，還要考策問、文章詩賦，通過考試後還要經過吏部的複試方能為官，由於進士科相對於其他諸科比較容易進入仕途，所以雖然難度比明經科大，卻頗受當時學子們的喜愛，也比較熱門。所謂「縉紳雖位極人臣，不由進士者，終不為美」，唐高宗時的宰相薛元超就因未能以進士的身分進入仕途而引為終身憾事，可見當時進士及第對官員的重要性。

除此之外，明法科、明書科和明算科是選拔專門人才的，選拔數量少且選拔出來的人也都是用在法律和天文曆法方面，上升的機會少，秀才可取士也很少，所以這些科目都較為冷門。

再者，放寬了考試限制，考試的種類和次數也增加了不少，士子應試的機會更加豐富。唐代的科舉分為常科和制舉兩種。所謂常科就是朝廷按照規定每年定期舉行的考試，而制舉則是由皇帝本人臨時下詔舉行，靈活性較大。

常科考試每年舉行，由禮部員外郎主持。國子監和各地州縣官學的學生都可以參加。為了拓寬選舉道路，朝廷還規定非州縣官學的學生通過州縣舉辦的考核也可以參加國家考試。除此之外，貞觀年間參與科舉考試的人數還不限制，只要符合規定的都可以應考。此後，每年從全國各地到長安考試的人數多達數千人，場面十分壯觀。

因為貞觀年間科舉制度的靈活性，除了每年舉行的常科考試之外，唐太宗還不定期的下詔命各地官員向朝廷推舉人才，這就是所謂的制舉。貞觀十五年（西元六四一年），唐太宗就詔告天下，推舉各地才德兼備的人才。貞觀十七年（西元六四三年）又「**手詔舉孝廉茂才異能之士**」。制舉由於是皇帝直接下詔令舉辦，所以一般都在長安舉行，是唐朝最為隆重的考試。但舉行次數不多，選拔的人才數量也較少。和常科不衝突，可謂是相得益彰。

即使如此，唐朝的科舉錄取比例還是比較低的，唐太宗在位二十三年，只有進士二百五十人，而其中只有一甲的三名進士得賜「進士及第」，難度非常大。唐人趙嘏有詩曰：「**太宗皇帝真長策，賺得英雄盡白頭**」，許多人參加科舉考試一輩子，最後也沒能如願。但是唐太宗廣開科舉之途的做法確實給他招攬人才帶來了很大的成效，還使得中央集權更為強化。廣開科舉的作法有三個好處：

第一，考試限制的放寬和吸引力的增加，使得天下有才之士都來參加科舉考試，選拔的範圍也增大了。

第二，選拔比例的降低和標準的嚴格，保證中選之人都是萬裡挑一，精益求精。

第三，因為考試科目的規定，使得應試者不得不去研習儒家經典，並學習詩詞歌賦，非常有利於統一全國的思想，為統治階層服務。

貞觀年間關於科舉制度的這些改變和完善無不出於一個目的，就是盡最大可能地吸納天下賢才來為統治服務，可見唐太宗求治之心是何等急切。科舉制的改革不僅給唐朝的官場帶來了勃勃生機，也滿足了唐太宗招攬人才的願望。同時也打破了以往選官對階層和地域的限制，從今往後不論是貴族子弟還是寒門庶族都可以憑自己的才學參加考試，進入仕途。

「朝為田舍郎，暮登天子堂」不再是夢想，不少寒門子弟得以一朝成名，後來做到了尚書、宰相的也不在少數。據統計，唐代庶族地主官至宰相的共有一百多人，比士族拜相的人數還要多，這還不包括那些名不見經傳之人。眼見天下人才都紛至遝來，唐太宗興奮地說道：「天下英雄入吾彀中矣！」

不僅如此，為了保證所選的官員都不是僥倖得中的平庸之輩，日理萬機的唐太宗甚至親自參與刺史的選定。因為刺史和縣令這些地方官員直接統治人民，直接關係到朝廷政策的推行和社會的穩定。除了親自選定刺史外，他還規定五品以上的在京官員每人推舉一位縣令，以此來保證地方官員的品質。唐太宗還將全國刺史的名字和情況命人寫在屏風之上，放在了自己的寢宮之中，以便他隨時瞭解這些人的功過得失，為日後的考核做參考。

在朝廷的規定下，貞觀年間的官員還需每年來長安進行考核，吏部會根據他們的業績來進行官位的升降。這樣一來，即提高了官員的積極性，又給他們在各地的辦事品質起到了一定的監督作用。

因為有了正確的人才選拔標準，過程又極為嚴格，再加上唐太宗「以才選官」，不拘一格的態度，貞觀年間出現了不少為世人所稱道的名臣良將，這些才華橫溢的臣子緊緊圍繞在唐太宗的周圍，君臣共同創造了這令人神往的貞觀盛世。

自信舞動天下

從建國之初，大唐就具備了征討四方的實力。貞觀年間，大唐帝國四面出擊，金戈鐵馬，氣吞萬里如虎，征服了一個個強大的對手，降吐谷渾、平高昌、討焉耆、征龜茲，西域震駭，中西商路復通。

法國史學家勒內·格魯塞在《草原帝國》一書中寫道：「一個受到震驚的亞洲從他身上看到了一個陌生的、史詩般的中國。絕不向蠻族求和，也不以重金去收買他們撤兵，唐太宗扭轉形勢，戰勝他們，使他們害怕中國。」太宗皇帝並非一味窮兵黷武，而是採取了「偃武修文，中國即安，四夷自服」的民族政策，唐帝國的威震八方，與其說是武力征服，不如說是文明宣威。「**青海長雲暗雪山，孤城遙望玉門關。黃沙百戰穿金甲，不破樓蘭終不還。**」在這個意氣風發、「大有胡氣」的朝代中，豪言壯語之下是居高臨下的自信與從容。

貞觀四年，李靖率兵擒獲了當年曾逼得高祖李淵俯首稱臣的頡利可汗。《新唐書》中說「**夷狄為中國患，尚矣。……唐興，蠻夷更盛衰，嘗與中國抗衡者有四：突厥、吐蕃、回鶻（音胡）、雲南是也。**」唐滅東突厥以後，大唐軍功盛極一時，國威遠播四方，懾於大唐天威，「**西北諸蕃，咸請上（指唐太宗）尊號為天可汗**」。這便是歷史上著名的「天可汗」稱號的來歷。

當時身為太上皇的李淵頗感揚眉吐氣。《資治通鑑·唐紀九》中寫道：「**上皇聞擒頡利，歎曰：漢高祖困白登，不能報；今我子能滅突厥，吾託付得人，復何憂哉？上皇召上與貴臣十餘人及諸王、妃、主置酒凌煙閣，酒酣，上皇自彈琵琶，上起舞，公卿迭起為壽，逮夜而罷。**」

歌舞凌煙閣，酒酣意淋漓。李國文評價說：「宮廷舞會，在西方世界，是習以為常的。在東方，尤其在中國歷代封建王朝裡，九五之尊的天子，莊嚴肅穆還來不及，哪有一國之主手舞足蹈的道理？因此，凌煙閣裡的這場舞會，正是最好的寫照。你也不能不服氣在唐朝的天空下，這種在別的朝代少有的百無禁忌的強烈自信。因為李淵手裡的琵琶，是胡人的樂器，那麼李世民跳的舞蹈，也可能就是當時流行的『胡旋舞』。這一通狂舞，絕對是那個時期大唐帝國活力的最高體現。」

從上層來說，皇室李家自稱為中國貴族後裔，可是在魏晉南北朝時代，他們的先祖歷仕異族，也經常與少數民族的家庭通婚，而且這種透過民族界限通婚的習慣直到後世登九五之尊猶未終止。因此，唐人既不是魏晉以前中原漢人的簡單延續，也不是胡族單向地融入漢族，而是漢胡互化產生的民族融合體。

大唐的自信不僅僅是對內的，也是對外的。大唐盛世，國富民強，政治開明，唐文化展現出來的是一種無所畏懼、無所顧忌的相容並包的大氣派。一切因素、一切形式、一切風格，在唐代文化中都可以恰得其所。當中國皇帝威望最高的時候，恆河邊上的印度王子承認了他的宗主權：一個阿薩密的篡位者被押赴西安受審；來自高麗和日本稱臣朝拜的使節；中國的都城有敘利亞人、阿拉伯人、波斯人、吐蕃人與安南人來定居。

唐朝是一個透露和包含著多種因素的朝代：它是盛極而衰的王朝，它的開國和守國的邏輯是複雜而多變的，它同時擁有高度發達的文明。正是它的這些豐富和矛盾才構成了它永久和持續的魅力。

第二卷　女主臨朝——波瀾起伏中成長

第一章　二聖爭鋒，從尼姑到皇后的心路歷程

少女武則天

武則天，自名曌，取其日月當空普照天下之意，原籍並州文水（今山西省文水縣），「則天」二字不是她的名字，而是她死後的尊號：「則天大聖皇帝」和「則天大聖皇后」，玄宗時又被改為「則天順聖皇后」，而在古代史籍中，她大多被稱呼為「武后」。

據說在武則天的祖籍利州有一個龍潭，武則天的母親楊氏曾經在那裡遊覽，誰知突然有一條龍躍出水面，於是楊氏因龍感孕，生下了武則天。這個看似荒誕的說法，在古代卻有很多人相信，不僅李商隱在自己的詩作中提到利州是「感孕金輪所」，金輪指的就是武則天，南宋的馮倓也在詩中寫道：「**黑龍之精鐘女武，禍胎於周易唐王。**」

當然，無論如今的傳說多麼地聳人聽聞，在唐高祖武德七年（西元六二四年）武則天剛剛來到人世的時候，她也不過是父親武士彠（音獲）與母親楊氏這一對老蚌生珠，誕下的武家二女兒而已。

《新唐書・后妃傳》記載：武則天的五世祖武克己曾任北魏散騎常侍，高祖武居常任北齊殷州司馬，曾祖武儉任北齊永昌王諮議參軍，祖父武華任隋朝東郡丞。整體來說，武則天也算是出身於官宦之家，但是到了她的父親武士彠這裡，情況卻有了些變化。

武士彠是一位很有錢的木材商人，在當時商人雖然大多家財萬貫、財大氣粗，然而社會地位卻十分低下，被列為士農工商這百姓中的四個階層中的最底層，受到很多不公平的待遇。因此與大多數發家以後的商人相似，武士彠也十分渴望改變自己的命運，提高自己的社會地位。

為了改變命運，武士彠不惜花費大量家財來結交達官貴人、有識之士，因此結識了當時還是隋煬帝手下的唐公的李淵，並且建立了比較友好的關係。後來李淵打算起兵反隋，於是派心腹劉弘基、長孫順德外出招募士兵，建立自己的軍隊。誰知此時被隋朝將領王威知道了，下令逮捕劉弘基等人，多虧武士彠在王威面前周旋此事，劉弘基等人才倖免於難。

唐朝建立以後，李淵為了報答武士彠的這份情義，同時看在自己也曾受過武士彠的禮遇，於是便對武士彠大加封賞，逐步升遷為工部尚書、利州、荊州都督，並且獲得了應國公的爵位。李淵曾經大方地說：「以能罷系劉弘基等，其意可錄；且嘗禮我，故酬汝以官。」從一介商人一躍而成為三品以上的朝廷大員，可見武士彠這一筆買賣做得還是很不錯的。

儘管武則天的父親武士彠只是一個靠敏銳眼光上位的新貴族，但是武則天的母親楊氏，卻是一位不折不扣的豪門貴女。她出身關隴望族，是隋朝宰相楊達的女兒，只是不知道什麼原因，這位貴族小姐年近四十仍然沒有結婚。後來武士彠的元配夫人相里氏去世，在李淵的撮合下，武士彠將楊氏娶了進門，透過婚姻再一次提高了自己的社會地位。

武則天就是楊氏生下的三個女兒中的第二個，她從小生活非常幸福，人也聰明睿智，經常隨父外出做都督的父親遊歷各地，並且喜歡看父親的奏疏，不懂的就問個明白，很早就有了樸素的憂民意識。貞觀初年關中連續大旱三年，一家人撫武士彠的靈柩回老家，路途上饑民很多，武則天就問她母親問：「詔書上不是說倉廩足實，國泰民安的嗎？」母親只好寬慰她：「府衙裡都是當官的，當然見不到饑餓的人群了，這郊外自然如此。現在還是好的了，在兵荒馬亂的年代，餓死的人堆積著無人管！」

可見當時，武則天就開始思考如何讓老百姓豐衣足食之類的問題了。關於武皇的神秘性，流傳最廣當屬袁天綱相面的事了。據說，武則天還在繈褓中的時候，相面大師叫做袁天綱路過她家門口，對楊氏說「夫人，你富貴相，定生貴子」，楊氏便把他請回家中，讓奶媽抱來武則天，算命先生卻把武則天誤認為是男孩子了，給她卜卦說：「此兒龍睛鳳頸，是貴極之相。可惜他是男子，若是女子，日後必成天下之主。」

天有不測風雲，武則天十二歲的時候，武士彠就患病去世了，失去了家裡的頂樑柱，楊氏母女的處境變得非常艱難，兄長們霸佔了宅子，她們母女只好去了長安過起寄人籬下的日子。終日看別人臉色行事，不是武則天的性格，所以，她無時無刻不在想著改變自己的命運，後來機遇真的來了，太宗的賢內助長孫皇后突然去世，皇后的位置空缺無補，太宗也無心立后。

但是，後宮的問題總要解決一下的，由於人數過少，不合宮中的規矩，只好選些才貌出眾的女子補缺。武則天的堂舅楊師道是當時的宰相，曾多次向唐太宗舉薦武則天，再加上唐太宗的妹妹楊師道的妻子桂陽公主也經常給太宗念叨武則天。於是唐太宗對武則天未見其人先聞其名，就此產生了興趣，便下詔將時年十三歲的武則天納入宮中。

接到聖旨，武則天的母親想到女兒馬上就要孤身一人進入波譎雲詭的宮廷中，頓時覺得十分不捨，便哀哀哭泣起來。見此情狀，武則天卻毫無小女兒態，大方地安慰母親說：「**見天子庸知非福，何兒女悲乎？**」可見武則天的思維不是常人的思維模式，也就預示了她要出人頭地的決心。「**武家有女初長成，一朝選在君王側**」，從此命運向武則天打開了新的大門。

一個乳名引發的血案

武則天進宮後，太宗見她長得確實水靈，很是招人喜歡，就賜號「武媚」，封為五品才人，但畢竟年齡太小了，此後太宗也就沒怎麼注意她。究竟才人處於哪個級別呢？當時皇帝有一后、四妃、九嬪、九婕妤、四美人、五才人，八十一御女。

在這等級森嚴的後宮金字塔中，才人處於中下層，而且才人不是養尊處優、無所事事的家庭主婦，而是「**掌敘宴寢，理絲枲，以獻歲功**」的後宮女官，要負責祭禮、宴飲和引導命婦朝覲。所以入宮後要學的東西很多，官方就規定必須在進行了嚴格的教育和長時間宮中生活的薰陶後才能管事。於是，武則天也隨著新進的宮女學習經書，書寫文章辭賦，還學了書法，音樂，作畫等藝術知識，其實就相當於現在的基礎知識教育。

當然，禮儀知識以及侍奉皇上和后妃的知識，是一門非常重要的實踐課程，由一些有經驗的女官教授。這些武則天都努力地學了，更重要的是，她在這十一年裡，耳聞目睹，累積了大量政治經驗，特別是唐太宗把她調到自己身邊貼身侍女後，她學習了很多做帝王的道理，為她後來做女皇累積了豐富的經驗。

但是，她的理想是那麼遙遠，她沒有得到太宗的恩寵。如此消磨歲月，只能讓年華老去，可是，在古代對於女人最重要的就是芳華，在宮裡，一個女人等到芳華逝去就很難再有天日，武則天一出場就註定不是一個安分的女人，平淡熬日子不是她的風格，她總要給自己找機會吸引太宗的眼球。於是就有了後來武則天親口講述的獅子驄事件。

獅子驄是一匹烈馬的名字，長得高大凶猛，沒人能馴服得了。唐太宗十分喜歡馴馬，但也拿獅子驄（音聰）無可奈何。有一天，他帶著妃嬪觀馬，武則天也在其中，所有的人看到獅子驄都發出唏噓之聲，沒誰敢上前馴馬。這時，武才人毛遂自薦說自己能馴服這匹馬。不過，需要皇上賜她鐵鞭、鐵錘、匕首三樣東西。

唐太宗疑惑地問，這三樣東西都不是馴馬用具，你要它們做什麼？武才人回答說先用鐵鞭抽打馬，如果它不溫順下來，那就用鐵錘敲它的腦袋，再不行的話，就用匕首殺了它。太宗看著這個美貌如花的小姑娘，卻從她口中出如此之凶狠之策，不禁毛骨悚然，半天沒反應過來，只是木訥地誇了她一句好膽量。

雖然機會抓住了，但效果不好，武則天在這件事中暴露了自己的性情剛烈，膽大果斷而又不允許別人忤逆自己的個性，這和唐太宗太像了，這樣讓他感到害怕，在那時，女子都是以嬌柔為美的，而武才人一句驚人，這是有驚無喜，讓太宗重新認識了她，但是他這樣的男人一般喜歡和他互補的柔弱女子，不難想像，獅子驄事件沒有給武則天帶來得寵的機會。

後來，有一件更嚴重的事情差點要了武才人的命，當時，民間流傳的「女主武王」的傳言傳到了宮裡，太宗知道後召見太史令李淳風。這個李淳風是個預言家，他「博涉群書，尤明天文曆算陰陽之學」，著名的預言書《推背圖》就是他的著作。在反隋立唐的戰爭中和李世民與李建成的爭奪中，李淳風作為參謀也起了很大的作用，因此唐太宗十分相信他的話。

李淳風進宮以後，唐太宗便直截了當地問他是否知道「女主武王」的事。李淳風說，他觀天象看到了太白星，預示著女主天下，並且，李淳風還說自己已經推算出這個武氏女子已經在宮裡了。唐太宗聽了以後非常緊張，想在後宮大開殺戒，避免江山被奪的厄運，但是李淳風以天命難違勸說，唐太宗才打消了這個念頭。但是，機遇巧合，老天自有安排，讓武則天免於喪命，李君羨成了替死鬼。

事情是這樣的，一天唐太宗高興舉辦宴會，興致之極，太宗讓大家說自己的乳名來行酒令，看到皇帝如此高興，在場的眾臣也紛紛興高采烈地說出自己奇怪的乳名並且互相嘲笑。正當氣氛熱烈之際，左武衛將軍李君羨上前說：臣乳名五娘子！一個五大三粗的將軍乳名竟然叫五娘子，這分明是個女人的名字嘛，於是引起了全場哄笑，唐太宗也笑呵呵地說了一句：「何來女子，如此勇健！」

然而話音未落，唐太宗就被自己說出的「女子」二字驚呆了，是啊，如果是後宮女眷又怎麼可能有野心有能力推翻李家宗室，成為天下之主呢？相比之下，這個掌控著玄武門的將軍才更加可能吧，何況李君羨雖然不姓武，但卻是武安人，任職左武衛將軍，守衛著玄武門、封爵武連郡公，這一連串的武字和女孩的乳名讓唐太宗幾乎認定李君羨正是那「女主武王」所指的對象。於是沒過多久就找個藉口除掉了李君羨，從此唐太宗放下了一樁心事，而武則天也得以倖免於難，但是她仍然沒有得到太宗的寵愛。

太宗一生兒女眾多，卻沒有一個是武則天所生，這樣也說明了太宗極少寵幸她。大約在武則天快二十歲時，禮部尚書侯君集打敗了高昌，佔有了高昌的錢財，而大將薛萬鈞則霸佔了高昌的婦女，後來太宗怪罪下來，讓薛萬鈞和高昌婦女對質，魏徵和岑文本去說情。魏徵說：「讓亡國的女人和大將對質是很丟面子的，以前秦穆公丟了駿馬不但沒有懲罰他人，反而賜酒讓大家喝。楚莊王賜美酒讓大臣喝時，燈突然滅了，大臣在黑暗中不小心拉扯斷了楚莊王的冠纓，楚莊王也並無生氣，難道陛下的氣度不如他們二人嗎？」

無奈之下，唐太宗只好將侯薛二人釋放，但是心裡很不舒服。當晚，武則天在左右侍候，見太宗不高興，以言辭寬慰他，太宗心情好轉就臨幸了她。但是武則天強硬的性格讓太宗對她始終不熱絡，所以，那次臨幸也是唯一的一次。有的文學作品還說在太宗彌留之際曾想殺死武則天，武則天無奈對太宗承諾說等皇帝「龍馭上殯，臣妾寧願在柩前自盡，以身殉主！」太宗還是不放過她，讓她立馬自殺，於是武則天去投繯自盡，這時，太宗才有所不忍，沒有繼續逼她死。

當時和武才人一起選秀進宮的一個女子，名叫徐惠，貌美而多才，又溫柔似水，比之武才人少了很多霸氣，很快就步步高升，武才人眼看著別人都立住腳了，自己不比別人差，怎麼會甘心居於人下呢？但是，她知道太宗這條路是行不通了，於是她尋找到另一種路徑。

一次太宗得了「風疾」，也就是中風，據說這是李唐家族的遺傳病。太宗突然病重，太子李治是個孝順的皇子，天天去照看他父皇，由於不忍心讓李治來回跑，太宗就讓他住下了，武才人終於找到了新的通天梯，《資治通鑑》非常隱晦地記載：**「上之為太子也，入侍太宗，見才人武氏而悅之」**這一個「悅」字有很豐富的內容，可以理解成「喜歡」或「一見傾心」，但到底是誰主動誰被動，卻很難說清，至於這段感情那時發展到何種程度就更不得而知了。貞觀二十三年（西元六四九年），太宗由於「風疾」去世，太子李治即皇帝位，為高宗皇帝。

由於養病的需要，太宗病危時在宮城之外，去世時也在宮廷之外，如果讓大臣們知道的話可能會瞬間引發政治鬥爭，造成相互殘殺血流成河。唐太宗在彌留之際召來長孫皇后的哥哥長孫無忌，和其他一些信得過的朝廷重臣，交代他們要好好輔佐太子，不能聲張皇上病危的消息，穩定住局勢。幾人接受了唐太宗的遺言，星夜護送太子李治回到了長安，先穩定住大局。隨後，帶領其他人馬護送太宗的靈柩前往長安，等到確定兩隊人都到長安后才將唐太宗駕崩的消息昭告天下。幾天後，太子李治御太極殿登基。

唐太宗死後，按照宮中規矩，未生子女的嬪妃都要發配到皇家寺院為尼，二十六歲的武媚娘也就和其他未生育的妃嬪一起出家到感業寺。當時，很多被迫出家的妃嬪從此就青燈古佛，了此殘生。據說，當時一大群女子形同囚犯，被拉到西郊外，個個低聲抽泣，更有甚者，那個和武則天一起選進宮裡的徐惠在太宗在世時還挺受寵，太宗去世後就哭哭啼啼地自縊身亡了。

只有武則天與眾不同，她高昂著頭，款款而行，面色鎮定，好像不是去艱苦度日，而是在籌備著一個彌天的計畫，也許，她知道命運在不由自己選擇的時候只有接受，但接受不代表認命，這才是真正的武則天。

有人根據唐高宗李治立武則天為皇后所下詔書的內容，有這樣一句進行推測，即「遂以武氏賜朕」大意是說太宗在病重的時候，李治日夜去守護，和武才人產生了戀情，被太宗發覺了，便故意讓武才人侍候李治，並私下允諾了他們的關係，但是礙於父子之間的關係就一直沒有公開。所以，臨行前，李治答應到合適的時候就接她回宮，並給了她玉佩作為信物。所以，武則天在去往感業寺的路上，才如此的放心，一副天不怕地不怕的神態。

也有人說，在武則天進感業寺之前和李治已經商量好下一步的打算，但是貴人多忘事，李治後來就慢慢淡忘了這個女子，武則天不會坐以待斃，她寫了一首表達思念的情詩，《全唐詩》裡收入她這首樂府詩《如意娘》：

看朱成碧思紛紛，憔悴支離為憶君。
不信比來長下淚，開箱驗取石榴裙。

一般人，寫了情詩聊以自慰也就罷了，但是如此情真意切的詩句，武則天寫出來可不會就讓它高枕於台閣上，她把它作為了改變自己命運的籌碼，並設法傳到了李治的手裡。李治看後不勝悲懷，自然懷念起這個女子來，可是，他能去感業寺的機會不多，不管怎麼說，這首詩讓兩個人的藕斷絲連得以繼續下去，武才人的目的也就達到了。

武才人隨一批人被拉到了感業寺，感業寺在長安的西郊，依山傍水，古樸秀麗，卻是修身養性的好去處。但是對於有著雄心壯志的武則天來說，無疑是人間地獄。她剛進寺院的時候，對那些形容槁枯絮絮叨叨的女人特別厭惡，她們目光呆滯，充滿了死氣，她們盯著她的行蹤，她就得小心翼翼。但是這些關不住武則天的理想，她逐漸沉靜了下來，開始勤讀經書，然後感業寺的主持就對她另眼相看了。

有一天，主持問武則天：你對佛經很熟悉啊，以前讀過嗎？武則天看著這位滄桑的老人說：弟子年幼時受家母的影響，略略讀了一些。「原來是這樣，看來你和我佛真的有緣，然而佛經不過是些文字，佛法才是大道理。希望你以後更加努力，好好參禪，以期修得正果」，從此主持就對她放鬆了警惕，還經常和她交談。

至於，李治怎樣跑到感業寺與武則天見面的，《資治通鑑》有這樣的記載：「**上之為太子也，入侍太宗，見才人武氏而悅之。太宗崩，武氏隨從感業寺為尼。忌日，上詣寺行香，見之，武氏泣，上亦泣。**」大意是說，李治做太子的時候，去服侍太宗，對武才人一見如故，後來，武才人去了感業寺，李治在父親的忌日去感業寺上香，並且見到了武則天，倆人見面後李治對武則天甚是憐惜，但在寺院裡，二人不能多說什麼，只能「相顧無言惟有淚千行」。也許正是這次見面使李治突然覺得自己對不住武則天，於是當即下了接她回宮的決心。

明明是父親的女人，李治怎麼會有這種想法呢，這和李氏王朝奪得天下的哲學有關，只要足夠強大，就可以拿取自己想要的東西，後來，這一哲學在玄武門政變中也得到證明，再說當時太宗已經過世，所以，李治是不難突破那些陳舊陋習的限制的。但是一切沒等高宗回去後還沒有向皇后開口，事情就有了轉機。這一切要得力於後宮的爭鬥，武則天的命運又有了轉折，很順利地就回到了宮裡。

從尼姑到皇后

高宗的皇后是關隴大族的後人，出身高貴，且賢良淑德。李治還在當晉王時，在高祖的妹妹的牽線下，王氏就成了晉王妃。後來李治做了太子、皇帝，王氏的身分也就跟著升為太子妃和皇后。皇后貌美，是個好媳婦，傳說太宗去世前對褚遂良說：「朕佳兒佳媳，今以付卿。」

但是，史載王皇后「性簡重，不曲事上下」，是一個極無趣的人，一天到晚總是低垂著眼瞼，毫無表情，也不會討好皇帝、籠絡身邊的宮女宦官們，這也是她有著如此顯貴的出身和出眾的美貌卻自始至終都沒有得唐高宗寵愛的原因。試想，在朝堂上，高宗聽老臣們無休止地勸諫已經是心力交瘁了，回到後宮，還得面對一個僵硬的面孔，沒有任何溫存之感的皇后。所以，皇上更喜歡蕭淑妃，為了躲避王皇后他寧願躲在蕭淑妃的住處。

話說這個蕭淑妃，出身也非常顯貴，是梁昭明太子的一支後裔，大唐建國時，還出過一個宰相蕭瑀。她長得好看，嘴巴又甜，活潑直爽，李治做太子時便嫁入了東宮。更重要的是蕭淑妃還給李治生下了兒子，而王皇后膝下無子。在這種情況下，高宗專寵側室，讓王皇后感到了極大的威脅。然而更嚴重的事情發生了，以長孫無忌為首的大臣們建議皇上立太子，因為皇后無子，無嫡立長，於是就立高宗的長子燕王李忠，這樣以免立了蕭淑妃的兒子為太子。但是，這沒有讓皇上回心轉意，因為燕王李忠的母親出身很卑微，皇上還是專寵蕭淑妃。

後來，高宗和武才人的戀情漸漸地傳遍了宮裡，王皇后得知了高宗和武則天的私情後，就更沉不住氣了，一個淑妃就夠礙眼的了，又出現一個尼姑。但是，王皇后心裡非常清楚，此時淑妃才是自己對大的威脅，於是她想把武則天引進宮以牽制淑妃，她認為一個尼姑是不足為患的，再加上武媚娘背後沒有權勢依靠，即使皇上寵幸了她，有朝一日要除掉她也不是大問題。

於是，她就把這個想法告訴了自己的母親柳氏，柳氏也覺得是個辦法，想著一個尼姑也不足為患，改日再除不晚。倆人又找舅父柳奭商量，柳奭（音是）明白自己的命運和皇后的命運息息相關，眼看著淑妃專寵，也覺得牽制淑妃的寵愛是最重要的，也同意了將武則天引回宮中的想法。

在母親和舅父的支持下，王皇后速戰速決，立即派人到感業寺通知武則天蓄髮待詔入宮。然後，又將此想法告訴高宗，高宗正惦念著這藕斷絲連的感情怎麼處理，滿心歡喜，覺得王皇后真懂他心，對王皇后的態度也熱情起來。武則天得知皇后讓她蓄髮準備入宮，心裡非常高興，雖然知道出去後一切都是未知數，但她還是決定再次和命運賭一次，先出去日後再相機而動。

不久，宮中果然來人接她了，回到後宮後，王皇后喜笑顏開地對她噓寒問暖，還說自己不知武才人在感業寺，是皇上想念武才人，她才得知的，但是武則天很快明白了皇后接她回宮的真正目的。在感業寺的那段時光，讓武媚娘沉靜了很多，少了些許往日的剛烈，也磨練了堅韌的品格。後來，當高宗去武則天處時，武則天總勸他要多禮遇皇后，高宗也從心裡感激皇后，自然就答應了，這樣，皇上就把淑妃給擱置在了一邊，王皇后也對她放鬆警惕，為她以後的偉大計畫埋下了伏筆。

武則天再度進宮後，人就成熟多了，也瞭解皇上的喜好，對於後宮的人情世故也了然於心。而宮內的人都知道皇上和皇后性格不合，皇上細心敏感，而王皇后卻不苟言笑，經常對皇上板著臉。而武則天和李治則是互補的一對，武則天剛烈果斷，善於謀略，還博學多才，能和李治談論的話題很多。而李治性格內向，優柔寡斷，正需要一位比他年齡稍大又讓他感到放鬆的女子。

按照這種說法，就不難理解蕭淑妃為什麼會敗給武則天了，高宗喜歡成熟的女人，而蕭淑妃潑辣幼稚，相反，武則天溫柔風致、堅強冷靜，膽大心細，這一切都讓高宗仰慕和依戀。而武則天在文學、音樂和書法等各個方面的才華，也讓高宗為之叫絕，加之幾年的地下戀情，終於見得天日了，二人自然如膠似漆。

於是，武則天開始了她出人頭地的計畫，面對一國之君李治，她委曲求全，少了獅子驄事件時的鋒芒畢露，變得溫柔起來，再加上年歲的增加，不免多了幾分風韻。在皇后面前，她常對皇后把她從感業寺救出來的事感恩戴德，使王皇后覺得武則天還是個知道感恩的人，可以同舟共濟，就在皇上面前說了她的好話，將她晉封為昭儀。

而面對身邊的宮女宦官們，武則天走了和皇后相反的道路，王皇后性格高傲，對上對下都不放在眼裡，儼然一個孤立的冰美人，武則天就卻時常把皇上賜給她的東西賜給宮女宦官們分享，特別是那些對皇后不滿的人，她施恩更重，不久，她在宮內的眼線就變多了。她派她們去監視皇上和蕭淑妃的動靜，找不出紕漏，便開始琢磨別的辦法，決意要拉王皇后和蕭淑妃下馬。

這時，皇上被王皇后和蕭淑妃的爭風吃醋鬧得心煩意亂，武昭儀漁翁得利，得到了皇上的專寵。高宗共十二個子女，最小的六個都是武則天所生，可見當時武昭儀是多麼的受寵了。但是，武則天有著更大的野心，她怎麼會滿足做一個昭儀？

其實，武則天的野心在她的第一個兒子出生時就顯出來了。她入宮後的第二年，也就是永徽三年（西元六五二年），就給高宗生了一個兒子李弘，後來被冊封為代王。按理說李弘在皇子裡面不特殊，但是這個名字裡卻暗藏玄機。

在魏晉南北朝時，天下動盪，百姓深陷水深火熱之中，於是道教盛行起來，在各地都有太上老君下凡拯救黎民、開創太平盛世的傳言，而傳說中這位太上老君的化身就叫李弘，那些起義者為了增強自己的號召力往往都化名李弘，出現了**「但言老君當治，李弘應出，天下縱橫，反逆者眾，稱名李弘，歲歲有之」**的情況，可見李弘「二字」在民間的號召力及其背後蘊含的政治意義。

看到武則天不僅得到皇帝的專寵，還生下了皇子，並被賜予意義深遠的名字，王皇后才突然意識到了武昭儀的威脅。於是她轉而聯合蕭淑妃一起對付武則天，她們時常對皇上說武則天的壞話。而此時高宗對武則天十分寵愛，「不信后、淑妃之語，獨信昭儀」，並且對皇后和蕭淑妃結黨營私、排斥異己的行為心生厭惡。

看到時機成熟，武則天便想抬高自己的出身為自己累積政治資本，於是她請高宗追封其父武士彠，這樣，武則天也算是名門之後了。為了表示對武昭儀的愛意，高宗又專門頒布法令讓武昭儀的直系親屬都可以名正言順地出入宮門，母親和守寡的姐姐都來到了宮裡，這點讓武則天很高興，享受到了久違的天倫之樂。

雖然如此，但武則天心裡也清楚王皇后和蕭淑妃的家庭背景很強大，皇上也不會為了私情得罪她們兩個的家族。於是，要實現自己的野心，廢王立武就得自己尋求出路。大約在永徽四年（西元六五三年）底或者永徽五年初，武則天生下了一個小公主，長得水靈靈的，高宗非常喜歡。永徽五年（西元六五四年）初，王皇后又去武則天處探視小公主，逗小孩玩了一會便離開了。

據說武則天則發現機會來了，便利用王皇后探視新生嬰兒的間隙，親手捂死了自己的女兒。等到高宗來了，武昭儀故作不知地隨著他一起去看小公主，歡喜地說笑著，誰知一掀開被子發現，小公主已經死了。驚恐之時高宗叫來宮中人詢問都是誰來看了小公主，宮人都說：「皇后剛來過。」

高宗見愛女橫死，那裡還有心情去考慮其中的蹊蹺，再聯想起皇后以前就和蕭淑妃勾結在一起為難武昭儀，現在見武昭儀生下女兒自己又寶愛非常，未嘗做不出殺人之事，於是立即就認定：「后殺吾女！」這樣王皇后在沒有任何的心理準備的情況下被誣陷了，有口難辯，被打入了冷宮。其實，關於小公主之死的案件，自古有多種不同的說法，上面是一種，也有說法認為小公主是自然死亡，武則天就推給了王皇后。

永徽六年（西元六五五年），武則天再次發難，她讓宮裡面的人報告皇上說王皇后和她的母親魏國夫人柳氏施行「鎮魘」來詛咒自己。所謂「鎮魘」，是古代方士的一種巫術，也就是用一些特殊的物品以詛咒的方式來制服人或物。巫蠱之術是宮中的忌諱，漢武帝征和元年（西元前九十二年）曾發生過一起巫蠱案件，一下子牽涉到數萬人喪命，血流成河。關於王皇后搞巫蠱這件事，還沒有定論是真是假，但是這件事更加鞏固了高宗廢黜王皇后的決心。

離婚需要高深的政治手腕

高宗下定了廢王立武的決心，便找大臣們商量，第一個就是長孫無忌，長孫無忌是開國功臣，又是高宗的舅舅，高宗被立為太子，長孫無忌下了很大的功夫。第二個是褚遂良，褚遂良在太宗在位時參與過很多軍政大事的決策，太宗很看好他，所以想廢黜王皇后一定得徵詢這兩個老臣的意見。但是長孫無忌和褚遂良都堅持王皇后是先帝選定的兒媳婦，並無重大過錯，不能隨便罷黜，由於長孫無忌在朝堂上的地位舉足輕重，看到他如此堅決地反對，高宗也不敢輕舉妄動。

不過，在當時朝堂上還有一支與長孫無忌代表的士族地主關隴集團相抗衡的力量，這就是以李勣為代表的庶族地主山東集團。雖然李勣對於此事稱病不出，但是此舉無異於投了棄權票，表示他與長孫無忌不屬於同一陣營，因此長孫無忌不能統一朝堂的聲音，這就為武昭儀絕地反擊高升后位留下了機會。

正當武則天和李治因廢王立武發愁時有一個叫李義府的人毛遂自薦，願意為武則天賣命。其實，他也只是想保住官位而已，他本是中書舍人，因為他得罪了長孫無忌，要被發配到壁州擔任司馬。李義府是個見風轉舵、很識時務的人，他知道此時有能力、有膽量又有需要與長孫無忌正面作對的只有武昭儀，同時也知道武昭儀要做皇后，需要朝堂上有一個人站出來反對長孫無忌。為了保住自己的官位，李義府便投靠了武昭儀，並且上表直言請求廢王立武。收到李義府的表章，高宗十分高興，於是便提拔李義府做了中書侍郎。

見到李義府公然與長孫無忌作對竟然沒有受到懲處，反而還被皇帝破格提拔，朝臣們頓時明白了，衛尉卿許敬宗、中書舍人王德儉、御史大夫崔義玄、御史中丞袁公瑜等人看到皇上的意圖明確了，也都站在了武昭儀這邊，這樣武昭儀很快有了自己的外廷力量。在支持武則天的臣子中徐敬宗的年齡最大，他和李義府一起，透過武則天的母親楊氏內外聯絡，很快建立起外廷的情報網，武昭儀距離皇后之位已經不遠了。

與此同時，以長孫無忌為首的反對武則天的朝臣隊伍也建立了起來。裴行儉不贊同廢后，就在外面說了些不該說的話，被武則天的人聽到了，又透過楊氏傳到了武則天的耳朵裡，這樣，裴行儉很快就被貶官為西州都督府長史，被趕出了京城。

永徽六年（西元六五五年）十月，唐高宗在退朝後把長孫無忌、李勣（音積）、于志寧、褚遂良等四位宰相單獨留了下來，說有要事要商量。他們四個很清楚皇上找他們是什麼事，於是在見到皇上之前就商量好了對策。

皇上召見之後，便開門見山地對長孫無忌說：「皇后無子，武昭儀有子，今欲立昭儀為后，何如？」誰知長孫無忌還沒開口，褚遂良慷慨激昂地陳述了一通大道理，遂良對曰：「皇后名家，先帝為陛下所娶。先帝臨崩，執陛下手謂臣曰：朕佳兒佳婦，今以付卿。此陛下所聞，言猶在耳。皇后未聞有過，豈可輕廢！臣不敢曲從陛下，上違先帝之命！」不僅不同意皇帝廢掉王皇后，甚至還給李治扣上了不尊先帝遺命的罪名，李治聽罷大怒立刻拂袖而去。

但是，武則天絕不是知難而退之人，這次她敗給了長孫無忌等人，便給高宗出主意謀求下一回合的勝利。第二次召見，李勣稱病躲在家中沒去，褚遂良似乎不敢再繼續用「違先帝之命」的名義來反對廢除王皇后了，便退而求其次地說：「陛下必欲易皇后，伏請妙擇天下令族，何必武氏！武氏經事先帝，眾所共知，天下耳目，安可蔽也。萬代之後，謂陛下為如何！願留三思！臣今忤陛下，罪當死！」反正就是如果皇上要換皇后不一定是武昭儀的，可以選個出身好的，並且殘忍地攻擊武則天的清白問題，甚至以千秋萬代的名聲來威脅唐高宗。

然後褚遂良又狀若癲狂地在御階之下凶猛地磕頭，弄得頭破血流，還將手裡的笏板扔到殿階之上，大叫：「還陛下笏，乞放歸田里！」翻譯成現代語言就是「還你的破笏板，老子不伺候了！」唐高宗對褚遂良如此失禮的言行震怒不已，便要命人轟他出去。

正在朝堂上推推搡搡亂成一團的時候，只聽見朝堂的簾子後面忽然傳來女子清脆冷冽的聲音：「何不撲殺此獠！」幸好長孫無忌反應快，在高宗說出「好」字之前高聲說：「遂良受先朝顧命，有罪不可加刑！」，於是褚遂良總算沒有被殺死。這場朝堂上的鬧劇很快就在宮中傳開了，這樣一來，以前沒有通知來議此事的大臣也上表反對立武昭儀，大部分宰相都舉了反對票，這讓高宗和武昭儀不免有點失望。

突然，高宗發現李勣沒來，也沒上表。李勣一直稱病在家，到底是什麼意見？於是，高宗單獨召見了他，試探他說：「**朕欲立武昭儀為后，遂良固執以為不可。遂良既顧命大臣，事當且已乎？**」李勣是個聰明的人，他沒有直接回答皇帝的問題，而是說「**此陛下家事，何必更問外人！**」

高宗一聽非常高興，局勢立馬有了轉機，支持武昭儀的人聽說了他的意見也非常高興，許敬宗在朝中揚言說：「種田的農民若是多收了十斛麥子還想著換老婆呢，何況天子想立皇后，哪有別人插嘴妄言的餘地！」武則天運用她在宮中的人脈網很快便將許敬宗此話宣傳開來，為皇帝改立皇后造勢。

在永徽六年（西元六五五年）十月十二日，唐高宗下詔：「**王皇后、蕭淑妃謀行鴆毒，廢為庶人，母及兄弟，並除名，流嶺南。**」這樣，王皇后就被廢掉了，可是後宮不可一日無主，沒過幾天，徐敬宗就上表，請求皇上設立新后，這正中高宗下懷。

十一月一日，武則天正式成為皇后。冊立當天，武則天在肅義門接受文武百官的朝拜，這在中國歷史上也是第一次，以往的皇后是沒有這個待遇的。以往的皇后只能接受內外命婦的朝拜，百官不需要朝拜皇后。可見，武則天一當上皇后就與眾不同，她已經成長為一位了不起的政治家，這些都昭示了她的野心在更大的地方。

不管怎麼說，武則天改變了中國女性在歷史上的地位，她先後嫁了兩位皇帝——唐太宗和唐高宗；生了兩位皇帝——唐中宗和唐睿宗。這期間雖說歷盡艱辛，但武則天終於一步步實現了自己的理想，也實現了相面先生的預言，她成為了唐高宗的皇后，繼而又建立了武周政權，這位了不起的女人在男權社會中一步步開創了女性的新時代，成為中國歷史上唯一一位君臨天下的女皇並且也是有作為的皇帝之一，從貞觀之治到開元盛世，都離不開她的功勞。這樣一個女人，在中國歷史上抹下了濃重的一筆。

不想離婚需要更高深的政治手腕

麟德元年（西元六六四年），大唐後宮風波又起，宦官王伏勝向唐高宗告發驚天大案，武皇后竟然和道士郭行真在宮中行鎮魘之術。當年武則天為了扳倒王皇后，精心策劃了一場陰謀，為其安了一個鎮魘的罪名，成功登上后位。風水輪流轉，武則天也在「鎮魘」上栽了個大跟頭。

事情還要從頭講起，武則天家中共有姐妹三人，三妹早逝，大姐守寡在家，為了能讓姐姐及其兒女能過上好點的生活，武則天便請高宗封大姐為韓國夫人，並她一家都接進宮中。誰料自己的好心沒有換來姐姐的感激，反而給自己埋下了一條禍根。

武則天是個女強人，初登皇后寶座的她十分珍惜這個得來不易的地位，沒有過多地關注丈夫的生活瑣事，她的心中有著更廣闊的天地，她將很大的精力投入朝廷政事，希望能夠輔佐丈夫治理國家，進而「致君堯舜上，再使風俗淳」。也許是武則天對於李治過於疏忽，使他不得不尋找其他的溫暖，也許是武則天對於朝政太過賣力，而使李治反而無所事事進而無事生非，總之有人在李治的感情空檔期趁虛而入，獲得了李治的寵愛。

得知此事的武則天十分氣憤，然而更令人氣憤的是李治這段婚外情的對象竟然正是自己盡心照顧的姐姐韓國夫人！韓國夫人比李治大六歲，生得風流嫵媚、全身一派成熟風韻，而且與自己的妹妹一心朝政的強勢不同，她善解人意、溫柔細緻，每每對李治曲意逢迎，深得李治的喜愛。更有甚者，韓國夫人不僅自己與李治眉來眼去，打得火熱。連帶年紀輕輕的外甥女賀蘭氏也不安分，與唐高宗情愫暗生，惹得高宗魂不守舍。

過了幾年，韓國夫人突然去世，死前幾天的事情十分可疑，不少人懷疑韓國夫人是被武則天毒死的，然而武則天充耳不聞，只是親自主持了姐姐的葬禮，並且親自送姐姐的靈柩出殯，並撫棺痛哭，極盡哀傷之狀。本來因為流言而對韓國夫人之死心生懷疑的高宗也不好質問什麼，甚至連希望納外甥女賀蘭氏為妃的念頭也不敢對武則天提起。

本來這次出軌事件隨著韓國夫人之死就可以煙消雲散了，然而王伏勝卻在此時告發武則天行鎮魔之術，武則天與李治之間微妙的和平頓時被打破了。被指為幫助武則天做法的道士郭行真曾在顯慶六年（西元六六一年）奉命到泰山為唐高宗和武則天祈求福祉，立下鴛鴦牌。因此，唐高宗和武則天和他都交往密切，彼此非常熟悉，他進出皇宮也不是一天兩天的事了，即使被人看到與武后在一起聊天，也未必就是在鎮魔什麼人。然而聽到皇后行鎮魔之術的高宗卻十分憤慨，甚至生出了廢后之念。

冰凍三尺非一日之寒，表面上看來高宗寵愛的韓國夫人死得不明不白，而身為一國之君的他卻在武后的積威之下不敢為心愛之人查清真相，心中自然悲痛不已且對武后深為不滿，而鎮魔之事則作為導火索引爆了帝后二人之間矛盾衝突的炸藥。事實上在更深的層面上來看武則天參與政事，也已經攬得一些權力在手，皇后有權了，皇帝的權力就處處受到牽制，《資治通鑑》中稱武則天「**及得志，專作威福，**

上欲有所為，動為后所制，上不勝其忿」，所以二人之間的矛盾其實還是權力之爭。

憤怒的高宗決定藉此事給武則天一個教訓，壓壓她囂張的氣焰，讓她明白大唐的皇帝到底是誰。但是又應該怎麼處理這個罪名呢，高宗一時拿不定主意。要是在以前，唐高宗遇到什麼事情不知如何處理的時候，都會第一時間找來皇后商量，為他出謀劃策，然而此次情況不同，要對付的人就是皇后，如何找她商量。

唐高宗思來想去，最後只好找來比較信任的宰相上官儀來合計此事。要是高宗稍微回想一下，不難發現當初的廢王立武事件在今日重新上演。當初為了廢掉軟弱的王皇后，高宗也是頗費一番工夫，徵求了一些位高權重的大臣的意見，但今天面對心思縝密、有勇有謀的武則天，他諮詢的對象變成了這位剛上任不久的上官儀。

唐高宗雖然想廢后，但這只是被那些怒氣堆積起來的火氣，純屬意氣用事，沒有就此做什麼縝密的安排。然而當高宗對高宗說出對皇后不滿的想法時，上官儀卻做出了出人意料的回答，他說：「皇后專恣，海內所不與，請廢之。」恐怕連唐高宗也沒有料到上官儀竟然張口就建議皇帝廢后，在尋常百姓人家離婚都是一件需要慎重考慮的大事，何況皇帝廢后那是震動朝野的國家大事，而且高宗自己廢后的想法其實也不堅決。

那麼，到底是什麼原因讓這個新任宰相如此膽大呢？上官儀是進士出身，他是唐朝自己培養出來的第一代科舉出身的宰相，雖然風流倜儻、文采斐然但卻頗有點讀書人的書呆子氣，對一些複雜的政治問題、皇家關係都不怎麼敏感。所以在面對帝后矛盾不知應該如何應對，對於皇帝都還沒有明確表明想法的事情隨便發表個人意見，十分輕率。

本來高宗還是猶豫的，聽了上官儀的話，直接就把廢后之事搬到檯面上來進行了，並立刻命令上官儀草擬廢后詔書，列下了武后的十餘條罪狀。然而，想要廢掉這位武皇后不是當初廢王皇后那般容易的，武則天是一個心思細密，又非常具有行動力的人，她的情報網讓她在第一時間就得到了皇帝想要廢后的消息。大難臨頭之時，武則天能不能想出應對之策呢？

在這個危急關頭，武則天沒有一刻猶豫，立即趕去見唐高宗。而此時正在等著上官儀擬好廢后詔書的唐高宗，突然面對來勢洶洶的武皇后頓時怔住了。武則天與唐高宗夫妻十幾年，對於他的脾氣秉性拿捏的十分準確，對著多情又懦弱的丈夫，看著那邊墨蹟未乾的詔書，武則天便開始軟硬兼施，跪下開始哭訴：「不知臣妾有何大逆不道之罪，請皇上指教。」然後又一把鼻涕一把眼淚的訴說他們之間的舊情，高宗見此狀又是畏懼又是不忍，脫口而出：「我初無此心，皆上官儀教我。」武則天最終有驚無險地順利逃過此劫，事後高宗也覺得此事處理的身為草率，對皇后心有愧疚，之後兩人又親密如初。

武則天的危機算是解除了，上官儀卻因此事要大禍臨頭了。武則天從來都是恩怨分明、絕不心軟，她想出了一個一箭三雕之計，讓許敬宗上奏皇帝稱上官儀、王伏勝以及廢太子李忠三人暗中勾結陰謀造反，將他們全部誅殺。

這場廢后風波，高宗與武后的較量最後以武后的險勝告終，而事情的結局竟然還出乎意料地為武則天除掉了廢太子忠這個心腹大患。在這場風波之後，武則天意識到，只有權力掌握在自己手中才能不受制於別人。也因為這件事情，原本對於皇后干預政事還頗有不滿的朝堂之上，更少有人對此說三道四了。每逢上朝，武后垂簾聽政已成定例了，大小政事，皆由帝后二人共同裁定。

酷吏的用途

其實酷吏政策並非武則天的首創，酷吏在中國歷史上可謂源遠流長。當年司馬遷寫《史記》，就專門為他們做了一卷《酷吏列傳》，收錄了當時最有名的十個酷吏。在此後二千多年的歷史中，酷吏的種子一直綿延不絕。《漢書》、《後漢書》、《魏書》、《北齊書》、《隋書》等正史中都列有《酷吏傳》。可見酷吏有其存在的道理。儘管他們殘暴，影響惡劣，但在政治鬥爭中是必不可少的。漢武帝也曾重用過十二位著名的酷吏，但人們沒有因此將其說成暴君。相反，武則天兩次使用酷吏，卻被列入暴君的行列。

就像汪錢、吳宗國在《中國史綱要》中說的那樣：「武則天誅殺的範圍雖然比較寬泛，但主要的對象是關隴軍事貴族。關隴集團經過她的嚴重打擊，在政治上就不起很大作用了。這樣一看，武則天使用酷吏的目的很明確，完全是為了打擊政敵，鞏固政權。」

在當時重視門閥的社會裡，出身大木材商的武則天仍然屬於出身寒微的庶族。在宮中，皇妃和九嬪們依仗著門第的高貴，皇帝的寵愛，一個個盛氣凌人橫行霸道。嚴酷的生活養成了武則天剛烈的性格。正如雷家驥分析的那樣，武則天馴馬的故事是她具有鐵血暴力的思想和權威人格特徵的最好例證。武則天身上具有雙重身分，一重扮演賢妻良母聖君，另一重則扮演悍妻惡母暴君。

武則天的確是個政治家。在她手中，權力得到了正面的運用，這也是她與慈禧、呂后的區別。就像蒙曼說的：「在歷史貢獻問題上，武則天促進了社會結構的轉型，由貴族社會向平民社會轉型。」

事實也證明了這一點。武則天按照馴獸的方法，成功地完成了由李唐到武周的過渡。在這一過程中，充滿著暴力與血腥。武則天統治時期曾出現過一些著名的酷吏，因而人們在評價武則天時往往把武則天與酷吏聯繫起來：有人說武則天實行「酷吏政治」；有人則把酷吏作為武則天「殘暴」的根據。

仔細分析一下，武則天使用酷吏與漢武帝還是有一定區別的。用司馬遷自己的話說，漢武帝啟用的酷吏名為酷吏，主要都是治惡的，不是濫殺無辜之人，只是手段太過殘酷，不可提倡。那些未列入《酷吏傳》的惡吏，才是真正意義上的酷吏。而武則天統治時期的酷吏確實殺害了不少良相權臣，但要特別提出的是她不是像商紂王那樣殘暴成性的暴君，而是在改朝換代前後重用酷吏。

一個女人當家難，一個女人管一個國家更難。武則天知道在自己背後，有許多雙眼睛盯著自己的這個位置。為了把那些個想要謀反的人揪出來，武則天也有自己的招數，那就是大開告密之風。她讓全國上下的人都開始告密，無論是當官的還是普通的老百姓，只要告密有功的，那給予重賞。當然，告密也得要講原則，如果發現是憑空誣告，那就是死罪一條。此外，武則天還有一個規定，那就是告密的人必須親自來跟她稟報，中間過程中不能有官員介入。

發布了這條命令以後，全國上下一片悸動，因為告密能升官發財，大家都躍躍欲試。但是，有人舉報他人謀反，那就需要有人來審問被舉報的人，武則天讓一個叫索元禮的人負責這項工作。索元禮的審案方式可謂慘無人道。只要是嫌疑人，他不經調查過問就先用酷刑將對方震懾，被審問的人往往經不住肉體如此的折磨，就算是被誣告，最終也還是招供。如此一來，冤假錯案層出不窮。

可是武則天不這麼認為，相反，她倒認為索元禮是個能辦事的人，也因此給予了他重賞。酷刑破案若能贏來如此多的獎賞，又有誰能不蠢蠢欲動？無論是索元禮，還是後來的周興與來俊臣，他們的酷刑手段都殘忍到常人不可想像。雖然也有大臣奉勸武則天，說這樣下去國家會不得安寧，可是武則天卻根本不聽，任憑告密的風氣橫行了下去。

有一次，告密的人竟然把周興供了出來，武則天對此很是不悅，於是就讓來俊臣負責審問周興。相傳當來俊臣接到武則天命令的時候正在家裡與周興共飲，剛開始他也吃了一驚，不過仍舊裝作什麼事都沒發生的樣子，還假惺惺地向周興請教：「最近遇到一批圖謀不軌的人，可是逼供又問不出所以然，不知周兄有何高招？」

周興聽到武則天的寵臣來俊臣竟然也有向他請教的時候，非常得意，於是就說：「這有什麼難辦的，只要準備一隻大甕，然後生一堆旺火，把甕放在火上，再把人丟進甕中，你倒是看他招不招！」來俊臣聽後大贊其招高妙，並且命人按照周興的說法準備好了刑具，罷了，與周興說：「聽聞周兄與邱神勣對朝廷有所不軌，武后派我查一查，既然是周兄自己想出來的辦法，那麼還請周兄進去吧！」

周興大驚失色，他十分清楚來俊臣的狠毒，於是老老實實地招了供，後被流放，卻在途中被仇家殺害。這就是著名的請君入甕。

胡戟在《武則天本傳》全數考察了酷吏橫行時所辦的四十六個案件，區分為登基前後。登基前濫刑指向怨望不服的李唐宗室和大臣，特點是打擊面大而且刑法酷重，特別是對宗室王公有斬盡殺絕之勢。對大臣的打擊使朝臣中不能形成一個反武的軸心。她登基後打擊對象集中於文武官員，但是處罰不像以前那麼重，而且武則天自己結束了濫刑。

可以算一下，武則天的政治生涯是很長的。若從顯慶五年（西元六六〇年）十月參與朝政算起，到神龍元年（西元七〇五年）正月退位，前後將近半個世紀。若從文明元年（西元六八四年）臨朝稱制算起，其獨自控制最高權力的時間長達二十一年。即使從天授元年（西元六九〇年）改唐為周算起，當皇帝的時間也有十五年。如果把武則天的統治時期劃分為輔政、臨朝、稱帝三個階段，具體考察一下各個階段的歷史，就可以清楚地看出，武則天只是在改朝換代前後的特殊情況下才重用酷吏的，酷吏存在的時間是相對較短的。

史書上記載，武則天主張「**以道德化天下**」，她曾建議「**王公以降皆習《老子》**」，反對酷刑與苛政。但政治是冰冷而殘酷的，當她的統治權威受到威脅的時候，她還是選擇了要用酷吏誅殺異己，擺脫危機。當她的統治穩固後，她又要以循吏治天下，適時地拋棄酷吏來更好地維護其統治。

武則天一直把行政大權牢牢地控制在自己手中。協助她處理朝政的主要人物不是酷吏，不是外戚，也不是男寵，而是一大批具有真才實學的賢才。她在朝和稱帝的二十一年間，事事躬親，「**宵衣佇旦，望調東戶之風；旰食忘眠，希緝南薰之化**」。她的勤政和知人善用使得她的統治堅如磐石。

史學家司馬光在《資治通鑑》中說：「**太后雖濫以祿位收天下人心，然不稱職者，尋亦黜之，或加刑誅。挾刑賞之柄以駕馭天下，政由己出，明察善斷，故當時英賢亦竟為之用。**」這段話就是對當時政治狀況的真實寫照。

酷吏政治既是武則天改朝換代的必要手段，也是必需的步驟。從武則天不出宮門、不用金戈便順利建立自己的大周王朝這一結果來看，這種政治手段無疑是成功的。

武周政權基本上鞏固了，武則天的酷吏政策也適可而止了。酷吏們就像是武則天手中的敲門磚，鞏固政權的大門一開，敲門磚的使命即宣告基本結束。結果周革唐命的第二年她就殺了索元禮和周興，此後對漸有尾大不掉之勢的來俊臣也加意控制，並一度貶黜。由此也就意味著她的酷吏政策的收斂。

此時，武則天的首要任務就是治國安邦，大展宏圖，實現她的偉大抱負和人生理想了。酷吏是柄雙刃劍，在為保護政權誅殺異己的同時，也殺掉了人才。國家正在用人之際，廣攬天下英才才是重中之重。

正所謂「他山之石，可以攻玉」，武則天充分利用了前朝的賢才以及來自各方的力量，精心打磨「武周」這塊社稷之石。她先看看自己身邊的人，掂量著到底誰是可塑之才。曾經甘為自己赤膊上陣的侄兒們，一個個都在做著太子夢，國家靠他們怎能強盛得起來？一次武承嗣在則天面前讒毀李昭德時，她做了這樣的回答：「**吾任昭德，始得安眠，此代吾勞，汝勿言也。**」從此，武則天對武氏家族的倚重就不那麼一味孤行了。

第二章　一代女皇，日月當空

女皇不是夢

到光宅元年（西元六八四年），李唐王朝的天下幾乎都掌握在了武則天手中。唐高宗李治已經於前一年駕崩，繼位的唐中宗李顯僅當了兩個多月的皇帝就被武則天藉故趕下了台，流放到千里之外的湖北軟禁起來，新上台的唐睿宗李旦目睹哥哥們的下場，哪裡還敢對武則天稍有違逆之意，只是唯唯諾諾，忠實地扮演一個政治傀儡的角色。

在朝堂之上，反對武則天的關隴貴族集團在武則天的強力打壓之下，早就屈服於太后的威權。至於處在江湖之遠的百姓們，更只有對太后感恩戴德的份兒。武則天已經站在了整個帝國的頂點，所欠缺的也只有那一頂象徵意義遠大於實際意義的天子冠冕。

當然，有能力登上皇位是一回事，但登上皇位這一事實本身的正當性和合法性卻又是另一回事。中國歷史上，不乏憑藉暴力手段奪取政權，但卻曇花一現的短命王朝。究其原因，沒有解決好與前一代王朝之間的關係，導致缺乏認同是一個很重要的因素。

作為一個在政治修羅場上縱橫馳騁拼殺突擊四十餘年的政治家，武則天對這一點自然心知肚明。但是，她作為一個女性，想要登上皇位的行為原本就不見容於正統的儒家政治理論。因此，按照傳統的方式來博得萬民的景仰和輿論的支援不一定合適。武則天為了皇位的合法性和正當性，可謂絞盡腦汁，煞費苦心。

營造輿論的第一步是要抬高武氏家族的地位。這是武則天自開始參與政治以來就一直孜孜不倦進行的事業。唐代雖然不像六朝那樣以門第出身為做官的唯一標準，但士族的勢力仍然強大，有一個聲勢顯赫的家族仍然是值得驕傲的資本。武士彠雖然是唐代的開國功臣，但也畢竟只是個木材商人出身，位於四民之末。

有鑑於此，武則天一再給親族追封爵位。就在光宅元年，武則天大權在握之後，她立刻追尊武士彠為周忠孝太皇，母親楊氏為忠孝太后，又追封祖上四代為王，這一切都是按照皇帝的禮制來完成的。不僅如此，她還將父母的墳墓按照帝王的規格升級為陵，建造宗廟，並設置專門的官吏管理武氏宗廟的四時祭祀。

為了讓天下人逐漸接受武氏的皇族地位和女性帝王的合法性，武則天又頒布詔令，要求在祭天時不僅要以唐代諸帝配祭，在祭地時還要以竇皇后和長孫皇后配祭。當然，在祭祀時也必須留出忠孝太皇和忠孝太后的一席之地。如此一來，武氏家族被抬到了和李唐皇族並駕齊驅的地位。

從武后給父親的封號中可以看出，她其實早就暗暗定好了新的國號「周」，這個周的含義極其深遠，它不是武則天靈機一動想到的隨便的命名，而是可以一直追溯到三代時的文武之道。這體現出了武則天的政治理想，她絕對不是要簡單地完成兩個王朝的更替，而是要雄心勃勃地將這個帝國建立成一個足以比擬傳說中的王道樂土。

為了讓普天之下的百姓都能理解「周」的意義，感受到「周」的存在，武則天想了很多辦法。最為徹底的當屬重新更改曆法。曆法標誌著日月星辰的運行規律，是宇宙觀和世界觀的直接表達。歷朝歷代無不以曆法的頒布和施行為最重要之事。自漢武帝實行太初曆，雖然曆法屢有更迭，但無一不以正月初一為一年的開始。

而到永昌元年（西元六八八年）十一月初一，武則天忽然下令廢除現有曆法，改用古老的周曆，而周曆與其他曆法最大的不同之處，就在於以十一月初一為元旦日。也就是說，所有的日期都要往前推兩個月。於是這一天便成了載初元年（西元六八九年）的正月初一。無疑，這麼一來，所有人的生活都會受到影響，可是惟其如此，周曆以及其背後的「周」的概念才會牢牢記在人們心中，替代李唐成為正統性的符號。

人們還沒有從更改曆法的混亂中清醒過來，武則天的另一道敕令又頒布了。她命令她的外甥宗秦客制定了十七個新的文字（一說為二十一個），並要求在全國推廣，強制使用，在所有的書籍文字中都準確無誤地使用新字。

這十七個文字被後世稱為「則天文字」。雖然字數不多，但由於都是類似於「天」「地」「人」「國」「日」「月」「星」之類的常用字，因此還是給人們的生活帶來了頗多不便。就在人們不得不重新更改從小養成的認知，蹩腳地使用這些新字的過程中，武則天的威嚴和權勢也如同春雨入夜般潤物細無聲地進入了人們的腦海。

雖然如此，但則天文字的使用年限不長久。它們隨著武則天的退位而逐漸消失在歷史的塵埃中，只有寥寥幾個還在流傳。在日本，「圀」（音國）字由於水戶黃門德川光圀而為世人所知；而在中國，人們更多記住的是「曌」（音照），這個意義為日月當空的字，它因為女皇將其作為自己的名字而被一代代的中國人反覆提起。只要提到武則天，就不能不涉及到這個字；而提起這個字，人們想到的也只能是武則天，這個霸氣外露捨我其誰的字，就這樣和武周一朝的歷史綁在了一起。

不僅是武則天自己在努力製造輿論，早已看穿武則天心思的投機客們也八仙過海，各顯神通。如果說武則天的種種舉動解決了其登上皇位的正當性問題，那麼薛懷義、武承嗣等人則解決了合法性的難題。按照儒家的政治學說，女性參與政治事務乃是「牝雞司晨」，因此必須另闢蹊徑，從其他學說中尋找理論。

最先行動起來的人是武承嗣。武承嗣一心想要將自己的這位姑媽推上皇位，好有一天自己也能當上太子，嘗嘗君臨天下的滋味。因此在造勢方面十分賣力。垂拱四年（西元六八八年），武承嗣不知從哪裡找來一塊白色的石頭，在上面刻了「聖母臨人，永昌帝業」八個字，又用紫石末和其他藥物填充其中，顯得像天降祥瑞一般。

他把這石頭派人偷偷丟進洛河附近的池塘中，過了幾天，又打發一個叫唐同泰的雍州人假裝無意中發現這塊石頭，獻給朝廷，號稱是發現了河圖洛書。易經中有所謂「河出圖，洛出書，聖人則之」的說法，也就是說上天暗示著武則天是「聖人」，既然是聖人，自然有理由再進一步，做皇帝又有何不可？武則天是否識破了武承嗣的小把戲呢？這無關宏旨。重要的是武則天開心地接受了這塊石頭並為其命名為「寶圖」，後來覺得不過癮，又加封為「天授聖圖」，同時給自己加封號為「聖母神皇」。

侄子如此努力，情夫也不甘落後。薛懷義雖然是個市井無賴，但卻頗有賊才賊智，在糾集了一干大小僧侶搜腸刮肚，尋章摘句之後，竟然給他找到了一本叫做《大雲經》的佛經。根據王國維和陳寅恪的考證，這部《大雲經》乃是印度僧侶曇無讖於西元五世紀初在敦煌譯為漢文的，二百多年來一直無人問津，但薛懷義卻發現其中大有可資利用之處。

原來，這部經文主要講的是淨光天女兩次聽經，領會佛法奧義，轉生人界，以女身成為國王，最終成佛的事情。這個故事無疑有力地支持了女人也能當皇帝的理論，但是對於一般民眾來說，這部經書卻過於艱澀難懂。為了讓愚夫愚婦也能明白經文，薛懷義又組織人力，炮製了一部洋洋灑灑的《大雲經疏》，將唐代民間流傳的彌勒信仰和大雲經裡的故事結合了起來。

在《大雲經疏》中，武則天被塑造成彌勒佛的轉生，她的下凡，正是為了以女身登上皇位，最終還將會返回天界，成就正果。如此一來，武則天稱帝乃是順應佛的意志，實在是合理至極。武則天見到此書大喜，立刻命各州修建大雲寺，寺內藏一本《大雲經》。在轟轟烈烈的造神運動中，女主正位的思想深深地烙在了一般民眾的心中。

萬事俱備，只欠東風。載初元年（西元六九〇年）九月，小小的九品官侍御史傅遊藝率先串聯九百餘人上表請求武則天稱帝，武則天象徵性地拒絕了這個要求，但卻立刻將傅遊藝的官職一升再升。摸清了武則天意向的大臣們立刻聞風而動，他們相互串聯了六萬餘人同時上表，再次請求武則天稱帝，這其中包括文武百官，皇室宗親，黎民百姓，甚至還有和尚道士和四夷酋長。場面和規模都盛況空前，然而武則天仍然不為所動，她在等一個人的表態。

這個人就是李旦。李旦雖然只是武則天的政治傀儡，但他畢竟是唐睿宗，是大唐帝國名正言順的皇帝。他不表態，武則天就永遠無法合情合理又合法地登上皇位。李旦不是笨蛋，在那麼多臣民山呼海嘯的請願聲中，他沒有遲疑多久，便向自己的母親上書，請求武則天稱帝，並表示自己希望改姓武氏。武則天順水推舟地答應了他的要求，並賜名為輪。從此在很長一段時間中，李旦都不得不頂著武輪這個名字。

載初元年（西元六九〇年）九月九日，武則天正式稱帝，改國號為周，改元天授。中國歷史上最著名的女皇帝就這樣誕生了。這一年，她已是六十七歲的高齡。

不拘一格用人才

雖然武則天的統治以酷吏政治著稱，對待官員十分嚴苛，動輒以酷吏濫刑加之，但事實上，史書上記載，武則天主張「**以道德化天下**」，她曾建議「**王公以降皆習《老子》**」，反對酷刑與苛政。對於武則天來說，酷吏只是她維護統治和政治清明的手段，是幫助她驅逐小人、招攬賢才的工具。《資治通鑑》中說：「**太后雖濫以祿位收天下人心，然不稱職者，尋亦黜之，或加刑誅。挾刑賞之柄以駕馭天下，政由己出，明察善斷，故當時英賢亦竟為之用。**」正是對武則天這種心態的真實寫照。

武則天對於選用人才十分謹慎，她先看看自己身邊的人，掂量著到底誰是可塑之才。曾經甘為自己赤膊上陣的侄兒們，一個個都在做著太子夢，國家靠他們怎能強盛得起來？一次武承嗣在則天面前讒毀李昭德時，她做了這樣的回答：「吾任昭德，始得安眠，此代吾勞，汝勿言也。」從此，武則天對武氏家族的倚重就不那麼一味孤行了。

於是，武則天大刀闊斧地在全國範圍內選拔人才。她認為「**九域之至廣，豈一人之獨化？必佇才能，共成羽翼**」。她要求內外各級文武官員，都「**各舉所知**」，凡能「**定邊疆**」、「**經邦國**」的人才，「**無隔士庶，具以名聞**」。她還下詔，「**內外九品官及百姓皆可自舉**」。凡被推薦和自薦的人，一律允許試做其官，稱為試官。

武則天這樣做，自然為庶族地主廣開仕途，有利於打破關隴士族控制政治的局面。同時，她進一步發展科舉制度，特別是增加進士科，為庶族地主進入政權開了捷徑。唐太宗執政的二十三年中，共取進士二百零五人，而高宗和她執政的五十五年中，所取進士達一千餘人，平均每年所取人數，比唐太宗時增加一倍以上。

對於人才，武則天的容人之量甚至達到了驚人的地步，她不計門第，不避仇怨，不分性別，經常破格使用人才。她手下的女官上官婉兒是被武則天殺掉的宰相上官儀的孫女兒，但武則天發現上官婉兒的智慧與文采，硬是將她留在身邊，加以重用。凡是批閱奏章、起草詔令的事情，很多都交給上官婉兒辦理。

初唐詩人駱賓王在徐敬業叛亂的時候，曾寫討伐武則天的檄文《討武氏檄》。此文筆鋒犀利、句句切中要害。當武則天看到「**豺狼成性。近狎邪僻，殘害忠良。殺姊屠兄，弒君鴆母**」極盡侮辱污蔑之能事的語句時，第一反應不是生氣，而是深為這樣文采華麗、邏輯清晰、敢言敢做的人才不在自己的手下而惋惜。

武則天在自己統治期間提拔了許多棟樑之才。唐玄宗開元年間的名臣姚崇、宋璟、張九齡等，都是在武則天時開始被提拔起來的。因此，唐朝宰相陸贄讚揚武則天的用人說：「課責既嚴，進退皆速，不肖者黜，才能者驟升，是以當代謂知人之明，累朝賴多士之用。」

武則天少年時代曾在太宗身邊度過，耳濡目染過太宗從諫如流的大度胸懷。她深知「兼聽則明，偏信則暗」的道理，於是在登基後也效法太宗，讓群臣各抒己見，使群臣能暢所欲言，以集思廣益。

太宗皇帝愛才尊才，在凌煙閣懸掛二十四功臣的畫像。武則天將這一傳統很好地繼承了下來。她很尊重狄仁傑，稱呼他為「國老」，而不是直呼其名。狄仁傑每次去見她的時候，她都不讓他下拜，她說：「看見你下拜，我的腰也感到痛。」

長壽元年（西元六九二年），狄仁傑、任知古等人被酷吏陷害坐牢，狄仁傑受刑難忍，被迫承認了自己謀反，但事後他將自己的冤狀寫在一塊布上，放在絲棉襖中，借天氣轉熱請獄官轉交家人。狄仁傑的兒子把它給武則天看，武則天不相信狄仁傑造反，就派人前去調查，但來人不敢實話實說，於是草草了事。

後來，來俊臣又假造了一張狄仁傑的「請死表」，轉交給武則天。武則天還是不信，親自召見了狄仁傑，狄仁傑終於有機會說出屈打成招的事。武則天又問「請死表」的事，狄仁傑說沒有這回事，武則天就將他放了。後來狄仁傑死的時候，武則天感歎道「朝堂空了」。每當朝廷遇到重大事件而爭論不決的時候，武則天便慨歎「國老」何以這麼早就撒手而去了。

縱觀武則天執政的整個歷史時期，綜合她用人政策的各個側面，可以發現她的用人政策有一個明顯的變化過程。大致以周革唐命為界，此前，她主要是任用佞臣、酷吏和裙帶，此後，她雖然無法做到完全拋棄前期的流弊，但從主流上看，後期的武則天基本上是任人唯賢、尊才重能的。

名相狄仁傑

武周一朝的政績博得了後世史家的頗多讚譽，與之相比，武周時期的吏治獲得的評價則褒貶參半，不少人都對武則天的酷吏政治頗有微詞。然而，即使是對武周朝吏治反對最為強烈的人，也不得不承認在這一時期的滿朝文武當中，也湧現出不少極有能力的大臣。其中，狄仁傑當然是最為後世所知的一位。

狄仁傑生於唐貞觀五年（西元六三〇年），山西太原人。他出生在一個官宦之家：高祖狄湛，是北周宇文泰手下的兵將。祖父狄孝緒在貞觀年間曾任尚書左丞，父親狄知遜則擔任過夔州長史。也許是受到家庭的影響，狄仁傑從小就刻苦學習，立志進入官場。

有一次縣吏到學校調查情況，狄仁傑專心讀書，毫不理睬縣吏。縣吏不悅，便質問他為何如此傲慢。誰知狄仁傑頭也不抬地說自己正在和書中的聖賢對話，沒有時間和俗吏說話。結果縣吏羞慚而退。稍長，狄仁傑參加科舉，考中明經科，進而得以出任汴州參軍。狄仁傑辦事公正廉明，得罪了不少人，結果被誣告下獄。恰值初唐著名畫家閻立本正擔任河南道黜陟使，他在審理狄仁傑的案子時，弄清了事情的真實情況，並且對狄仁傑的才學讚歎不已，稱讚他是「河曲之明珠，東南之遺寶」，並向朝廷極力推薦，於是狄仁傑因禍得福，擔任了並州都督府法曹，在此期間他的德才受到了更多人的欽佩，時人讚譽道「**狄公之賢，北斗以南，一人而已。**」

儀鳳元年間（西元六七六年），狄仁傑調任中央，擔任大理丞。作為中央最高的司法官員。狄仁傑在這個職位上有著完美的表現。僅僅一年期間，他就將歷年來留下來的案子悉數清理完畢，共涉及一萬七千餘人，而且沒有一個人對判決結果表示不滿，重新提起上訴。狄仁傑也因此名聲大振，成為人們心目中斷案如神，懲奸除惡的青天大老爺。

狄仁傑辦案可謂公正無私，不該殺的人他絕對不殺，為了維護法律的神聖不可侵犯，他甚至敢於頂撞皇帝，犯顏直諫。儀鳳元年（西元六七六年），狄仁傑初上任時，適逢武衛大將軍權善才不慎誤將唐太宗昭陵上的柏樹伐去。狄仁傑向唐高宗奏報了此事。唐高宗深為震怒，命令將權善才處死。

可狄仁傑卻認為權善才罪不至死，應該處以免職的刑罰。唐高宗對此非常不滿，認為權善才破壞太宗陵墓，是置唐高宗於不孝，必須殺之。但狄仁傑卻不為所動，他勸諫道，法律對於不同的罪，有不同的刑罰。如果皇帝因為一時的氣憤就大開殺戒，那麼法律一亂，百姓則手足無措。而後人也會將唐高宗視為桀紂之主。唐高宗最終接受了狄仁傑的意見。

相反，狄仁傑對於違法亂紀，貪贓枉法的官吏則絕不容情。調露元年（西元六七九年），司農韋弘機在洛陽為唐高宗修建了宿羽宮、高山宮、上陽宮等皇家建築，極盡華麗之能事。建成後，唐高宗便移居洛陽。狄仁傑對韋弘機這種曲意逢迎的行為很看不過眼，便上奏章彈劾韋弘機此舉是引導皇帝追求奢侈，長此以往定將誤國。唐高宗幡然醒悟，便免去了韋弘機的官職。

唐高宗去世後，狄仁傑於垂拱二年（西元六八六年）出任寧州刺史。寧州地處河西走廊，五方雜處，可謂衝繁疲難之地。狄仁傑在此處「撫和戎夏，內外相安，人得安心」，老百姓非常感激他，甚至為他立碑頌德。此情此景被巡察隴右的御史郭翰得知，便上表舉薦了狄仁傑。狄仁傑旋即被升為工部侍郎，赴江南擔任巡撫使。

垂拱四年（西元六八八年），豫州刺史越王李貞起兵反對武則天。叛亂平定後，狄仁傑接任豫州刺史。當時，成百上千的平民百姓因為曾經在李貞軍隊中服役而被株連，受到不同形式的處罰。狄仁傑便上書給武則天，聲稱這些人並非故意作亂，只是為李貞逼迫，不得已而為之。因此不宜妄殺無辜。武則天聽從了狄仁傑的話，減輕了對這些人的處罰，從死刑改為流放。

宰相張光輔自恃平定叛亂有功，放任士兵濫殺無辜，勒索錢財。狄仁傑對此大為震怒，他不僅命令手下制止士兵的搶掠和殺戮，還當面怒斥張光輔的暴行，進而保護了一方百姓，狄仁傑也為此付出了貶官的代價。

武則天稱帝之後，在婁師德的大力舉薦下，狄仁傑被重新起用，於天授二年（西元六九一年）出任戶部侍郎、同鳳閣鸞台平章事，成為朝廷宰相。誰知，天有不測風雲，人有旦夕禍福。沒過多久，狄仁傑就被酷吏來俊臣誣告謀反下獄。原來當時的法律中規定，一經審訊立刻承認謀反者，可以減輕處罰。

狄仁傑分析當時的形勢，明白如果矢口否認，必定被酷刑折磨，生不如死，倒不如一口承認，還能伺機申冤。於是出乎所有人的意料，狄仁傑很痛快的承認「大周革命，萬物惟新，唐室舊臣，甘從誅戮，反是實！」來俊臣見事情如此順利，以為狄仁傑貪生怕死，便指使審理狄仁傑的官員王德壽，以減刑為條件，引誘其誣陷尚書楊知柔也參與謀反。誰知狄仁傑斷然拒絕，為了表明心志，他以頭撞柱，滿臉是血，直至昏厥。王德壽被狄仁傑的忠烈嚇怕了，從此絕口不提此事。

狄仁傑被關押一段時間後，由於已經「承認」了謀反，對他的看守日益鬆懈。狄仁傑便乘人不備，以寫遺書為由，取來筆墨紙硯，暗暗在被褥中撕了一塊布，寫了一份申冤的訴狀，縫在被褥裡。之後又以天熱，請求讓家人拆洗被褥，獄卒不疑有他，同意了他的請求。狄仁傑的兒子狄光遠發現這份訴狀之後，立刻入朝向武則天申訴。武則天見此情況，心知有異，便提審狄仁傑等人，最終弄清楚了事情真相。狄仁傑憑藉自己的聰明才智躲過一劫。

儘管如此，狄仁傑還是被貶黜為彭澤令。雖然只是個小小的縣官，但狄仁傑沒有因此消沉。當彭澤發生旱災時，他積極為百姓申請發放賑濟，免除租賦，受到百姓的愛戴。萬歲通天元年（西元六九六年），「營州之亂」爆發，河北人心惶惶。為了穩定局勢，安定人心，武則天調狄仁傑為魏州刺史。前刺史獨孤思莊懾於契丹的進攻，命令百姓放棄農業生產，進城戰備，結果大片農田荒蕪，人民生活極其困苦，人心浮動。狄仁傑到任後，立刻遣散百姓，任其安居樂業。結果契丹聽說狄仁傑的大名，不敢進攻，聞風而去。當地百姓十分感激狄仁傑的德行。

狄仁傑的政績終於再次引起了武則天的重視。武則天先是賜給他紫袍、龜帶以示獎勵，並且在紫袍上親自繡了「**敷政木，守清勤，升顯位，勵相臣**」十二個金字，可謂是難得的欽賜。緊接著，狄仁傑再次被召回朝中，於神功元年（西元六九七年）升為鸞台侍郎、同鳳閣鸞台平章事，加銀青光祿大夫，兼納言，開始了其第二次宰相生涯。

這一時期，武則天對狄仁傑極其倚重，稱之為「國公」，軍國大事往往要徵求其意見。而狄仁傑也利用這一點，頻頻向武則天施加影響。據史書記載，狄仁傑口才很好，不僅語言流利，聲音洪亮，而且有理有據有節，極具感染力和說服力，與此同時，他又兼備機敏持重的性格。這些都使得他在宦海浮沉中能夠屹立不倒。

狄仁傑擔任宰相期間，不僅粉碎了武氏族人想要承繼大統的野心，還最終使武則天改變心意，迎回了一度被廢黜的廬陵王重任太子。不僅如此，在狄仁傑生命的最後幾年，他深知自己已經年老體衰，力不從心，因此他積極推薦人才，安插在各個要害部門，作為王朝的中流砥柱。

狄仁傑為了推薦張柬之擔任宰相，數次對武則天舉薦此人，武則天最初不以為意，將張柬之提為洛州司馬，狄仁傑卻告訴武則天，自己推薦的是宰相而不是司馬。武則天便將張柬之提到了宰相的高位上。最終在神龍政變中，張柬之為李唐皇族的復興立下了大功。

久視元年（西元七〇〇年），狄仁傑病故，享年七十一歲。噩耗傳來，朝野悲痛，武則天不能自已，悲歎道：「**朝堂空也。**」她追贈狄仁傑文昌右相，諡號文惠；唐中宗時追贈司空，唐睿宗時又封為梁國公。至今太原市內還有一條名為「狄梁公街」的小巷以示紀念這位千古名臣。

皇帝搬家

在隋末農民戰爭中，李淵攻下長安之後，立國號為唐，建都長安。但唐高宗即位之後，卻明顯表現出對洛陽的偏愛。顯慶二年（西元六五七年），唐高宗立洛陽為東都，從此唐高宗就在長安和洛陽之間頻頻來往，上演一齣初唐的雙城記，直到他在洛陽駕崩。

到武則天掌握實際權力之後，乾脆在光宅元年（西元六八四年）正式將都城遷至洛陽，稱之為神都。在武則天掌權的二十餘年間，除了有兩年長安元年（西元七〇一年）至長安三年（西元七〇三年））短期住在長安外，一直住在洛陽。

為了定都洛陽，武則天可以說是煞費苦心，花費大量人力物力，在洛陽城內大興土木，不僅對舊有的宮殿苑囿進行了大規模的重建和翻修，還新建了一系列足以替代長安皇宮的皇家建築。垂拱四年（西元六八八年），武則天委派白馬寺主持——也是自己的面首薛懷義負責，以《禮記》中的記載為藍本，興建了一座明堂。

在中國古代的政治傳說中，明堂是天子所居之處，天子在此處理政務，舉行祭祀，開展各種活動。明堂不但是國家的政治、經濟、宗教、文化中心，而且象徵著皇帝統治的合法性和正當性，具有十分重要的意義。為了強調武周政權，武則天的這座明堂蓋得煞是壯觀。根據《唐會要》的記載，它高二百九十四尺，周長一千四百四十步，樓高三層，上圓下方，在底層共有三十六個房間，十二扇門，二十四扇窗戶，號稱萬象神宮，堪稱是中國古代最宏偉的木結構建築之一。

此外，武則天稱帝後，在洛陽建立武氏七廟，四時八節祭祀；又於天授二年（西元六九一年）將關內雍州、同州等九個州的數十萬百姓遷至洛陽。凡此種種都是古代帝王建都的慣用手法。由此可見武則天對洛陽的重視。

武則天對洛陽的重視是如此明顯，以至於當時層出不窮的反武人士也認識到了這一點。光宅元年（西元六八四年），徐敬業等人在揚州起兵匡扶廬陵王，反對武則天時，魏思溫曾經建議徐敬業應當率大軍直撲洛陽。若攻克此城，**「則天下知公志在勤王，四面回應矣。」**可惜徐敬業並未聽從這一建議，最終兵敗身死。由此觀之，在武周一朝，洛陽已經替代了長安，成為武則天的政治中心。

武則天為什麼要棄長安而選洛陽作為新的都城呢？歷代史家對此皆有自己的分析。司馬光在《資治通鑑》裡給出了一個非常怪力亂神的說法。他說，由於王皇后和蕭淑妃都慘死在武則天手裡，冤魂不散，時常作祟。據說武則天「**數見王、蕭為祟，被發瀝血如死時狀。後徙居蓬萊宮，復見之。**」

對此《舊唐書》中也有相同的記載，而且武則天還曾經「禱以巫祝」，但還是沒用，不得已，只好搬到洛陽去躲避。從今人的角度看來，這個說法恐怕是反對武則天的一幫文人大臣們想出來污蔑她的。鬼神之事姑且不論，王皇后和蕭淑妃死於唐高宗麟德二年（西元六六五年），但武則天卻是在此十九年以後才遷都洛陽。而且，武則天也沒有如司馬光所說「終身不歸長安」，仍然在稱帝後在長安住了兩年。因此，這一說法根本站不住腳。

民國時隋唐史大家陳寅恪認為，武則天之所以要遷都洛陽，有政治、經濟和娛樂等多方面的原因，其中又以經濟原因為重。但另一位唐史專家岑仲勉卻不同意陳寅恪的意見，他認為武則天選擇洛陽作為都城，本意就是為了方便「縱情荒淫享樂」。從今人的角度看來，結合武則天的政績，岑先生的話未免有失公平。倒是陳寅恪先生的看法，頗有些道理。應該說，武則天遷都洛陽，乃是由於初唐時的政治經濟情況和洛陽得天獨厚的地理形勢決定的，具有其合理性和必然性。

在歷史上，關中盆地雖然號稱據有崤函之險，易守難攻，但隨著唐代建國後，太宗高宗兩朝的不斷擴張和政府，唐帝國的疆土不斷擴大。根據史料記載，總章元年（西元六六八年），唐朝的疆域東到沿海，西到蔥嶺以西，南到越南，北到貝加爾湖一帶。在如此大的範圍內考察，則長安的位置有些偏於西北，與江南尚有一定距離，更遑論遙遠的嶺南了，這不符合中國傳統的宇宙觀。

與長安相比，洛陽地處中原，透過運河可北通幽燕，南抵江淮，西接隴蜀，東達海岱，其距離基本相等，有著「居中而攝天下」的優越條件。而且，洛陽的軍事條件也不次於長安，洛陽北有黃河，對岸的太行、王屋二山可為屏障，南有伊闕之險，還有熊耳山與少室山。西有崤函之險，東佔虎牢關，而伊洛平原土壤豐饒，物產豐富，為重要的糧食產地。因此古人稱其「控以三河，固以四塞」。這些都是洛陽適於作為首都的地理原因。

其次，從政治上考慮，武則天遷都洛陽也有著改朝換代，另立皇統的考慮。武則天雖然透過政治鬥爭，一步步地登上了最高權力的寶座，但這只是她的個人行為，不能說明整個傳統社會中男權主義的格局被扭轉過來。對於大多數的唐朝舊臣來說，武則天的繼位之所以具有合法性，乃是由於她是李唐皇室的媳婦兒。這一點，從武周後期的立儲風波中看得很清楚。

這一觀念流傳之廣，甚至蔓延到了所謂「四夷」之中。聖曆元年（西元六九八年），突厥默啜可汗要求與唐朝和親，並獻出自己的女兒，武則天則命自己的侄孫，魏王武承嗣之子武延秀為其駙馬。結果默啜大為不滿，認為他是要把女兒嫁給李唐皇室的後裔，也就是天子之子，武氏並非皇族，因此乃是藐視自己。於是便將武延秀囚禁起來，並率兵內侵中原。這件事充分說明武氏家族沒有隨著武則天的稱帝而被承認新的皇族，地位十分尷尬。

顯然，這不是武則天的本意。武則天實際想要的乃是改朝換代式的變革，也就是以武氏取代李氏另立天下的嶄新王朝，使武氏家族成為新的皇族。出於這種打算，武則天掌握實際權力後，一方面極力提升武氏家族的地位和勢力，又為武氏列祖列宗創設太廟；另一方面也極力打壓李唐皇族的地位和影響力。另起爐灶，遷都洛陽就是一個一舉兩得的手段，既可以將李唐王朝原本的政治資源壓制於無形，另一方面在新都又可以極力拓展武氏家族的勢力。

此外，河洛平原一帶的經濟情況也要遠遠優於關中平原。關中平原雖然號稱沃野千里，但那只是漢初故事。由於屢經戰亂，過度開發，人口增殖，氣候變遷等種種原因，關中地區的生態環境日趨惡化，到隋唐年間，關中地區的糧食供應已經成為一大難題。

隋唐時的統治者，都曾為振興關中地區的農業經濟想過不少辦法，但都收效甚微。首先，關中地區地處黃土高原，其生態結構較為脆弱，極易遭到破壞，經過漢末以來的戰亂，植被破壞嚴重，水土流失，黃土沙化，河流含沙量日益增高，逐漸失去了灌溉能力。其次，初唐時期人口繁殖極其迅速，根據史料記載，從貞觀十三年（西元六三九年）到神龍元年（西元七〇五年）的短短六十多年間，全國戶數和人口數竟然分別增長了一倍和三倍，而關中地區作為北方人口最為密集的地區，人口爆炸的情形更為嚴重，糧食的增長速度早就被人口繁殖的速度所抵消。再次，長安地區的富商大賈王侯權貴為了經濟利益，在水道邊建設大量碾磑，對水利灌溉也造成了非常不利的影響。這樣一來，隋唐統治者就不得不考慮將糧食運入關中地區，以緩解緊張的局面。但此亦非易事。三門峽一帶黃河水文情況惡劣，河道狹窄，水勢湍急，水底暗礁極多，運輸量十分有限，漕運成本卻極大，有「**用斗錢運斗米**」的說法。為了克服這一困難，隋唐政府或是繞路而行，或是開鑿棧道，但都效果極差。結果，唐高宗時期，唐高宗竟然常常帶領百官「**趨食洛陽**」，在路途中甚至有餓斃於道者。

反觀洛陽所在的關東地區地區的經濟情況則非常發達。它東部緊鄰華北平原，西部則是伊、洛、河、濟四水交匯之處，土壤豐沃；河南、河內、河東地區都是全國最發達的農業地區，「**太原蓄巨萬之倉，洛口積天下之粟**」。在洛陽建都，既能夠解決糧食供給不足的問題，又能夠節省一大筆漕運開支，可謂是一個相當務實的選擇。

由此看來，武則天遷都洛陽，就不僅僅是出於享樂或者避鬼之類的原因。從宏觀的歷史來看，這一決定體現了中國經濟中心不斷東南移動的歷史必然性；而從個人的角度來看，它也符合武則天改朝換代另立皇統的要求。

第三章　李武之爭，女皇的困境與努力

兒子與侄子的抉擇

武則天登基時已經是六十七歲的老人。雖然如願以償，但卻面臨著一個現實的問題：究竟由誰擔任繼承人。在長期以來儒家政治學說的浸染下，中國政治權力都遵循「一家一姓，萬世不易」的傳統。這一傳統使武則天在繼承人的選擇上陷入了一個悖論：作為李家的媳婦，她的兒子無疑是自己最親近的人，但卻和自己不是一個姓；反之和自己一個姓的武氏族人卻和自己不是一家人。

這個倫理與政治上的矛盾迫使武則天不得不在即位之後暫時擱置了繼承人的問題，將被其廢掉的四子唐中宗李旦立為「皇嗣」。聽起來李旦似乎是繼承人，但卻完全沒有太子應有的權利和權力，反而被夾在當中左右為難。從這個不倫不類的稱呼中，也可以看出武則天當時心情的矛盾與複雜。

然而正所謂樹欲靜而風不止，雖然武則天極力想淡化繼承人的問題，但各方勢力卻都野心勃勃地意圖在這一問題上挑起事端。在武則天所生的幾個兒子中，長子李弘早已去世多年，次子李賢也因為莫須有的謀反罪名被武則天誅殺，三子李顯被流放，每日擔驚受怕，朝不保夕，只有四子李旦暫時還保住了在朝中的位置。可以說，李唐皇室的子孫此時已全部失勢。這樣一來，憑藉武則天稱帝而興起的武氏族人便對皇位虎視眈眈，漸生覬覦之心。

其實，對武則天的生平略加考察，便不難發現，她與父族那邊的親戚關係不好。武則天的母親楊氏是武則天父親武士彠的續絃，而武則天的兩位長兄武元慶和武元爽均是武士彠的正室相里氏所生。武士彠去世後，這兩位哥哥因為家產的問題，對楊氏母女的態度十分冷淡。

武氏族人對楊氏這個只會生女兒的婦人也很不喜歡，武則天的兩個堂兄武惟良、武懷運對楊氏及其幾個女兒更是非打即罵。親屬的涼薄無情從小就在武則天的心中留下了惡劣的印象，在這種情況下，武氏族人原本不可能從武則天的發跡中獲得任何好處。

儘管武則天成為皇后之後，曾經一度給幾個兄長加官晉爵，但武氏弟兄幾個卻毫不領情，反而將此看作是作為功臣之後理所應當的結果。見此情況，武則天毫不猶豫地找了個藉口，以「**謙讓無私，裁抑外戚**」的理由將武氏兄弟貶職到外地，不久他們先後死去，武則天也算出了當年的一口惡氣。

雖然如此，但中國政治結構中重用外戚的傳統卻使得武則天不得不仍然依靠武氏族人來鞏固自己的地位，否則就有孤立無援之虞。儘管幾個兄長死的死，散的散。但他們的子嗣卻捲土重來，在武則天的支持下進入朝廷並擔任要職，成為武周時期一股舉足輕重、不可忽視的勢力。這其中，以武承嗣最為權傾一時。

武承嗣是武元爽的兒子，早年由於父親獲罪，在當時尚屬蠻夷之地的海南島度過了他的青少年時代。武元爽很快就死在了流放地，但武承嗣則熬到了出頭的一天。到咸亨五年（西元六七四年），武則天大概是意識到了外戚力量的重要性，便將武承嗣召回，讓他繼承了武士彠的周國公的爵位，又授予他尚衣奉御的職位。武承嗣是個很有政治頭腦的人物，他深深地明白，自己的政治前途和命運全部維繫在這位姑姑的身上。

因此，他不遺餘力地幫助武則天逐步實現她稱帝的夢想。他的努力獲得了武則天的肯定，其官職爵位也因此而步步高升。到光宅元年（西元六八四年），武承嗣被封為魏王，又擔任了相當於宰相一職的同中書門下三品和禮部尚書，可謂位高權重。

武承嗣利用其職權，大肆製造各種「祥瑞之象」，給武則天的稱帝制造合法性和正當性的理論依據。首先，武承嗣為了提高武氏家族的地位，建議武則天追封五代祖宗為王，並立廟祭祀。這一建議雖然遭到了朝臣的極力反對，但卻正合武則天的心思。不久，武承嗣又搞出了拜洛受圖和《大雲經》的把戲，為武則天稱帝大造輿論，不能不說。在武則天稱帝的過程中，武承嗣具有相當重要的作用。

武承嗣這麼做，顯然是看到了除了位極人臣之外的另一種可能性——黃袍加身，稱孤道寡。按照中國政治的傳統，武則天的登基，意味著武氏取李氏之位而代之。從政治倫理學的角度來說，由武氏族人接任皇位也未嘗不可。武承嗣作為周國公武士彠的孫子和爵位繼承人，自然當仁不讓地成為了皇位的第一順序繼承人。恐怕武承嗣正是考慮到了這一點，才會如此盡心盡力地支持武則天的登基。

武則天稱帝之後，武承嗣更是急不可待，希圖有一日入主東宮。一方面，武承嗣繼續竭盡所能討好武則天，長壽二年（西元六九三年），武承嗣糾集了五千餘人一同上表，請武則天加尊號「金輪聖神皇帝」，這個帶有強烈佛教色彩的尊號讓武則天非常喜歡，如此大規模的上表行動也讓武則天龍顏大悅，當即接受了這一尊號。見此計得逞，武承嗣乾脆變本加厲，第二年又糾集了兩萬六千餘人為武則天上了一個更加不倫不類的尊號「越古金輪芒神皇帝」，武則天也照單全收。

不僅如此，武承嗣對武則天身邊的寵臣也執禮甚恭，甚至不惜為其牽馬執轡。由此，武承嗣成功地爭取到一大批為他說話的官員。這些人成日在武則天周圍鼓噪「**自古天子未有以異姓為嗣者**」，構成了一股強大的輿論氛圍。

與此同時，武承嗣又授意鳳閣舍人張嘉福糾集了以洛陽人王慶之為首的數百「平民」，集體向武則天上表，王慶之涕泗橫流，以死相勸，說什麼「**神不欲歆類，氏不祀非族**」，既然武氏為皇帝，怎麼可以以李氏子孫為皇嗣呢？要求立武承嗣為太子。一時之間，此類言論甚囂塵上。自不用說，這都是武承嗣的授意。

武承嗣如此所作所為，難免引起朝中一些懷戀舊主、行事正直的大臣的不滿。為了堵住反對者的悠悠之口，武承嗣又大開殺戒。他勾結武則天時期著名的兩個酷吏周興和來俊臣，對反對他的大臣舉起了屠刀。當時大臣李昭德為人剛正不阿，對武承嗣編造的祥瑞很是看不過眼，曾經數次當眾指斥此種行為。

後來，李昭德又向武則天上表，認為武承嗣身為親王而擔任宰相之職，未免權力過大，對皇權造成威脅。這一建議得到了武則天的同意，而武承嗣也因此丟掉了宰相職務。被降職的武承嗣恨李昭德恨的牙關癢癢，不久就唆使來俊臣羅織罪名，深文周納，將李昭德打成冤獄，流放被殺。而李孝逸、韋方質等宿老不願事奉武周政權，武承嗣也多次建議武則天將其誅殺。

大臣尚且如此，身為武承嗣直接競爭對手的李唐皇族子孫就更不用提。早在武則天尚未登基之時，武承嗣就建議武則天「**去唐家子孫**」。武則天掌握朝中大權時，不少皇族子弟紛紛起兵反對，這給了武承嗣一個趕盡殺絕的絕妙藉口。垂拱四年（西元六八八年），越王李貞及其子起兵反對武氏，兵敗被殺，武承嗣趁機將韓王李元嘉、魯王李靈夔等一干親王以通同做亂的罪名全部殺掉。天授元年（西元六九〇年），武承嗣又大殺宗室子孫，對年幼者則流放嶺南，李唐皇族幾乎被屠殺殆盡。

武承嗣的所作所為雖然讓武則天對其甚為信任，但卻引起了朝中大臣的不滿，甚至武則天甚為倚重的狄仁傑、吉頊等人都不贊同由武承嗣繼任太子。其實這也難怪，平心而論，武承嗣雖然身居高位，執掌國柄，但他本人才能卻很有限，除了打擊異己，製造輿論之外，經邦濟世的本事實在是乏善可陳；和他相與甚得的，也大多是只會阿諛奉承的溜鬚拍馬之輩。這樣一個人怎麼可能成為好皇帝呢？

武則天雖然喜歡武承嗣，對這一點卻看得很清楚，因此也遲遲難做出決斷。然而隨著武則天的日益衰老，皇儲問題的重要性也日益突顯出來。不過讓武承嗣沒有想到的是，情況變得對他越來越不利。先是北方的契丹和突厥先後打著光復李唐政權的旗號起兵造反，讓武則天意識到武氏族人的得不得人心；而朝中大臣的反覆勸說似乎也對武則天產生了越來越重要的影響。

有一次，武則天又就皇儲的問題徵求左右重臣的意見，狄仁傑趁勢表示，自古以來，只有兒子將父母供奉在太廟中祭祀的，但從來沒聽過侄子將姑姑供奉在太廟中祭祀的。言下之意，當然是勸說武則天立子不立侄。狄仁傑的諷諫可以說最終堅定了武則天的想法。就在這次談話之後不久，武則天正式下詔，立原已被貶為廬陵王的三子李顯為太子。這場立嗣風波可以說暫時告一段落。

機關算盡的武承嗣最終也沒能入主東宮。這件事給他的打擊可以說相當之大，就在此事之後不久，武承嗣就鬱鬱而死。而他這一支武氏族人也至此失勢。不過武周末年的政治鬥爭還遠未結束，誓死捍衛李唐政權的大臣們，還要面對一系列更加凶險的情勢。

把太子還給你

在李武之爭引起的立儲風波中，雖然最終的結果是李唐皇室最終獲得了勝利，被廢黜多年的李顯重新回到了長安並被冊封為太子。但這不是一朝一夕就決定的事情，在這個漫長曲折而複雜的過程中，武則天態度的微妙變化，一干忠於李唐王室的大臣的各種諍諫譎諫，都讓這一微妙而脆弱的政治局勢時刻左右搖擺，不得安寧。

其實在武周一朝，李唐皇室的地位可謂危如累卵。前面已經說過，在武承嗣等人處心積慮的壓迫和陷害下，大批李唐皇室子孫被屠殺殆盡，甚至於武則天的兩個親生孩子也過著朝不保夕的日子。李顯被武則天從皇帝的位置上趕下來以後，以廬陵王的身分先後被軟禁在湖北的均州和房州。可憐他貴為天潢貴胄，金枝玉葉，卻要遠離京城，在羽林軍的嚴密監視下成天過著擔驚受怕的生活。

李顯本來才能平庸，缺少作為一國之君的氣魄，長期的流放生活，更是讓他遇事則迷，與他相比，韋氏則要冷靜鎮定得多。也許是二哥李弘的死對李顯的刺激過於強烈，每次聽說武則天派使臣前來，李顯就執著的認為母后要對自己下起毒手，便驚慌失措，嚷嚷著要自殺。

在這個時候，韋氏總是對李顯百般勸慰，鼓勵他要樂觀積極，不必如此驚恐。正是在韋氏的陪伴和安慰之下，李顯才勉強在非人的環境中度過了漫長的十四年流放歲月。也正是因此，李顯和韋后的夫妻感情十分深厚，李顯曾經對韋氏賭咒發誓，假如異日能重登大寶，一定竭盡全力滿足韋氏的任何願望。

誰知這話在後來又引起了天大的風波，此乃後話不談。

流落在外的李顯如此，勉強留在京城的李旦也沒好到哪裡去。前面說到，武則天稱帝後，封李旦為皇嗣。但這個徒有虛名的稱號反而讓李旦吃盡苦頭。為了防止李唐皇室的人私下串通，武則天規定大臣要想拜見李旦，必須經過武則天的同意。

結果偏就有不信邪的人，前尚方監裴匪躬與內常侍范雲仙二人趁武則天不備，偷偷去看望了李旦。結果這倆人沒有逃過武則天無處不在的監察機構，被抓了個正著。武則天為了殺雞儆猴，將二人腰斬於市。有了這樣的前車之鑑，滿朝文武再也不敢冒著生命危險去拜訪李旦了。李旦雖然身在京城，但精神世界卻和哥哥李顯一樣孤單。

饒是如此，李旦還是逃脫不過別有用心的人的深文周納。有一次，不知何人告發李旦有不臣之心。武則天得知後勃然大怒，便命令來俊臣審理此案。來俊臣是有名的酷吏，他知道自己雖然不能把李旦怎麼樣，但卻可用酷刑把李旦身邊人的嘴巴撬開，教他們指證李旦。

可是出乎來俊臣的意料，這些人受盡了嚴刑逼供，遍體鱗傷卻仍然不肯承認李旦有謀反之心。特別是一個叫安金藏的太常樂工，乾脆對來俊臣表示，既然你不相信我安某人的話，那我就剖腹讓你看看我的心臟，以表明皇嗣絕不會謀反。說完就拿刀剖腹，竟至鮮血橫流，五臟六腑流得滿地都是，場面極其慘烈。

安金藏的忠烈之舉震驚朝野，自然也傳到了武則天耳朵裡。武則天聞聽此事，知道必然有冤情，不僅命醫生盡力救治，還親自探望了安金藏，並感歎道，我的兒子我卻不瞭解他，才讓你受這樣的苦！隨即停止了對李旦所謂「謀反」的追查。因為安金藏的英勇，李旦總算逃過了一劫。

李旦在受盡迫害的同時，其政治地位也日益降低。**「國之大事，惟祀與戎。」**從祭祀典禮中，可以很明確地看出政治格局的變動，這是中國傳統社會的一個傳統。武則天即位初期，在較為重要的祭祀典禮中，輔助武則天進行祭祀的均為李旦及其長子李成器。可到長壽二年（西元六九三年）正月祭天時，李旦和李成器卻被排除在了典禮之外，魏王武承嗣和梁王武三思取代了他倆的位置。

這一情況明白無誤地揭露出李旦岌岌可危的政治地位。果然不久之後，李旦的幾個兒子的爵位便全部被降為郡王，並且被軟禁在宮中。至於李旦的兩個妃子更是以莫須有的罪名先後被處決，屍骨無存。

面對著李唐皇室將要全軍覆滅的狀況，朝中的一干大臣坐不住了。為首的就是狄仁傑。狄仁傑的情況前文已有敘述。他既和武則天有同鄉之誼，又是前朝老臣，可謂德高望重。武則天對他甚為倚重，尊稱其為「國老」，無論各種大事小情往往都要徵求狄仁傑的意見。

狄仁傑不愧為一代賢相，武氏族人的種種不成器他都看在眼裡，自然知道武承嗣和武三思等人絕對不是繼承皇位的最好人選；而且考慮到王朝的安定和興盛，百姓和四夷的人心所向，也只有重新恢復李唐皇室的統治才是最佳的選擇。

因此，他雖然忠心耿耿地輔佐武則天，但在立儲一事上卻堅持己見，面對武承嗣等人的步步緊逼，狄仁傑毫不讓步，用盡各種辦法千方百計地讓武則天下定決心，幾乎在任何情況下，狄仁傑都有本事把話題轉到立儲這個問題上。武則天原本就篤信佛教，又兼之年事已高，不免對鬼神占卜之事愈加相信，狄仁傑就利用這一點，屢屢對武則天旁敲側擊。

有一次，武則天提到前夜夢到玩雙陸遊戲屢戰屢敗，不知何意。狄仁傑一聽便立刻語帶雙關地說道，雙陸不勝，乃是宮中無子所致。這乃是上天暗示陛下，應當盡快解決立儲之事。又有一次，武則天又夢到一隻羽毛豐滿顏色豔麗，但兩翼折斷的鸚鵡，不知所主何事，便又向狄仁傑詢問。狄仁傑趁機又說，鸚鵡的「鵡」正暗示著武則天的「武」，兩翼折斷意味著武則天的兩位皇子如今正流離失所，朝不保夕，因此他建議武則天應該盡快恢復兩位皇子的政治地位。

有趣的是，不僅是狄仁傑這樣的唐朝舊臣幾次三番地勸說武則天，就連吉頊這樣的武周新貴也傾向於李唐皇室。吉頊是武則天一手提拔上來的宰相，此人生得高大魁梧，儀表堂堂，雖然也是一個有名的酷吏，但卻不是周興、來俊臣那樣唯以殘酷為樂的傢伙。他曾經與武則天的族侄武懿宗共事，對武懿宗的顢頇糊塗，殘暴不仁深有體會，因此自然明白武氏族人實在不足以託付天下，反而是人心所向的李唐皇室還有扶保的理由。

吉頊與武則天後期寵信的兩個男寵張昌宗、張易之平素友善，經常在一起飲酒唱和，相處甚歡。吉頊便利用這個便利，在一次酒宴後對二張兄弟進言，警告他們如今的榮華富貴已經引起了朝野側目，一旦女皇百年之後，必將遭到打壓，應該及早找條退身之路為好。

二張兄弟不是深諳政治之人，聞聽此言自然張惶失措，便向吉頊問計。吉頊趁機建議他們向武則天推薦廬陵王繼位。李顯流落在外這麼多年，一旦繼位必將十分感念二人的擁戴之功，日後可保長久富貴。二張深以為然，於是便向武則天建議召回李顯，立為太子。

武則天最終認清了人心思唐的局勢。牛不喝水強按頭不可取，如果罔顧朝臣的意見，一意孤行，立武氏族人為太子，則必將引起政局的動盪。種種考慮之下，她最終決定立自己的兒子為皇儲。聖曆元年（西元六九八年），武則天派人秘密將李顯全家接回洛陽。隨後便以商量立儲為名，召狄仁傑等人入宮。狄仁傑做夢都沒想到，自己入宮後看到的竟是暌違十數年的廬陵王李顯。狄仁傑當即痛哭流涕，拜伏在地；武則天也聲淚俱下地對狄仁傑說：「我把儲君還給你！」

君無戲言，如此一來，李顯的太子之位算是坐定了。而李旦也很知趣地主動提出辭去皇嗣之位，請三哥即太子位，態度十分堅決。武則天見此自然樂得接受。聖曆元年（西元六九八年）九月，洛陽舉行了正式的太子冊封禮，李顯正式被立為太子，而李旦則被改封為相王。這也標誌著武周一朝晚年的立儲風波正式告一段落。

狄仁傑和吉頊等人終於鬆了一口氣，但對於武則天來說，事情沒有結束。立儲風波讓李武兩家本就不睦的關係變得更加緊張，這是武則天絕對不願意看到的。一方是自己的夫族，一方是自己的母族，武則天不願意其中任何一方受到壓制，相反，她更希望雙方團結起來，在她百年之後共同維護這個她一手打造的王朝。為此，她還需要想一些別的辦法。

拉拉勾，做朋友

武周聖曆二年（西元六九九年）的某一天，都城洛陽新建的明堂中香煙繚繞，鐘鼓齊鳴，呈現出一派莊嚴肅穆的氣氛。已經是七十五歲高齡的女皇武則天，顫顫巍巍地在一干宮女宦官的簇擁下步入這座象徵著武則天統治合法性和正當性的建築。緊隨其後的，是剛剛被重新立為太子的三子李顯和四子李旦，女兒太平公主，以及武則天的侄子武三思、武攸暨和武攸寧。這些人心照不宣地自動分為兩排，左右魚貫而入。

在武則天的帶領下，這些皇親國戚股肱大臣們並肩站在一起，煞有其事地倒身下拜，焚香默禱。只見武則天口中念念有詞，祈求上天保佑李武兩家，並對天發誓，兩家人今後要捐棄前嫌，精誠合作，互幫互助，共存共榮。看到武則天如此舉動，她身後的一干人等也紛紛有樣學樣，一時之間，明堂內充滿了低低的祈禱和盟誓之聲，倒是顯得格外神聖。少頃盟誓已畢，武則天又命人拿來鐵券丹書，鄭重其事地將盟誓的內容刻於其上，並收藏在國史館中。

這一切結束後，武則天已是累得不輕，但她卻彷彿完成了一件極其重要的大事般鬆了一口氣，臉上也露出了難得的笑容。可是，她似乎並沒注意到，李家和武家的子弟們卻一個個面色陰晴不定，沉吟不語，眼光中流露出複雜之極的情緒。武則天導演的這一齣盟誓，被後世的歷史學家稱之為「明堂盟誓」或者「李武盟誓」。應該說，武則天之所以如此這般，是與之前發生的立儲風波密不可分的。

前面已經提到，經過將近十年的明爭暗鬥，武則天終於在朝中大臣的勸說下打定了主意，決定不把皇位傳給武氏族人而傳給自己的兒子。透過這場風波，武則天意識到了一個問題，那就是自己雖然如願以償當上了皇帝，但卻不代表政權的更替和變遷。

無論是在廟堂之上，還是江湖之遠，甚至對於周邊的四夷來說，武則天更多是以李唐家族的媳婦，而不是武氏家族女兒的身分登上皇位的，由於唐高宗駕崩時所立的遺詔中提到武則天擁有參與軍國大事的權力，武則天的掌權也具有了某種形式的合法性和正當性。

如果再考慮到唐代相對開放和包容的社會環境和輿論氣氛，武則天的稱帝對於人們來說並非不可接受的事情，卻也正因為如此，武則天絕不可能將皇位傳給武氏族人，否則就是篡位，這是絕大多數人無法接受的事情，這樣做除了給武氏家族帶來滅門慘禍，沒有任何好處，甚至整個國家都有可能陷於戰爭和動盪中，這是武則天不願意看到的。

正是基於這樣的考慮，武則天把皇位傳給了李顯，但立儲風波留下的後遺症也極其強烈。為了皇位各懷鬼胎、鉤心鬥角十餘年的李武兩家人，早就結下了不共戴天的血海深仇。早前武承嗣為了太子之位，將李唐皇族的子孫幾乎殺了個寸草不留；倖免於難的李顯在湖北天天擔驚受怕，度日如年；李旦在朝中則戰戰兢兢，如履薄冰。

積怨如此之深，難保李顯即位之後不會舊帳重提，反攻清算，把武氏族人趕盡殺絕。武則天對自己這個庸庸碌碌的兒子再瞭解不過，以他平庸的政治眼光和手段，做出這種事情絕非不可能之事。武則天畢竟姓武，是武氏族人的保護傘，無論是於公於私，她都要避免這種情況的發生。

毫無疑問，武則天最希望發生的情況，當然是李武雙方能夠聯合起來，共同防止在武則天死後因為政治真空而有可能出現的動盪局面，退一步講，至少也要保證李武雙方力量的平衡，使雙方互為投鼠忌器之勢。為了達到這一目的，武則天可謂煞費苦心。

首先在太子的選擇上，武則天就動了點兒小心思，在她僅存的兩個兒子中，她選擇了李顯而不是李旦。這個決定乍看起來非常奇怪。首先李顯早就證明了他的器量和才能不足以擔任皇帝；其次他也早已被貶為有名無實的廬陵王流放湖北；相比之下，李旦既是「皇嗣」，又一直待在中央，似乎更有理由被立為太子。

但殊不知，這一手正是武則天苦心孤詣思考後的結果。一方面，李顯和武家早就結成了親戚關係：他的第八個女兒新都公主嫁給了武承嗣的次子武延暉，是李唐皇族子弟中和武氏族人關係較近的一位；另一方面，李顯很早就被趕出了京城，後來的幾次針對李唐家族的政治鬥爭都沒有牽連到他。

而相王李旦則不同，他不僅是武則天稱帝過程中的直接犧牲品，又長居京城，幾次三番被汲汲營營謀求太子之位的武承嗣整得死去活來。兩相比較，似乎李顯對武氏族人還能夠有些感情。於是李顯才被立為了皇太子。

僅僅找一個溫和派當皇帝不足以保證武氏族人在武則天百年之後的安全，因此篤信佛教的武則天又決定借助神明的力量，用盟誓這一古老的方法將李武兩家捆在一起，因此才有了本文開頭的那一幕。

既然是協調李武兩家的關係，那麼參加明堂盟誓的人員自然都是這兩家的子弟。李唐一族那邊的首領自然是已經被立為皇太子的李顯，他的情況無須贅言。作為未來的皇帝，他必須參加這個盟誓。其次就是相王李旦，在李顯被封為皇太子後，他也從十多年的軟禁中重獲自由，不僅被封為相王，還被授予太子右衛率，掌握了一定程度的軍權，他的地位和勢力使他成為李唐家族中舉足輕重的一員。

再來是太平公主，這位頗具傳奇色彩的著名女性是唐高宗和武則天的小女兒，由於長相酷肖武則天，又自小聰明伶俐，很得武則天的寵愛。太平公主不僅繼承了武則天的外貌，也繼承了她的政治頭腦和手腕，憑藉著過人的權術和謀略，太平公主在武周時期積極參與朝中大事，深受武則天的信任，把她嫁給了武則天的一個堂侄武攸暨。不過即使如此，在唐朝時還沒有後世那種「嫁出去的姑娘潑出去的水」的觀念，太平公主雖然身為武家的媳婦，但仍然被當作李唐家族的一份子對待。

在武氏家族這邊，雖然武承嗣由於在皇儲爭奪中敗下陣來，但武氏家族的勢力沒有受到多少影響。武承嗣死後，武則天的另一個堂侄，武元慶之子武三思迅速上位，成為武氏家族的核心人物。武三思在武則天掌權時最初擔任右衛將軍，後被提拔為兵部、禮部尚書，又監修國史；武則天稱帝時被封為梁王，後又擔任檢校內史，也曾對太子之位懷有野心。

除了武三思之外，太平公主的第二任丈夫武攸暨也參加了這次盟誓。武攸暨和武則天的關係較遠，是武則天伯父武士讓的孫子，武則天稱帝後先後被封為千乘王和定王，又因為太平公主的關係被封為駙馬都尉。

雖然身居高位，但武攸暨卻沒有什麼政治野心，《資治通鑑》記載他「於時無忤，專自奉養」，為人相當低調。不過，武攸暨是一個英俊瀟灑的美男子，而太平公主也正是因為這一點才選擇了他。作為武則天的堂侄，又是太平公主的丈夫，武攸暨在李武兩家的關係中可謂牽一髮而動全身。也許武攸暨內心不願意被捲入如此複雜而殘酷的宮廷鬥爭中，但他的特殊身分卻迫使他不得不如此。

武氏家族參加明堂盟誓的第三個人是武攸暨的兄長武攸寧。此人在武周一朝先後擔任夏官尚書、鳳閣鸞台三品、冬官尚書之職，又受封為建昌郡王。也是武氏家族中較有權勢的人物。

可以看出，參加明堂盟誓的都是李武兩家較為核心的人物。前面已經提到，武則天希望能將李武這兩股可能影響未來政治走向的、至關重要的政治勢力拉到一起，保證政權的穩定，也保證兩族的共同富貴榮耀，這也是武則天晚年的重要政治任務之一。

歷史學界對這一點早有定論，陳寅恪先生在《唐代政治史述論稿》中指出，經過武周一朝，李武兩家透過姻親和血親關係早已緊密地結合在一起，因此在武則天過世後，這兩家仍然會緊密結合在一起，考慮到唐中宗復位以後的政治局面，他將這一政治集團合稱為「李武韋楊婚姻集團」。

黃永年先生在《唐史十二講》中則提出了稍有不同的看法，他認為武則天所希望的乃是一個由李家擔任皇位，而由武家擔任要職，共同執掌天下的「李武政權」。這兩種說法的差異不必深究，但其共同點都在於保證李武兩家的永續存在。明堂盟誓正是為達成這一目標所必須的一種政治手段。

不過，儘管武則天如此處心積慮的維持她所希望的局面，但受限於中國古代政治體制中皇室與外戚固有的結構性矛盾，明堂盟誓更多地只能是一種武則天個人意願的體現，正所謂「**其人存，則其政舉；其人亡，則其政息**」，後面將會看到，武則天去世後，在凶險的宮廷鬥爭中，武氏家族最終未能如武則天的心願世代尊榮，而明堂盟誓最終也只是藏於史館，束之高閣的鐵疙瘩。

神龍政變

武周神龍元年（西元七〇五年）正月的一個晚上，還是春寒料峭的時節，原本應該戒備森嚴的洛陽禁宮內卻紛亂如麻。一隊全副武裝的羽林軍在羽林將軍桓彥範和敬暉的帶領下，點著燈球火把亮子油松衝進宮內，隨即佔領了各個出入口，並迅速向武則天的寢宮迎仙宮撲去。

驚慌失措的內侍和宮女不知發生了什麼事情，嚇得亂作一團，四處逃竄，卻又被弓上弦刀出鞘的羽林軍攔了回來，有不識好歹大聲尖叫的，早被羽林軍一刀一個砍翻在地，其餘人被嚇得說不出話來，只得躲在牆角瑟瑟發抖。他們驚恐地看到，緊隨羽林軍其後進入內宮的，竟然是當朝太子李顯，以及鳳閣侍郎張柬之、鸞台侍郎崔玄暐、還有司刑少卿袁恕己這幾員公認是「太子黨」的朝臣。

這究竟是怎麼回事呢？

前文已經說到，武周末年，二張亂政。他們仗著女皇對他們的寵信，毫無顧忌，肆意妄為，甚至連李唐皇室和武氏族人這兩支能夠左右朝局的重要勢力都不放在眼裡。這就引起了李武雙方共同的不滿和緊張。這其中又以李唐皇室的勢力受到的壓制和打擊最大。經過立儲風波之後，太子人選終於確定，李唐皇室終於可以在武則天駕崩之後還朝。

但是如果二張的勢力崛起，受害最深的無疑還是李唐一族，好不容易努力得來的局面將會灰飛煙滅，而武氏一族雖然亦會受到衝擊，但由於在立儲風波中受到打擊，幾乎已經退出最高權力爭奪，又受到李武盟誓的牽絆，因此反而不會被波及太深。

此外，武氏族人和二張兄弟之間的關係也遠較李唐皇室與後者的關係為親密。前面提到了武三思在武則天面前對張昌宗的極力褒揚，把他比作神仙中人。這雖然是赤裸裸的溜鬚拍馬，但張昌宗聽了也很受用；正所謂投桃報李，張昌宗在武則天面前也極力推崇武三思，稱他是當時「十八高士」中首屈一指的高人，簡直可以與開國元勳房玄齡杜如晦等賢臣相提並論。

於是兩家的關係一度十分親密。再加上武氏族人頗多擅於逢迎之輩，每見二張兄弟，張口五郎，閉口六郎，執禮甚恭，以奴僕自居，這些招數都讓二張對武氏族人頗有好感。相比之下，太子李顯，相王李旦，乃至太平公主等人雖然為了自保，也依樣畫葫蘆地諂事二張兄弟，但他們周圍的一幫朝臣中卻不乏心直口快的正義之輩，前面提過的魏元忠正是如此。他們在基層對二張兄弟及其一黨的胡作非為每有處理，二張兄弟恨屋及烏，自然對李唐皇室的子孫相對要冷淡很多。

更糟糕的是，隨著武則天年紀的增長，她的身體越發虛弱。到神龍元年（西元七〇五年）時，已是八十二歲，垂垂老矣的武則天已是沉屙在身，臥床不起。但文武百官，諸王公主甚至太子李顯都很難見到她，武則天由於久病，心情煩躁，索性誰也不見，只留下二張兄弟在她身邊侍奉湯藥。這樣一來，二張兄弟便成了武則天和外界溝通的唯一管道。

這對於李唐皇室、特別是太子李顯來說無疑是非常危險的。如果武則天一旦不豫，遺詔就只有二張兄弟看得到。到時候如果二張兄弟心生異志，無論是選擇自己稱帝，還是退一步與武氏家族聯手，對李唐皇室諸子孫來說都是致命的打擊。

以上種種原因，都讓李唐皇室的勢力決定採取非常手段，趁著武則天重病，對朝政控制放鬆之際，發動武裝政變，除掉二張兄弟，擁立太子李顯掌握實際權力，以確保萬無一失。這一計畫由時任鳳閣侍郎的張柬之首先提了出來。

張柬之是襄陽人，早年間曾經是太學生，後來考取賢良出身，官至鳳閣舍人。可是由於反對武則天侄孫武延秀娶突厥默啜可汗女，觸怒了武則天，先後被貶為合州刺史和蜀州刺史。後來，在狄仁傑的再次推薦下，張柬之被重新啟用。

由於狄仁傑和姚崇均認為張柬之乃是「宰相之才」，「沉厚有謀，能斷大事」，因此得到了武則天迅速的拔擢，升為鳳閣侍郎，處理朝廷政事。到神龍元年時，張柬之已經八十歲了，但他仍然野心勃勃。雖然武則天對張柬之非常重用，不過能受到名臣狄仁傑和姚崇的推薦，張柬之自然在政治上傾向於李唐王朝。他眼見二張亂政，把持朝綱，太子李顯之位岌岌可危，便決心先下手為強。在張柬之的出面組織、聯絡下，一班同樣擁立李顯的大臣集合在一起，策劃了一個剷除二張的政變計畫。

政變當然首先要掌握一支可以信賴的軍隊：張柬之利用職務之便，安排桓彥範、敬暉、楊元琰等人擔任羽林將軍，以掌握軍權；接著他又讓桓彥範、敬暉二人以羽林軍將軍的身分拜見太子李顯，趁機向其彙報了政變計畫，並希望得到李顯的支持。原本膽小怕事的李顯見張柬之等人布置周密詳細，略加猶豫也就答應下來，並且聯絡了相王李旦和太平公主一起行動。

李唐皇族成員的加入不僅使這次政變具有了合法性和正當性，也壯大了這一政變集團的勢力。除了已經掌握一部分軍權的相王李旦外，太平公主也積極配合行動。她雖然是武攸暨的媳婦，但她更是李唐皇室的一員。作為女性，她有更多的機會出入內宮，相比李顯和李旦更能夠接觸到武則天；而作為武家的媳婦，她也有機會接觸到當時武氏家族中最有權勢的梁王武三思。

因此，太平公主在政變謀劃中頻頻進出於皇宮和武府，密切地注意著武則天和武三思等人的異動，為張柬之等人提供了大量珍貴的第一手情報，有助於政變集團掌握武則天和武氏家族的最新動向。不僅如此，根據後世史家的研究，太平公主還成功地將武則天甚為寵幸的女官——上官婉兒拉到了自己一方。

上官婉兒的祖父是唐高宗時的宰相上官儀，由於上官儀對武后看不過眼，曾經秘密勸高宗廢去武后。結果事機不密，被武后發現，落得個身首異處的下場。當時還是小嬰兒的上官婉兒也隨母親被降為宮中的婢女。不過上官婉兒遺傳了祖父的詩文才華，又受到母親的細心培養，年紀稍長，就以詩文聞名。

武則天得知此事，便把上官婉兒提拔起來，留在自己身邊，負責各種類似於今天文藝沙龍的活動；後來武則天年老力衰，上官婉兒又替女皇起草詔書，參與朝政，逐漸掌握了一部分政治權力。可以說，除了二張兄弟以外，上官婉兒也是武則天身邊的心腹。

野史中記載，上官婉兒曾經與張昌宗私通，結果被武則天發現，處以黥面之刑，上官婉兒為了遮擋受刑痕跡，發明了「梅花妝」和「上官髻」。由此觀之，上官婉兒與二張兄弟交情莫逆，怎麼會倒向李唐皇室一方呢？

其實這是小說家言，不足為信。作為一個從小就受到政治鬥爭牽連，後來又有豐富政治經驗的宮廷女性，上官婉兒對當時的政治局勢還是很清楚的。二張雖然聲勢煊赫，但卻完全繫於女皇一身，可謂無本之木無源之水。兩相比較，倒不如投向未來的皇帝一邊。也正是因為上官婉兒的加入，政變的成功指日可待。

萬事俱備，只欠東風。到神龍元年（西元七〇五年）正月，京城忽然傳出了二張兄弟「潛圖逆亂」的流言和揭帖。這一消息的來源很可疑，也許確有其事，也許只是政變集團為發動政變製作的又一條件。

總之，政變集團以這一消息為理由，於某日深夜在張柬之、桓彥範、敬暉、崔玄暐、袁恕己等人的組織下，聯合左羽林將軍李湛、李多祚，右羽林將軍楊元琰、左威衛將軍薛思行等人，率五百餘名羽林軍殺入宮中，這就出現了開頭的一幕。

此時的張昌宗、張易之兄弟倆正在寢宮內服侍武則天準備就寢，聞聽外面隱隱傳來的腳步聲和哭喊聲，不禁心中生疑；連忙拿起武器，起身走出殿門查看。誰料正與衝進殿來的羽林軍撞個滿懷。桓彥範和敬暉一聲令下，羽林軍刀槍並舉，可憐一對花樣美男，頃刻間橫屍當場。隨後趕來的太子李顯在張柬之等人的陪同下進入武則天的寢殿，向武則天「請安」。

武則天一生經歷無數險惡的大風大浪，早就明白了是怎麼回事。然而正所謂輸人不輸陣，作為女皇的威嚴還是要保留的。她強打精神，威嚴地坐在龍榻上，喝問這是怎麼回事。此時的李顯早已被母親嚇得瞠目結舌，還是張柬之向武則天稟報，說二張兄弟謀反，太子率一干大臣入宮清理宮闈捉拿叛逆云云，並且要求女皇退位，傳位太子。

此時的武則天，已經沒有精力和實力再與蓄謀已久的政變集團對抗了。她接受了這個事實，宣布由李顯暫時監國。經過這場史稱「神龍政變」的政治鬥爭，武則天終於退出了政治舞台，而李唐皇室則回到了帝國的中心，重新掌握了至高無上的權力。

第四章　韋后亂政，攪亂盛世間的空隙

我李顯又回來了

中宗第一次在即位後不久就被武后廢黜，初次登基時，在母親的陰影下他幾乎沒有作為。李唐宗室和大唐子民都對他寄予了很高的期望，盼望他復位後可以勵精圖治，重振朝綱，挽救大唐的頹勢，重現其先祖時的盛世局面。但李顯復位後的一系列舉動讓全國官員、百姓都明白了，指望他是沒用了。中宗不僅在生活中恣意妄為，荒唐無道。在治理國家上更是一塌糊塗，使得李唐王朝愈加風雨飄搖，危機四伏。

中宗在回到長安後，突然多了一項特別的愛好。他喜歡到繁雜吵鬧的市場去湊熱鬧，看別人做生意。中國古代，商賈一向受輕視，他們混跡於社會底層被視為賤民。而中宗與這些人過從甚密自然是不太好，經過屬下屢次勸諫，中宗總算不往外面的集市跑了。但或許是長期被貶在外，受到了極度壓抑，中宗又想出了一個新辦法來看熱鬧。他命宮人們裝扮成小販與客商，在宮內複製出了一個集市，一切都和宮外的一樣，他與韋后就在一邊看著這幫人談天說地、討價還價，不亦樂乎。

中宗不僅喜歡看別人做生意，他還有一項自己特別喜好的運動——打馬球。中宗對此項運動可以說是樂此不疲，基本到了廢寢忘食的地步。看到皇帝如此喜歡打馬球，下面的人也努力練習，希望提高自己的水準，有朝一日在皇帝面前一展身手。這些人中以長寧公主和安樂公主的駙馬水準最高，他們甚至專門建了個灑滿油的練習場地，而這麼做只是為了不讓賽場上的塵土飛揚起來。

上行下效，打馬球在中宗時代越來越流行，甚至傳到了偏遠的吐蕃地區。當吐蕃使者來迎接奉旨和親的金城公主進藏時，大唐與吐蕃還進行了一場打馬球比賽。在賽場上，表現最為突出的正是之前提到的那兩位駙馬武延秀和楊慎交，還有一位則是在之後開創了大唐繁盛新局面的唐玄宗——李隆基。

李顯的愛好當然不止於此，他還是一個拔河愛好者，但他從不親自上場，而是喜歡和后妃、公主們在一旁觀戰，當看到老大臣們由於年老體衰紛紛倒地時，中宗不僅不加以關懷體恤，竟然反而同后妃、公主們一起嘲笑戲弄、取笑玩樂。

中宗即位後，感念自己和韋皇后是患難夫妻，當初落魄之時韋后跟著自己吃了許多苦。不僅冊立韋氏為皇后，並賜與韋后的家族以無限榮耀，他追贈自己的岳父韋玄貞為上洛王，岳母崔氏為妃。中宗這種行為已經超越了唐朝的禮儀法制，左拾遺賈虛己向他進諫此事，但中宗不覺得自己的行為有何不妥，也不理會大臣的意見。

韋氏做了皇后，但她卻不滿足。前朝剛出了個武則天，她也想效仿武后來執掌朝政。她知道自己的丈夫是個窩囊廢，自然不敢干涉自己的行為，於是每次她都和中宗一起上朝，垂簾聽政。她的做法引起了滿朝文武的極大不滿，剛剛送走了武則天，又來了個韋皇后，李唐王室著實堪憂。可李顯顯然更忌諱韋后，任其恣意妄為，隨後安樂公主、上官婉兒等人也紛紛出來干預朝政。使得朝堂上下烏煙瘴氣。可中宗還是不管不顧，任由他們胡作非為。

按理說，中宗重奪皇位，照理說首先會對武氏家族下手，既報先前被廢之仇，並可以杜絕後患。但中宗卻遲遲不動手，老臣張柬之等人按捺不住，紛紛對中宗進言，請求誅殺武氏，中宗卻不予理睬。之後張柬之又再次請求貶降武氏官員的官職，中宗還是不聽。

此時，別的大臣也坐不住了，敬暉等百名官員上表陳情，要求貶謫武氏。就這樣再三的懇求，中宗才勉強答應了降低武三思等人的官職。此時中宗似乎已經忘了當初是誰搶了他的皇位，使他被流放多年，反倒與武三思等人來往密切，甚至把大臣的諫言直接透露給武三思。

中宗在政事上對武三思可說言聽計從，他不信任當時的宰相魏元忠張柬之、崔玄暐、袁恕己等人，只相信武三思。武三思之所以能在中宗跟前如此得寵，可以說是歸功於兩個女人。

一是上官婉兒。上官婉兒是高宗時期的宰相上官儀的孫女，當上官儀獲罪被殺後，年幼的上官婉兒跟隨母親來到皇宮中成為奴婢。雖然生長在困頓之中，但她聰慧異常，精通史籍，擅作文章。由此受到武則天的賞識，任命她為女官。中宗即位後封為婕妤，使其權利越加膨大。

二則是因為武三思與韋后也關係匪淺。武三思先與上官婉兒私通，透過上官婉兒結識了韋后，韋后與武三思既是兒女親家，又和他私通，倆人自然也過從甚密。中宗向來懼怕韋后，因此對她舉薦的武三思也就百依百順、言聽計從了，以至於「**三思令百官復修則天之政，不附武氏者斥之，為五王所逐者復之，大權盡歸三思矣**」的地步。

正是因為得到中宗的寵信，武三思勢力日益增大，黨羽眾多。武三思藉機收攏自己羽翼來打擊那些參與過神龍政變的老臣的勢力。他向中宗進讒言說：「**敬暉、桓彥範、張柬之、袁恕己、崔玄暐等五人依仗著曾參與神龍政變的軍功，對皇帝不敬，今後必是國之禍患。**」

昏庸無道的中宗哪裡還能分清忠言佞言，信以為真。武三思又唆使中宗封他們五人為王，看似是恩寵有加，實則削其實權，讓他們遠離政治中心。中宗採納武三思的進言，封張柬之為漢陽王，敬暉為平陽王，桓彥範為扶陽王，袁恕己為南陽王，崔玄暐為博陵王。

儘管武三思已經設法掃除了政變元老的勢力，但他仍不滿意，他要將五王趕盡殺絕。此時，張柬之已經離開了京師，崔玄暐早在之前就貶為梁州刺史。但敬暉、桓彥範、袁恕己還在長安。武三思又設法將他們三人派往邊遠地區。武三思一次次向中宗進言，中宗也一次次的聽之任之，對五王一貶再貶。

經過一番仔細謀劃，武三思終於想出了一條毒計將五人置之死地。首先，武三思找人撰寫關於韋后的種種惡行並將之張貼於洛陽城最為繁華之處。中宗獲悉此事後勃然大怒，命御史大夫李承嘉徹查此事。李承嘉早已被武三思收買，於是上書稟告中宗此事為張柬之等五王所為，表面上看是公布皇后醜行，請求廢后，實際上是想要逼宮，廢黜中宗。與此同時，安樂公主也開始向皇帝老爸吹風，要求誅殺五王。

但中宗生氣歸生氣，可他曾賜予張柬之等人丹書鐵券，君王不能言而無信，他只得將五王及其家中男子流放。武三思費了那麼多氣力要除去這五人，此時又怎麼可能善罷甘休。他派曾與張柬之有恩怨的張利用追殺五王，待張利用到達時，張柬之與崔玄暐已經病死。張利用對剩下三人毫不手軟，將桓彥範亂棍打死，將敬暉千刀萬剮，又給袁恕己灌了毒藥，就這樣，五王先後被武三思迫害致死。

中宗對韋后武三思等人的縱容還表現在另一個方面上。唐朝至中宗時期，官員數量大大超越了前朝。這些官員並非是國家求賢若渴選拔出來的。而是武三思、韋后、安樂公主等人賣官鬻爵的結果。

中宗在生活上的荒唐及政治上的昏庸，使得李唐王朝不僅沒有恢復人們期盼的繁盛局面，反倒是民生凋敝，怨聲載道，「國家租賦，大半私門；私門資用有餘，國家支計不足」。中宗真可謂是一個無能皇帝了。

武則天的粉絲

中宗皇后韋氏，京兆萬年人。韋后的家族在唐朝初年政治地位不高，她的祖父與父親在軍中僅擔任過低級官員。但隨著韋后被李顯納為太子妃，她的家族第一次迎來了榮耀。但在中宗被武則天廢黜後，韋后就開始了她生命中最為艱辛的生活。

在中宗被流放房州時，多次因承受不住壓力想要自殺，幸虧韋氏從旁相勸鼓勵，「禍福伏，何常之有，豈失一死，何遽如是也」，才讓中宗終於等來了重登皇位的一天。所謂是患難見真情，中宗對韋氏的感情自然也特別深厚，對韋后百依百順，也履行了他曾對韋后許下的「一朝見天日，誓不相禁忌」的誓言。

有了中宗的縱容，韋后也越來越放肆，她早就不滿足於只做一國之母。她希望的是效仿武則天成為天子。韋后深知，想要在朝中說的算，就得在關鍵部門有自己的親信。她首先做的就是拉攏大臣，收買人心。

在太子李重俊發動政變之後，朝中的許多重要位置出現了空缺，韋后抓住這一時機，把自己的堂兄韋溫、親戚韋安石、韋巨源都安排當了宰相。其他韋氏成員也安插到各個部門中，還嫁了兩個公主到韋家去，一時之間，韋氏家族儼然有超越李氏王族，成為當時第一大家族的架勢。

韋氏家族在當時的權勢絲毫不遜於前朝武則天的武氏家族。韋后的弟弟韋洵早亡，韋后追贈他為汝南王，並讓宰相蕭至忠一個已死的女兒和自己的弟弟舉行冥婚合葬在一起。韋后又把蕭至忠另一個女兒嫁給了自己舅舅的兒子，他們成婚的時候，中宗是蕭家的主婚人，韋后是她舅舅家的主婚人，天下人看到這難得一見的景象，稱其為「天子嫁女，皇后娶婦」。

韋家人有了韋后這棵大樹的庇護後，也開始胡作非為。韋后的七妹被封為崇國夫人，下嫁大將軍馮太和，馮太和死後改嫁嗣虢王李邕，生活奢靡無度，「權傾人主，嘗為豹頭枕以辟邪，白澤枕以辟魅，伏熊枕以宜男」。當時的監察御史姚紹之貪贓枉法，按律當誅，但崇國夫人極力維護他，最終真的讓姚紹之免於一死，被貶到瓊山做了縣尉。

除了自己家人這個強大後盾，韋后還需要其他重臣的支援。當時，有個叫竇懷貞的大臣，時任御史大夫、檢校雍州長史，掌管京師長安地區的行政大權。韋后知道他已經喪妻，就讓中宗為竇懷貞賜婚，這位新娘不是別人，正是韋后的奶媽。竇懷貞一看皇后把自己的奶媽都嫁給自己了，這不是認同自己也是韋氏的成員了嗎，高興得不得了。

李重俊發動政變殺死武三思父子後，韋后看似是失去了一個重要的政治盟友，但實際上也為韋后掃除了武三思這個巨大的障礙，許多以前依附於武三思的大臣也紛紛轉投韋后門庭。宰相宗楚客原是武三思的表弟，武三思死後，馬上調轉方向，加入韋后陣營，後期成為韋后黨羽中的一個重要人物。

朝中的大臣籠絡的差不多了，後宮之中韋后自然也要梳理一番。當時後宮之中最為重要的人物就是上官婉兒，此時婉兒名義上是中宗的昭儀，本該是長留宮中，不能隨意外出的。但上官婉兒頗不安分，有不少情人暗中來往，這樣一來，在宮中就很不方便。韋后就藉機向中宗請求，在宮外給上官婉兒安置個住處。中宗破例在宮外賞了上官婉兒一座豪宅，韋后也達到了她向上官婉兒示好的目的。

上官婉兒也成為了韋后黨的重要一員。上官婉兒在武后時期就一直在宮中做女官，非常瞭解武則天為人處事的方法原則，也很熟悉武則天慣用的政治手段。她勸韋后效仿武則天，當務之急是要讓天下人認可韋后。聰明的上官婉兒馬上就想出了一個好主意，她建議韋后向中宗請求，將成丁年齡定為二十三歲，把老丁年齡改成五十九歲，這樣一來就起到了收買天下百姓的作用。接著請求讓天下士庶為母服喪三年，又傳播了韋后仁孝的美名。

收買了人心，在大臣中培植了自己的親信力量。緊接著韋后的黨羽又使出了老招數，製造祥瑞，顯示韋后是天命所歸。在韋后製造的種種祥瑞中，最出名的當屬五彩祥雲了。

景龍二年（西元七〇八年）二月的一天，當宮人為韋后整理衣服時，突然大聲驚叫，說自己剛才在韋后的衣服上看見五彩的祥雲升起。隨後其他宮人紛紛附和，都說看見了五彩祥雲。韋后親信韋巨源向中宗進言說，這是大吉之兆，說明現在大唐正是繁榮穩定之時，勸中宗昭告臣民並大赦天下。中宗聽了也挺高興，就把這個消息傳達了各個州郡，並令人根據宮女的描述把五彩祥雲畫了出來，給大臣們傳看。一時之間，天下百姓都知道了韋后身上有吉兆的事。

韋后的黨羽又給她編了一首歌謠，讓長安城的小孩子傳唱，大意也是歌頌皇后的賢明。大臣把這件事稟告給中宗，又添油加醋的進行附會，說天下人都在稱頌皇后，正好自己也給皇后編了十二首《桑韋歌》。中宗一聽，自己的皇后能耐可真不小，立即就同意了大臣的建議，傳唱十二首《桑韋歌》。

之前的種種準備活動都是在暗中進行，韋后看自己前期鋪墊的不錯，想著也該自己親自出馬了。但要有一個合適的契機，讓自己的出現與眾不同，彰顯自己的獨特地位。這時候，韋后想到了一項最適合的活動——封禪。

封禪是古代最為重要的一項皇室典禮，從遠古時期一直持續到清末，每位君王都十分重視封禪。封禪的時候皇帝要向上天祈求禱告，並第一個進獻貢品，這被稱之為初獻，而文武百官第二個進獻，則被稱為亞獻。唐高宗時期，高宗與武后曾一同到泰山封禪，而那時武則天取代了官員，擔任亞獻。這件事讓武則天的地位直線上升，也是向天下人宣告皇后是僅次於皇上的尊貴之人。

這件事給了韋后很大的啟發，自己也可以效仿婆婆武則天，來擔任亞獻，這樣一來，不等於說自己的地位和當年武則天一樣嗎，這還可以為她今後登基成女皇奠定了基礎。

但中宗時期國家混亂，不夠舉行泰山封禪的資格。韋后計畫多得是，又改為讓中宗去長安南郊舉行祭天大典。景龍三年（西元七〇九年）三月，中宗昭告天下，要舉行祭天大典。這時候就輪到韋后之前收買的黨羽輪番上場的時候了，先是一個叫祝欽明的人向中宗獻計，請求讓韋后也參與祭天儀式，協助大典。但朝中有的人不同意，堅決反對韋后參與祭天。兩隊人馬爭執不下，難分高低。

中宗讓宰相韋巨源來裁決，這韋巨源就是皇后的家裡人，現在逮到機會自然大力贊同祝欽明的意見，讓韋后充當亞獻，參與祭天大典。而韋巨源自己也擔任了終獻。韋后終於一步步的跟隨著武則天，像她一樣宣告了自己的無上地位。

韋后是一個野心極強的女人。早年間，她可以陪伴中宗在房州受苦長達十數年，但回到長安，回覆了奢侈享樂的皇后生活後，韋氏開始渴望權力。大唐的每一個女人似乎都在以武則天為榜樣，人人都想做女皇，這是在中國古代其他時期不曾有過的，武則天帶領了一股婦女解放的潮流。韋后不甘心只做懦弱中宗的皇后，她也要做掌權者，早年間顛沛流離的生活也讓韋后明白，只有權力在自己手中時才是最保險的，沒有了它也就失去了生命。

韋后像當年的武則天一樣，一個個掃除了在稱帝道路上的障礙，如重俊太子、武三思等。又得到了強有力的支持者，像安樂公主、上官婉兒等人。但韋后終究不如武后般聰明，她只看到了武后表面的風光，不知道武后是經過長達數十年的累積才一朝爆發的，武則天憑著自己不遜於男人的勤勉智慧征服了群臣與子民。這一切都是韋后所不具備的，韋后的命運又怎麼可能如武則天一樣呢？等待韋氏的還將是一場血雨腥風。

安樂公主不安樂

安樂公主，大唐中宗李顯第七女，生母為中宗皇后韋氏。安樂公主出生在中宗與韋后流放房州的路上，當時由於事出突然，中宗自身也已十分困窘，自然沒為公主的出生做好準備，只得用自己的衣服做繈褓，裹住了初生的女兒，於是就為她取了乳名為李裹兒。公主成長於中宗困頓時期，一直陪著父母在異鄉吃苦，中宗對這個女兒感覺很愧疚，自然也對她十分寵愛。儘管生活困窘，但對她的要求也一定會盡力滿足。

公主長大後，出落得十分標緻，明豔動人，被稱為大唐最美麗的公主。當中宗回到長安後，裹兒被封為安樂公主。雖然自幼受苦，但因為中宗夫婦對安樂公主的溺愛，使她養成了驕蠻任性的性格。

轉眼間，安樂公主到了出嫁的年齡，中宗夫婦費盡心思為女兒尋個好婆家。公主的夫公就是權傾朝野的武三思。武三思的兒子武崇訓和安樂公主年齡相仿，暗中倆人早已暗通款曲。武家勢力龐大，自然也願意和公主結親，鞏固自己的勢力。安樂公主與武崇訓的婚禮聲勢浩大，朝野上下名士皆來祝賀。當朝宰相李嶠、蘇味道，及郎官沈佺期、宋之問等紛紛獻詩獻文。婚後不到六個月，安樂公主就生下了一個兒子。

不過婚後的安樂公主不安分，不久就又看上了自己的小叔子——武廷秀。這個武廷秀在武則天時期曾被派往突厥與突厥公主和親，誰料突厥人認為武廷秀配不上自己的公主，把他關押了起來，幾年以後中宗復位後，才被放回長安。

後來，武三思、武崇訓父子被太子李重俊殺死，安樂公主自然就改嫁了這位小叔子。倆人大婚時，雖然安樂公主已是再嫁，但排場更勝從前。中宗更是下令大赦天下，派禁軍作為公主的儀仗隊，長安城不分日夜燈火通明，熱鬧異常，中宗和韋后二人登上安福門城樓觀看盛況。韋后看到這個女婿著實懂得討人喜歡，對武廷秀也是浮想聯翩，安樂公主竟然也樂得做個順水人情，把自己丈夫又引薦給母親，母女二人一同和武廷秀淫樂。

安樂公主也真是人如其名，在生活上貪圖安逸、以奢侈攀比為樂。安樂公主有件她最喜歡的衣服，那裙子是用百鳥的羽毛織成的，百鳥的羽毛已經是很難收集，還要把它們和諧的編織在一起，織的色彩斑斕，各種圖式栩栩如生甚至是「正看為一色，旁看為一色，日中為一色，影中為一色，百鳥之狀，並見裙中」。

這種裙子一共就織成了兩件，一件獻給了韋后，另一件就在安樂公主這兒。長安城的貴族婦女看見這條漂亮的裙子，全都目瞪口呆，羨慕得不得了，人人都想要一件，獵戶們開始大規模圍剿鳥類，可憐鳥兒遭了殃，那一時期「江嶺奇禽異獸毛羽，採之殆盡」。

安樂公主當然不會滿足於只有漂亮服飾，全長安，全大唐最好的東西她都想要，她也相信她的父皇一定會都給她的。就連她和武崇訓只有幾歲的兒子，也被中宗封為太常卿、鎬國公，食邑五百戶。安樂公主再嫁武延秀所生第二個孩子滿月的時，中宗和韋皇后親自到公主府祝賀，又在安樂公主府下令大赦天下，讓全國百姓沾染一下公主誕下麟兒帶來的喜氣。

中宗和韋后還有個親生女兒長寧公主，安樂公主特別愛和這個親姐姐鬥富，長寧公主建個新宅子，安樂公主就一定要建個更大更好的宅子，這姐妹倆在長安城中大興土木，廣建豪宅，在裝飾上更是費盡心思，一個比一個精巧。在宅邸上比來比去，倆人都膩了，安樂公主又想出了個新方法。

當時的長安城有一處著名的遊覽勝地——昆明池。這個池子從漢武帝時期就有了，經過歷朝歷代，到了中宗時期可說是湖光山色，秀麗宜人。安樂公主有了大宅子，自然想要一個大花園來壓倒姐姐，選來選去，她竟然看上了屬於她老爸的這片大池子。

安樂公主跑去央求中宗把花園賞給自己，本以為中宗這次也會痛快答應，但皇帝老爸這次確實猶豫了，這昆明池可是皇家的一個重要經濟來源，宮中的妃嬪宮女的脂粉錢都是從昆明湖的漁業收入中來支出的。而且昆明池邊有多戶漁民都依靠著打漁為生，一旦把昆明池賞給了安樂公主，皇宮少了一大塊收入，漁民們也無法安置。所以中宗拒絕了安樂公主的請求。中宗總算清醒了一把，可安樂公主卻老大的不高興，皇帝老爸不給自己昆明池，那她就自己動手，挖個更大的池子。

安樂公主看中一大片土地，強行把百姓攆出劃定的範圍，緊接著說作就作，安樂公主的建築大軍在短時間內就為她挖出了一個更大的池子，安樂公主也毫不氣弱的給新池子取名為定昆池，擺明就是要向中宗示威。池子建好了，安樂公主令人按照昆明池的樣式來設計，池中築起一座幾乎可以模擬的假山，池子周邊的亭台樓榭被裝飾的美輪美奐。中宗看到女兒新修了池子向自己示威，不但不生氣，反倒開開心心的帶領文武大臣和安樂公主一同在定昆池玩樂。

安樂公主在政治上也十分不安分，她仰仗著中宗和韋后對她的寵愛公開賣官鬻爵，**「恃寵橫縱，權傾天下，自王侯宰相以下，除拜多出其門」**。許多宵小之徒為了謀取個一官半職紛紛攜帶大量奇珍異寶去拜會安樂公主，收受了賄賂，安樂公主也是不遺餘力地為他們要官。**「雖屠沽臧獲，用錢三十萬，則別降墨敕除官……錢三萬則度為僧尼，其員、同正、試、攝、檢校、判、知官凡數千人」**，安樂公主會自己來寫任命詔書，然後就跑去找中宗，她蓋著詔書內容只讓中宗簽署，中宗對這個女兒也真是寵愛過頭了，竟然不看看內容是什麼，就笑著蓋上了自己的印璽。

安樂公主的終極目標和她母親韋后一樣，是想做皇帝。前朝的武則天深深影響了中宗時期的這些女人，她們都希望效仿武后，登上王位。安樂公主一直希望能接老爸的班，但當時中宗已立了太子李重俊，但李重俊不是韋后的兒子，只是宮人之子，安樂公主這位最受寵的嫡生女兒自然沒把太子放在眼裡，一見到他就直呼太子為奴才，使太子受盡屈辱。

安樂公主認為既然李重俊能做皇太子，那自己為什麼不能做皇太女呢，想到這兒，她趕忙去找父皇，央求中宗冊封自己為皇太女，中宗對女兒一向無條件服從，這次也答應安樂公主好好考慮一下。安樂公主美滋滋地回去等好消息了，但中宗的提議遭到了滿朝文武的反對，大臣們紛紛諫言說，如果封了公主做皇太女，那駙馬該如何封賞，這樣一來李唐王朝不又落入了武家之手嗎。

面對大臣們的種種擔憂，中宗也明白了封皇太女這件事不可行，只能告訴公主大臣們反對，對公主又是一番安慰封賞，才把她這個念頭暫時打消了。

與母親一起毒死老爸

中宗李顯對韋后和安樂公主的縱容、忍讓不僅沒讓她們二人收斂，反倒給中宗自己惹來了殺身之禍。

中宗素來都知道韋后的種種淫亂行徑以及安樂公主在朝廷之中的胡作非為，但念及韋后與自己多年的患難夫妻之情，顧及與安樂公主的父女天倫之情，他也沒責怪過韋后與安樂公主。但大臣們看不下去了，屢屢有人向中宗稟告皇后與公主的惡行。

景龍四年（西元七一〇年）五月，許州司兵參軍燕欽融向中宗舉報，陳述了韋后、安樂公主、武延秀、宗楚客等人的禍國行徑，指出如果繼續縱容他們胡鬧下去，國家社稷堪憂。面對這位忠心耿耿的臣子，中宗內心無比矛盾，他何嘗不想整治奸佞，重振朝綱，可多少年來他已經習慣了在韋后的擺布下生活，一切按韋后的意思辦。他已無法向韋后詢問或者說是斥責韋后。

燕欽融一直在和中宗據理力爭，他希望透過自己的努力，可以讓皇上有所作為，剷除奸人。但中宗一如既往地選擇了沉默，他也真的是無言以對了。燕欽融無奈地走出朝堂，但剛才發生的一切讓宰相宗楚客又急又怕，他命人趕緊截住燕欽融，把他摔在宮殿的石階上，燕欽融當場被摔死。中宗得知後，心中泛出一陣陣涼意，今天的一切讓他更清楚地看到了韋后及其黨羽已經囂張到了何種地步。他沒有多問什麼，但那參雜著憤慨、悲哀與無奈的神情已經顯現在他臉上。韋后等人此時意識到了中宗的變化，她們開始擔心，怕有一天，等中宗再也忍不住之時，會對她們痛下殺手。

看著發生的這一幕幕，李顯情不自禁地想到了自己的母親——武則天。當初不也是因為父親的怯懦多病，母親開始臨朝參政，後來一步步取代父親與自己，改朝換代，成為了古今第一位女皇帝。而現在自己的妻子竟和母親當初的做法如此相像，自己又會再一次被摯愛妻子奪取皇位嗎？想到這，李顯不禁打了個寒顫，李唐王朝的命運和自己的人生怎會如此多舛。他不想讓歷史重演，他要保存住祖先辛苦打下的江山。

看到中宗開始對自己的做法表現出不滿的情緒，韋后和安樂公主等人坐立難安，曾經中宗是她們最有力的依靠，可現在卻成了她們獲取王位的最大絆腳石。韋后與安樂公主等人商量後決定一不做二不休，乾脆先下手為強，殺了中宗，自己取而代之。韋后向安樂公主許諾，自己如果當上女皇帝就立她為皇太女，安樂公主聽得此言，更是死心塌地要和老媽一起弄死皇帝老爸。

景龍四年（西元七一〇年）六月二日，中宗駕崩於長安太極宮的神龍殿。終年五十五歲。中宗的暴斃正是韋后和安樂公主的傑作。她們二人為中宗烹製了一份異常美味的湯餅，其中加入了母女倆費盡心思搞到的毒藥。中宗怎麼也沒想到深愛的妻子會這樣待他，毫不知情地吃下了自己人生中的最後一餐，然後就撒手人寰了。中宗的暴斃引起了極大關注，舉國上下對此事都議論紛紛，「議者歸罪於秦客及安樂公主」。韋后及其黨羽商議後決定先秘不發喪，把所有宰相召入宮中，派心腹將領統攝禁軍，把守進京要道，做好了各種防範措施，防止其他李氏王族興兵討伐。

接下來一個極為重要的問題擺在了韋后面前，中宗死了，接下來誰來當皇帝。她自然是想取而代之，之前她收買人心，宣傳造勢也是為了自己能登上皇位，但很明顯現在不是合適的時機。那下一位皇帝還是得從中宗的兒子裡選。中宗的長子，也就是韋后的親生兒子李重潤，他自然是最理想的人選，但因為李重潤曾得罪武則天，早已被處死。次子李重福，妃嬪所生，當時已三十一歲。是中宗活著的兒子中年紀最大的，按理說立他也在情理之中，可韋后一直把他視為謀害自己親生兒子的凶手，把他貶到了邊遠地區，此時也絕不會擁立他。三子即為前太子李重俊，也已死於政治鬥爭之中。四子是當時年僅十六歲的李崇茂。

韋后思量許久後決定讓李崇茂繼位。她這麼做完全是為了自己的將來打算。李崇茂年紀小，還沒有多少自己的主見，容易控制。韋后作為皇太后就可以以皇帝年幼為藉口，和皇帝一同上朝，繼續垂簾聽政，就此效仿武則天，一步步鞏固自己的勢力，直到廢掉皇帝，取而代之。可是中國古代講究長幼有序，皇家更是如此，立長不立幼。怎樣才能使李崇茂的繼位合情合理，怎樣才能讓自己這個太后參與政事？韋后費了不少心思終於想到了一個好辦法，就是以中宗的名義頒布遺詔，把繼位者和自己的攝政身分都寫進遺詔。韋后找到了平時負責書寫詔書的上官婉兒，讓她為自己撰寫這樣一份中宗遺詔。

起草遺詔對於長期為武則天起草詔書的上官婉兒來說是輕而易舉之事，但此刻她卻遲遲無法下筆，這是她生命中的一個轉捩點，她也要為自己考慮。中宗傳位於李崇茂這件事無可厚非，就算頒布出來，大家也不會反對。但要讓韋后臨朝卻不是一件容易的事。韋后事事都希望效仿武則天，但武則天當年是靠著自己的勤勉努力花費了二十餘年時間才謀得皇位的，僅在皇后位置上武則天就待了二十八年，這二十多年間，她的一系列治國政策都是長遠有益的，朝野上下對她均心悅誠服。可韋后僅僅做了幾年皇后，根基不穩，大多數朝臣只把她當作無知婦人，怎麼可能聽她擺布。況且李唐王室剛剛度過武則天時期，已經是元氣大傷，現在韋后玩的這套立幼子的伎倆很容易被人識破，她的野心也會昭然若揭，剩下的王族成員絕不會容忍第二個武后的出現。李氏王族中現在還存在著兩個舉足輕重的人物李旦與太平公主。他們兄妹定不會坐視韋后胡鬧而不採取行動。

上官婉兒自己都不看好韋后，所以聰明的她跑去和太平公主商議，商量後二人決定在原有基礎上增加一條，那就是讓相王李旦輔佐新帝。這樣一來就可以平衡韋后與李氏的地位，讓韋后不敢輕舉妄動。上官婉兒擬好的詔書沒有通過審核，宰相宗楚客堅決不同意這份詔書。宗楚客是絕對的韋后派，他先後依附武三思與韋后，就是希望有朝一日韋后做了女皇自己能隨之飛黃騰達。面對這份明顯對韋后不利的遺詔，宗楚客找到了另一位宰相韋溫，韋溫是韋后的自家兄弟，倆人商議後脅迫所有當朝宰相聯名上書，請求修改遺詔，只讓韋后攝政。

有了宰相們的支持，韋后開始洋洋自得，為自己能登大位做好一切準備。她昭告天下，唐中宗因病去世，再拿出所謂的遺詔，宣布中宗在過世前已立李崇茂為太子，而自己作為太后臨朝聽政，改年號為唐隆。臨朝稱制，不過是韋后的一個過渡手段，她的最終目的當然還是皇位。宗楚客等人也開始製造祥瑞徵兆，為韋后能順利登基掃除障礙。安樂公主也夥同宗楚客、韋溫等人謀劃誅殺李崇茂、李旦、太平公主等人。但沒等到他們下手，李旦之子李隆基就先一步發動政變，殺死了韋后、安樂公主、上官婉兒及其黨羽，扶持自己的父親李旦重返皇位。至此，大唐王朝終於真正走出了武氏家族的陰影，即將走入另一個全新的興盛局面。

對於中宗的確切死因，歷史上還有許多爭論。有人不贊同中宗是被韋后及安樂公主毒殺的這一說法。持這種觀點的人認為，中宗一直是韋后與太平公主的重要依靠，二人自然不會毒殺中宗讓自己陷入措手不及的窘境。而且中宗被毒殺一說有可能是太平公主等人在發動叛亂時為自己師出有名而虛構的藉口。

但如果中宗不是被毒殺，他到底死於何種疾病呢？綜合李氏各個皇帝的死亡原因來分析，有學者認為李顯死於家族遺傳的心臟系統疾病。李顯的祖父唐太宗李世民卒於五十二歲，而父親唐高宗李治更是從年輕時就身體不好，終年五十六歲。而李顯活到五十五歲，與祖父、父親壽數相差不大。

據史書記載，高祖、太宗、長孫皇后、高宗皆患有心腦系統疾病，依據現代科學，這樣的病遺傳機率很大，發病突然很可能造成暴斃的情況，讓大夫來不及救治。所以李顯也很可能是心腦系統疾病突然發作，造成的死亡，與韋后母女並無關係。但無論中宗李顯的死因究竟是什麼，在他身後都留下了一個爛攤子，讓本就搖搖欲墜的李唐王朝更加風雨飄搖。

玉殞大明宮

中宗駕崩以後，韋后拿出了偽造的中宗遺詔，宣布中宗少子李重茂登基為新帝。自己則作為太后臨朝，把持朝政。韋后的黨羽們為了防止夜長夢多，紛紛勸呂后效仿武則天，改朝換代。韋后、安樂公主等人也在積極謀劃誅殺少帝，取而代之，當時「**南北衙軍、台閣要司，皆以韋氏子弟領之，廣聚黨眾，中外連結。楚客又密上書稱引圖讖，謂韋氏宜革唐命，謀害殤帝，深忌相王及太平公主，密與韋溫、安樂公主謀去之。**」

此時長安城上下，「**相傳將有革命之事，往往偶語，人情不安**」，上至李唐王室，下至尋常百姓都感覺到了氣氛的不尋常，韋后及其亂黨的種種行徑激起了各地將士、百姓的反抗之心。藉著這股反對韋氏臨朝稱制的潮流，李氏王族開始行動了。

前文說過，當時的李氏王族中有兩個人地位最高，最有聲望。他們分別是相王李旦和太平公主。李旦和李顯一樣，當了一陣兒皇帝就被母親武則天廢黜，一直以來身分敏感，鬱鬱不得志，而且李旦這個人本身性格也比較曠達開朗，淡泊名利不貪圖權勢，也自然沒什麼野心，這時候雖然對韋后的做法有所不滿，但也沒什麼實質行動。但另外一個人可坐不住了，此人正是李旦與李顯的妹妹——太平公主。

太平公主是唐高宗與武則天最寵愛的女兒，從小就驕傲自信、頗具豪氣。她怎麼可能忍受讓韋后這樣一個女人竊取大唐的江山呢？她決定搞一場政變來剷除韋氏及其奸黨。當年太平公主曾參與過神龍政變，經驗是相當豐富，想要成功，現在主要差一個合作的人。這個人當然李旦最合適，但李旦身分太敏感，又在韋后黨羽的嚴密監控之下而無法溝通。就在太平公主一籌莫展之際，另一個和她有著相同想法的人，主動找到了她。這個人正是李旦的兒子，臨淄王李隆基。

李隆基是李旦的第三個兒子，生母為相王的側妃竇夫人，人稱「三郎」。李隆基是李旦庶出的兒子，也並非長子，按理說皇位怎麼也輪不到他。但李隆基從小就與眾不同，他天資聰穎、氣度不凡、頗有其先祖之帝王風範。在韋后即將篡奪李氏江山的當下，李隆基深知不能坐以待斃，必須奮力一搏。

但單靠他自己實力不濟，父親李旦也指望不上，他也害怕給父親帶來麻煩。只有姑姑太平公主可能會幫自己。李隆基的想法正好與太平公主不謀而合，倆人經過細緻的商議後，決定發動政變，推翻韋后、安樂公主、上官婉兒等人。太平公主有豐富的政治經驗，又參與過神龍政變，她主要負責出謀劃策。而李隆基很有先見之明，在早前就與萬騎交好。萬騎是皇帝的貼身警衛部隊，人數雖然不算多，但每一個人員皆是驍勇善戰。李隆基透過他的一個奴僕與萬騎的將領私交甚密，萬騎的將士們都很擁戴李隆基。因此，李隆基就負責外出聯絡軍事力量。

上天也在幫助李隆基與太平公主，他們又獲得了一個重要人物的幫助。當時的兵部侍郎崔日用本是宰相宗楚客的好朋友，兩人交往密切。宗楚客告訴他韋后等人要除掉李旦和太平公主的計畫，崔日用這個人頭腦很清醒，他看得出來太平公主等人的勢力更強大，勝算更大。所以他決定投靠太平公主這一派。於是，他透過一個僧人找到李隆基，向他告知了韋后黨羽的計畫。聽到這一重要消息，李隆基等人開始加緊準備。

萬騎軍當時被韋后派去了兩個親信將領韋播和高嵩。這兩個人沒有統領軍隊的經驗，為了樹立威儀，竟然胡亂處罰士兵，讓將士們怨聲載道。李隆基得知此事後，勸說萬騎將領乾脆推翻那兩個將軍。

將領們一聽這話紛紛表示願意跟著李隆基走，萬騎聽從李隆基領導。就這樣，李隆基獲得了最重要的軍事上的保障。參與這次政變的人還有太平公主之子薛崇暕、禁苑總監鐘紹京、尚衣奉御王崇曄、前朝邑尉劉幽求、折衝都尉麻嗣宗、宦官高力士等人。

唐少帝唐隆元年（西元七一〇年）六月二十日，唐隆政變正式開始。那天傍晚時分，李隆基和一個屬下偷偷潛入長安城北邊的禁苑中，去找同謀鐘紹京，可在這緊要關頭，鐘紹京竟然有點反悔了，他不想見李隆基了。這時候多虧鐘紹京的妻子極力勸說丈夫參加政變，鐘紹京這才趕緊拜見李隆基。二更時，天上下起了流星雨，李隆基的屬下都說這是大吉之兆，應該馬上開始行動。李隆基的屬下葛福順直接殺進羽林兵營，殺死了韋璿、韋播、高嵩等將領。

接著李隆基又開始鼓動已經是群龍無首的羽林軍說，「**韋后鴆殺先帝，危害社稷，今夜當共誅諸韋，凡韋姓男女長及馬鞭以上者，全部斬殺，擁立相王為天子。有敢心懷兩端者，罪及三族。**」將士們紛紛響應，李隆基帶人一路殺入宮中。韋后在睡夢之中聽到廝殺打鬥的聲音，一下子驚醒，她馬上意識到是有人發動政變了，但這時候她沒有意識到事態的嚴重，她以為在自己的宮中，守衛都是親信，自己不會有事的。

她急急忙忙向萬騎營跑去尋求保護，但沒想到剛一進入軍營，就被將士斬殺，士兵還把她的頭割了下來，獻給李隆基。安樂公主死前還在對著鏡子描眉梳妝，可憐這位大唐最美麗的公主也難逃一死，被一擁而入的將士殺死。而駙馬武廷秀此時早已顧不上公主，自己逃命去了，但沒跑出多遠，也被士兵斬殺。

唐隆政變的主要誅殺對象已死了三個，剩下的就是上官婉兒了。上官婉兒從武則天時代開始，一直周旋在各種政治力量之間，成功的保全了自己。這次她也希望能夠逃脫，早前在書寫中宗遺詔時她就留了一手，主動向太平公主示好，就是為了現在做準備的。她趕緊帶著那份遺詔去找主帥，向他說明自己是心向相王與太平公主的，與韋后等人不一樣。主帥不知該如何定奪，只好把上官婉兒帶到李隆基面前。李隆基做事向來果斷，又怎會留著上官婉兒這個不定時炸彈？一聲令下，上官婉兒也香消玉殞了。

在李隆基於宮中斬殺主要人員的同時，李隆基的部下也開始在宮外追殲韋后的餘黨。崔日用領兵去清理朝中與韋后同黨的主要大臣。大臣竇懷貞娶了韋后的奶媽，並以此為榮。現在意識到情況不對，馬上親手殺死了自己的妻子，把她的頭進獻給李隆基，他的這種卑鄙做法暫時保住了他的命。趙履溫曾為了討好安樂公主親自為公主拉車，在政變發生之後，他跑到街上歡呼，妄圖以此保自己一命，但顯然他拙劣的表演得不到大家的認可，將士與百姓一擁而上，最後竟把他折騰的只剩一具白骨了。宰相宗楚客在藏匿了很長時間後也被抓住，斬首示眾。

有了武氏家族把持朝政多年的前車之鑑，李隆基當然不會讓歷史重演，他命人將韋后家族斬殺殆盡。將士們衝入韋氏家族的聚居區，不管年齡大小，見人就殺，連許多與韋氏相鄰而居的杜氏家族成員也一起被殺了。經過這一夜戰鬥，唐隆政變最終以李隆基、太平公主等人的勝利告終。

政變勝利結束後，李隆基沒有殺死李重茂。而是請出父親李旦，讓他來輔佐李重茂。李隆基的屬下劉幽等人都希望李旦復位。但李旦之前對唐隆政變不知情，此時也不願意再次捲入政治中心，可架不住兒子們與大臣的極力勸說，李旦最終同意復位。

唐隆元年（西元七一〇年）六月二十四日，群臣聚集在太極殿，太平公主宣讀了以李重茂名義擬寫的傳位詔書，李旦正式即位，是為睿宗，改元景雲。二十七日，李隆基被立為皇太子。

第五章　玄宗即位，一個男人與一個女人的戰爭

撐死膽大的

韋后對於政治的看法和做法，相比於武則天而言十分幼稚和浮躁。當初武則天即使憎恨李治入骨，也沒有像韋后一樣，在根基未穩之前便毒殺了自己的丈夫。在這件事情上武則天展現了她的智慧和手腕，這是後來企圖步武則天後塵，登基做女皇的女子們難以望其項背之處。

和武則天一樣，韋后也知道，一個女人想在毒殺國君之後坐上皇位，需要面對多麼大的阻力。她的前輩武則天做了兩件大事：一件是任用酷吏，採取強硬政策，用鐵血手腕震懾住那些意圖反抗的臣子。第二是讓一切有資格、有實力威脅自己稱帝的人消失。如李治的舅父長孫無忌、武則天的兒子李弘和李賢等，都被武則天一一殺害。

韋后也想要那至高的地位和權力，所以勾結自己的女兒及其夫家一起設計，毒死了自己的丈夫。然而，韋后並未意識到，僅僅短短六年時間的經營，自己的根基不穩固，而唐中宗李顯才是維護和鞏固自

己政治地位的最大依靠，失去了李顯，她就成了無源之水、無本之木。在韋后母女僅僅高興了十九天之後，便山河倒轉、乾坤大變，而導演這一場劇變的便是未來的唐玄宗李隆基和武則天的女兒太平公主。

李隆基出生於垂拱元年（西元六八五年），是唐睿宗的第三個兒子，因為排行老三，所以在宮中便得了一個外號——李三郎。李隆基的幼年生活在天下大變之時，眼見著曾經輝煌一時的李家王朝，在武則天一番大刀闊斧下的行動之後，逐漸搖搖欲墜，繼而轟然倒塌。一個以周為國號，以女子為皇帝的新生政權，如星辰耀月般璀璨升起。

幼年間經歷的一系列宮廷政變，讓這位李氏家族的後裔，深刻地認識到了宮廷生活的殘酷和政治生活的瞬息萬變。乍起乍伏的政治際遇，讓這位失去了原應擁有一切富貴榮華的沒落皇族，養成了堅毅的性格和執著的心性。李隆基從小便胸懷齊天之志，希望有一天可以透過自己的努力，將李氏家族失去的政權重新奪回來。

然而，李隆基心中十分清楚，要奪回如日中天的武則天手中的權力，會面臨怎樣嚴酷的困難和危險。且不說在武則天嚴刑峻法、酷吏橫生的統治之下，人人自危。單單論起武則天對於李氏家族有威脅者的趕盡殺絕，就能夠讓人不寒而慄，繼而鬥志盡消。

所以此時的李隆基，首當其衝要做的，不是意氣用事，也不是鋒芒畢露地展示自己的才華。也許曾經年少輕狂，還會自詡為「阿瞞」，阿瞞何許人也？三國亂世，被譽為「治世之能臣、亂世之奸雄」的曹操，小名便是阿瞞，想當年，曹操是何等的文韜武略、英雄氣概，從籍籍無名，藉著刺殺董卓之機會，而名震天下，逐董卓、敗呂布、誅袁術、袁紹，一統北方，雄踞了三分天下。

而如今年幼的李隆基用同樣的名字，表達自己想要成為一代雄主的胸襟抱負，真可謂是初生牛犢不怕虎。李隆基不到七歲時，在心中就已經對於天下大勢有了自己的認識和理解，更深刻地明白了三國時期司馬懿對曹丕所說的那句話：身在爾虞我詐的帝王家，真正聰明的人，不會讓別人知道他的聰明。

幼年時的李隆基，便用韜光養晦、大智若愚的方法，轉移了武氏家族的目光，安然度過了最危險的時期，慢慢地成長起來。然而，是金子放到哪裡都會發光。李隆基無疑是一個具備大智慧和大氣魄的人，所以在他剛剛滿七歲那年，一次偶然的事件，多少讓世人逐漸認識到了這個沒落皇子的厲害。

一次，武氏家族的大周王朝正在舉行祭祀宗廟社稷的儀式，李隆基雖然是個沒落的皇族子弟，但武則天對於李氏家族沒有做過多的限制。所以李隆基也有機會帶著隨從參與這次的儀式。

李隆基和隨從護衛走向祭祀場所的路上遇到了一個人，這個人就是時任金吾大將軍的武懿宗。此人是武氏家族的宗親，歷來囂張跋扈，隨著武則天的地位越加穩固，武懿宗也成了掌管京師重地守衛大任的將軍，因此武懿宗十分飛揚跋扈、目中無人。

平時武懿宗就看著李家的人不順眼，更加讓人氣憤的是，李隆基的人馬竟然走到了大道的中心，擋住了他的人馬通行。不過李隆基畢竟是李家的嫡系子孫，武則天都不會過分苛責李隆基，武懿宗再厲害，也不敢直接去找李隆基的麻煩。所以他的一腔怨氣和怒火，便悉數發洩到了李隆基的隨從護衛身上。

誰知那個護衛卻是李隆基的親信，連李隆基都很少過分責備，更何況像武懿宗這樣肆無忌憚地辱罵。看到親信受辱，李隆基忍不住立馬怒視，向武懿宗大聲喝斥，李隆基理直氣壯的認為，這是李家人的朝堂，武懿宗一個外人，竟然如此侮辱自己的護衛，實在是太過大膽了。

也許李隆基自小就有天子氣勢，這樣一個七歲孩童發出的喝斥竟然真的震懾住了武懿宗，他目瞪口呆地望著李隆基，不知道用什麼去辯駁。而李隆基身邊的隨從和護衛雖然當時揚眉吐氣、士氣大漲，可是事後也忐忑不安，唯恐這件事情傳到武則天耳中，自己難免會遭受無妄之災。

這件事情最後還真的傳到了武則天的耳中。出人意料的是，武則天沒有責罰李隆基，甚至也沒有找那些隨從護衛的麻煩。或許是武則天根本瞧不上這些人，所以才不屑於責怪他們；或者是因為武則天很欣賞李隆基的膽色和臨危應變的能力。

後來事情的發展更是令人意外，李隆基竟然在第二年被封為了臨淄郡王，足見武則天對這個年齡雖小但志氣卻高的孩子的喜愛。面對這次突發事件，李隆基冷靜堅毅地運用自己的才能智計，不僅針鋒相對地反擊了無緣無故的侮辱，還化險為夷甚至由此獲得了晉身之階，年幼的李隆基已經如幹將發硎，展露出了自己的鋒刃。

上有人垂青，下有人輔佐，自己更是雄才大略。難怪李隆基能夠在武則天在位的數十年間，不斷地發展和壯大自己。武則天逝世，李隆基毫不猶豫地選擇了和實力強勁的太平公主聯合，奪取政權的籌碼更是得到了大大提升。

與藏鋒隱忍多年而又智計過人的李隆基相比，殺死丈夫後迫不及待要坐上九五之尊寶座的韋后無疑太過沉不住氣，根本不足以匹敵李隆基，韋后費盡心機的所作所為，最後不過是給李隆基和太平公主做了嫁衣。

經過潛心籌備，在具有了充足的實力後，李隆基一直在靜待時機會，真可謂萬事俱備只欠東風。此時中宗剛死，而御林軍中的很多將領都不滿韋后的跋扈統治，以致不少都成為了李隆基的心腹，李隆基苦心孤詣等待多年的時機終於來臨。於是他毫不猶疑地聯合太平公主發動了兵變。

掌握了御林軍，便等於掌握了京師重地的最高權力。李隆基率領一萬多名御林軍，如潮水般的湧入了皇宮，以迅雷不及掩耳之勢，攻佔了韋后居住的宮室。儘管韋后還有許多的忠心之人拼死抵擋李隆基大軍的進攻，但李隆基不僅人多勢眾，更是大勢所趨，韋后最終也沒有擺脫被消滅的命運。

韋后的女兒安樂公主甚至沒有發現李隆基已經親自率領大軍闖入了禁宮，一直在梳粧檯前裝扮自己。當禁軍的大刀揮舞著向她斬落之時，她的手中正拿著一面寶鏡。只感受到脖頸之間的一陣刺痛，安樂公主便就此香消玉殞，年僅二十七歲。

李隆基在這一次政變中，功勞無疑是最大的。但是他秉持著百善孝為先的原則，沒有第一時間繼承帝位。因為他的父親睿宗李旦還在世，所以李隆基和太平公主便聯手擁立李旦坐上了皇位。而李隆基，則名正言順地當上了皇太子。

出家的作用

唐睿宗李旦，是李顯的同胞弟兄，所以安樂公主是李隆基的堂姐妹，而韋后還是李隆基的伯母。然而身在皇家，一切親情都要為權力鬥爭讓路，父子兄弟尚且不能保全，何況是一般的宗親關係。縱觀整個中國封建王朝的皇家歷史，不就是一部充滿著骨肉相殘、君臣相爭、父子相搏的扭曲感情史嗎？

所以，李隆基之所以沒有自己登基為帝，然後尊李旦為太上皇，而是屈居太子之位，甘心面對以後難以預測的變數，不僅僅是因為「百善孝為先」的原則，更重要的是因為他自己登基的時機不成熟。相比於李隆基，李旦有著更加崇高的威望。昔日武則天還沒有正式稱帝之時，李旦就曾經坐過皇位，雖然是傀儡皇帝，卻仍然有著至高無上的地位和威望。

另外，手握重權的太平公主，對於李旦的感情也十分深厚，在她的心中，自己的這個兄弟是淡泊名利之人。他甚至不知道李隆基已經發動兵變，直到勝利的消息傳來，他才知道江山即將易主。因此希望分享政變成果的太平公主認為，比起李隆基，李旦要好對付得多。

李隆基自然明白這一點，於是在扳倒了韋后之後，太平公主便成為了李隆基奪取至高無上權力的最大絆腳石。不過李隆基知道，太平公主權傾朝野，她能夠幫助自己奪得權位，自然也能聯合別人再把自己趕下台，所以自己在沒有必勝把握的情況下萬萬不可輕舉妄動。而此時太平公主依然志得意滿，還沒有思考過自己的這個侄子，會在不遠的將來成為自己致命的敵人。於是政變成功之後，二人在短暫的關係平衡之中，達成了共識，推舉李隆基的父親李旦即位。

只是歷史從來不會永遠平靜下去，在量變的不斷堆積之下，質變就會轟然發生。

關於太平公主的出生年月，目前尚沒有確切的說法，有人根據太平公主哥哥李旦的出生年月和她第一次結婚的時間，對她的出生年月問題進行了考證，發現她很可能出生於西元六五五年。武則天在早年剛剛入宮之時，曾經為李治生下了一女，只是後來在宮廷鬥爭中，成了犧牲品。太平公主便成為了武則天唯一的女兒。所以太平公主一直深受母親的喜愛，真可謂捧在手心怕碎了，含在嘴裡怕化了。

太平公主五、六歲的時候，經常到自己的外祖母，也就是榮國夫人家中玩耍，有一次她的隨行宮女（另一說是太平公主本人）遭到了其表兄賀蘭敏的欺辱，引起了武則天的勃然大怒，差點就殺了自己的這個侄子。這個賀蘭敏在武家，是最為傑出的青年才俊，也是武家族人心目中最為合適的繼承人。因此武則天對他十分優容，之前賀蘭敏強姦了武則天內定的太子妃，也沒有受到嚴厲的處罰。

然而這一次，賀蘭敏竟然敢惹到太平公主的頭上，也許武則天覺得他不知進退、難成大器，忍無可忍地做出處罰，不僅撤銷了賀蘭敏的武家繼承人身分，還將之流放三千里，永遠不准返回。甚至在賀蘭敏被流放之後，武則天猶自憤怒不已，竟然暗中命人在流放途中殺死了這個目中無人的公子哥，可見武則天對於太平公主的疼愛，不捨得她受半點委屈。

關於太平公主這個稱呼的由來，還有一個典故。她出生以後沒有立刻獲得太平公主的封號，八歲的時候，她的外祖母楊氏去世，由於李唐自認為是老子後裔，崇尚道教，公主出家修道蔚然成風，於是武則天授意太平公主出家做了女道士為楊氏祈福。當然，名義上的出家，沒有給太平公主的生活帶來什麼實際上的改變，在武則天的庇護下，她一直在深宮之中養尊處優。這件事給她帶來的無非是「太平」這個道號，而且讓她名正言順的躲過了遠嫁邊疆異域的命運。

原來，太平公主雖然年紀尚幼，但是已然美名遠播，吐蕃國國主聽說大唐的皇后娘娘有一個深得帝后寵愛的美麗女兒。於是派遣使者前來請求賜婚，還聲稱非太平公主不娶。武則天自然不想愛女和親，就連李治也捨不得這個女兒遠嫁吐蕃。

但當時的吐蕃十分強大，為了維持大唐和吐蕃的友好，朝廷不可能直接拒絕吐蕃使者。於是，李治和武則天便告訴吐蕃使者，太平公主早在八歲之時，就已經出家修道了。為了讓吐蕃使者徹底的死心，一直住在宮中的太平公主還離開宮廷，住進了專門為她修建的太平觀，逃過了和親吐蕃的命運。

但是男大當婚、女大當嫁，開耀元年（西元六八一年），武則天將十六歲的太平公主下嫁給了城陽公主的二兒子，也就是唐高宗的嫡親外甥薛紹。據說武則天出於對太平公主的寵愛，竟然改變了父母之命、媒妁之言的習俗，允許太平公主自由戀愛，薛紹這個駙馬就是她自己選中的。

為了太平公主的未來婚姻生活的幸福美滿，武則天做了充足的準備。然而一腔慈母之心的武則天做出的偏激行為，卻給薛紹的家人帶來了很多麻煩和恐慌。當時薛紹的嫂嫂蕭氏以及成氏，出身不是很高貴，於是武則天便想讓薛紹的哥哥休了她們，另娶出身高貴的女子。後來有人告知武則天，蕭氏出身於高貴的蘭陵家族，武則天才就此作罷。

但是一波未平一波又起，武則天雖然放棄了讓薛紹的兄長薛顗休妻的想法，但是薛顗心中卻充滿了恐懼，唯恐弟弟在婚後得罪了深得皇后寵愛的太平公主，給薛家帶來滅頂之災。於是他屢次想要和薛紹脫離關係，終因為恐懼武則天，才沒有實現。

太平公主和薛紹的婚禮在長安附近的萬年館進行，整場婚禮極盡奢華，甚至連沿途的樹木，都被照明的火把燒焦了。在迎親途中，為了讓太平公主寬大的婚車通過，甚至拆掉了不少縣館的圍牆。結婚之後，太平公主或許是真的找到了真愛，所以一改驕奢高傲的性格，一直安分守己、孝順長輩，不久之後還有了孩子。

只可惜天不遂人願，就在太平公主準備相夫教子，從此平凡一生之時，唐朝宗室李沖竟然謀反了，其中還牽連到了薛顗和駙馬薛紹，這讓剛剛享受到幸福婚姻的太平公主始料未及。武則天作為一個政治家，在權力受到威脅的時候，不會因為顧及親情而手軟。

於是她以迅雷不及掩耳之勢，誅殺了薛顗，並派人逮捕了薛紹，不顧太平公主的哀求，將其杖責一百，投入天牢之中，並且命令天牢的獄卒不給薛紹送飯，幾天之後，薛紹便餓死在了獄中，此時太平公主與薛紹的孩子才剛剛滿月。

太平公主在聽到自己丈夫的死訊之後，心中萬念俱灰，整日水米不進，面容不斷枯萎，身體日漸消瘦。叛亂平息之後，冷靜下來的武則天看到悲痛憔悴的女兒覺得心痛不已，她漸漸地明白，自己也許對於女兒太過殘忍了。於是為了表示自己的歉疚，武則天破例賜給太平公主封邑一千二百戶，而自唐朝立國以來的數十位公主從無一人超過食封邑三百五十戶的慣例。

獲得封邑的太平公主很快便從傷心、傷感中擺脫了出來，或許她正是因為這件事情，才從原先年少輕狂、天真單純的公主逐漸蛻變為一個像她母親那樣外表柔弱、內心剛強的政治家。薛紹用自己的生命給了太平公主一個血淋淋的教訓，那就是生為皇家人，只有去爭奪那最高的權力，才能將命運掌握在自己的手中，否則就只能成為別人欲望的犧牲品而毫無反抗之力。哪怕是如父母一樣的血肉至親也無法保護自己的安全，唯一可靠的只有權力，掌握在自己手中的權力。

公主也能「鎮國」

薛紹被殺之後，太平公主一直深居簡出，不問世事。但是，她的母親武則天沒有遺忘自己的女兒，為了排解她的寂寞，武則天三番兩次的為她物色新的駙馬，希望她能重新開始一段婚姻。不過大多數都被太平公主拒絕了，有些是因為男方不夠優秀，得不到公主芳心，另一些則是像武承嗣這樣的，雖然個人條件不錯，但是離政治中心太近，親眼看著第一任丈夫薛紹被政治漩渦淹沒的太平公主再也不想經歷同樣的痛苦折磨。

不過在風氣開放的唐朝，又身在風流奢侈的皇室，青春年少、風姿綽約的太平公主空閨寂寞，自然也免不了漸漸生出一些桃色新聞。而此時，武則天也在秘密籌畫，正式登基為皇帝。為了提高武家的聲望地位，緩和此事將會引起的李、武兩家的激烈矛盾武則天決定，將太平公主嫁給自己的族侄武攸暨。

太平公主答應了改嫁，與第一次婚姻不同，太平公主與武攸暨的結合，完全是政治角逐的結果，因此在太平公主的眼中，武攸暨不過是自己臨時的保護傘，沒有半點感情。武攸暨也明白這其中的關係，加之性格十分的謹慎和謙退，所以對太平公主，從來沒有展示出作為丈夫的權威，對太平公主的限制很少。

越是這樣，太平公主越是寂寞，於是太平公主出軌了。有了第一次，便不愁第二次，以後事情的發展甚至超出了太平公主自己的控制，變得一發不可收拾。為了獲取母親武則天的支持，太平公主不僅自己大肆包養男寵，與朝中大臣通姦，同時也積極為日理萬機的母親物色可心的人兒，其中最為典型的事件，便是她將自己最為滿意的男寵，後來被稱為「蓮花六郎」的張昌宗獻給了武則天。

這樣一來，武則天與太平公主便越發親近了。太平公主也漸漸顯露出了她對於權勢地位的勃勃野心。成年之後的太平公主在長相和性格上，都酷肖自己的母親，而武則天也認識到了這一點，於是經常找來太平公主，與之商議國家大事。當然，在武則天的眼中，自己的兒子才是真正的皇位繼承人，太平公主不過是自己寵愛的女兒，因為有才能才讓她參與政事，同時，武則天也很清楚，自己做了女皇帝，已經是冒天下之大不韙，太平公主再參與政事，定然會招致更多人的反對。所以對於這件事情，武則天一直不允許任何人洩露出來。

太平公主也明白自己母親的想法，所以行事做人，一直很收斂。為了隱藏自己參與政事的事，太平公主以裝修府邸、購買土地為手段，來轉移人們的視線。據說，積極參與國家大事，為母親出謀劃策的太平公主手段十分高明，曾經仗著武則天寵愛顯赫一時的薛懷義，太平公主輕而易舉地定計，讓武則天將其殺害；後來她還慫恿當時的相王李旦，也就是後來的睿宗認可了武氏家族和李氏家族的結盟，進而維護了武則天大周王朝的統治。

晚年的武則天，將手中的權力分給了四個人，太平公主也是其中一員，其他人包括武則天身邊的近臣上官婉兒以及她的兩個男寵張易之和張昌宗。在名義上，太平公主是武家的兒媳婦，但是在政治上，她始終堅持，李家才是這個王朝的正統。

值得一提的是，當初張昌宗雖然只是太平公主的男寵，但是對於太平公主，他是存有感情的。只是他的地位太過低下。雖然心裡不願意去侍奉一個老太婆，最終也只能被迫接受太平公主的安排。於是，在張昌宗的心目中，對於感情的期待逐漸的淡漠，轉而將自己今後奮鬥的目標定在了權位之上。同時，對於太平公主，張昌宗的心中也產生了恨意，只要有機會，張昌宗絕不會猶豫去報復她將自己作為禮物送給別人的仇恨。

大足元年（西元七〇一年），張昌宗與張易之一起在武則天面前進讒言，使得武氏家族和李氏家族雙方的繼承人都死於非命。第二年，為了緩和宮廷鬥爭，太平公主聯合李旦和李顯二人，向武則天奏表，要求冊封張昌宗為王。儘管武則天沒有答應太平公主的要求，轉而封張昌宗做了國公，不過雙方的矛盾還是因此得到了很大的緩和。

但是在張昌宗的眼中，沒有減輕對太平公主的恨意，知道她們之所以奏表為自己封王，不過是緩兵之計，一旦時機成熟，她們定然不會放過自己。索性一不做二不休，張昌宗決定先下手為強。不久之後，張昌宗再次向武則天進讒，陷害太平公主的情人司禮丞高戩和魏元忠。二人下獄之後，張昌宗等男寵勢力與太平公主及她背後的李氏家族關係徹底破裂，一場變亂一觸即發。

果然，過了兩年，宰相張柬之在李家的支持下，發動了兵變。太平公主也積極地參與其中，不但成功逼迫武則天退位，還誅殺了張昌宗和張易之。太平公主因為功勞，受封為鎮國太平公主，這在當時對於公主來說是很高的榮譽。

當然，嘗到了權力的甜頭的太平公主，是不會甘心屈居人下的，在她的心目中，有著和當初武則天一樣的政治雄心。

特別是到了唐中宗時期，太平公主逐漸從幕後走到台前，積極參與國家的政治活動。因為其殺伐果斷的勇氣和靈活應變、多謀善斷的才能，逐漸受到了唐中宗的器重和尊重。甚至見了皇太子，太平公主也無需行禮。

到了韋后專權時期，太平公主和唐中宗的女兒安樂公主之間的矛盾也逐漸的白熱化。最為典型的事件發生在景龍三年七月（西元七〇九年），太子李重俊謀反，安樂公主竟然誣告李旦、太平公主兩兄妹和太子同謀。幸好當時的主審官御史中丞蕭至忠還算忠心於李氏家族，對中宗流淚進諫，**「陛下富有四海，不能容一弟一妹，而使人羅織害之乎」**，二人遂得以倖免於難。

到唐中宗被害之時，太平公主在各方勢力之間的活動更加頻繁。她還和上官婉兒一同擬出遺詔，皇后為知政事，溫王李重茂為皇太子，相王李旦參謀政事，以此尋求韋后與李氏皇族之間的平衡，只是後來在韋后的操縱下，相王李旦做了太子太師，權力被架空，這一平衡遂打破。於是太平公主參與李隆基的兵變，將政權最終奪回到李氏家族的手中。太平公主因為功勞巨大而晉封萬戶，她的三子也被封王，為唐朝公主權勢之頂峰。

權力越大野心越大，在這些政治家的眼中，永遠不會滿足現狀，即使偶爾感歎幾句，認為高處不勝寒，但轉過身來便又會加入那些轟轟烈烈、腥風血雨的爾虞我詐之中。

本來，按照當時的發展趨勢，只要不發生大的變故，太平公主一定能夠一直享受國母級別的待遇。只可惜，她一直對李隆基心有偏見。因為在她的眼中，李隆基實在是太過聰明了，聰明到連權傾朝野的太平公主都感到害怕。所以在除掉了韋后之後，為免李隆基尾大不掉，太平公主採取了一系列措施，一方面大力打擊李隆基勢力，另一方面，則努力扶持自己的黨羽。

當時李隆基的聲勢日漸高漲，大有蓋過睿宗、太平公主的氣勢。太平公主第一時間向自己的哥哥，也就是當朝皇帝睿宗建議，認為這個李隆基不是長子，沒有立為儲君的資格。而且在廢韋后的這一過程中，他除了建立極大的威信之外，還表現出足智多謀的性格特徵，極有可能威脅到唐睿宗的地位。不過睿宗天性淡泊，這個皇位，也算是李隆基交給他的。因此，對於太平公主的建議，他雖然心生憂慮，但在表面上只是暫時壓了下來。

既然不能廢除這個太子，太平公主就只能退而求其次，讓自己強大起來。當時的唐王朝，立了七位宰相，其中岑羲、崔提、竇懷貞、蕭至忠、陸象五位都是透過太平公主獲得任命的。甚至連知羽林軍李慈、左羽林大將軍常元楷等軍官都積極向她效力，太平公主進而在軍中建立了雄厚的實力。各地地方官也知道大樹底下好乘涼的道理，見太平公主實力雄厚，遂爭先恐後地討好她，不時向她獻上本地最為珍貴的物品。於是長安的良田悉數歸入了太平公主的手中，莊園遍布京師，府中的擺設、車馬、倡優等供太平公主享樂的資源絡繹不絕地從四面八方、千里迢迢地運來。太平公主府的建制與宮廷相比也遜色不了幾分，侍候她的奴僕、侍女有千餘人，在當時的社會中，像她地位這麼高的女子，不做第二人想。

看著朝中文武除了姚崇，宋璟等寥寥數人還忠心耿耿地留在自己身邊之外，天下之大，大多都歸附了太平公主。李隆基雖貴為當朝太子，卻羽翼未豐，只能略表憂心，暫時還不能有所行動。

請姑姑到地府一遊

作為一個傀儡皇帝，唐睿宗的帝王生涯實在是很艱難，一方面要保護自己的兒子順利繼承大統；另一方面，又要保護好自己的妹妹太平公主，不要被權力欲蒙蔽了雙眼，最終不可自拔。所以，唐睿宗一直在試圖緩和這二者之間的關係。

然而，整個新生政權，幾乎成了兩分天下的局面，一方是李隆基為首的太子黨，另一方則是太平公主的勢力，二者相互制衡，本來唐睿宗可以坐收漁翁之利，但是因為他沒有實力，只能坐看二人矛盾的不斷加劇。在這期間，他也做了很多次和事佬，盡力調和雙方矛盾。只可惜任憑他如何努力，一切都無濟於事。於是，唐睿宗選擇啟用一批唐朝的舊臣，以建立起自己的統治基礎。最終整個唐朝由兩分天下，演變成了三分天下的局面。

當初為了廢除李隆基，太平公主可沒有少下功夫。甚至還搬出了沉寂多年的睿宗長子李成器。當然，唐睿宗對於這一切，也是有自己的考慮的。如果不是實力不濟，或許唐睿宗已經答應了太平公主的建議，相比於李隆基，李成器的性格更加的溫和，不像李隆基那般鋒芒畢露，殺伐果斷。如果單單為了自己能夠安享晚年，唐睿宗會更加願意冊立李成器為帝國的儲君。

只是，李隆基的威望太大了，透過推倒韋后政權一戰，整個朝廷只有他能夠與太平公主相抗衡。如果廢了李隆基，不僅會招致李隆基的不滿而面臨政變的危險，還很有可能讓太平公主一家獨大，重演武則天霸佔皇位的一幕。

除了上述原因之外，李成器的個人立場，也深刻地影響了唐睿宗的決定。古有平時立嫡、危時立功的訓誡，今天正好運用在唐睿宗的選儲君的過程之中，李成器也清楚地明白這一點，所以任憑太平公主如何的威逼利誘，李成器就是不肯就範。他知道，一旦自己答應了太平公主的請求，就必然會捲入險象環生的政治漩渦之中，一向信奉明哲保身的李成器，則萬難全身而退了。

所以，李成器拒絕了太平公主的「好意」，直接跑到唐睿宗的面前，以唐初玄武門之變為例，聲淚俱下的告訴唐睿宗，此生自己萬萬不會接受太子大位。堅持要李隆基繼續做太子。這一事件便以一場鬧劇般的結局結束。

雖然在事實上，李隆基已經名正言順、眾望所歸地入主東宮，但是太平公主不願意善罷甘休。只要朝中大臣都同意廢除太子，迫於壓力，唐睿宗必然會答應他們的勸諫。只可惜，姚崇和宋璟堅決反對，太平公主雖然橫眉豎目，也只能宣告作罷。

隨著時間的推移，朝中局勢逐漸發生了變化，許多大臣在李隆基的號召下，轉變了立場，從太平公主的門下投入了李隆基的陣營當中。終於，不願繼續做傀儡皇帝的唐睿宗，選擇了放棄皇位，太平公主自然萬般反對，只是唐睿宗已經是心力交瘁，無心繼續了。

先天元年（西元七一三年），唐睿宗宣布退位，讓李隆基坐上了皇帝寶座，史稱唐玄宗。而唐睿宗則順理成章的做了唐朝的太上皇，享受清閒去了。以前唐玄宗還未作太子之時，便對自己的這位姑姑，一方面加以籠絡，一方面則緊密防範。到了他登基稱帝之後，唐玄宗自然更加不能放鬆對這位姑姑的監視和防備。事實證明，唐玄宗所採取的一系列措施，為他的生命提供了巨大的保障。開元元年（西元七一三年），太平公主不能接受自己大權旁落的事實，決心孤注一擲，向唐玄宗下手。不過由於太平公主的實力已經大不如從前，這次她的手段不是很高明，甚至顯得有一些拙劣。李隆基在即位之後，不斷的採取了各種削弱太平公主權力的措施，所以到了現在太平公主只能收買宮中御膳房的管事元氏，讓她乘人不備，在唐玄宗的御膳中下毒。只可惜因為唐玄宗的防範太過嚴密，此事只能不了了之。

不過太平公主的性格極為堅毅，一計不成，她便果斷的心生二計。決定以自己的身家性命豪賭一把。這一次，太平公主找來了自己集團的骨幹力量，經過商議，大家一致決定，先下手為強，首先發動政變奪取大權。這一事變發生在西元七一三年七月三日，唐玄宗率領早就準備就緒的軍隊，向太平公主發起了進攻。太平公主沒有料到，唐玄宗竟然能下定決心對自己動手，因為此時唐睿宗李旦雖已退位，但仍然是太上皇，而且太平公主反跡未露，李隆基要主動出手對付一個表面上沒有任何過錯的人，而且還是幫助他父親奪回皇位的親姑姑，這將面臨朝野怎樣的議論和譴責，需要多麼大的決心和勇氣！猝不及防之下，太平公主的骨幹集團數十人還來不及反抗，就被御林軍殺得片甲不留。

太平公主倉皇奔逃去南山的寺廟，希望能夠暫避風頭，時機成熟之後再捲土重來，只要自己的元氣未傷，說不定還能夠東山再起。只可惜，唐玄宗不會再給太平公主機會了，他沒有急於追擊太平公主，而是不斷鞏固自己的成果，將不服從自己的人全部殺掉，同時大肆籠絡朝中有實力有實權的文武官員，那些執意不肯歸附自己官員，都被唐玄宗罷黜了，唐玄宗重新掌握了乾綱獨斷的皇帝大權。

太平公主儘管不甘心失敗，但見到自己的羽翼一一被剪除也無能為力，只能在寺廟中暗中經營，希望群臣能夠發揮他們的力量，把這個新任的皇帝趕下台。只可惜，唐玄宗也非等閒之輩，登基後不久便讓太平公主便連連損兵折將，實力大減。

於是唐玄宗抓住了先機，首先橫掃了太平公主的核心黨羽，再將她的實力一一翦除，最後只剩下太平公主孤家寡人。無奈之下，太平公主只能回到京師長安城中。到了自己的府邸，不出自己所料，整個京師都已經變得風聲鶴唳，在她出走的那一天開始，長安城便已經戒嚴了。一系列的逮捕整肅活動在京師長安大規模的開展。奇怪的是，唐玄宗竟然讓太平公主順利地回到了公主府，沒有施加半點阻撓。或許在他的心目中，此刻的太平公主已經沒有了多少威脅。

同時，唐玄宗也明白，太平公主這次是輸在了時間上，假以時日，只要自己不加以限制和防範，太平公主必然能夠東山再起。所謂斬草不除根、春風吹又生，為了徹底地斷絕禍亂的根源，唐玄宗給太平公主下了一道賜死的旨意。絕望的太平公主，最後看了一眼曾經風光無限的長安，最後望了一眼自己一生追求的皇城，最後想了那至高無上的君主大位。是非成敗轉成空，浪花淘盡英雄，自己這一生，到底得到了什麼，又到底留下了什麼。此時，太平公主已經無心去計較了，且將一切都留給後人評說。

太平公主輕聲一笑，安心了，自己終於安心了。唐玄宗如此雄才大略，能夠將自詡為巾幗不讓鬚眉的太平公主打敗，何愁大唐不能重現過去的雄風？於是，飲盡一杯洗塵緣，難相見、易相別，朝如青絲暮成雪。

長安突然下起了大雨，宮人急急忙忙的闖入了唐玄宗的上書房，高聲稟報，太平公主薨逝了。

自大周則天皇帝殯天開始，九年時間過去了，整個王朝始終都處於變亂之中，殘酷的宮廷鬥爭，使得大量的人才死於非命，王朝的元氣大傷。至此，唐玄宗終於讓局勢重新回返穩定，一輪落下的紅日，即將以另一種浩然的姿態冉冉升起。

第三卷　盛極而衰——驚心動魄的轉折點

第一章　開元盛世，登上大唐王朝的巔峰

十事要說論時事

這一天，玄宗率領朝中眾臣前去新豐（治所在今陝西臨潼東北）檢閱軍隊，按照制度，皇帝在外出巡，方圓三百里範圍內，無論官職大小、地位尊卑，所有的州郡官員都需要去皇帝的行宮朝見。姚崇身為同州（治所在今陝西大荔）刺史，應該按照規定前去朝見皇帝。除此以外，姚崇還得到了唐玄宗的秘密召喚，於是便立刻啟程趕往行宮。

姚崇趕到時，玄宗正會同文武百官一起遊獵，一見姚崇來了，皇帝頓時心下大喜。只是他擔心，姚崇年已老邁，還能否出山為自己重整河山，整肅朝政？於是李隆基便問姚崇，是否能夠騎馬射獵？姚崇當即答道，自己不僅從小就會，而且到了二十歲之時，更是精於此道，現在自己雖然老了，卻希望還能夠以呼鷹逐獸為樂，遊戲於江湖之遠、山水之間。

唐玄宗見姚崇如此自信，就讓他加入了狩獵的隊伍，只見姚崇在獵場上揮灑自如、動作矯健、身手

靈活。靜如猛虎假寐，動若狡兔飛馳。唐玄宗看了，心中大喜，甚為滿意，遂決意重新起用姚崇。

狩獵結束之後，姚崇被叫進了唐玄宗的營帳之內。玄宗便向他詢問對於當下國家局勢的看法。對於玄宗的問話，姚崇成竹在胸、智珠在握。說得逸興遄飛、頭頭是道，讓唐玄宗感到心曠神怡、感慨不已，馬上表示姚崇應當成為大唐的宰相。

面對皇帝的邀請，姚崇沒有立刻領旨謝恩，他對唐玄宗說，自己有十點意見要說明，只要唐玄宗達到了，自己必將鞠躬盡瘁死而後已，但如果唐玄宗不能做到，則這個看似權傾朝野的宰相一職，自己無論如何也不會去做的。

玄宗一聽，頓時覺得很有趣，不管姚崇的意見是什麼，且讓他說個清楚，再加以定奪不遲。姚崇遂將自己的十條意見娓娓道來。

首先，自唐玄宗做了皇帝以來，朝廷依然延續武則天的做法，以嚴刑峻法治理天下。這不利於安撫人心穩定朝綱，因此姚崇便建議唐玄宗廢除嚴刑峻法，以仁義治理天下。

其次，朝廷曾經在青海一帶，被吐蕃打敗，但是朝廷不但沒有收斂，反而變本加厲，連連對外用兵、征戰不休。是故姚崇建議，希望朝廷在十年之內，不要妄動刀兵。唐朝內部剛剛經歷了長達九年之久的變亂，正需要休養生息，無論從經濟實力還是軍事實力而言，唐朝都不適合對外發起新的戰事了。所以對於姚崇這一條建議，唐玄宗是打心眼裡贊成。

再次，宦官制度流弊無窮，一旦出現宦官專政的現象，就會構陷忠良、攪亂朝綱。但是自從武則天時期，宦官便得到重用，代表朝廷行使權利。所以姚崇便向唐玄宗建議，今後一定要杜絕宦官參與朝廷政事。關於這一點建議，唐玄宗不以為然，因為在他奪回帝位的過程中得到了宦官的幫助，因此他對於宦官很有好感，也心存感激。所以對於姚崇的這一提議，唐玄宗沒有馬上做出答覆。

姚崇對於唐玄宗的心中所想，也是心知肚明，見唐玄宗心生猶豫，深諳進退之道的姚崇不在這件事情上多做糾纏。直接說自己的第四點意見：自從武氏家族坐擁整個江山之後，許多高官要職都被他們所竊取。後來韋后和安樂公主更是大肆任用外戚家族，導致中宗大權旁落。所以姚崇便向唐玄宗建議，希望他在以後的執政過程中，能夠做到皇親國戚不在國家要害部門任職。對於這一點，唐玄宗有切身體會，感觸頗深。因此，姚崇的這一建議也得到了唐玄宗的認同

然後，姚崇又建議唐玄宗，為了做到朝政清明，河清海晏，就要嚴格執法，對於奸佞之徒，不管職位高低、關係親疏，只要觸犯了國家法律，都必須嚴懲不貸。

第六，姚崇建議玄宗，整頓吏治，除了正常的國家稅賦差役之外，要嚴厲杜絕苛捐雜稅和攤派科率，這樣才能肅清吏治，與民休息。唐玄宗正是胸懷雄心壯志之時，既然這樣做對國家和自己的統治有好處，唐玄宗自然毫不猶豫地答應了下來。

第七，由於李唐推崇道教，而武則天在位時又大興佛教，因此自開國以來就興修了不少道觀寺廟。姚崇認為，不管是武則天建造福先寺，中宗建造聖善寺也好，還是睿宗建造金仙、玉真觀也罷，都是虛耗國庫壓榨民力的行為。所以姚崇建議，在唐玄宗統治期間，一定要禁止繼續建造寺廟道觀。唐玄宗也知道這些現象，對於怨聲載道的人民，唐玄宗何嘗不是心中難安。今日姚崇既然提了出來，自己斷然不會那樣做了。

第八，姚崇認為，古人就立下了禮不下庶人、刑不上大夫的古訓，而武則天任用酷吏，肆意構陷凌辱朝臣，既有違君臣之禮，又容易造成朝野的恐慌。因此姚崇希望唐玄宗，對於臣子一定要以禮相待。

唐玄宗當即表示，事情本就應該如此，姚崇的建議很有道理，自己自然從善如流。

第九，姚崇從武則天時代開始，便在朝中為官，無論官職大小，總算是見多識廣。因此他認識很多因為犯顏直諫而被判罪的直臣，姚崇認為大臣動輒以言獲罪會讓人們對朝廷感到灰心。所以姚崇請求唐玄宗，凡是作為天朝臣子的，皆可以犯顏直諫，無所避諱。玄宗時常以海納百川、有容乃大的心態，處理朝中事務。對於忠言，不僅樂於去聽，而且也願意按照忠言去做。

最後一條，姚崇總結了東漢和西漢兩朝的經驗，深知外戚亂政、流弊無窮。如今想起來，猶如芒刺在背，讓人感到寒心。自武則天開始，唐朝的外戚政治便日盛一日。因此姚崇請求唐玄宗以此為鑑並且告誡後世子孫，警惕外戚干政。唐玄宗經歷過諸武把持朝政的時期，甚至外戚干政的危害，因此也很同意。

唐玄宗基本上認同了姚崇提出的「十事要說」，於是姚崇就正式成為了唐玄宗的宰相。再次拜相的姚崇，以國家安定、百姓康寧為己任，大力打擊那些欺壓良民的貪官污吏，即便是皇親國戚也毫不容情。當時薛王李業的舅舅王仙童財大勢大，權傾一時，連唐玄宗都敬他三分。但是此人仗著自己的權勢為非作歹、欺壓百姓，於是姚崇上書唐玄宗痛斥其惡行，然後獲得了皇帝的批准對王仙童嚴懲不貸。

此外，姚崇對於民生也十分重視。開元初年，黃河流域中下游的大部分地區，都爆發了歷史上罕見的蝗災，蝗蟲飛過莊稼地之時，遮天蔽日，讓人觸目驚心。蝗蟲過後，整個田野寸草無存。姚崇深知蝗災的危害，所以在上任之初，對蝗蟲的作亂範圍、為害方式、治理辦法等，都進行了廣泛的調查和研究，到了蝗災爆發之時，姚崇親自披掛上陣、指揮若定。採取以郡縣為單位，集中消滅蝗蟲，獎勵有功勞的，懲罰有過錯的，如此一來，蝗災很快便被控制住，百姓對姚崇的愛民舉動，無不讚不絕口。

在姚崇擔任宰相的時期，唐玄宗不斷推行了獎勵清廉、精簡機構、懲治貪官、選賢任能、裁減沉員、愛護百姓等清廉政治。為「開元盛世」奠定了的堅實的基礎。姚崇因為其巨大的功勳被譽為「救時宰相」，與唐太宗時的房玄齡、杜如晦並稱為唐朝的賢相。

開元九年（西元七二一年）九月初三，姚崇帶著榮耀和疲憊，離開了人世，享年七十二歲。經過多年的休養生息，國家的經濟狀況明顯好轉，官吏之中的厚葬風氣也日益興盛。但是姚崇深刻的瞭解民間疾苦，不忍耗費民脂民膏為自己大辦喪事，於是他吩咐後人不可以厚葬、堅持薄葬，入殮時只穿平常的衣物，抄經、畫像等行為，都要堅決反對。對於當時社會上流行的尊崇佛教，敬仰道教的風氣，姚崇也堅決反對。

對於這一切，姚崇還把它們訂為了家法，子孫後代都不得違背，嚴格執行節儉之風。這一件事情，也被後人傳為佳話，到了今天，仍然具有重大的教育意義。

大唐不差錢

憶昔開元全盛日，小邑猶藏萬家室
稻米流脂粟米白，公私倉廩俱豐實
九州道路無豺虎，遠行不勞吉日出

齊紈魯縞車班班，男耕女桑不相失

——杜甫《憶昔》

唐玄宗統治前期，政治清明，經濟空前繁榮，人口遽增，整個社會呈現一派昌盛富強的面貌，這就是歷史上著名的「開元盛世」。正是在這種盛世背景下，杜甫才做出了《憶昔》這首詩。這首詩從側面反映了開元全盛之日，小邑藏萬家千戶，國民富實、物資充裕、治安有序、國泰民安的景象。

在古代，戶口的多少決定著國家可支配的稅收、糧食、力役、軍隊等標誌國力強弱的標準的高低，是判斷一個國家興盛與否的最直接的尺規。根據官方的戶口統計，唐初全國僅三十八萬戶人口，而到了天寶十四年（西元七五五年）則猛增至八百九十一萬四千七百零九戶，竟然翻了二十多倍。《新唐書・食貨志》中也用熱情洋溢的筆觸描寫了開元盛世的盛景：**「是時海內富實，米斗之價錢十三，青、齊間斗才三錢。絹一匹，錢二百。道路列肆，具酒食以待行人。店有驛驢，行千里不持兵尺。天下歲入之物，租錢二百餘萬緡，粟九千百八十餘萬斛，庸調絹七百四十萬匹，綿百八十餘萬屯，布千三十五萬餘端。」**

要深刻瞭解整個盛唐的繁盛，大致可以從工商業城市發展、文化進步、文學繁榮、交通發達以及外事廣闊等幾個方面進行敘述。當然，關於唐王朝的對外交往，是一個很複雜而寬廣的命題，有必要對其進行詳細的敘述。

商業是經濟發展最為明顯和直接的顯示，而城市的興起則是商業發展的必然結果。與大唐同一時期的，還有兩個偉大而強盛的國家，一個是阿拉伯帝國，另一個則是歐洲的東羅馬帝國。由於遙遠路途和高山沙漠的阻隔，大唐帝國與東羅馬帝國接觸交流很少，文化、商業、風俗上的相互影響十分微弱。

毗鄰中國的阿拉伯帝國及其以東的中亞諸國，則因地利之便與大唐的往來十分密切，其中表現最為明顯的，便是民間的通商活動。

例如在因為海上交通發達而對外交流密切的沿海重鎮廣州，阿拉伯人在整個城市中隨處可見，以阿拉伯人為主要人口的外國僑民，數量達到了二十萬以上。他們大量聚居在城市中的某些地區，形成了一個個包羅萬象的新興社區，猶如今日的唐人街。在這些阿拉伯人的聚居區中，到處是異國風情的阿拉伯式建築，街道縱橫、交通發達，世界各國居民都到這裡來進行買賣交易，在八方來客的共同努力下，一千年多前的廣州儼然成為了一個國際化大都市。

當然，大唐的開放和包容不僅僅體現在廣州一城上，事實上此時唐朝的對外貿易路線除了傳統的由長安出發經甘肅、新疆向西的陸上絲綢之路外，就是經過印度洋、麻六甲海峽、南海等地區的海上交通線。

商業的繁榮，在促進經濟發展，上到達官貴人，下到平民百姓，都感受到商業帶來的切實好處的同時，沿著兩條國際貿易的路線，商業城市如雨後春筍般生機勃發地興盛起來。

許多人曾嘗試瞭解當時城市的具體形態，關於此論題的史料記載本已是比較豐富，再加上近年來不斷增多的考古發掘第一手資料，使得今人能夠很好地了解當時社會的城市形態，尤其是他們的商業城市形象。

一千多年前的唐朝，如今處於一片荒漠中的沙州（甘肅敦煌）、涼州（甘肅武威）等地，在當時由於陸上絲綢之路的繁盛而成為了客商雲集、貨流龐大的商業城市；而內河航運的港口如洪州（江西南昌）、揚州（江蘇揚州）等則成為了唐朝內陸的經濟重鎮；位於沿海一帶的交州、廣州、福州、明州等城市，則直接受益於海上貿易的繁榮而發展成為了當之無愧的海上貿易城市；在天府之國的蜀中地區，還產生了益州（四川成都）這一重要的城市。所謂「揚一益二」，顧名思義，就是說唐朝的城市當中揚州數第一，而益州便當之無愧的數第二了。當然，這其中不乏誇張的成分，但也毫無疑問的表現了古代益州在中國城市中的重要地位。

益州之所以能夠形成那麼大的規模，與天府之國的富足有密切的關係，同時與它四通八達的交通線也息息相關，雖然入蜀的道路號稱「難於上青天」，但是這往往指的是蜀中與中原的溝通困難。難以從兩條絲綢之路的對外貿易中獲益的益州，借助地利之便透過與南方的近鄰南詔國以及在向南的天竺（今印度）的商業貿易，也從中獲得了很大的發展。加上雖然通往中原的陸路雖然艱險，但長江水運卻十分便利，也極大地擴大了益州所能輻射的腹地。

當然，就整個唐王朝而言，真正能夠影響世界的國家化大都市，還要數長安和洛陽。它們一個是唐王朝的都城，一個則是陪都，無論從地緣、政治還是經濟角度的原因，最終讓這兩座城市在整個世界上都佔據著舉足輕重的地位。作為當時世界上最強盛國家的政治文化商業中心，都城長安的繁榮和興盛可想而知。在這裡聚集了大量的人口，他們要嘛把持著全國的最高軍事指揮權力，要嘛掌握著最高的行政權力，甚至一個平平無奇的商人，都可能是富甲一方的大人物。

西北之地也逐漸的甦醒，以往的苦寒之地一改過去的蕭瑟和殘破，成就了當時舉世無雙的內陸大城市——涼州。自東漢末年之後，河西走廊地區便陷入了大分裂時代的泥沼，這些地區本來自然環境就不如東南沿海地區，更是古來兵家必爭之地，如此一來二往，摧殘不斷，河西地區江河日下、一蹶不振，漢代興盛一時的絲綢之路也被割據勢力所堵塞，不復昔日的繁榮。

從隋朝楊堅統一天下之後，中國與西域諸國也就此恢復了交通，在河西走廊的廣大地區，為了充分的發展農業，國家在該地興建了許多水利設施用於灌溉和飲用，一個西北糧倉、一個賽江南的黃金地帶就這樣逐步形成了。當時在民間廣泛的流傳著一句諺語：「**古涼州，甲天下**」，可見涼州之地，富甲天下，真正實現了「**稻米流脂粟米白，公私倉廩俱豐實**」。

農業的興盛，刺激了人口的增長，加上河西走廊重要的商貿地位，使得這一地區快速的成長起了一大批城市。而涼州則成為了西北地方僅次於長安的最大城市，在絲綢之路上「通一線於廣漠，控五郡之咽喉」，是隋唐以來中國與西亞諸國甚至更遙遠的國家進行經濟文化交流的重要交匯中轉站，其繁榮程度甚至超過了古城敦煌，呈現出「**河西都會，襟帶西蕃，蔥右諸國，商旅往來，無有停絕**」的盛況，而且也孕育了一批文采風流的先賢人物，是一座「文物前賢起後生，先於李益有陰鏗」的文化名城。

農業的發達、商業的繁榮和城市的興盛，極大地促進了手工業的發展，開元時期的手工業飛速發展至一個種類繁多、技術先進、規模龐大的新階段。當時的手工業分為三類：官營手工業、私營手工業和家庭手工業。官營手工業為社會奉獻品質優異的各類產品、私營手工業則注重產品的創新和技術的改進，而家庭手工業則產量最大，保證社會的需求。

手工業中的紡織業是最廣泛和最必需的產業，其從業者遍布官營、私營、家庭的手工作坊，並且是國家重要的財政賦稅來源。其產品主要為絲或麻製作的布、絹、絁、紗、綾、羅、錦、綺、縑、褐等紡織品，由於棉花尚未推廣種植，因此棉布織品不普及。

除了上述紡織品，組、綬、絛、繩、纓等五大編織品，和索、線、弦、網等四大線結品也是紡織業中的重要種類，細緻的分工正標誌著技術的提高。當時定州、益州、揚州都以織造特種花紋的綾錦聞名。

唐代紡織業的發達從唐人的服飾上便可窺見一斑。唐代女性時尚的主要潮流是：服裝樣式由遮蔽轉趨暴露，花紋由簡單趨於複雜，風格由簡樸趨於奢華，體型由清秀而趨豐腴。服裝的面料也是相當講究：綢裙、羅裙、紗裙、金縷裙、銀泥裙等等，讓人眼花繚亂。傳說唐中宗之女安樂公主的裙子用了各種奇禽的毛織成，正看為一色，側看為一色，日中為一色，影中為一色，而且裙上呈現出百鳥的形態，可謂曠世罕見的奇美奢絕，證明了唐朝織紉技藝的高超。

與人們生活息息相關的另一種手工業——製瓷業在這一時期也得到了極大發展。唐朝主要出產的瓷器有青瓷、白瓷、黃瓷、褐瓷和黃、綠、白、赭、藍五色交相輝映的唐三彩陶器。其中青瓷主要出產於越州窯和嶽州窯，胎質細薄、釉色柔潤、青瑩可愛，被當時人稱為「假玉」。而且當時的瓷窯不僅能燒製酒具、茶具、杯盤碗盞等形制簡單的生活用具，還能燒製各類裝飾品，甚至於細膩生動的瓷人，體現了高超的製瓷技藝。

白瓷主要出產於邢州窯，白瓷的燒製要求去除釉料中的鐵元素，使其含量小於十‧七五％，因此白瓷的出現和發展本身就代表著製瓷技術的發展，在當時色澤白皙、形態優美的白瓷製品無疑是一件奢侈品。而且白瓷體薄釉潤，光潔純淨，十分適合作為茶具使用，陸羽在《茶經》中稱讚它：「**邢州瓷白，茶色紅**」。杜甫也憐愛有加地作詩云：「**大邑燒瓷輕且堅，叩如哀玉錦城傳。君家白碗勝霜雪，急送茅齋也可憐**」。

當朝最著名陶瓷製品「唐三彩」，在白地陶胎上，刷上無色釉，再用黃、綠、青三色加以裝飾，多姿多彩、花團錦簇，可視為盛唐氣象的一大寫照。

東漢蔡倫的造紙術在唐代有了更大的發展。新型材料的不斷被發現，讓紙的價格迅速下降，也讓包括書籍在內的各種紙製品在社會生活中得到普及。

此外，當時的造船業、冶鑄業、編織業、漆器業、造紙業、製筆業等等諸種手工業都得到了長足的發展，生產出了技藝精湛、品質上佳的產品，豐富了社會文化和人們的生活。

第二章 奸臣當道，巔峰背面的陡坡

張九齡與李林甫

與正直敢言且憂國憂民的張九齡不同，李林甫「柔佞多狡數」，靠著巴結逢迎的手段爬上宰相高位，他因為權傾朝野而聞名天下，也因為殺伐果斷而讓世人膽寒。千年時間過去，這個大唐江山的悲劇，這個歷史長河的黑斑，依然和秦檜、嚴嵩、曹操等人一般，在人們的視野中揮之不去、口耳相傳，有人為李林甫的一生做了一個定論：「口有蜜，腹有劍」，從此口蜜腹劍這個成語便流傳下來。

古代世人最為崇高的理想，莫過於「了卻君王天下事、成就生前身後名」。李林甫一反常規，他似乎要玩弄天下於鼓掌之中，也似乎要無視律法，視天下百姓如草芥。甚至如唐玄宗這樣的千古風流人物，在李林甫的眼中，也不過是過眼雲煙一般。李林甫讀書不多，但卻有著過人的投機鑽營的技巧，在位期間，著力於堵塞言路，打擊異己，所以最終他以反傳統的方式，坐上了宰相的大位，把持唐朝政局十九年，成就了奸相的名聲。

李林甫有個小名叫做哥奴，從親緣關係來講，他還是唐高祖堂弟長平王李叔良的曾孫，憑藉著這一層關係，他屬於唐朝的第一類貴族，即封爵貴族。因而科舉考試這樣的進入官場的平民方式，不被他看在眼裡。李林甫選擇捷徑做了一個小官，這在很大程度上，讓他免於沉浸在四書五經中成為百無一用的書生，卻也讓他失去了一次透過科舉展示自己的機會。

不過，無論如何，後來的事實證明了他所具備的非凡的才能。奸臣也好，忠臣也罷，一個人能夠登上權力的巔峰，無疑是難得的。正所謂滄海橫流，方顯英雄本色。李林甫最終坐上了宰相的位置，不管使用了怎麼樣的手段，其才能都是無可置疑的。

李林甫除了皇室宗親的關係之外，還有一個舅舅，名作姜皎，是唐玄宗登基大統的功臣之一。正是憑藉李林甫自己的努力和姜皎的幫助，加上李林甫自己的努力，他才能夠從一個籍籍無名的小官一路高升，並且順利地來到了太子身邊，成為了太子身邊的紅人。連太子也成了他的說客，經常在皇帝身邊說自己這個手下的長處。很快，李林甫便當上了國子監的一名官員。

這個官員雖然只是當時最高教育機構管理者，和那些宰相僕射的官職相比還有很大的差距，但卻有著重大的政治前途。更加難能可貴的是，這個政治機構雲集了天下英才、宗室權貴之子。李林甫不失時機的給那些人力所能及的好處，以便結交和網羅一大批門生故吏，不久之後，李林甫便奠定了雄厚的政治根基。和李林甫不同，張九齡雖然位居人臣之首，卻好像孤家寡人一般。所以註定了第一次和李林甫的正面交鋒，會以張九齡的失敗而告終。

從唐王朝內部而言，正是唐玄宗、李林甫和張九齡三個人之間的相互角逐，政治較量，才使得唐王朝最終的盛衰轉折如此的富有特色。分析唐玄宗此時任用李林甫的時代政治背景：在姚崇和宋璟這樣的賢相輔佐下，唐王朝取得了開元之治的偉大成就，毫不誇張地說，這是自唐王朝立國以來，乃至於中國整個古代歷史發展最為輝煌的時期之一。

然而，一個依靠幾個人而屹立而起的王朝，很難如同用制度法律約束下的盛世來得長久。因為開創唐朝的盛世雖然有明君賢相的重要因素，但是均田制和府兵制的創立，符合國情的軍隊制度和土地制度更是盛世的保障。

然而，隨著時局的發展，均田制和府兵制都遭到了破壞，新近創立的募兵制雖然有一定的實際作用，但執行者才是關鍵，由於制度的不嚴格執行，致使原本掩藏在帝國內部的危機逐漸顯露了出來。尤其是在姚崇和宋璟相繼離開權力中樞之後，唐王朝雖然還是那麼的強盛，但是隱藏在繁華之下的深度危機，卻如同一顆會生長的毒藥，逐漸生根發芽，最終一發不可收拾。

此時朝堂之上，李林甫被後世認為是奸相，除了奸邪之人外，朝中也不乏德高望重之輩，對唐玄宗也是言聽計從，張九齡一干人等，還力圖變革，很有才能。可惜的是，他們都是儒家士子，在性格上有難以彌補的缺陷。

這些儒家士子，從小便接受著修身齊家治國平天下的傳統思想，為了能夠青史留名，做的事情大多有名無實。而如今的唐玄宗和整個大唐帝國，需要的絕對不是這種毫無建樹卻處處和君王作對，不思國家前程卻只顧著窩裡鬥的人。這種人只適合吟詩作對，玩風弄月，對於國家的政治前景不僅缺乏充分的考慮，更提不出具體的改良措施。

正在唐玄宗苦思自己國家發展的前途之時，李林甫不失時機地走入了唐玄宗的視野。

當時的國子監，可謂藏龍臥虎、暗流洶湧，興許一個不起眼的角落裡的落魄學生，都可能擁有顯赫的家世。隨著唐王朝經濟的繁榮，社會生活日益的豐富多彩，這裡面也是浮誇風氣盛行，沒有哪個官員敢於真正去管理這裡面的紀律。幸虧來了李林甫，他一到國子監，便向學生進行了法理的宣揚，並順勢立下了一系列規章制度，一旦誰違背這些規章制度，必定照章辦事，絕不姑息。果然，在李林甫大刀闊斧的整頓之下，一個國子監的氣象很快煥然一新。

當時的學生為了表示對李林甫的敬佩，還一起為他立下了一面功德碑。李林甫知道了這件事情之後，馬上意識到，自己的宣傳效果已經達到了，但是古語有云，過猶不及。只有懂得取捨，懂得急流勇退的道理，才能夠立於不敗之地。所以李林甫當即向學生勸說，認為一切的功勞，都是皇帝陛下領導有方，自己沒有絲毫的功績，立碑之舉實在是大大的不妥。這樣一說，學生當即磨平了石碑上的文字，李林甫雖然沒有了功德碑誇耀功績，卻在學生心裡留下了偉岸的形象。

唐玄宗也看到了李林甫的所作所為，一個人行事魄力固然重要，但更為重要的，則是他謙虛謹慎的人格魅力。只有李林甫自己知道，這一切不過是做給別人看的，誰不想飛黃騰達、揚名立萬呢？只是自己如今根基未穩、資歷尚淺，無論如何也不能夠得意忘形。否則在爾虞我詐的官場之上，只會被淘汰出局。

多年以來對於人性的領悟，對於社會的解讀，對於官場的認識，使得李林甫的心中產生了一種思想，那就是只有法才能夠改變這一切，讓大家都在法的制約下，嚴守自己的本分。也正是這樣，使得李林甫受到了唐玄宗的重視。在唐玄宗的眼中，李林甫做事雷厲風行，從不損公肥私，更有別人不具備的駕馭百官的能力。按照李林甫的陳述，只要以法治國，則國必治也。無論是哪個部門，哪個高官顯位，哪個皇親國戚，都必須依照嚴格的規章制度辦事。這不正是唐玄宗多年以來所尋求的治國良方嗎？真能實現這樣的局面，唐玄宗再去坐享其成、安享晚年，國家也不會因此而產生變亂。好不容易才實現的開元之治，也只會越加的欣欣向榮，更加的繁榮昌盛。

所以李林甫最終順利地進入了唐玄宗所領導的政治中樞，開始了他權傾天下、隻手遮天的為政生涯。其實，已經被唐玄宗視為心腹的李林甫，普天之下，已經再也難以找到可以阻擋他升遷的人了。當然，有個人一直以來都沒有放棄過和李林甫作對，他便是張九齡。因而李林甫一直把張九齡視作自己的眼中釘肉中刺。

開元二十三年（西元七三五年），唐玄宗再次加封張九齡為金紫光祿大夫，累官封他為始興縣伯。在李林甫的眼中，張九齡其實一無是處，不過是靠著傳統的儒家教條，讓世人誤以為他是個正人君子、品德高尚。如今皇帝如此的賞識張九齡，李林甫的心中自然不會好過。眼看著不久之後，張九齡就要擢升為丞相，天下權柄便會盡歸張九齡一人所握了。

為了遏制張九齡權勢的擴張，李林甫向唐玄宗推薦自己的心腹牛仙客，此人是小吏出身，沒有經過正規的科舉，因此頗受進士出身的張九齡歧視。事實上牛仙客在治理地方上很有一套，他在河西節度使帳下任職時，節省公費過萬，他所管轄的倉庫充實，而且其中儲備的器械也很精良，可見他治理得當。唐玄宗知道這件事以後，很高興大唐有如此能幹的官吏，於是打算提拔他做尚書，誰知卻遭到了張九齡的嚴重反對。

張九齡正色說：「尚書多為退職的宰相或是在朝廷裡和地方上都曾擔任重要職務，並且享有聲望之人才能擔任，如果任用牛仙客這樣一個小吏為尚書，皇上置天下輿論於何地？」這話說得十分尖銳，然而此時的唐玄宗還是比較開明的，他也覺得張九齡此話不是全無道理，於是退而求其次，打算給牛仙客裂土封爵作為獎勵。

誰知又繼續遭到了張九齡的反對：「爵位只賞賜給有軍功的大臣，牛仙客儲備糧食、修繕器械是他職責所在，無非只是忠於職守而已，哪有值得封爵的功勞呢？如果皇上一定要賞賜，那就賞點錢帛吧，萬萬不可裂土封爵。」唐玄宗聽了十分惱怒，這又不行那又不行，雖說儲備糧食、修繕器械是地方官員的職責所在，然而真正能夠做到牛仙客這樣的又有幾個呢？

唐玄宗認為張九齡也很清楚牛仙客所作所為的典範價值，只是尋找藉口來阻撓他提拔牛仙客而已，於是說出了一句誅心之言：「豈以仙客寒士嫌之邪？卿固素有門閥哉？」你張九齡還不是嫌棄牛仙客是寒門出身麼？難道說你自己是什麼高門大戶出來的不成！

聽了皇帝此言，被揭了瘡疤的張九齡又驚又怒，於是更加強硬地表態：「臣的確是鄉野出來的粗鄙之人，然而任用官員當用文士，牛仙客是小吏出身，不通詩書，如果陛下一定要任用牛仙客，臣實在恥於與他同朝為官。」話說到這個地步，已經無法再繼續下去了，於是玄宗只能暫且壓下此事。

第二天，李林甫聽說牛仙客晉升之路被張九齡所阻，連皇帝出面他都敢頂撞，於是決定在玄宗面前說說張九齡的壞話，即便牛仙客此次不能成為尚書，也可以藉此機會打擊張九齡這個擋在自己獨掌朝政之路上的絆腳石。於是李林甫對玄宗說：「牛仙客有宰相之才，如何不能做尚書？張九齡是書生酸腐頑固的見識，實在是不識大體。」

後來果然不出李林甫所料，張九齡的意見此時在玄宗的心目中還是頗有幾分重量的，牛仙客果然沒有做成尚書。但是自己的話也沒有白說，玄宗對於張九齡也逐漸生出了不滿，還是按照自己的第二個計畫，給牛仙客封了爵位，並賜給食邑二百戶。

事實上，透過此事反映了張李之爭的本質內涵和唐玄宗治國思想的轉變。張九齡和李林甫的衝突，看似是單純的相位爭奪和政治上的爭權奪利，事實上其後存在廣闊的社會文化因素。李林甫代表的傳統儒家士子，而李林甫則代表著看似不學無術卻注重實踐的法家人物。

二者一個注重名節名聲，一個關心實際和利益，最終的鬥爭必然會爆發；張九齡喜好且擅長文學，有著純粹的浪漫主義思想，和唐玄宗的心血來潮而產生的生花之作不謀而合，唐玄宗喜歡他，也不過是出於一種興趣而已。但是李林甫則堅持以法治國，主張殘酷嚴苛的吏治，這樣的人，對事負責，對上盡心，能夠極好的約束文武百官，不想事事親力親為的唐玄宗，把李林甫真正的看作了自己的臂助，看作了一個可以讓帝國維持運轉的優秀工具。

而對於玄宗皇帝來說是不可能讓一個人獨享國家權力的，而是在分配自己手中的權力。唐玄宗只有將其分給數人，才能降低皇帝被奪權的危險。唐玄宗雖然願意任命張九齡為宰相，但也不可能將權力盡數交給他。所以才會一意扶持牛仙客，其目的是為了使得權力中樞保持平衡。所以張九齡幾次反對，不但沒有得到唐玄宗的許諾，反而在他心目中對張九齡產生了反感。與此同時，隨著唐玄宗要坐享其成的思想越來越濃重，法治思想在唐玄宗腦中逐步佔據了上風。所以唐玄宗在把張九齡升為宰相之後，便著手準備在李林甫的「籃子」中也放一些「雞蛋」。

知道了唐玄宗的意圖之後，張九齡再次站了出來表示強烈的反對，所謂道不同不相為謀，張九齡認為，不僅是李林甫的個人品格存在問題，就是他的法治思想，也和自己的治國思想格格不入。要和這樣的人共事，對大唐而言，不是好事情。只可惜，張九齡不懂君王心，又或者是他明知不可為而為之。最後的結果不出張九齡所料，李林甫最終還是入主了中樞。

此時的張九齡，就如同海邊沙灘，而李林甫，則正像海浪潮汐。潮汐一浪接一浪的衝擊，泥土便一片接一片的被蠶食。整個過程看似漫長而複雜，實則是大勢所趨。最終張九齡徹底的輸給了李林甫，從大唐的中樞地位上摔了下來。

張九齡的下台，對於整個唐朝而言，無疑意味著一系列事務的巨大變革。永遠沒有一成不變的政治制度，也沒有一勞永逸的社會契約。從政治和學術兩個方面而言，張九齡的倒台，所帶來的變遷無疑是巨大的。

首先，唐王朝原來一直堅持，甚至從漢以來一直盛行的罷黜百家、獨尊儒術的治國思想，從此刻被暫時打斷，轉而走上了李林甫的法家之路。當然，這種道路無疑是短暫的，因為儒家思想才是在自然經濟流行的中國土地上歷經千年演變出的最適合的治國制度，只要朝廷仍然以科舉制度為主要的取士方法，那麼文士就仍然是中國官員的主要來源，而法家的治國之術也很難成為真正被朝廷採納的主流治國思想。

其次，文學導人向善，文學用以治國，一直是歷代儒家思想窮極一生的追求。在張九齡的時代，唐朝以文人治天下。但是到了李林甫的時代，那些官僚不再是會背書的書生，而是富有深厚的社會經驗，能夠用於實際的實幹家，他們雖然注重制度和法治，但是卻忽略人心的教化和道德在社會生活中的作用，這為後來社會的動亂埋下了隱患。

而且李林甫則深諳權謀之道，在瞭解了唐玄宗的心思之後，事事都順著唐玄宗的喜好，博取唐玄宗的歡心。在他當宰相之時，上下言論不暢，李林甫一手遮天。盛唐以來所開創的兼聽則明偏信則暗的政治風氣就此一去不復返了。

在唐玄宗早期執政過程中，君王和大臣之間的關係始終是相對的平等和輕鬆，對於張九齡的風度，唐玄宗由衷的讚賞，只是隨著晚期唐玄宗的安於怡樂，對於掌控的重視，唐玄宗對於張九齡的政治風格不再包容，於是就罷免了他。

李林甫正是抓住了唐玄宗的這個特點，這才一舉擊敗了張九齡。

《舊唐書‧張九齡傳》中寫道：「與中書侍郎嚴挺之、尚書左垂袁仁敬、右庶子梁升卿、御史中承盧怡結交友善。挺之等有才幹，而交道始終不渝，甚為當時之所稱。」可見臭味相投便稱知己，志同道合才是朋友。正是由於張九齡和李林甫之間有著不可調和的矛盾，使得二人視同水火。張九齡的性格缺陷就在此刻顯露無疑，當他面對李林甫之時，儒士特有的軟弱性便突顯出來。

馬不能隨便叫，人更不能隨便叫

天寶元年（西元七四二年）七月，牛仙客逝世。此前，宋璟和張九齡都去世了，他們所代表的階層士大夫也失去了原來的地位和權利。其他幾個前宰相中的裴耀卿死於天寶二載（西元七四三年），蕭嵩已被貶到地方。此時的中央，已經沒有任何人可以和李林甫抗衡，即使是唐玄宗，也不過是被他蒙在鼓裡，不僅不知道朝堂變故，更不瞭解民間百態。

李林甫成功實現了一家獨大，獨攬朝綱的野心，朝廷已經成為了李林甫的一言堂，只有李林甫握有針對皇帝的話語權，任何敢於發出不同聲音的人都被趕出了朝廷。李林甫甚至倨傲地對朝廷眾臣說：「明主在上，群臣將順不暇，亦何所論？君等獨不見立仗馬乎，終日無聲，而飫三品芻豆；一鳴，則黜之矣。後雖欲不鳴，得乎？」

他威脅這些本應對皇帝暢所欲言地進諫朝政得失，輔佐皇帝治理國家的官員們，在我李林甫的眼中，你們就如同儀仗隊裡的馬一樣，如果老老實實地不出聲，那麼自然有好吃好喝、高官厚祿等著你們；如果誰敢鳴不平，那麼對不起，李林甫的眼裡不揉沙子！後來言官杜璡兩次上書玄宗針砭時弊，提出建議，果然就被李林甫作為「害群之馬」而踢出了朝堂，從此以後再也沒有人敢於違背李林甫的意思給皇帝上書了。

但從另一個角度而言，李林甫在行政為官上也取得了前所未有的成功，整個帝國在他的一系列改革下，運轉的井井有條，極大提高了行政效率。經過改革的唐軍，取得了一系列對外戰爭的勝利，貴族們因為李林甫暫時的寬容和支持，得以獲取更多更穩固的權力。

然而，所有的一切都不外乎平衡的結果，牛仙客、宋璟、張九齡等人在世之時，會對李林甫形成制衡，迫使他勤於政務，小心謹慎。即使是牛仙客，對於他也不是絕對的言聽計從，手握重權的牛仙客，事實上也起到了平衡朝中權力的效果。所以當牛仙客駕鶴西歸之後，這種平衡便被打破了，原本安定團結的政治局面，穩定繁榮的社會背景，在不知不覺之間也發生了一些改變。

牛仙客死後，繼任宰相的人是李適之。和李林甫一樣，李適之是朝廷中的重要成員，而且還是太宗直系中地位較高的一支後裔。一般來說，像他這樣的貴族是不需要透過科舉考取功名的。

雖然李適之擁有過人的才能，也有一般人不具備的家世背景，但是他能夠以這麼快的速度擢升，實在是不可思議。之所以這樣大膽的提拔他，就在於唐玄宗已經開始意識到了李林甫的潛在威脅。為了有效抵禦山雨欲來的朝廷局勢，削弱李林甫的個人影響力，唐玄宗不得已採取措施，實現最初那般朝局的平衡。

神龍元年（西元七〇五年），李適之開始在禁軍中擔任官職。在唐玄宗早期，李適之被分配到州郡做官，素以行政幹練而聞名，唐玄宗最先清楚認識到他的執政才能，是在他擔任河南尹之時。李適之透過完美地完成治理水澇工程，讓唐玄宗認可了他。所以後來他的仕途也是一片平坦，先後擔任了幽州節度使和刑部尚書。

這些都為李適之走上仕途巔峰打下了堅實基礎，不管出於何種原因，唐玄宗最終還是將他大膽的提拔了起來，這些多少有些貴族干預的影響，李適之坐上了一人之下萬人之上的位置，從此入主中樞，同時也掀開了血腥殘酷的黨政之爭。

李林甫從來不能容忍別人對他宰相之位的任何威脅，他拉攏和扶植了一批巧言令色的陰險狡詐之徒作為自己的黨羽，為他鞏固地位、打擊異己。為了震懾有入相之心的李適之，李林甫在李適之擔任兵部尚書的時候指使人檢舉他手下的兵部銓曹有貪贓舞弊之事。

很快兵部的六十多名吏員遭到逮捕和審訊，李林甫授意手下派酷吏吉溫進行審訊，在吉溫的審訊下，這些吏員全部自誣認罪，而且身上檢驗不出用刑的痕跡。由於唐玄宗也清楚此事其實是李林甫針對李適之的鬥爭，所以也就不了了之，沒有將相關人員定罪，但是此事卻使李適之在朝堂上大失顏面。

不過，儘管李林甫百般刁難，李適之還是坐上了宰相大位，他不僅擁有過人的政治才能，更有著常人難以企及的野心。面對李林甫的大權獨攬，他不可能永遠忍受。為了壯大自己的實力，李適之在一開始之時便網羅了一大批和自己志同道合，有著共同利益的朝廷重臣其中不乏六部尚書、受玄宗信重的寵臣和握有軍權的將軍。他們在無論是在財政還是在軍事上，都具有強大實力，讓李林甫也不得不退避三舍，敬讓三分。

按照唐玄宗的預想，只要雙方能夠互相制衡，一心為了朝廷，那麼自己便可以隔岸觀火，坐享其成。卻不料一個偶然的事件，使得這一平衡很快便被打破。

天寶三年（西元七四四年），時任吏部尚書的李林甫，獨攬朝綱，欺上瞞下。選才考試之時，經常要些手腕，去扶持自己的人。如果是李適之集團還沒有崛起，這樣的事情沒有什麼大不了，也無人敢於反對。然而這件事情卻在李適之集團有意無意的推波助瀾之下，影響迅速擴大，李林甫結黨營私、任人唯親的罵名開始在朝中傳開，一個胸無點墨的浪蕩遊子因為和李林甫有交情，竟然殺出重圍，獲取了頭名。這讓朝中議論紛紛，很多人敢怒不敢言。

李適之等人覺得，這件事情還有可以利用的空間，於是他派遣了一位朝中以耿直成名的官員，讓他去邊關將這件事情告訴安祿山。當今天下，也只有他一點也不懼怕李林甫了。此時的安祿山，擔任著東北范陽和平盧兩鎮節度使，手握重權，自然不懼怕李林甫，但是就這樣撕破臉皮，為明智之人所不取。

但是在那名官員的激烈陳詞和有心蠱惑下，安祿山最終將這件事情告知了唐玄宗。邊將干預朝政，本就為歷代皇帝所不許，此番可算是開了先河，唐玄宗也樂得給李林甫一個警告，遂對此事進行了徹查，重新進行考試，結果那個獲取頭名之人交了一張白卷。玄宗見此情況，自然大怒，遂將主考的兩個吏部侍郎發配邊關，李林甫權勢滔天，才華出眾，唐玄宗還需要依靠他去做很多事情，只能對他免於責罰，但是李林甫知道，這樣一來，自己不僅顏面大損，威望也受到了極大的傷害。

這讓李林甫很震驚，不知不覺之間，自己的這個政敵已經成長到了足以威脅自己地位的高度。所以從天寶三年（西元七四四年）起，李林甫下定決心，對自己的政敵施以殘酷的手段，讓他們從此一蹶不振。本以為遭受了這次打擊之後，李林甫會有所忌憚和收斂，所以李適之等人還在沾沾自喜，不知道危機正在步步逼近。果然，李林甫首先向唐玄宗進獻讒言，說李適之為了打擊政敵，為了獲取第一宰相的位置，網羅人馬，步步為營，損公肥私。這讓李適之名譽掃地，唐玄宗開始對他產生了嫌隙。

天寶五年（西元七四六年）的一天，李林甫找到李適之神秘地說：「你還不知道吧？華山有金礦，如果派人去開礦採金，那可是朝廷的一大筆收入啊，現在皇上還不知道這件事。」

李適之想了想，覺得這確實是個好事，於是就向玄宗建議在華山開山採礦。可是他沒有想到，這麼好的事李林甫為什麼不自己向玄宗邀功，怎麼會將這個機會讓給自己的對頭呢？這後面果然藏著陰謀，原來唐玄宗自詡「協太華之本命」，認為華山是自己的命脈之所繫，怎麼可能同意在華山開礦，損傷風水呢？

更為厲害的是，李林甫十分善於用三言兩語離間對手，他很容易地便離間了李適之陣營中的重要人物，使他們相互爭鬥，兩敗俱傷，最後被派到外地，遠離了權力中心。李林甫則成功的坐收了漁翁之利，將自己的心腹替上了他們的位置。

然後，李林甫變本加厲，進一步打擊李適之陣營，他派自己的親信楊慎矜向玄宗告發太子李亨竟然夥同皇甫惟明和韋堅等人策劃政變謀反。遭到陷害的幾人中李亨是李林甫試圖扶壽王李瑁上位失敗後被立的太子，自然遭到李林甫的忌恨，而韋堅和皇甫惟明則站在李適之一邊，反對李林甫。

從如今的史料看來，所謂造反是否確有其事已經不可考，但是造反這樣危險的信號即使是空穴來風也能引發皇帝的極大警覺。更何況韋堅和皇甫惟明一個是京師重臣，一個是邊關擁有十四萬精兵的將領，如果太子真的在他們的支持下發動突然襲擊，自不可等閒視之。

當然，唐玄宗沒有武斷的下決定，經過調查，發現這件事情很可能不屬實，但也找不到他們沒有謀反的證據。於是，皇甫惟明和韋堅遭到貶謫，被趕出了朝廷。而太子沒有受到影響。李適之也沒有受到牽連，但是這一切都是表面的，李林甫雖然沒有一舉徹底打倒韋堅等人，但是卻達到了他預期的效果，李適之的勢力遭到了極大的削弱。

雖然未受到牽連，但李適之卻充分認識到了李林甫的厲害之處，不管自己今後是否會繼續和他作對，只要自己繼續擔任宰相一職，就必然會為李林甫所擔心，欲要除之而後快。憂心忡忡之下，李適之不得不辭掉宰相一職，獲得了唐玄宗的批准之後，李適之遂在東宮擔任閒職，曾經積極參與國家政務的宰相一去不復返了，李適之從此過上了採菊東籬下，悠然見南山的閒散生活。

太子是用來陷害的

李適之走了，宰相一職卻依然存在，需要找一個德高望重的人去接任這一職位。顯然，此時的朝中，這種人已經很少見，即使有，在李林甫的壓制之下，也是鬱鬱不得志。

唯今之計，要坐上宰相這一位置，只能選擇合乎李林甫的心意，同時又合乎唐玄宗的心意之人。陳希烈便是這樣的一個人，是擔當宰相一職的不二人選。

合乎李林甫的心意，是指陳希烈深諳明哲保身之道，從陳希烈的性格看來，此人八面玲瓏，對李林甫唯唯諾諾，惟命是從，在擔任宰相一職前，便已經完全淪為了李林甫的附庸。合乎唐玄宗的心意，則是因為陳希烈有特殊的才華，他不是經過科舉考試進入朝廷的，而是因為精通道家的諸般學說，為玄宗講解《老子》、《莊子》而入朝為官，並且善於用神仙之說和靈符祥瑞等取悅於玄宗，因此很得崇信道教的唐玄宗的喜愛。

於是，陳希烈順利的坐上了宰相大位，而他所擔任職位的相應事務，大多數交給了李林甫決定。這樣一來，李林甫成為朝廷的絕對主宰，大小事務全部歸於自己手中，連唐玄宗也因為對於李林甫的盲目信任而自願成為了有名無實的擺設。宰相議事完全成了形式上的事，真正的軍國大事都由李林甫在家中自行決定，他手下負責整理、傳遞文書的官吏們捧著李林甫簽好的檔案送到陳希烈家中，陳希烈經常看都不看就在後面簽上自己的名字。

然而，唐玄宗想要和楊貴妃一起享受人生，李林甫卻不可能讓唐玄宗安寧，為了維護他的地位，李林甫對政敵還要進行進一步的清洗工作。一開始，唐玄宗認為，前面韋堅和皇甫惟明等人遭受的懲罰，實在是罪有應得，他們本來應該被處死的，但是此刻自己大赦了他們，算得也是對他們的一種恩德。當然，長年累月的感情，讓唐玄宗認為，太子無論如何是無辜的，即使受到了韋堅等人的蠱惑，也不會動搖。所以唐玄宗沒有處罰皇太子，只是狠狠地責難了一下韋堅等人。

唐玄宗是不會去追究了，但是韋堅的那些朋友弟兄、官僚親屬們卻不甘心韋堅這樣一棵大樹無聲無息的便倒了下去，所以韋堅的弟弟韋蘭、韋芝等一直在上訴，希望為韋堅平凡冤案，並且拉來了太子為其作證，證明韋堅所謂謀立太子的罪名純粹是遭人陷害，絕無此事。唐玄宗得知此事之後，本來之前稍稍平息的怒火再次熊熊燃燒。

太子本來是看上次玄宗沒有完全相信李林甫的話，而是輕描淡寫地處置了所謂的謀反案，就認為此事頗有轉機，所以才會被韋蘭、韋芝等人說服出來作證。此時見勢頭不對，於是趕緊倒戈，向玄宗請求休掉自己的韋妃也就是韋堅的妹妹，並且要求從重懲處韋蘭、韋芝兄弟，一次來撇清自己，避免受到牽連。

李林甫抓住時機，向皇帝告狀，說韋堅不止和皇甫惟明有密切往來，和李適之也是不清不白，準備死灰復燃，否則李適之也不會主動請辭了。唐玄宗一聽，認為李林甫說得很有道理。

於是，韋堅等人再次遭受劫難，與之相關的許多人連同韋堅自己，被放逐到偏遠蠻夷地區，李適之也遠離東宮，貶為宜春太守。就連韋堅的支持者，如裴寬和河南尹李齊物也相繼被貶。

貶官實在不能平息李林甫對李適之、韋堅等人的仇恨，對於這些敢於挑戰自己權威，敢於覬覦自己地位的人，李林甫只有一個字：殺！於是他上奏唐玄宗，要求派御史到韋堅等人的貶謫地將他們賜死。執行任務的是李林甫手下著名的酷吏羅希奭，由於他惡名卓著，路上所經過之處的被貶官員都十分驚慌。

唐朝因公出差的御史可以由沿途官府提供車馬食宿，所以要在到達之前先派人前去通知，這種通知要求安排車馬食宿的文書被稱為排馬牒。這次羅希奭手下人不停送出的排馬牒簡直成了催命符，排馬牒送到宜春，李適之就立刻服毒自盡；送到江華，王琚便自縊而死；送到安陸，裴寬本來也想自盡，免受酷吏的非人折磨，但是卻不忍拋下妻兒老小，便向羅希奭長跪乞命，好在羅希奭的目標不是裴寬，所以急匆匆地走了，裴寬這才僥倖逃得一命。

李適之死了，李林甫似乎仍然不滿意，他派人誣陷李適之的兒子李霅，將他杖斃於河南府。又派人調查韋堅當初的手下，江淮一帶當初負責漕運的官吏甚至是縴夫都遭到逮捕，這場腥風血雨的大案一直持續了許多年，直到天寶十一年（西元七五二年）李林甫去世才停息。

然而，一波未平一波又起，本以為犧牲韋家可以換來暫時安全的皇太子，後腳剛剛從變亂中走出來，前腳便又踏入了另外一個陷阱。

天寶五年（西元七四六年）年末，一場暴風雨沒有任何徵兆便襲來。當時太子良娣杜氏的父親杜有鄰與自己的另一位女婿柳勣發生了口角爭鬥，柳勣一怒之下便「**告有鄰妄稱圖讖，交構東宮，指斥乘輿**」，不僅陷害了自己的岳父，還將自己的連襟太子也陷了進去。

這個柳勣雖然史載：「**性疏狂，好功名，喜交結豪俊。淄川太守裴敦復薦於北海太守李邕，邕與之定交。勣至京師，與著作郎王曾等為友，皆當時名士也。**」但是這位行走於豪傑名士之間的柳勣卻似乎很沒有政治頭腦，要知道杜有鄰是他的岳父，而他自己也因為姻親關係而不可避免地被視為太子的人。就算他真的能成功地陷害自己岳父，甚至扳倒太子，於他柳勣又有什麼好處呢？何況在那種一人有罪株連全家的年代，他所誣告的這種嚴重罪名一旦成立，他自己也是很有可能被牽連的。

但是柳勣沒有想這麼多，被怒氣和嫉恨衝昏頭腦的他就這樣掀起了軒然大波，連他自己的沒有想到，原本一場無關痛癢、無傷大雅的鬧劇，竟會發展到一發不可收拾的地步。

此時韋堅案尚未了結，對於敢於與自己的政敵勾結起來反對自己的太子，十分記仇的李林甫自然不會輕易放過，他要抓住這個本來與太子關係不大的案件大做文章狠狠地打擊太子。於是，他派出自己手下「能幹」的酷吏吉溫與御史台御史共同審理此案。

三木之下豈有完人，在吉溫的審訊下，柳勣不得不按照李林甫所授意地那樣供出了自己的好友王曾和李邕，將原本案情簡單，牽連不多的案件擴大為涉及中央和地方官員，並且出現「議及休咎，厚相賂遺」這樣危險的罪名。於是無辜的李邕被處死，杜有鄰也被判處杖責之後流放嶺南，而意氣用事惹來大禍的柳勣也沒有得到什麼好下場，同被他誣陷的岳父一樣被判處杖責和流放，不久之後杜有鄰和柳勣二人便雙雙死於重杖之下。

而太子雖然連番遭到李林甫的打擊，但是畢竟與唐玄宗是親生父子，因此玄宗雖然對涉案的其他人員手段狠厲，但是卻並未太過為難李亨。而李亨也很懂事地將杜有鄰的女兒杜良娣廢為庶人，撇清了自己與杜家的關係，讓父親放心。於是李亨的太子之位就這樣在飄搖之中再一次保住了。

堡壘總是容易從內部攻破，就在李林甫逐步清除政敵之時，在他的聯盟之中，成長起來了一個威脅，這個人便是一直支持他的財政專家楊慎矜。楊慎矜是隋朝宗室後裔，開元年間擔任太府寺卿，掌握著大唐的財政收入，而他的兄弟楊慎名則任司農寺卿，掌握著大唐的農業和糧食。李林甫掌權時，楊氏家族選擇追隨李林甫，為他掌控著全國的財政大權。為了迎合唐玄宗的個人喜好，楊慎矜在李林甫的授意下大開方便之門，放寬限制讓唐玄宗肆意揮霍國庫中的民脂民膏，享受奢靡豪富的生活，這樣唐玄宗自然十分寵信於他。

處理韋堅案時，李林甫派時任御史中丞的楊慎矜進行審問，本來李林甫希望借這個案子狠狠打擊太子，動搖太子的地位，然而楊慎矜卻看出玄宗不想將案件擴大也不想牽連太子，於是在審案過程中保持了中立，這引起了李林甫的不滿。

楊慎矜的崛起並且開始不聽指揮讓李林甫感到坐立不安，如此下去自己的地位終將不保。於是，李林甫決定對自己的盟友動手。楊慎矜自然不會坐以待斃，嘗到了被皇帝寵信的甜頭的他，決心和李林甫來一次終極對決，昔日的盟友終於轉化成了敵人。

高手如果要打擊一個人，不需要自己親自動手，只需要支持另一個人就成了，關鍵是那個人必須是自己要打擊之人的敵人，而且還要在自己可以有效控制的範圍之內。這正好印證一句話：敵人的敵人，就是朋友。

為了徹底打垮敵人，李林甫和楊慎矜都在苦心孤詣的找尋和對手為敵之人，李林甫技高一籌，他首先發現了王鉷。王鉷出生於太原的一個名門望族，但卻是一個私生子，經過一番波折，沒有經過科舉，便走上了仕途。

自開元二十四年（西元七三六年）開始，王鉷、王拱分別在御史台和戶部任職，其主要職責便是管理政府財政，推行「和羅」制，由於和楊慎矜同在一個部門，出於各種原因，二人生出了難以調合的矛盾，於是李林甫就想利用他們兩人的不和打擊楊慎矜，並且一次來殺雞儆猴，震懾自己那些蠢蠢欲動想要效法楊慎矜的黨羽們。於是，一個和楊慎矜相匹敵的政敵就這樣崛起了。

相比於李林甫，楊慎矜有兩個方面的缺陷，一個就是他的身分，是隋朝皇室的後裔，這個身分在皇帝寵信他時可能無關緊要，但是一旦出事就會成為他身上最致命的罩門。另一個則是他比較崇信宗教，以至於過於迷信，收集了一些讖緯之書，並且與一些僧人來往密切。

面對著日益嚴峻的政治環境，楊慎矜也意識到了自己的危機日益臨近，其實在楊慎矜的心目中，李林甫無論是謀略還是勢力，始終高自己一籌，和他作對，即使有皇帝支持，也沒有必勝的把握。所以他迷信宗教的思想開始作祟，找來一個術士，問他該何去何從。那個術士向他預言，接下來將會天下大變，乾坤逆轉，爆發一場政治動亂，如果要明哲保身，就必須去鄉村購置一些產業，即使政治動亂爆發，楊慎矜也可以全身而退。

豈料這件事情竟然讓王鉷知道，正中下懷的王鉷向唐玄宗上了一道奏章稱：楊慎矜「是隋家子孫，心規克復隋室，故蓄異書，與凶人來往，而說國家休咎」。唐玄宗雖然想要安享逸樂、縱情聲色，但是他絕對不希望李氏江山亡在自己手中。所以乍一聽楊慎矜謀反的消息，唐玄宗還有些不信，仔細一想，寧可信其有不可信其無，唐玄宗馬上反應過來，將楊慎矜逮捕下來，打入天牢。

一旦楊慎矜進了大牢，李林甫有太多的手段可以讓他有進無出，讓他對自己的罪行供認不諱。果然，在李林甫的幾番活動下，唐玄宗相信了楊慎矜謀反的事情，一怒之下將楊慎矜、楊慎餘、楊慎名兄弟三人統統處死。然後，李林甫藉此機會繼續打擊楊氏兄弟的餘黨，將一批與楊慎矜有關係的官員貶官流放，受到牽連的有十幾家之多。

透過屢興大獄，李林甫將身邊的對手一一消除，轉而換成了自己的心腹或者無所作為之人，在此過程中，下一任的奸相楊國忠，在朝堂紛爭中混水摸魚，得以發展壯大，而朝堂中的正直之士和能臣幹吏紛紛遭到打擊。不僅人才凋零而且倖存下來的大臣們無不噤若寒蟬、人人自危，政治氣氛十分緊張，因而出現了小人進賢臣退的亂世先兆。

同時李林甫提拔的一干黨羽也並非省事之人，大多為希圖功名、野心勃勃而又陰險狡詐的小人。在李林甫興起的數件大案中，不少人因為替李林甫辦事而得以晉升，掌握更大的權力，這些人中也有一些不甘於一直在李林甫之下，因此也在籌謀取而代之，其中就包括構陷楊慎矜的王鉷。

在李林甫的支援下，王鉷輕易地坐上了楊慎矜的位置，接管了他的所有財政工作，如此一來，許多財務的專門司署都被置於王鉷的控制之下。以前楊慎矜雖然縱容唐玄宗的奢侈，但是他自己還算廉潔自愛，但是王鉷卻一改楊慎矜的為官風格，利用職務之便，大肆搜刮民脂民膏，許多財富都流入自己的腰包。

為了讓唐玄宗過上更加富足的生活，王鉷不惜打破李林甫稅務方面的定額規定，對民間徵收重稅，唐玄宗不知民間疾苦，還以為大唐歌舞昇平、四海人民安居樂業，遂更加肆無忌憚，生活無規律，民間則日益貧苦。自此，王鉷對唐玄宗的影響力和對唐王朝權威的破壞性，比之楊慎矜有過之而無不及。

文盲的好處

楊慎矜還沒有成長到一個可以徹底威脅李林甫的高度，便被他無聲無息的消滅在了繈褓之中。本來以為可以高枕無憂的李林甫，突然又意識到了一個巨大的威脅臨近，從天寶元年（西元七四二年）開始，至天寶五年（西元七四六年），這個威脅已經先後控制了朔方和河東兩個軍事重鎮。

不久之後，他還繼承了皇甫惟明位置，做了河西和隴右的節度使，在吐蕃的戰爭中，他也取得了卓越的成就。此時，大唐雖然隱藏著危機，但是國力和軍力卻仍然強盛，再加上此人帶兵多年，一直以用兵謹慎而著稱，所以在邊境戰爭中，唐軍經常能夠獲取對吐蕃戰爭的勝利。

這個威脅便是王忠嗣。王忠嗣，原名王訓，他的父親就在軍隊中效力，並且在一次戰爭中為國捐軀。為了表彰他父親的功勳，九歲的王訓被皇帝賜名王忠嗣，並被授予朝散大夫、尚輦奉御的官銜，而且還被接入宮中養育，與太子李亨一起長大，關係很好。

成年以後，王忠嗣果然繼承了父親的遺志，成為了一名精通武略的將軍，備受唐玄宗的賞識，後來在邊關立下赫赫戰功。到了天寶五年（西元七四六年），王忠嗣已經兼任河西、隴右、朔方、河東四鎮節度使，其軍權之盛、勢力之大達到前所未有的程度，史稱**「忠嗣佩四將印，控制萬里，勁兵重鎮，皆歸掌握，自國初以來，未之有也」**，而他少年的經歷也使他與太子關係密切，同時在朝中也形成了一方勢力，足夠和李林甫分庭抗禮。

王忠嗣的謹慎，讓他能夠很好地避免失敗。天寶六年（西元七四七年），唐玄宗向駐守河西隴右的唐軍下令，攻取青海湖以東地區的一個吐蕃要塞石堡城。王忠嗣早就看出了這個地方易守難攻，而且吐蕃軍隊防守十分嚴密，如果貿然進攻，很難取得成功，更會損兵折將。於是，王忠嗣向唐玄宗說明了自己的想法，拒不參戰，也請求唐玄宗不要輕易發動進攻。

然而，唐玄宗卻不相信他的話。一直以來，唐軍在對吐蕃的戰爭之中，勝多敗少，這次如果唐軍能夠乘勝追擊，定然可以打敵人一個措手不及，將吐蕃的領土壓縮得更小，讓吐蕃從此不敢和唐朝言戰。

這時，有一個貪功冒進之人董延光接下了唐玄宗的命令，孰料一戰下來，唐軍幾乎全軍覆沒。為了推卸責任，董延光便誣陷王忠嗣阻撓軍事計畫，這才導致了唐軍的落敗。此事本來是邊疆將領之間的鬥爭，實在與身處內宮的太子沒什麼關係，但是在李林甫的眼中，處處都是陷害太子的機會。

李林甫趁著唐軍大敗、玄宗惱怒不已的時候，向他進言，說當今的皇太子，又要準備謀反了，而支持他的除了一些王爺之外，還有邊鎮節度使王忠嗣。據可靠消息，王忠嗣已然答應了太子的要求，在關鍵時刻出兵，助他一臂之力。

不管有沒有這件事情，唐玄宗還是將王忠嗣調到長安，讓他接受審查。經過審訊，王忠嗣最終被判死刑，多虧他的繼任者，後來在安史之亂中大名鼎鼎的哥舒翰千里迢迢趕回京城，在玄宗面前力保王忠嗣，這才打動了唐玄宗改變主意，最後王忠嗣被貶為漢陽郡太守。而不知道是不是玄宗已經看透了幾次三番的所謂太子謀反案都是李林甫的陰謀陷害，所以以證據不足為由沒有處置太子。不久以後，王忠嗣突然病死。

李林甫在這一時期多次的黨爭之中取得了完勝的成績，真正的全面掌控了朝堂，相信只要不出意外，天下之大，已經沒有可以威脅他地位之人了。但是對於唐朝而言，這一時期的鬥爭卻是唐朝不可彌合的傷痕。

更讓人擔心的是，王鉷掌控了國家財政大權，之前的宇文融、韋堅和楊慎矜還知道如何平衡國家財政收支，如何實現國富民強，但是王鉷卻只知道中飽私囊，滿足個人無底洞一般的貪欲。

國之干城王忠嗣去世之後，大唐損失了一員大將，後來哥舒翰在玄宗的壓力下被迫出戰，以數萬人的損失攻下了石堡城，其損失慘重遠遠超過了收穫的價值。後來邊鎮之中無人能夠制衡安祿山的勢力，以至於爆發安史之亂這樣的慘劇，其中也很難說不是王忠嗣早死的惡果。

國家和皇帝在墮落，人民百姓在掙扎，危機威脅日益臨近，而唐玄宗、李林甫、王鉷等人始終沒有半點覺醒。為了維護自己的地位權力，李林甫開始採取措施，實現對邊鎮的進一步控制，穩定和擴大自己的實力，滿足自己越來越大的野心。

經過開元之治，天下承平日久，然而自天寶年開始，政府透過或者巧取或者豪奪的方式，將人民的財富都掠奪到了統治階級的腰包中，尤其是如李林甫，王鉷、楊國忠這樣的官員，更是掠奪無忌。唐玄宗只知道自己整日都過著錦衣玉食的生活，絲毫不管民間疾苦，他還經常讓百官去尚書省觀賞天下所上貢的珍奇異寶，事後則視金錢如糞土，將之悉數賞賜給了李林甫。

多行不義必自斃，李林甫自然也知道，今日的地位與鐵血打擊政敵有著莫大的關係，正所謂野火燒不盡、春風吹又生，他相信終有一天，自己那些敵人會將自己推向死亡的深淵，眼下自己能做的，就只有繼續向前走這一條不歸路。

經過了皇甫惟明和王忠嗣的謀反之事，李林甫深刻認識到邊鎮將領的威脅，尤其是讓那些有著干預朝政的野心，也有著超人的才能的官員擔任節度使，對於自己地位的鞏固實在是危險之極。雖然在對付皇甫惟明和王忠嗣的過程中，李林甫勝利了，但是誰也不能保證，這種干預朝政的是事情以後還會不會發生，如果要徹底杜絕這種現象，就必須從根源上、制度上解決這個問題。

自唐立國以來，大凡是邊鎮重鎮，都用的是唐朝名臣，只有德才威望兼備，才能夠不負眾望，前去統帥邊關重鎮。為了防備手握重兵的邊鎮將領擁兵自重，這些將領從來不能在一個地方久任，自然也不允許出現一人兼顧幾個邊鎮的現象。這就會引發一個問題：當邊鎮首領榮膺大功之後，怎麼去賞賜。唐王朝發明了一種方法，即將那些有功之人調到中央做官，甚至封侯拜相。這樣一來，首先可以在中央制約那些位高權重的將領，其次則可以用加官晉爵的方式，讓他們對皇帝感恩戴德。

與此同時，在選擇邊鎮將領之時，唐朝會挑選兩員大將，一個是漢族人，另一個則是少數民族，這樣便可以讓他們互為掣肘。只是到了唐玄宗時期，玄宗一改過去的制度，在中央，採取的是遙領制度，前面提到的牛仙客便在中央任職的同時，也在邊關有節度使職務，有時甚至是幾鎮的節度使。而在地方，則任由節度使長期連任和同時擔任幾鎮節度使，以鎮守邊境，攻伐四夷之地。

這些邊鎮將領一旦到達中央，除了擔任高官顯位之外，也有著十分強橫的實力，內外呼應、軍權政權都有，在這樣的政策下，邊鎮之上便崛起了一大批傑出而實力強大的少數民族將領，鋒頭最健的便是安祿山。

早在天寶三年，安祿山便是范陽和平盧的兩鎮節度使，到此時又控制了河東地區。安祿山還有一個堂兄弟安思順，河西和朔方分別在天寶六年和天寶十年被他控制。此外，還有一個將領，就是繼王忠嗣之後的哥舒翰，坐鎮隴右，扼守長安咽喉。在安西，則是高麗將領高仙芝一家獨大。

值李林甫專權之際，這樣的人自然會成為其心腹大患。在李林甫和他的智囊團的聯合商議下，發現要徹底解除邊鎮對朝政的威脅，就必須選擇一些少數民族將領擔任節度使。因為在李林甫看來，這些蠻夷將領只是在軍事上擁有野心，對於中原王朝的朝政卻提不起半點興趣。

於是，在李林甫的主導下，唐玄宗同意李林甫實施他所制定的邊鎮節度使制度。此後短短三四年時間，只剩下蜀中劍南節度使依然為漢人所據，邊鎮權力落入了少數民族的手中，中央王朝的實力進一步削弱。

透過這些政策，雖然暫時性的遏制了自己政敵的崛起，卻培養了一些狼子野心之人，即使他們無心造反，但如果朝廷繼續在李林甫的左右下任意行事，一旦爆發矛盾，中央將無兵可防，天下即將大亂。

第三章　多情賈禍，愛江山又愛美人

兒媳婦與妃子的關係

安史之亂從根源上說，是邊鎮節度使制度的弊端導致邊境將領尾大不掉，中央無兵可用，加上李林甫進行的一系列清洗政策，讓中央沒有良才良將可堪大任，君王昏聵，國家墮落，人民困苦等一系列原因所導致的結果。但是安祿山和楊國忠的衝突，則是直接的導火索，而這一切發展的脈絡，還需要從楊氏家族的崛起開始說起。

楊氏家族的崛起，源自楊玉環的飛黃騰達。古代除了武則天時期，一般而言女子是不可能出仕做官的，要想光耀門楣、光宗耀祖，就只能攀龍附鳳，最顯赫的便是進入皇宮，成為妃子甚至是皇后。一旦麻雀變鳳凰，其親人便可以藉機雞犬升天，楊玉環及其家族走的便是這條路線。

楊玉環，字太真，蒲州永樂（今山西芮城西南永樂鎮）人，和唐玄宗初年得寵的元獻皇后一樣，楊玉環也屬於華陰楊氏家族的一支，更是隋朝皇室的遠方後裔。楊玉環的高祖父楊汪做過隋朝的上柱國、吏部尚書，父親楊玄琰是蜀州（四川崇州）司戶參軍（從七品下的小官），因此楊玉環的童年是在四川度過的，到了十歲左右，其父去世，她便被寄養在洛陽任職的三叔楊玄璬家。

楊玉環自小便學習音律，能歌善舞，姿色超群。此外，對於詩詞歌賦也有所涉及，例如楊玉環所作的《贈張雲容舞》：**「羅袖動香香不已，紅蕖嫋嫋秋煙裡。輕雲嶺上作搖風，嫩柳池邊初拂水。」**後世之人對之評價說：**「詩不為佳，卻字字形容舞態，出語波俏，亦足見其風致可喜。」**

開元二十二年十一月，十七歲的楊玉環作為楊玄璬的長女被選為了玄宗第十八子壽王李瑁的妃子。由於李瑁是玄宗當時最寵愛的武惠妃的愛子，因此玄宗親自為他們主持了盛大的婚禮，不僅場面極盡奢華，而且還由當時的宰相李林甫和陳希烈作為賞賜冊封文書的正副使者，足見唐玄宗對這次婚事的重視，只不過他沒有預料到，這次婚姻會演變成為名傳千秋的緋聞。

武惠妃死後，唐玄宗百無聊賴、十分寂寞，於是高力士便四處為他尋找美女填充後宮。除了找到了身姿嬌俏、才華過人的莆田姑娘江采萍以外，高力士還看上了豐滿圓潤、能歌善舞的壽王妃楊玉環，楊玉環不僅姿色冠代，傾國傾城，而且**「最善於擊磬拊搏之音，泠泠然新聲，雖太常梨園之能人，莫能加也。」**此外，她還精擅舞技，能跳當時流行的高難度西域舞蹈胡旋舞。玄宗一見，果然不負自己期望，頓時大悅，心生將之納入後宮的意圖。

但是唐玄宗尚且不敢直接將楊玉環召進宮中，因為她畢竟是皇家明媒正娶的兒媳，受過正式冊封的壽王妃，如果明目張膽地納入宮中恐怕會招人詬病，所以他想了一個法子，命人前去壽王府傳旨，以為太后追福的名義，將楊玉環度為女道士。或許是楊玉環意識到，自己的機會來了，所以她毫不猶豫便主動進了宮，住在大明宮的道觀太真宮內，並且由玄宗欽賜道號「太真」，這一年楊玉環二十一歲。

唐玄宗所做的一切，不過是為了避人耳目，方便他們偷情。終於可以在一起的楊玉環和唐玄宗二人之間的感情升溫得很快，楊玉環很快就取代了武惠妃在唐玄宗心目中的位置，「**太真……每倩盼承迎，動移上意，宮中呼為娘子，禮數實同皇后。**」雖然此時楊玉環仍然不能得到冊封，只能被宮中之人以百姓稱呼妻子的方法不倫不類地稱一聲「娘子」，但是她已經得到了等同皇后的禮遇，並且緊緊抓住了皇帝的心。

至此，楊玉環終於完成了她人生中重大的華麗變身，從一個少婦轉而成為皇帝的寵妃。由於楊玉環的聰明機智，善於揣人心意，很快便走入了唐玄宗的內心，那個曾經揮不去的影子武惠妃，那個一度擔任武惠妃替代品的梅妃，都漸漸消失在楊玉環和唐玄宗的歡聲笑語之中。

恰如著名詩人李商隱在《驪山有感・詠楊妃》裡所寫：「**驪岫飛泉泛暖香，九龍呵護玉蓮房，平明每幸長生殿，不從金輿惟壽王。**」一方面，唐玄宗不顧人倫，讓壽王既鬱悶又尷尬，而且還敢怒不敢言。這能怪誰呢？或許只能說，楊玉環的美色只要是男人，就會垂涎三尺。無疑，唐玄宗是當時最為強大的男人，壽王自然搶不過他。楊玉環除了擁有傾國傾城的絕世容顏之外，對於唐玄宗的生活體貼入微、凡事知心解意，讓唐玄宗馬上將她當作了自己的精神伴侶。

天寶四年八月，楊玉環正式被冊封為貴妃。在唐朝，「貴妃」的封號不是地位高於「妃」而低於「皇貴妃」的品階，而是地位僅次於皇后的四妃（貴妃、淑妃、德妃、賢妃）之首，後來玄宗改變了妃嬪制度，取消了貴妃的封號，將四妃改為三夫人（惠妃、麗妃、華妃）。此時，由於玄宗不願意將去世不久的武惠妃的封號改授楊玉環，又不願意委屈她，封為位次較低的麗妃或華妃，所以不得已又恢復了貴妃的封號。太真、娘子等稱呼統統從宮廷中消失，從此以後在宮裡只有無冕之后楊貴妃！

自此，楊玉環得以在更加廣闊的舞台上施展自己的絕世姿容，朝廷政務只要她想要干預，就沒有人能夠阻攔。幾年之後，她利用自己的地位和姿容，成了安祿山的密友，並收了這位魁梧的將領為義子。

就這樣有關安祿山可以自由出入禁宮，與楊玉環及其姐妹淫亂後宮的傳聞便不脛而走，如在姚汝能的《安祿山事蹟》中記載稱：「（安祿山生日）後三日，召祿山入內，貴妃以繡繃子繃祿山，令內人以彩輿舁之，歡呼動地。玄宗使人問之，報云：『貴妃與祿山作三日洗兒，洗了又繃祿山，是以歡笑。』玄宗就觀之，大悅，因加賞賜貴妃洗兒金銀錢物，極樂而罷。自是，宮中皆呼祿山為祿兒，不禁其出入。」

也就是說安祿山生日的時候，唐玄宗和楊貴妃賜給安祿山豐厚的生日禮物。三天以後，楊貴妃特召安祿山進見，替他這個「大兒子」舉行洗三儀式。楊貴妃讓人把安祿山當作嬰兒放在大澡盆中，為他洗澡，洗完澡後，又用錦繡料子特製的大繈褓，包裹住安祿山，讓宮女們把他放在一個彩轎上抬著，在後宮花園中轉來轉去，口呼「祿兒、祿兒」嬉戲取樂。

玄宗聽說以後也加入進來，還裝模作樣地賜給楊貴妃金銀財物作為洗三的賀禮，從此以後宮中眾人都稱呼安祿山為「祿兒」，而安祿山也得到允許可以隨意出入宮禁。可見在當時和後世都不斷猜測的安祿山與楊貴妃的種種曖昧也並非空穴來風。

但是唐玄宗始終不相信這些傳聞，甚至對於那些傳播者一律嚴懲不貸，而且透過一些調查，唐玄宗發現很多傳聞其實都是憑空虛構，很可能是那些看不得楊玉環之人有意為之。

唐玄宗極其大度地釋懷了一切，不僅對於楊玉環言聽計從，更和安祿山成了好友，所以在安史之亂爆發之時，唐玄宗還不太相信安祿山會真的反叛。

晚年的唐玄宗對於楊貴妃不僅極其寵愛，甚至於到了依賴的程度，在他的溺愛下，楊貴妃養成了嬌寵任性、霸道善妒的性格，甚至敢不時地跟九五之尊的唐玄宗鬧彆扭甚至吵架。史書中記載，唐玄宗因為受不了楊貴妃的霸道任性而兩次將她遣送回娘家，然而他自己卻堅持不了多久就忍不住派人再去楊家將她接回來。

天寶九年，楊貴妃因為拈酸吃醋而與玄宗大吵了一架，玄宗正在氣頭上，於是就派人將楊貴妃送回了娘家。可是沒過多久，玄宗就忍受不住沒有楊貴妃的生活，耐不住寂寞，可是礙於顏面有不願意派人去接她回來，只好拿身邊的人撒火出氣。後來，經過李林甫黨羽吉溫的勸說，玄宗同意派人到楊家去看看楊貴妃怎麼樣了。

誰知此時楊貴妃也十分思念唐玄宗，後悔自己過激的言行，於是淚流滿面地抽出剪刀剪下一縷秀髮交給來人說：「珠玉珍異，皆上所賜，不足充獻。惟髮父母所生，可達妾意，望持此申妾萬一慕戀之誠。」接到楊貴妃的斷發更加勾起了唐玄宗對她的思念之情，更何況楊貴妃已經表示了悔過，於是唐玄宗便高興地派人將楊貴妃接回了宮中。

隨著楊玉環的得寵，楊氏家族的身分也隨之高貴起來，朝廷追贈其父楊玄琰為兵部尚書，正三品，後來又贈太尉、齊國公，母親被追封為涼國夫人，她的叔父楊玄珪被授為光祿卿，後又升為工部尚書。此外，在楊貴妃較遠的親戚中，也有很多人擔任了朝中權貴，如隔代堂兄楊錡擔任御史並娶武惠妃之女太華公主為妻，和皇帝親上加親，另一個弟楊銛擔任鴻臚寺卿。

第三個更為陰險的人物是楊釗，後來玄宗賜給他人們所熟知的名字：國忠。

楊貴妃的三個姐姐也分別被封為韓國夫人、虢國夫人、秦國夫人，並且獲得了皇帝賞賜的住宅，住在京城中，可以隨意出入宮廷，不僅唐玄宗客氣地稱她們一聲「姨」，而且皇子、公主們也對他們禮讓三分，不敢造次。其中虢國夫人還曾經與玄宗有過曖昧，因此最為受寵，並且藉此干預政事，行營私舞弊、賣官鬻爵之事。

由於楊氏家族的雞犬升天，當時社會上便流傳開來這樣的謠諺：「**生女勿悲酸，生男勿喜歡。**」又云：「**男不封侯女作妃，看女卻為門上楣。**」隨著後宮政治造成的楊氏家族的崛起，宮廷事務中又添進了另一新的內容——聲色犬馬。

雞犬登天

楊國忠本名楊釗，他的父親和母親都不是什麼顯赫人物，父親不過是一個小小的宣州司士參軍，而他的母親張氏則是武則天時的幸臣張易之的妹妹。後來，張易之在張柬之等人的發動的政變中殞命，張易之與之兄弟獲罪被「**梟首天津橋，士庶歡踴，臠取之，一夕盡**」。如此一來，楊釗的母親也就遭人唾棄了，是故楊釗從小便受盡了別人的白眼，這或許為他長大之後的放浪形骸、禍亂朝綱有些關係。

少壯不努力，老大徒傷悲，轉眼歲月蹉跎，楊釗已然三十歲了，卻一事無成。他覺得自己再這樣混下去也確實是不成樣子，便到蜀中從軍。然而，楊國忠到了蜀中卻依然不被重用，只被任命為新都縣尉，而且還受到益州長史張寬的厭煩，因為不滿他的惡劣品行，所以張寬經常會找理由的懲罰他。

不過，楊釗並非一點收穫也沒有，至少他為自己日後攀龍附鳳做好了準備。在四川的這些年中，楊釗透過各種手段，結識了他的遠親——楊貴妃的家屬；並順利勾引到了楊玉環的姐姐，也就是後來的虢國夫人。當時正值楊釗的堂叔父也就是楊貴妃和虢國夫人的父親楊玄琰去世，楊釗負起了照顧楊家姐妹的責任，誰知他卻趁此機會與堂妹私通了，他的這種行徑十分為人所不恥。此時的楊玉環尚且還不知道有他這個遠方兄弟，楊釗的前途問題依然是一片黯淡。

好在楊釗不久之後就遇到了生命中的第一個貴人，這就是劍南節度使章仇兼瓊的心腹幕僚，時任採訪支使的鮮于仲通。當時楊玉環已經被公開封為貴妃，成為天下皆知的皇帝第一寵妃，無數的官員、權貴都想巴結她而不得其門而入。鮮于仲通曾經在楊釗任新都縣尉時與他有過交往，還曾經在窘迫時資助過他，因此瞭解到原來這個落魄不得志的小小吏員竟然是皇帝面前第一紅人楊貴妃的堂兄，於是鮮于仲通頓時感到奇貨可居。

當時李林甫權傾朝野，大肆培養黨羽、打擊異己，興了不少大案，殺了不少與他為敵的朝廷大員，其中也不乏邊鎮大將。因此劍南節度使章仇兼瓊深覺不安，害怕某日就會大禍臨頭，於是他找來鮮于仲通說：「**今吾獨為上所厚，苟無內援，必為李林甫所危。聞楊妃新得幸，人未敢附之。子能為我至長安與其家相結，吾無患矣。**」

鮮于仲通聽了，微微一笑說：「**仲通蜀人，未嘗遊上國，恐敗公事。今為公更求得一人。**」於是就將楊釗介紹給了章仇兼瓊，章仇兼瓊得知楊釗是楊貴妃的堂兄，而且此時尚不得勢，正是結納的大好時機，頓時大喜過望。待見到楊釗以後，發現他儀表不凡、能言善道，是個有能力的人，於是立即任命他為推官，並且對待他十分親密。

自此，楊釗開始真正的享受到了楊貴妃帶給自己的好處，得到了待遇優厚的官職，窮困潦倒的局面也大為改觀。楊釗知道，此時的自己不是因為多麼的才華橫溢，而是在中央有人做後盾。就連劍南節度使也要看自己的臉色，希望依靠自己往上爬，假以時日，自己定然能夠不鳴則已一鳴驚人。

在唐朝，蜀中是重要的紡織業中心，出產的蜀錦以質地堅韌、織紋精細、配色典雅聞名天下，成都更有「錦官城」的美稱。因此除了每年要向國庫繳納一定數額的蜀錦作為稅賦之外，蜀中的官員們到京師中結納權貴、討好皇帝和寵妃時也大多用蜀錦作為禮品。

按照規定，又到了向朝廷貢獻「春綈」的時間，章仇兼瓊趁機派楊釗負責這趟差事，楊釗臨走之前章仇兼瓊悄悄對他說：「**有少物在郫，以具一日之糧，子過，可取之。**」楊釗到了郫地之後，果然有章仇兼瓊派來的人送上精美異常、品質奢華的蜀錦讓他帶到長安結交楊貴妃和楊家的親屬。

十月，經過了連日的奔波勞累，楊釗順利到達長安。楊釗沒有直接去找楊貴妃，因為禁宮守衛森嚴，根本不可能讓他接近。所以楊釗首先找到了和他曾經有過私情的那位堂妹，也就是後來的虢國夫人，由於這位堂妹剛剛喪偶，於是楊釗公然登堂入室，住在她家裡，並贈送給了她很多章仇兼瓊私下給他的精美蜀錦。

如今老情人相見，更有珍貴禮物相贈，堂妹自然是甘之若飴，供他驅策。在其堂妹的引薦下，楊釗順利地見到了楊貴妃，得到了楊貴妃在唐玄宗耳邊的美言之後，唐玄宗封了他做金吾兵曹參軍，不過這只是一個主管軍械的小官，或許是因為他和楊貴妃關係太遠的緣故，唐玄宗一開始沒有予以重視，也沒有很快就委以重任。但是楊釗沒有灰心，反而信心滿滿，自己總算是留在了京師長安，也有機會出入禁宮，接近楊貴妃和皇帝，不愁找不到機會扶搖直上。

果然，機會來了，這一次，他奉命參與宮廷宴會，在會上，大家玩「樗蒲」遊戲，需要有一人計數，楊釗極盡所能，博得大家的歡心，唐玄宗發現這個人「鉤校精密」，當時讚歎了一聲：「好度支郎！」遂將之擢升到御史中丞的辦公場所做了判官。第二年，楊釗又被提拔為監察御史。

雖然楊釗因為依靠著楊貴妃這樣的裙帶關係，爬上了權力的征途核心，遭到當時的官員們和後世史官們的鄙視和嘲笑，但是這一切都對楊釗也構不成任何影響，或許不久，他們就會一一匍匐在楊釗的腳下。

走後門也要有能力

楊釗的目光盯向了一個人，在朝中一手遮天的李林甫，他知道，如果有朝一日自己能夠坐上他的位置，那麼天下都在自己的股掌之間，號令群雄，莫敢不從。然而此時此刻，自己還很弱小，甚至在李林甫的眼中，自己就如同一隻螞蟻、不堪一擊。

選擇和比自己強盛之人做朋友而不是敵人，這是楊釗成功的秘訣之一，所以楊釗選擇了投靠李林甫，在李林甫打擊異己的過程中極盡誣陷之能事，由此便很快便得到了李林甫的親近和重視，這對於剛剛起步的楊釗而言，是一件好事情。在不到一年的時間裡，楊釗便以奇跡般的速度成為朝廷的重臣。

此一階段，正是因為有了楊釗的幫助，李林甫才能夠在無數的黨爭之中一直立於不敗之地。在天寶五年至天寶七年的清洗中，隨處可見李林甫的身影。透過這些大清洗，不僅極大的鞏固和提高了楊釗的地位，使他一路受到提升歷任檢校度支員外郎、侍御史兼水陸運使、司農使、出納錢物使等財政方面的等職務，後來又升任度支郎中、給事中、御史中丞等高級官員。

此外，與楊國忠過去關係不錯的那些官員也受益匪淺，天寶五年五月，章仇兼瓊由於楊氏的勢力擢升為戶部尚書，戶部侍郎郭虛則接替了他劍南節度使之職，直至天寶七年，鮮于仲通接任節度使，而郭虛則被調回了長安。

楊釗透過這些關係，一方面與蜀中官員保持著千絲萬縷的聯繫，另一方面接近李林甫，得寵楊貴妃，受信唐玄宗，他的地位逐漸變得牢不可破，就連一向囂張跋扈的李林甫，也不得不讓楊釗三分。在邊鎮節度使制度施行之時，惟獨剩下劍南節度使依然為漢族將領，也就是楊釗的親信所把持，足以說明楊釗的實力之強橫。

由於當時仍然處於開天盛世的富足景象之中，各州縣的倉庫都盈滿了糧食和布帛，所以楊釗建議唐玄宗將各地丁租地稅換成布帛送到京城，並且變賣各州縣庫存的糧食、布帛，買成輕便的貨物送進京城。這個政策推行之前，各地要將以糧食、布帛為主的賦稅先運到京城，然後朝廷再根據需要從國庫支出這些東西，派人到各地去買來要用的各類物資，一來一回徒耗路費和人力。楊國忠的建議很好地解決了這個問題，於是玄宗很高興地採納了，卻沒有想到這一買一賣之間又為貪官污吏製造了多少下黑手的空間，又在百姓肩上壓上了多少重負。

為了迎合唐玄宗盛世聖皇的心思，展示自己的政績，楊釗還經常在唐玄宗耳邊鼓吹，如今國庫充實、空前絕後，吸引玄宗帶領群臣參觀考察，走了一圈下來，玄宗親眼所見國庫果然如楊釗所說財物堆積如山，當時龍顏大悅，厚賞楊釗。按照楊釗當時的品階，他是沒有資格穿戴代表高官身分的紫袍和金魚符的，因此玄宗特賜楊釗紫衣金魚來獎勵他的功績。而玄宗見國庫如此豐盈，自然志得意滿，更加肆無忌憚地揮霍享樂，也更加對楊釗重視寵信。

隨著地位的上升，楊國忠自然也開始不滿李林甫在自己的面前作威作福，同時也覬覦李林甫一人之下萬人之上的宰相地位，於是開始在李林甫背後動手腳。他先將李林甫多年的心腹吉溫拉攏了過來，然後讓吉溫幫忙謀劃剪除李林甫的羽翼，果然在吉溫的協助下，楊釗很快就找到罪名先後將李林甫的心腹大員御史大夫宋渾和刑部尚書、京兆尹蕭炅排擠出了朝廷，流放到邊遠荒蠻之地，因為證據確鑿、罪名昭彰李林甫竟然無法營救。

當然，李林甫畢竟樹大根深，雖然一時不慎中了楊釗的陰招，但是手中的勢力仍然不容小覷。天寶八年，咸寧太守趙奉璋上表彈劾李林甫二十餘條大罪，想當年李林甫威震朝野，百官禁言，誰敢說一個不字？如今一個小小的太守竟敢攖其逆鱗，背後很難說沒有楊釗這位貴妃堂弟、玄宗新寵的影子。不過趙奉璋的彈章還沒呈到玄宗的案頭就被李林甫知道了，於是他毫不客氣地以妖言惑眾的罪名下令將趙奉璋亂棍打死了，可見雖然楊釗勢力急遽膨脹，但仍然不是老謀深算、經營多年的李林甫的對手。

為了將來可以一步登天，在唐玄宗和楊貴妃的支持下，楊國忠開始大張旗鼓地擴充自己的勢力，並極力改善自己的生活，過上了奢侈靡費的生活。在外之時，楊國忠經常拿著劍南節度使的旌節耀武揚威。在宮中陪伴玄宗、貴妃遊幸華清宮之時，楊國忠時常邀請楊氏諸姐妹先在楊國忠家匯集比賽裝飾車馬。他們常用黃金、翡翠做裝飾，用美玉、珍珠做點綴，揮金如土，其浪費奢侈，簡直令人髮指。

天寶九年楊釗為了表示自己的忠誠之心，上奏皇帝以名字中「金」「刀」二字於圖讖上不吉，請求允許改名，於是玄宗便為他賜名「國忠」。只要有楊貴妃和唐玄宗兩棵大樹，楊國忠相信天下之大，已經無人可以和自己抗衡，即使是李林甫也無法逃出自己的五指山。的確，李林甫雖然權勢滔天，但卻難以和有唐玄宗和楊貴妃支持的楊國忠相抗衡，所以一直處於被動地位，楊國忠再次向李林甫發起了進攻。

這件事的起因來自於李林甫陣營內部，李林甫的心腹王鉷在替李林甫辦事的過程中也越發得到皇帝的信任，抓了不少權柄在手，官封戶部侍郎兼御史大夫、京光尹，此外還兼有二十多個職銜在身，每日裡來找他簽字辦事的吏員在他家門口排隊，甚至一天都排不上號。王鉷的弟弟王銲、兒子王准也在朝中任官，分別擔任戶部郎中和衛尉少卿的職務。

而且玄宗也十分寵信王鉷，時常派宦官到他家去頒賜賞賚，因此李林甫在他面前也不得不退讓三分，不敢太過作威作福。不過由於王鉷為李林甫辦事一向忠心耿耿、謹慎小心，所以李林甫也不擔心他會造自己的反，沒有因為嫉妒他得寵而疏遠甚至排擠他。

不過王鉷的弟弟王銲卻是一個野心勃勃卻志大才疏的凶險不法之人，他見哥哥王鉷權勢熏天，便腦筋一熱籌謀起謀逆之事，更荒唐的是他沒有找幕僚謀士來商量計畫，卻派人找算命的來為他看相。有人為他找來了當時有名的術士任海川，王銲見算命的來了，大喇喇地開口便問：「我有王者之相否？」

任海川聽言嚇壞了，還以為這位大人請自己來是要看家宅風水，或是為新添的小公子算命的，誰知對方張口就問出這麼一句大逆不道的話，這樣的話聽者都是有罪，哪還有回答的心思，任海川二話沒說拔腿就跑。

王銲看到自己把算命的嚇跑了，丈二和尚摸不著頭腦，也就聽之任之了。還是王鉷知道以後趕快派人追捕，唯恐王銲算命之事洩露出去，引來禍延全家的大罪，抓到任海川之後王鉷找了個藉口迅速將他殺了滅口了事。安定公主之子韋會偶然知道此事與別人私下談起，被王鉷得知，於是派人也將他殺了。

王銲雖然受到了任海川的挫折，但是謀逆之心卻十分堅定，於是鍥而不捨地又搞起了陰謀。這次他找到他的死黨朋友刑縡一起策劃控制龍武軍並除掉李林甫、陳希烈和楊國忠這三大權臣。只要這三個人一死，整個天下便無人可以阻擋他們謀朝篡位的舉動。卻不料唐玄宗探知到了朝中有人謀反的消息，不過玄宗不知道，這件事情其實和王鉷有關係，甚至都不確定是誰主導的這件事情，便命王鉷將刑縡逮捕起來。

王鉷知道王銲應該在刑縡家裡，於是假意派人去找弟弟過來，其實是讓人去通知刑縡逃跑，過了好久才派人到刑縡家去抓人。孰料刑縡竟然沒有逃跑，還糾集了幾十個人拿著刀劍與來抓捕的官軍搏鬥，官軍準備不足，帶的人不多，差點被刑縡等人打跑。

消息傳回朝廷，王鉷一邊暗罵刑縡動作慢，一邊無奈只能跟著虎視眈眈的楊國忠帶領軍隊前去增援，此時玄宗身邊的高力士也率領護衛宮廷的飛龍軍趕來。王鉷一看此事已經鬧到了玄宗跟前，無法再徇私放走刑縡，只能看著高力士派人將刑縡一夥人一網成擒。

一行人來到御前，報告抓捕經過，楊國忠本就到處找機會打擊李林甫的黨羽，現在王銲鬧出這麼大的事情，他豈肯放過這大好良機。於是他斬釘截鐵地對玄宗說：「鉷必預謀。」玄宗琢磨著王鉷跟了我這麼多年，我一向待他不薄，他怎麼會造反呢？於是搖頭不信，李林甫也抓住時機為王鉷辯護。

於是唐玄宗下令特赦王銲，不問其罪，其實是給王鉷一個機會，希望他能夠親自上表為王銲請罪。這樣既可以處死心懷不軌的王銲，又可以使王鉷博得大義滅親的名聲，為他撇清與王銲謀反案的關聯，一舉兩得。玄宗為自己主意深感得意，於是派楊國忠前去向王鉷暗示自己的意思。誰料王鉷與王銲兄弟情深，不忍用親弟弟的血染紅自己的官袍，竟然堅決不肯，玄宗一場心思落空，十分惱怒。

這時，一個李林甫意料不到的人出頭咬了他這個心腹一口，他就是一向被李林甫拿來做擺設的陳希烈。此人頗有才學，而且精通玄學，頗得玄宗愛重，雖然他能夠當上宰相是多得李林甫之力，他也十分感恩。但是畢竟傀儡不好當，陳希烈雖為宰相卻有名無實，朝政大權多年被李林甫所把持，他陳希烈無非就是一枚橡皮圖章。所謂泥人也有土性，多年受李林甫窩囊氣的陳希烈早就不想忍下去了，此次抓住機會跳了出來，在李林甫的要害處狠狠咬了一口。

陳希烈在唐玄宗氣頭上上奏稱王鉷大逆不道，罪在不赦，請玄宗下令誅殺此逆，被王鉷的執拗氣得不輕的玄宗於是下旨命陳希烈與楊國忠負責此案，審訊王鉷、王銲等人。王鉷落在這兩個冤家對頭手中那裡還能有好下場，於是當初王銲算命的事包括殺任海川、韋會滅口的事統統被抖了出來。

案情至此已經十分清楚了，於是王鉷被賜自盡，王銲被拖於朝堂上在眾目睽睽之下亂棍打死，王鉷的兒子王准、王偁被流放嶺南，不久也被殺害。當初王鉷得勢之時親朋好友上門巴結者無數，每日門口都車馬盈門，現在一家橫死竟無人收屍，還是當初手下幕僚採訪判官裴冕冒著被牽連的風險為王氏父子兄弟收屍安葬。

這樣一來，不僅王鉷一家被徹底打垮，李林甫失去了左膀右臂，也遭受了沉重的打擊，王鉷當初是受到李林甫的舉薦才坐上了如今的位置，案發後他又為王鉷辯護，有著同犯的嫌疑。而經過此案，李林甫的強勁政敵楊國忠得到了莫大的好處，升任京兆尹、御史大夫、京畿、關內採訪等使，總之之前王鉷兼任的所有職銜全部歸了楊國忠。此外，邊關之上極具實力的哥舒翰對李林甫也是恨之入骨，讓李林甫身處四面楚歌的水深火熱。所有的現象都表明，屬於楊氏家族的時代即將到來。

相見爭如不見

朝堂上的權勢爭奪如火如荼，而在邊關上，一場危機正在來臨，並如同蝴蝶的翅膀一樣即將在不久的未來在朝堂上捲起一股風暴。

起因是安祿山營中的一場叛亂，主謀的是一個不願在安祿山麾下效勞的突厥降將阿布思，歸降唐朝後阿布思取了一個漢文名字叫做李獻忠。天寶十一載（西元七五二年），安祿山集結了一支二十萬人的軍隊，準備攻打契丹，以雪之前的戰敗之恥，並且命令李獻忠統領朔方邊鎮的騎兵加以援助。

李獻忠覺得此事蹊蹺，因為自從他進入安祿山帳下就一直與這位囂張跋扈、目中無人的將領不和，此次安祿山發兵二十萬攻打契丹，契丹人還不望風而逃，哪裡用得著他率軍的援助呢？安祿山這樣安排明擺著是將一場大功勞分給自己，可是自己素日與他關係緊張，他又怎麼肯做這樣的事呢？李獻忠越想越不對，這安祿山莫非是要在戰場上藉機幹掉自己的親信部隊，殺了自己這個冤家對頭吧？

想到此處，李獻忠坐不住了，他決定保全自己，既然自己是個突厥人，對於北方大草原比任何人都瞭解，更何況他還擔任著朔方節度副使，已經控制了大量的軍隊，只要在安祿山猝不及防之下發動叛亂，定然可以殺他一個措手不及。果然，正在安祿山準備大舉進攻契丹之時，阿不思發動了叛亂，偷襲了朔方的軍械庫和糧倉，然後有恃無恐的逃進大草原。安祿山的征討契丹計畫便宣告失敗了，這樣一來，不僅邊關驟變，還引發了朝廷的一陣腥風血雨。

當時，王鉷一案正在審理過程中，楊國忠接到報告說安祿山帳下的突厥降將阿布思發動了兵變，頓時靈機一動，想到這是一個用來拉李林甫下水的好機會。於是楊國忠便想辦法讓王鉷案中的主犯之一刑縡招供李林甫勾結王鉷和阿布思，並且由與李林甫有舊怨的陳希烈和哥舒翰從中作證。雖然由於證據不足，唐玄宗並未因此將李林甫定罪，但是卻未嘗沒有相信之意，從此開始疏遠李林甫。

在此同時，唐朝的雲南太守張虔陀貪婪好色，不僅向南詔王無度需索財物，甚至還霸佔其妻女。南詔王不肯繼續忍氣吞聲，便不再向張虔陀貢獻財物，張虔陀竟然惡人先告狀地向朝廷誣告南詔王數條罪狀。南詔王閣邏鳳一怒之下發兵反唐，攻入雲南郡，殺了張虔陀，又勢如破竹地佔領了西南地區的三十二個羈縻州。

事實上，南詔王不是打定主意要與大唐為敵，只是被張虔陀欺負得狠了才起兵的。如果大唐肯派官員前去解釋、安撫，並且處置一眾不法官員，也許南詔仍然可以與大唐和平相處。然而楊國忠新近崛起，急需軍功來為自己將來高居相位累積資本，於是推薦老朋友鮮于仲通為帥，帶領八萬精兵攻打南詔。

誰知一戰之下，南詔軍民眾志成城，八萬唐軍竟然全軍覆沒，為了掩飾敗績，保全自己和鮮于仲通的地位，於是便向唐玄宗謊稱捷報。然而氣勢如虹的南詔軍隊沒有因為楊國忠的謊言就停下進攻的腳步，這個問題必須有人來解決。擔心事情敗露，楊國忠不敢將這個爛攤子扔給別人，只好讓鮮于仲通以劍南節度使的身分上表請唐玄宗入蜀坐鎮。

於是，朝廷果然任命楊國忠代理蜀郡都督府長史、充劍南節度副大使、知節度事，由鮮于仲通留在京城幫楊國忠佔好京兆尹的位置。由於擔心自己離開京師的日子裡，李林甫會在自己的背後動手腳，於是楊國忠在向唐玄宗辭行時淚流滿面地說：「臣與李林甫積怨甚深，此一去必將為其所害，再也見不到陛下了。」一旁的楊貴妃在一旁為堂兄幫腔。

果然，玄宗看到楊國忠一幅委屈又依戀的模樣，便安慰他說：「**卿暫到蜀區處軍事，朕屈指待卿，還當入相。**」不僅允了他盡快召回，甚至還承諾等他回來以後就任命為宰相。得到唐玄宗的保證，又有楊貴妃在宮中坐鎮，楊國忠便放心地離開京師，向蜀中而去。

此時，李林甫已經重病纏身，然而仍然不肯放棄手中的權力，想要趁楊國忠不在想辦法打擊他的勢力。然而李林甫又擔心唐玄宗已經開始疏遠自己，而楊貴妃又極得聖寵，此時如果有所動作很難說會不會反而弄巧成拙，甚至反害自身。於是李林甫想了個辦法試探一下唐玄宗的態度，他派人告訴唐玄宗說自己病勢沉重，將不久於人世，請來看病的巫師說要見皇上一面才能痊癒。

聽到這個消息，唐玄宗馬上就想到李林甫家去探望他，然而身邊被楊國忠買通的隨從們堅決地勸阻。玄宗無奈只好命人將李林甫抬到他家的庭院中，自己登上建於山上的降聖閣，用紅色的手絹對他招手，就算見面了。見到此情此景，李林甫心如死灰，他明白自己聖心已失、大勢已去，再也無法與楊國忠抗衡了。

楊國忠剛到蜀郡便被唐玄宗派人召回，到京以後他去探望病重的李林甫，李林甫已經動彈不得，躺在床上看著如日方中的楊國忠心中五味雜陳，良久才涕泗橫流地對楊國忠說：「**林甫死矣，公必為相，以後事累公！**」一向不共戴天、視若仇寇的對手忽然在自己面前示弱，還以後事相託，楊國忠覺得十分驚訝，連忙說著不敢當，不敢當。他也的確不敢當，因為李林甫死後不久，他就陰謀打擊了李林甫的家人和黨羽，李林甫如果泉下有知，也當死不瞑目。

天寶十一年，一代梟雄李林甫永遠闔上了雙眼，他給大唐留下的是弊政叢生的朝政和滿目瘡痍的邊患，他給家人留下的則是數不清的仇人和虎視眈眈的政敵。

在李林甫死去之後，楊國忠順理成章坐上了宰相的位置。然而，百足之蟲死而不僵，楊國忠認為，即使李林甫死去，他的那些黨羽們依然對自己有巨大的制衡作用，於是楊國忠決定利用阿布思的事情再翻舊帳，對朝中勢力進行新一輪的洗牌。

楊國忠苦思之下，派人找到阿布思的前任上司安祿山請他與自己聯名上彈章彈劾李林甫指使阿布思反叛。出乎楊國忠的預料，派去聯絡安祿山的使者竟然帶回了阿布思部下的降兵。楊國忠大喜過望，不僅按計畫呈上了彈章，還將安祿山送來的降兵送到御前作證，說李林甫曾經認阿布思為義子，否則阿布思改漢名的時候為什麼要從李林甫姓李呢？連李林甫的女婿楊齊宣也不堪脅迫，不得不出面作證。

面對如此的鐵證如山，唐玄宗終於相信了楊國忠，此時李林甫新死不久，棺木都尚未下葬，就被玄宗下令削去一切官爵，並劈開原來的大棺木，換成小棺材，以庶人的身分下葬。李林甫的子孫也被貶官流放，其他與李林甫有關的親屬和黨羽被牽連判罪者約五十餘人。

透過這次大換血，楊國忠沉重地打擊了李林甫的殘餘勢力，楊國忠和陳希烈都獲得了相應的好處，地位得到了鞏固和加強。然而，他們充其量不過是帝國的蛀蟲而已，對於國家發展和民生改變，難以做出任何建樹，即使能，他們也不會去在意黎民百姓的死活，以他們的見識，萬萬難於預料到數年之後一場顛覆式的動亂會發生。

前有李林甫，後有楊國忠，外有安祿山，內有楊玉環，在唐玄宗的周圍，極盡諂媚之能事，極盡貪婪縱欲之能事，中央政權腐朽不堪，地方政府貪贓枉法，富者田連阡陌，貧者無立錐之地，眼看著大唐王朝已經病入膏肓了，而經過四十年的發展，國家政治已經偏離了唐太宗之時的三省六部制，國家權力集中在少數的宰相手中。之所以在開元年間國家能夠正常的運轉，沒有爆發大的叛亂，是因為唐玄宗有能力也有意願去控制宰相的提拔和任免。但是在李林甫和陳希烈之後，這種權力變得越來越弱化，皇帝不再不拘一格地任用人才，升遷的道路都被權貴的門生堵塞，為了能夠維護自己地位的穩固，李林甫，楊國忠和陳希烈等人，都極力籠絡住一大批勢力為自己所用，可謂樹大根深。

皇帝要改革徹底，要完全的改變社會現狀，就要準備為朝廷來一次徹底的換血，唐玄宗自認為沒有這樣的精力。楊國忠和楊貴妃得到了唐玄宗的寵愛和信任，在這樣的背景下，只要楊國忠驅逐了前任宰相的勢力，便能擁有一個牢不可破的強大陣營。於是，楊國忠專權的局面逐漸形成。

第四章　長恨悲歌，此恨綿綿無絕期

牛不能隨便吹

天寶十四載（西元七五五年）十一月十五日，華清池裡，唐玄宗和第一夫人楊貴妃正「溫泉水滑洗凝脂」。忽然快馬來報：安祿山造反了！溫柔鄉里的唐玄宗這時才清醒過來，想起包括太子在內很多大臣對他的勸告。但此時的李隆基處於沒有思想準備的狀態，安祿山這個政治暴發戶的舉動十足給華清池潑了一盆悶涼的水，李隆基的盛世也驟然地抽搐與痙攣。

事情之所以發展到這個地步，除了李隆基政治生涯後半生的昏庸，安祿山的「韜光養晦」是他最大膽向「乾爹」出牌的資本。安祿山，何許人？據考證他是一個深諳隱藏鋒芒的「胡人」，一生給兩個人當過養子，先是張守珪，後是楊貴妃。前者讓他有機會接近長安，後者則是給他的政治資本加上了無恥的裙帶關係。正是這兩個人讓他有機會從普通軍隊的士兵，平步青雲，最後拿下平盧、河東、范陽三鎮節度使兼河北採訪使等職位於一身。

皇帝登臨勤政殿，御座的東間特設金雞幛，中間放了一榻，給安祿山坐，來表示對他的恩寵。在集大唐的頂級恩寵於一身的同時，安祿山卻一點也不張揚，處處裝得愚昧無知，而暗中大行韜晦之計。天寶十四年（西元七五五年）十一月初九，安祿山以「奉密旨討楊國忠」為名，召集了諸蕃兵馬十五萬人，號稱二十萬，日夜兼程，以每天六十里的速度長驅南下中原。

安祿山，這位來自西域的胡旋舞者，發兵起來和胡旋舞一樣，急速、快捷，但長安城的決策者卻被他之前一系列低調的動作欺騙了。安祿山這一個白手起家的普通人，如何敢對普天之下最強大國家的君主發出挑戰呢？他又憑什麼這樣做呢？唐玄宗仔細思量了一番，首要原因恐怕還得從自己身上找。

唐朝設立了節度使這樣一個武官的職位，即節制調度的軍事長官，初設時負責管理內調度軍需的支度使，同時管理屯田的營田使，主要掌管軍事、防禦外敵，而沒有管理州縣民政的職責。後來漸漸地，節度使也開始過問民政。天寶後，又兼所在道監督州縣之採訪使，集軍、民、財三政於一身。還常以一人兼統兩至三鎮，多者達四鎮。威權之重，超過魏晉時期的持節都督，時稱「節鎮」。

唐朝後期的節度使勢力大大加強，已經到了獨攬軍政大權的地步。唐玄宗在邊鎮設十個節度使共擁兵四十九萬，而中央禁軍不過十二萬人，典型的外重內輕，外實內空。節度使後來又兼管行政和財政，權力很大，逐漸發展成割據勢力，手握軍權。如果在任命節度使的問題上沒有仔細考量，節度使一旦起兵造反，後果不堪設想。的確如此，唐室之崩潰，也可說是崩潰在此一制度上。

唐玄宗又想起自己整天過著縱情聲色的生活，任由李林甫、楊國忠更替把持朝政，綱紀大亂。安祿山對朝廷的現狀掌握得很精準，造反的陰謀日益熾盛。

另外，民族之間的矛盾，也是使安史之亂爆發的一個不可忽視的因素。隋唐以來，河北北部幽州一帶雜居著許多契丹、奚人，唐太宗打敗突厥以後，又遷徙許多突厥人在這一帶居住。他們的習俗與漢人不同，互相歧視，安祿山正是利用這點拉攏當時的少數民族上層，作為反唐的親信。史稱安祿山於天寶十三年亂前，一次提升奚和契丹族二千五百人任將軍和中郎將。在他的收買下，當地少數民族竟把安祿山和史思明視為「二聖」。

唐玄宗前思後量，終於想明白了，但一切都已經晚了。天寶十四年十一月，安祿山已經打起奉皇帝詔令，誅除奸臣楊國忠的旗號在范陽起兵了叛唐，史稱「范陽兵變」。叛軍打的旗號便是奉了皇帝詔令，誅除楊國忠這個大奸臣。雖然這個旗號有一些牽強附會，但是他的這個旗號還是很有作用，至少很多不明真相的人會爭相附和，因為在楊國忠掌權的這幾年時間內，不僅樹敵無數，更是惹得民不聊生，百姓怨聲載道，因此安祿山大旗一展，便有很多人望風景從。

第一招，安祿山便掌握了主動權，不得不承認，安祿山果然是個老奸巨猾之人。更為可怕的是，安祿山十分擅長用兵之道，他知道，兵者詭道也，既然自己發動了叛亂，就要出奇制勝。

所以安祿山首先讓部下何千年、高邈率奚人出身的二十名騎兵先行出發，太原副留守兼太原尹楊光翽（音會）不知道安祿山已經謀反，遂派人開門迎接，何千年抓住時機，將楊光翽劫持而去。直到此時，太原守軍才知道安祿山已經謀反，遂飛馬將軍情報告給長安得知。

誰也沒有料到，安祿山就是要將這個軍情借太原守軍傳給長安。後來才發現，安祿山劫持楊光翽，其實是聲東擊西之計。從幽州到長安，有兩條路線可以到，一條為東線，經博陵、常山至陳留，然後西向東都洛陽，過潼關向長安。另一條經太原向長安，此為西線，也是當年李淵起兵反隋進入關中的老路。安祿山的主力沒有打算從太原這條線路，此番虛張聲勢，便可以讓朝廷誤以為安祿山會從此進軍，如此便可以分散朝廷的注意力和防禦力量。

太原發生的事很快傳入了京城，可是唐玄宗卻根本不肯相信，也不願相信，他固執地認為，這是嫉妒安祿山的大臣們在詆毀陷害他。過了幾天戰報傳來以後，唐玄宗才真正相信這個「乖順」的義子真的起兵造反了，於是趕快派人傳召楊國忠入宮商議對策，然而楊國忠卻信誓旦旦地說：「**今反者獨祿山耳，將士皆不欲也。不過旬日，必傳首級詣行在。**」唐玄宗聽了此言甚覺有理，見此情景盼望玄宗早定平叛之策的大臣們紛紛瞠目結舌、啞口無言，唯有搖頭苦笑而已。

不過畢竟叛亂已經發生，唐玄宗還是做了平叛安排，他派特進畢思琛到洛陽、金吾將軍程千里到河東這些安祿山必經之路上的軍事重地各招募數萬人，稍微訓練之後用以抗敵平叛。

天寶十四年十一月，安西節度使封常清入朝陛見，見這位驍勇善戰的猛將來了，唐玄宗忙問有何平叛方略獻上，封常清是個武將，平常最好面子，愛說大話，於是他傲然說：「**今太平積久，故人望風憚賊。然事有逆順，勢有奇變，臣請走馬詣東京，開府庫，募驍勇，挑馬棰渡河，計日取逆胡之首獻闕下！**」唐玄宗聽了龍顏大悅，於是任命他為安祿山所轄的范陽、平盧兩鎮節度使，然後像封常清保證的那樣數著日子等待安祿山的首級。

封常清是蒲州猗氏人，少年時期，封常清和自己的外祖父在一起生活。後來他的外祖父因為獲罪而被流放到安西（治龜茲，今新疆庫車）充軍之時，封常清也跟著他的外祖父到了安西。

幸好封常清的外祖父到了安西之後，因為悍勇異常而做了胡城（今哈薩克斯坦奇姆肯特東）南門的守軍。加上其外祖父還讀過一些詩書，所以封常清小時候文武兼修，涉獵甚廣。更加難能可貴的是，在封常清的心目中，始終存在著一個夢想，希望有朝一日能夠從軍，做一個名震天下的大將軍。

天將降大任於斯人也，必將勞其筋骨、苦其心志、餓其體膚、空乏其身。封常清的這種無憂無慮的生活很快便結束了，不久以後他的外祖父去世，無依無靠的封常清只能過著顛沛流離的生活。此後一直浪跡江湖，遊戲山水之間，直到三十歲，依然是一事無成。

後來封常清得到機緣投到了安西四鎮節度使夫蒙靈詧（音察）的帳下，但是封常清明白，自己在堂堂節度使的帳下只是芸芸眾人中不起眼的塵埃。若想出人頭地，就必須要找到一個目前官職不高，手下人才不多，但有能力有前途的靠山，他看中了高仙芝。

此時，高仙芝尚還是知兵馬使，但是他很有才能，因此在軍中混得很不錯，每日出入都有三十多名隨從跟隨，每個人都穿得衣甲分明十分精神體面。封常清看看自己身上的陳舊衣服，咬牙切齒地暗下決心：我也要穿新衣服！於是，封常清向高仙芝投書一封，請求成為他的隨從。

然而，封常清第一次毛遂自薦卻以慘敗告終，原來封常清長得十分不體面，不僅身材瘦弱而且眼斜腿短，甚至還跛腳。想高仙芝是何等樣人，做他的隨從連衣服都要穿得整齊得體，怎麼會招這樣形貌不佳之輩到自己身邊呢？所以便斷然拒絕了封常清的請求。

蘇軾說：古之成大事者，非唯有超世之才，亦必有堅韌不拔之志。誠不我欺也，封常清便具有百折不撓的優良品質。在第一次失敗過後，封常清沒有絲毫氣餒。不久之後，便送上了自己的第二封自薦信，不勝其煩的高仙芝只能怒道：「**吾奏傔已足，何煩復來！**」封常清也不是吃素的，人在屋簷下，他卻不一定要始終低著頭，遂回答道：「**常清慕公高義，願事鞭轡，所以無媒而前，何見拒之深乎？公若方圓取人，則士大夫所望；若以貌取人，恐失之子羽矣！**」見封常清談吐不凡，高仙芝心中驚奇，但還是沒有立即讓封常清為自己效力。封常清更是厲害，他竟然從此死皮賴臉的留在了高仙芝府邸之內，數十日過去，依然不見有離開的跡象，見他如此誠心，高仙芝便允許封常清做了自己的隨從。

儘管只是做隨從，但是封常清在高仙芝身邊不僅能夠吃好喝好，每天穿得漂漂亮亮，而且還有不少立功的機會。尤其是在天寶初年達奚諸部的叛亂中，封常清所展現的軍事才華和先見之明更是讓高仙芝驚異不已。當時，唐玄宗緊急詔令夫蒙靈詧前去平叛，夫蒙靈詧接到詔令後，便讓高仙芝率領二千精銳騎兵前去抗敵，達奚諸部人困馬乏，哪裡是高仙芝的對手，所以戰爭最後以唐軍的完勝告終。

封常清似乎早就料到了戰爭的勝負結果，所以在營帳之中早就寫好了捷報，其中詳細陳述了唐軍「次舍井泉，遇賊形勢，克獲謀略」的過程，竟然和高仙芝的心中所想如出一轍，高仙芝見到，大為驚奇。遂讓封常清「去奴襪帶刀見」，提升了他在自己帳中的地位。大軍歸來，夫蒙靈詧設宴犒賞三軍，判官劉眺、獨孤峻便問高仙芝：「**前者捷書，誰之所作？副大使幕下何得有如此人。**」高仙芝故作平常地說：「**即仙芝傔人封常清也。**」自此，封常清一舉成名，又因為作戰勇猛，謀略高超，相繼被擢升為鎮將、果毅都尉、折衝都尉。

從軍之初，封常清便樹立了治軍嚴格的典範，即使是自己最敬畏和最親近的人，他都絲毫不留情面。天寶六年，高仙芝率部擊潰了依附於吐蕃國的小勃律國（在今喀什米爾西北部）。朝廷感念其戰功卓著，遂讓高仙芝升任安西四鎮節度使，封常清作為高仙芝的舊部，隨之升任慶王府錄事參軍，充節度判官，賜紫金魚袋，不久之後又加了朝散大夫，專門負責四鎮的屯田、甲仗、倉庫、支度、營田等事宜。高仙芝每每在外征戰，封常清便作為留後使，為高仙芝坐鎮後方。

高仙芝奶媽的兒子鄭德詮當時在高仙芝的帳下做郎將，因為從小便一起玩耍，加上奶媽對自己的恩德，所以高仙芝一直把鄭德詮當作自己的親兄弟，一家相關大事都交到了鄭德詮的手中，因此鄭德詮在軍中的威望也很高，很多人都不敢得罪他。

此時安西軍隊中，無人不知封常清的名號，對其甚為敬重。但是這個鄭德詮認為封常清不過是自己兄弟高仙芝手下的隨從出身，沒什麼了不起的，因此多少有些看不起他。封常清每次從外面回來，諸將紛紛退讓行禮，只有鄭德詮不以為意，大喇喇地快馬自後面超過封常清揚長而去，留下嗆人的漫天黃土給封常清。很不給封常清面子，也動搖封常清在軍中的威望，他自然不能容忍這樣的事，但是看在高仙芝的面子上，也一直沒有動鄭德詮。

一次，高仙芝外出打仗，封常清留後坐鎮，趁著高仙芝不在，封常清派人悄悄將鄭德詮騙進節度使府中。節度使的府第進深很大，院落重重不知幾許，鄭德詮每過一重門，封常清的人就在後面把門關死，鄭德詮漸漸開始感覺不太對勁了。

這時恰好到了封常清面前，封常清面前正擺著一桌酒席，握著酒杯不緊不慢地說：「我是出身微賤相貌又不好，當初懇請高大人收我為隨從，大人兩次都不答應，這事兒你是知道的。可是你看現如今大人征戰在外，將一家老小全軍上下都交在我手上，這份信任這份看重，你看不見嗎？怎麼敢再三對我無禮相欺！」然後變了臉色大喝一聲：「郎將須暫死以肅軍容！」

說時遲，那時快，鄭德詮還沒有反應過來，便被封常清的手下架住痛打了六十軍棍，隨即將之拖出。高仙芝的妻子和奶媽聞訊，大驚失色，待到他們前來救援，才發現為時已晚，鄭德詮已經魂歸九霄了。高仙芝知道此事之後什麼也沒說，封常清也沒有向他謝罪，不久以後封常清又下令殺掉了高仙芝帳下犯罪的兩名大將，從此之後對於封常清此人「軍中莫不股慄」。

天寶十年，高仙芝任河西節度使（治涼州，今甘肅武威），封常清仍為其判官。後來，王正見接替了高仙芝做了安西節度使，便奏請皇帝讓封常清做了安西四鎮支度營田副使、行軍司馬。一年之後，王正見逝世，唐玄宗便任命封常清為安西副大都護，攝御史中丞，持節充安西四鎮節度、經略、支度、營田副大使，知節度事。自此，封常清的權力開始朝著頂峰邁進。

為了能夠盡快地獲取軍功，也為了幫助朝廷解決邊患，封常清開始著手整頓軍務。天寶十二年，封常清率軍進攻大勃律國（今喀什米爾巴勒提斯坦），大軍一路勢如破竹，很快便取得了大勝。凱旋歸來的封常清受到了唐玄宗的信任和倚重，並於次年召封常清入朝做了御史大夫，授一子為五品官。同時，封常清去世的父母也因之而獲贈封爵。不久之後，封常清又代理入朝任職的程千里做了北庭都護、伊西節度使。

封常清自此聲名鵲起，因為他生性節儉、吃苦耐勞，而且賞罰分明，所以很多人慕名而來投效他。著名的邊塞詩人岑參就在他的旗下擔任判官，而且還為之寫下了許多膾炙人口的詩篇，如《輪台歌奉送封大夫出師西征》：

輪台城頭夜吹角，輪台城北旄頭落。
羽書昨夜過渠黎，單於已在金山西。
戍樓西望煙塵黑，漢兵屯在輪台北。
上將擁旄西出征，平明吹笛大軍行。
四邊伐鼓雪海湧，三軍大呼陰山動。
虜塞兵氣連雲屯，戰場白骨纏草根。
劍河風急雪片闊，沙口石凍馬蹄脫。

亞相勤王甘苦辛，誓將報主靜邊塵。

古來青史誰不見，今見功名勝古人。

岑參仰慕封常清的高義，遂寫就了這一篇邊塞詩的經典作品，以讚揚封常清的卓越軍功。

天寶十五年，封常清再次入朝，眼見國家淪落至此，不禁心懷感傷，憂思難忘。當安祿山叛亂的消息傳到長安，確定之後，封常清便順理成章的成為了皇帝阻擊敵人的最佳將領人選。

得罪人也要有選擇

封常清臨危授命，很快便到達了洛陽，然後在十日內招募了六萬兵眾，不過其中大多為市井間的流氓混混。然後又下令截斷河陽橋，在洛陽做好防禦準備。同時，朝廷方面也做出了相應的舉動，唐玄宗決定，在長安處死安祿山的兒子和兒媳，以此來讓安祿山分心，同時也發洩一下自己心中的憤恨。

與此同時，唐玄宗還發出調令，讓安思順為戶部尚書，令朔方右廂兵馬使、九原太守郭子儀為朔方節度使，右羽林大將軍王承業為太原尹，以協防中央。在叛軍的軍事要衝，都要設置一個防禦使，全力對抗叛軍。然後又任命榮王李琬為元帥，右金吾大將軍高仙芝為副元帥領兵東征。

那麼他們率領的是哪支軍隊呢？竟然和封常清一樣，是用皇帝內庫裡的錢帛在十日內雇傭的一夥市井混混，大約十一萬人，起了個頗為威風的名字叫「天武軍」，然而其戰鬥力到底有沒有那麼威武則可想而知了。天寶十四年十二月，高仙芝就帶領著飛騎、彍騎、在京師的邊兵和新招募的這一群稍經訓練和淘汰的烏合之眾一共五萬人從長安出發到陝郡駐防，隨大軍開拔的還有唐玄宗派來監軍的宦官邊令誠。

然而，這些措施沒有起到讓安祿山望而卻步的作用，兒子被處死，兒媳榮義郡主被賜自盡，使得安祿山更加的瘋狂。不久，安祿山大軍直接從洛陽黃河段的下游渡過了黃河，很快便臨近陳留（今河南開封市陳留鎮）。十二月，陳留淪陷，其守軍數萬人被俘虜，陳留為運河體系的主要港口之一，它的失守切斷了朝廷的南方供應線。一不做二不休，為了報復殺子之仇，安祿山屠殺了在陳留俘虜的全部軍隊。之後留下一部分軍隊留守，自己則親自率領大軍向東都洛陽前進。

路上安祿山的軍隊先攻克滎陽，由於承平日久，無論百姓還是士兵都太長時間未經戰火的磨練，守城的滎陽士兵聽到城下如雷的鼓聲竟然有一些人腿腳發軟墜下城頭。可想而知，滎陽城很快就被攻破了，然後安祿山以手下將領田承嗣、安忠志、張孝忠為前鋒進攻東都洛陽。

守在洛陽的是封常清倉促之間招募的烏合之眾，而且還沒來得及訓練就被派到武牢關抗敵，於是很快就被安祿山派來的騎兵打得大敗。封常清收拾殘部又在葵園、上東門內兩次與叛軍接戰，仍然兩次落敗。天寶十四年十二月十二日，洛陽的外層防禦被撕開，叛軍如潮水般從洛陽的四個城門湧入，燒殺搶掠無所不為，封常清又率部與叛軍展開巷戰，仍然失敗，只好帶著殘部從被毀壞的城牆缺口逃走。

倉皇敗退的封常清率領一眾殘軍敗將向陝郡敗退，當時陝郡太守竇廷芝已經放棄了自己的職守逃往河東，治下的官吏和百姓也都四散奔逃，只有高仙芝和他的五萬雜軍駐守，陝郡已成為了空蕩蕩地等待著戰爭和流血到來的戰場。

從接連的慘敗中逃得一命的封常清再見高仙芝，簡直熱淚盈眶，他趕緊撲過去警告高仙芝：「常清連日血戰，賊鋒不可當！」然後又將自己血的教訓告訴這位老上司：「陝郡無險可守，而潼關則有險而無兵，如果叛軍攻入潼關，那麼長安就唾手可得，我們不如放棄陝郡，退守潼關去吧！」

高仙芝看看盔甲上濺滿鮮血的封常清，再看看他手下士氣萎靡、傷兵累累的軍隊，雖然不願意不戰而退，落得個怯戰的罪名，但是他思考良久終於決定退兵，到潼關去！由於他們行軍速度緩慢，竟然在半路上被叛軍追了上來，於是只好狼狽而逃，也顧不上隊伍先後了，士兵和馬匹相互踩踏，平白損了不少人馬。

到了潼關以後，安祿山見壁壘森嚴、防禦嚴密、易守難攻，於是並未戀戰，撤兵而還。回到洛陽休整軍隊，鞏固戰果，預備稱帝，正因如此叛軍才稍住了勢如破竹的進攻腳步，朝廷也得到了整軍備戰的時間。

天寶十五年春，安祿山在唐王朝一大批有聲望的官員支持下，以洛陽為根基建立大燕朝，自稱皇帝。自此組織起了一整套中央王朝系統，軍隊士氣大振。雖然安祿山當上了皇帝，但是戰局仍然不容鬆懈，叛軍從范陽一路打到洛陽只花了四十多天，而在當時就算只是從范陽走到洛陽，也要三十多天的時間。

過快地推進必定遺留下重重隱患，果然安祿山進攻之時雖然勢如破竹，但是大軍過後，河北各郡卻紛紛起兵反抗叛軍。其中以唐朝大書法家顏真卿和他的哥哥顏杲卿最為著名，他們的反抗極大地干擾了叛軍的進軍計畫，並且將一部分叛軍力量拖在了敵後，減少了叛軍進攻的力量。而安祿山派往東南企圖控制江淮地區，切斷朝廷稅賦來源的張通晤、楊朝宗部也遭遇了重重阻力，草草而還。加上在河東地區的朔方節度使郭子儀帶領的朔方軍也與叛軍進行了殊死戰，並且取得了一系列重大勝利，打通了井陘關的通道，可以直接威脅叛軍的後方，也使叛軍無法集中力量全力西進。

因此，雖然安祿山在洛陽稱帝，看似氣勢正盛，但實際上卻是被阻在潼關之外進退維谷，甚至生出了放棄洛陽退守范陽之心。因此不僅高仙芝、封常清二人看出了固守潼關的好處，大將郭子儀、李光弼等也上書朝廷建議固守潼關，不要輕率出戰。正在雙方將要進入僵持的時候，唐玄宗卻做出了一件自毀長城的蠢事。

當初高仙芝率軍從長安出發時，唐玄宗派宦官邊令誠作為監軍與他一同出發。事實上玄宗如此安排也有照顧高仙芝之意，因為高仙芝和邊令誠是老相識了，在當初高仙芝立下大功的小勃律之戰中，邊令誠就是他的監軍。打仗時，高仙芝還特意照顧邊令誠，為他安排了比較安全的留守工作，因此二人關係還算不錯。但是與當時大多數宦官尤其是做監軍的宦官一樣，邊令誠既貪婪又無恥，這次他又做高仙芝的監軍，便毫不客氣地向他提出很多私人要求，高仙芝不願意營私舞弊，故此大多婉言拒絕。於是邊令誠便懷恨在心，不管國家正處於危難之際，不管高仙芝對於平定叛亂多麼重要，只想著順我者昌逆我者亡，要置高仙芝於死地。

於是，他在向唐玄宗做彙報的時候添油加醋地誇大高仙芝、封常清的大敗之狀，並且污蔑二人說：「**常清以賊搖眾，而仙芝棄陝地數百里，又盜減軍士糧賜。**」當初封常清在御前誇下海口要「**計日取逆胡之首獻闕下**」，然而與叛軍接戰之後卻屢戰屢敗，甚至於丟失了東都洛陽，然後又臨敵而後撤到潼關固守。

遠在長安的唐玄宗對此非常憤怒，他承平日久又每日在深宮之中，根本接觸不到外界的真實情況。

他完全理解不了高仙芝與封常清的是在對戰爭形勢進行全盤考量之後，不惜自己的聲名前途與身家性命才做出的這種選擇，這樣退可以拱衛京城長安，進可以遏制叛軍進攻步伐是當時形勢下損失最小最保險的選擇。他只認為高、封二人膽小怯戰、竟然不戰而放棄了潼關的大片土地，辜負了自己的信任。

因此，後來封常清將自己在戰爭中總結出的叛軍形勢和作戰經驗寫成奏章，三次派人送到長安呈給玄宗，唐玄宗都不看。封常清心急如焚地趕往長安，他當初在長安時就聽到朝中不少大臣都認為安祿山造反作亂狂悖已極，用不了多久就會滅亡，因此十分輕敵。然而封常清到了前線才知道事實不是如此，因此急切地想要親自將這些前軍將士們的生命換來的經驗教訓親自講給玄宗，也希望想玄宗解釋自己與高仙芝退守潼關的深意。然而，封常清剛剛到達渭南，就有聖旨傳來削去他的一切官職，命他退回高仙芝軍中，不許再往長安。

邊令誠既是唐玄宗所信任的宦官，又是親自在前線目睹了一切，唐玄宗自然相信他的話，現在邊令誠報告說高仙芝、封常清不僅作戰不利，甚至還濫用職權私扣軍糧。唐玄宗再也壓制不住自己的怒火，於是命邊令誠到軍中傳旨將高仙芝、封常清二人斬首。封常清默然良久，寫了一封遺表請邊令誠轉呈皇上，其中泣血吶喊：「**臣死之後，望陛下不輕此賊，無忘臣言！**」

封常清死後，高仙芝也被邊令誠斬首，死前高呼：「**我遇敵而退，死則宜矣。今上戴天，下履地，謂我盜減糧賜則誣也！**」一眾兵將士卒也為高仙芝喊冤，然而一切都已無法挽回，大唐的兩名平叛勇將就這樣死在了讒言之下。

此刻，唐軍只能依靠哥舒翰負責關中軍隊的守備事務和潼關的防務，也只有哥舒翰，在實力和威望上，堪與安祿山一戰。只可惜此時的哥舒翰病重不起，軍中無人可以取代他的位置，整日爭吵不休，原本擬定收復洛陽的計畫也只能宣告失敗。

哥舒翰也守不住潼關

唐玄宗和楊國忠領導下的朝廷，既然做了一件蠢事，就不怕再做另一件蠢事。而正是這件蠢事，導致了安祿山大軍攻破潼關直指長安，導致了玄宗幸蜀，導致了肅宗登基，導致了也許本可以早早結束的安史之亂持續了八年之久。此事還要從很久之前談起。

當初安祿山、安思順和哥舒翰分別擔任大唐最強三個藩鎮節度使時，哥舒翰就與安祿山和安思順關係緊張，雖然唐玄宗也曾百般設法彌合，但終究沒有什麼效果。安思順與安祿山雖然都姓安，但是沒有血緣關係，不過安祿山的繼父與安思順的父親是親兄弟，所以安思順與安祿山是名義上的堂兄弟，相互之間的關係也很不錯，也曾經一起對付過哥舒翰。

後來安祿山即將造反，安思順不相信他會成功，不願意日後被他連累，所以就趁著入朝陛見的機會將安祿山要造反的事情報告給了唐玄宗。後來安祿山果然造反了，因為安思順曾經提前對朝廷做出過警告，所以唐玄宗認為安思順與安祿山不是一夥兒的，所以沒有將他治罪，安思順也就安心地繼續留在朝廷裡做官。這樣看來安思順似乎與安祿山反叛沒什麼關係，這件事也就可以告一段落了，但是哥舒翰不這麼認為。

哥舒翰與安氏兄弟結怨甚深，現在安祿山造反了，還在潼關之外耀武揚威，哥舒翰自然十分氣結。不過對付不了安祿山，難道還對付不了你安思順嗎？於是哥舒翰派人模仿安祿山的筆跡偽造了一封寫給安思順的信，然後將安思順抓了起來，並上書朝廷歷數安思順七大罪請求誅殺。唐玄宗不辨真偽，而且又正倚重哥舒翰，不願拂逆於他，於是便下令處死了安思順和他的弟弟安元貞，全家均流放嶺南。

這件事本來是哥舒翰與安氏兄弟的事，到此也應該告一段落了，但是當朝宰相楊國忠卻生起了唇亡齒寒之感，從此對哥舒翰頗為忌憚。後來有人對楊國忠說：「**今朝廷重兵盡在翰手，翰若援旗西指，於公豈不危哉！**」此話正正觸動了楊國忠的心思，想到稀里糊塗被殺的安思順，楊國忠再也坐不住了。

楊國忠一向是個先下手為強之人，他不會等到屠刀落到頭上才奮起反抗，當他一感受到哥舒翰的威脅，就立刻進宮對唐玄宗說：「**潼關大軍雖盛，而後無繼，萬一失利，京師可憂。請選監牧小兒三千於苑中訓練。**」所謂「監牧小兒」就是皇家馬場的衛士，楊國忠這一請求就是在京師籌備起一支軍隊，防範哥舒翰入京奪權。三千人的隊伍自然不足以防備哥舒翰，於是楊國忠又下令招募了一支萬人的隊伍，由他的親信杜乾運帶領，假託防禦叛軍之名駐紮在灞上。

哥舒翰是久經沙場的老將了，一看楊國忠的布局就明白，楊國忠布置的軍隊根本不是為了防範叛軍，純粹是為了對付自己，加上楊國忠每天在玄宗皇帝身邊，若是進讒言陷害自己，那麼自己就死無葬身之地了。

哥舒翰也不是肯坐以待斃之人，於是他想了個主意，以兵馬副元帥的身分上書請求調楊國忠屯在灞上的軍隊來潼關加強防守，這個要求名正言順，唐玄宗也不好拒絕，於是便答應了。杜乾運率軍到潼關後不久，就被哥舒翰找了個藉口殺了，楊國忠的一番心血付諸流水，於是也更加憂慮哥舒翰這個強大的威脅了。

正好當時安祿山留在陝郡的崔乾祐部只有不到四千的軍隊，裝備也很落後，而且陝郡離潼關很近，當初高仙芝和封常清就是從這裡退守潼關的，此處守軍如此疲軟，實在是一個巨大的誘惑。但是哥舒翰很清楚這是安祿山使的一個引蛇出洞之計，潼關自古被稱為「三秦鎖鑰」，有一夫當關萬夫莫開之險，安祿山久攻潼關不下，只能誘守軍出戰然後消滅掉，這才能夠攻入潼關。

哥舒翰擔心唐玄宗不明白不出兵的深意，特意上書解釋：**「祿山久慣用兵，今始為逆，豈肯無備！是必羸師以誘我。若往，正墮其計中。且賊遠來，利在速戰；官軍據險以扼之，利在堅守……要在成功，何必務速！今諸道徵兵尚多未集，請且待之。」**郭子儀和李光弼也上奏建議玄宗派兵攻取安祿山的根據地范陽，俘虜叛軍的妻兒老小為人質，來打擊叛軍士氣，而**「潼關大軍，惟應固守以弊之，不可輕出。」**然而，此刻到底是否由潼關出戰已經不再是單純的軍事問題，而是轉變成為了一個複雜的政治問題，所以也不再是一眾軍事將領們可以決定的事情了。

楊國忠毫無軍事閱歷，只看到陝郡防守空虛而哥舒翰拒不出兵，還將他的心腹將領杜乾運騙到潼關去殺了。便十分擔心哥舒翰是擁兵自重，以潼關為據點脅迫玄宗，圖謀除掉自己。於是他力諫玄宗說：「陝郡防禦薄弱，而哥舒翰反覆猶豫不戰，如此下去必將貽誤戰機，待叛軍補充了陝郡的防守力量，再想攻取就難了。」唐玄宗聽了甚覺有理，便連續不斷地派出宦官傳旨催促出戰。哥舒翰無法抗旨，大有赴湯蹈火之感，只能與部下一起抱頭痛哭，然後率領著軍隊向安祿山的圈套中進發。

至德元年六月，哥舒翰的大軍在靈寶縣西原與崔乾祐的軍隊遭遇。崔乾祐早有準備，佔據了南邊靠山，北臨黃河的七十里狹窄山道兩側的險要之地，又在關鍵地點埋下了伏兵。哥舒翰部下王思禮率領精兵五萬作為先鋒開路，龐忠帶著剩下的十來萬部隊跟上，而哥舒翰則帶著三萬人馬登上黃河以北的高山上遙望戰局，並擂鼓助陣。

哥舒翰這邊十數萬的官軍嚴陣以待，而崔乾祐的叛軍卻稀稀拉拉不過萬人，而且也沒有排成陣勢，見此實力懸殊之狀官軍將士們無不嘲笑崔乾祐膽大才疏、不自量力，紛紛有了輕敵之心。雙方一交戰，叛軍便偃旗息鼓如欲逃遁，官軍更加鬆懈，便追擊叛軍往狹道方向而去。

進入狹道之後，官軍方知中計，在狹窄的山道中，士兵的槍槊等長武器都施展不開，更加雪上加霜的是，一見官軍入谷，叛軍埋伏在兩側山上的伏兵一齊發動，推著檑木滾石便從山上往下滾，砸死官軍無數。然後崔乾祐又利用吹往官軍方向的東風使用火攻，滾滾濃煙遮住了官軍的視線，引得他們互相殘殺。正在迷亂之際，忽然有叛軍從後方而來驅趕著狹道中的官軍向外，並且一路追擊，本就亂成一團的官軍更加驚駭，根本不知應如何抵禦，於是便紛紛潰敗，四散而逃。

在黃河北岸觀戰的哥舒翰部見官軍大敗，也不由自主地潰散，一瞬間便逃得乾乾淨淨，只剩下一百多騎兵保護著哥舒翰從首陽山西麓渡過黃河回歸潼關。一些潰逃的官軍逃到潼關外，不少人馬驚慌之下掉進了關外一丈深兩丈寬的壕溝中，掉進去的人馬屍體竟然將壕溝都填平了，後面的人踩著前軍的屍體才得以渡過壕溝。回到潼關以後一點兵，當初派出去攻打陝郡的二十萬官軍活著回來的竟然只剩下了八千多人。潼關地勢再險要，八千失魂落魄的殘軍也是守不住的，於是崔乾祐乘勝追擊，很快就攻克了潼關。

哥舒翰逃到關西驛，收拾殘部打算重新打回潼關去，他的部將火拔歸仁帶領手下人馬勸哥舒翰投降安祿山，他們的理由也很充分：**「公以二十萬眾一戰棄之，何面目復見天子！且公不見高仙芝，封常清**

乎？請公東行。」的確，高仙芝、封常清丟掉了東都洛陽就被處死，哥舒翰失去潼關，從此叛軍攻打長安的路上一馬平川，再也無險可守，這樣的罪名無論如何也逃不脫一個死字了。

哥舒翰一向與安祿山有積怨，實在不願投降，但無奈被部下脅迫著向東而行。到了洛陽之後，安祿山得意洋洋地看著俯伏在地的哥舒翰問道：「汝常輕我，今定何如？」哥舒翰敗軍之將，何以言勇，只能唯唯諾諾，答應為安祿山寫信招降唐朝大將李光弼等人，但是也沒有什麼成效，於是安祿山就將哥舒翰囚禁了起來。潼關失守之後，關中無險可守，於是河東、華陰、馮翊、上洛等地的防禦使看到叛軍來襲紛紛棄城而走，對於叛軍來說長安已近在咫尺。

唐玄宗驚聞潼關失守，叛軍長驅直入，頓時感到長安不保，趕緊召集大臣商議對策，在楊國忠的建議下，唐玄宗決定退守四川，並且還信心滿滿的認為，有了這個天府之國作為基地，就不怕叛軍實力強橫，他朝捲土重來，憑藉這個大後方，定然能夠重整旗鼓。

其實，楊國忠早就讓劍南道副使著手準備避難場所，如今時局危急，這個避難場所正好可以派上用途。十三日早晨，長安宮廷之中已經不見了過去上早朝的場景，唐玄宗早就帶著楊貴妃姊妹、皇妃、公主、皇子、皇孫、楊國忠、韋見素、魏方進、陳玄禮及親近宦官、宮人出延秋門逃出長安。皇妃、公主、皇孫不在宮內的，皆棄之不顧，為了盡可能的封鎖消息，唐玄宗只能選擇孤注一擲，人越少，危險越少。而在此之前，很多官員和平民百姓早就逃到了山區和周圍的農村地區，留在京城的，只是那些和皇帝不怎麼親近的官員和皇親國戚，這一刻，他們和平常人一樣的無助。

女人是用來犧牲的

唐玄宗逃出長安，過了便橋之後，楊國忠便命令下屬放火燒毀橋樑，希望以此來阻止叛軍的追擊。而唐玄宗卻覺得，自己棄之不顧已經是大大的不仁不義，如今再斷絕了官吏和百姓的逃生之道，何其殘忍呢？於是，唐玄宗讓宦官高力士帶著隨從，留下來滅火。

與此同時，唐玄宗還讓另外一個宦官王洛卿先行一步，告知沿途的郡縣為自己安排好食宿事宜。很快，唐玄宗一行便到達了咸陽望賢宮，本來還準備到那裡好吃好喝一頓，然後再好好休息一下，洗洗連日來奔波勞碌的滿身風塵。卻沒想到，當隊伍到時，王洛卿和縣令早已經不知去向，大概是大難臨頭各自飛了。

無奈，隨行官員只能向當地百姓乞食，不過在名義上，還是為了皇帝準備供奉。只是玄宗有意，百姓卻無心，一直到正午時分，唐玄宗依然是餓著肚子，只能拿著楊國忠買的胡餅為自己充饑。

後來，一些明白事理的百姓聽說了皇帝蒙難的消息，便來覲見這個皇帝。見堂堂皇帝都淪落到此，善良的百姓不禁同情心大起，遂爭相為他們獻上自己家裡的糧食麥豆，平時吃膩了山珍海味的皇孫們，此刻都變得饑不擇食，直接用手抓著食物來吃，完了之後還感到肚中饑餓。玄宗命左右拿出帶來的錢財付給百姓們作酬勞，百姓們見狀，心中更是感傷，不由得眼淚便落了下來，惹得唐玄宗也掩面而泣。

負責禁宮飲食的官員尚食為唐玄宗送來了御膳，玄宗沒有先吃，反而讓那些官員先吃。隨即便讓軍士們分散到村落中去尋找各種可以吃的食物，下午繼續啟程逃亡，到了半夜時分，隊伍終於到了金城縣，然而到了此地才發現，官員百姓竟然都逃走了，好在還留下了食物和器皿，於是唐玄宗一行便在驛站中休息，吃完飯以後也沒找到油燈，大家摸著黑互相枕著胡亂睡著了，也分不清是宦官壓了皇帝的腿，還是王子枕了公主的腰。

真是牆倒眾人推、樹倒猢猻散，見唐玄宗淪落至此，很多自長安跟隨而來的隨從都紛紛逃走了，就連曾經表示為唐玄宗赴湯蹈火、在所不辭的內侍監袁思藝也不知去向。不過這一切，唐玄宗都顧不上了，他甚至懷疑，自己還能不能活著到達四川。在黑燈瞎火之中，大家不分彼此，擠在一團睡覺，也算得是患難見真情了。

然而噩耗很快便傳來，從潼關歸來的將領王思禮告訴唐玄宗，哥舒翰徹底失敗了，自己也被安祿山擒獲做了俘虜。唐玄宗只能任命王思禮為河西、隴右節度使，讓他馬上動身前去收合散卒，等待時機收復河山。

同時，唐玄宗繼續朝著四川方向前進，六月十四日，終於到達了馬嵬（音圍）坡，關於馬嵬坡地名的由來，要追到西晉時期，據說當時有一個名叫馬嵬的人到此築城，此地便得名馬嵬坡，距離長安一百多里地。正是因為唐玄宗經過了這個地方，並且發生了一段淒慘迷離的故事，才讓這個地名永遠的銘刻在了歷史的記憶之中。而在當時，馬嵬坡不過是一個再普通不過的驛站。

連日來吃了上頓沒下頓，過了今天還不知道有沒有明天的生活，讓唐玄宗手下的將士們逐漸產生了抱怨情緒。禁軍龍武大將軍陳玄禮早在長安之時，便想要除去帝國的這個禍害，只可惜楊國忠權勢熏天，陳玄禮的計畫沒有成功。現在楊國忠最大的靠山唐玄宗已經落魄不已，身邊的禁軍大都聽陳玄禮的命令，他認為除去楊國忠的時機到了。

於是，他透過東宮的宦官李輔國向太子傳遞消息說禍國殃民、導致叛亂驟起的罪魁禍首是楊國忠，自己打算殺死他，請問太子的立場，太子知道以後猶豫很久也難以決斷。太子李亨一向怯懦怕事，之前屢遭李林甫的陷害已經使他成了驚弓之鳥，每次出事就休妻避禍，後來楊國忠也多次排擠打擊他。他雖然也很想除掉楊國忠，但是他還想不明白楊國忠以及自己的父親還有多大的影響力，殺掉這個寵臣會不會惹怒父親給自己帶來滅頂之災，所以一直不敢答覆。

不回答也是一種表態，太子已經以此表示了自己的默許，只是以沉默來為迷茫的未來多做一份擔保而已，這樣一旦事情敗露，他就可以再次將責任推到別人身上，將自己撇得乾乾淨淨。太子的態度成為了楊國忠的催命符，事已至此大家所需要的，不過是一個冠冕堂皇的理由。

在此次的逃跑隊伍中，還有二十多名吐蕃使者，因為考慮到吐蕃國實力強橫，所以沒有讓他們死於亂軍之中。然而此次隨眾入川，吐蕃使者饑腸轆轆，只能攔著楊國忠，要他為他們的飲食想辦法。楊國忠還來不及答話，士兵中便有人大喊，聲言楊國忠和吐蕃使者密謀，準備謀反。這話一傳開，立馬有人以實際行動回應，一個人彎弓搭箭，嗖的一聲射了過去，恰好中了楊國忠的馬鞍。慌不擇路的楊國忠隨即策馬狂奔，士兵緊追不捨。剛到馬嵬坡西門裡，楊國忠便被趕來的士兵截住殺死，其頭顱也被人挑了起來，到驛站門口示眾。

為了斬草除根，太子和陳玄禮、李輔國等人又殺了楊國忠的兒子，即戶部侍郎楊暄。此外，楊貴妃的姐姐秦國夫人、韓國夫人也相繼被殺，御史大夫魏方見狀趕快站出來大喝：「汝曹何敢害宰相！」可是殺紅了眼的士兵們怎麼可能被一個文臣阻住，幾下就打死了魏方。

韋見素聽見驛站外吵吵嚷嚷，便出來問大家這是怎麼回事，不管他是誰，亂軍抓住韋見素就是一頓狂毆，韋見素生平第一次被人打得頭破血流。幸好有人識得，韋見素和楊國忠不是一夥的，大聲喊著：「勿傷韋相公！」韋見素才在混亂中撿回一條性命。

隨著外面罵喊聲不斷，唐玄宗走了出來，竟然發現軍隊將整個驛館都包圍了起來。唐玄宗馬上感到，估計是出大事了，遂問左右怎麼回事，左右皆稱，楊國忠和吐蕃國使者密謀造反，已經被將士們殺死了。

唐玄宗歎息一聲，龍游淺底遭蝦戲，跟了自己多年的心腹之臣自己此時竟無力保全，又想到跟著自己一路過來的楊貴妃還在裡面不知道這個消息，她若是知道哥哥姐姐統統被殺，不知會多麼地傷心。只是自己落難，要活命都還依靠將士們的支持，現再也只能順著他們來了。唐玄宗拄著手杖走上前去，大力稱讚了眾位軍士為國鋤奸的壯舉，然後命令他們收隊撤離，孰料這些人根本不聽使喚，玄宗無奈，只能讓高力士去問問怎麼樣他們才願意散開。

陳玄禮出面回答：「**國忠謀反，貴妃不宜供奉，願陛下割恩正法。**」唐玄宗聞言，心中十分不忍，到底是陪伴自己多年，而且也是自己最為寵信的女子，如今就這樣處死她，自己實在是於心不忍。然而如今騎虎難下，不管楊貴妃如何的美貌動人，如何的善解人意，如何的潔身自好，如今玄宗自己的性命都在別人的掌握之中，還談什麼保全別人呢？

見唐玄宗依然猶疑不決，京兆府的司錄韋諤立刻進諫：「**今眾怒難犯，安危在晷刻，願陛下速決！**」唐玄宗聞言，心中傷感不已，面顯為難之色。韋諤撲通跪了下來，力勸皇帝要當機立斷，否則軍心大亂，國將不國、君將不君。

雖然群臣和將士都給了唐玄宗巨大的壓力，唐玄宗也知道今日之事很難善了，但仍然不死心地說：

「**貴妃常居深宮，安知國忠謀反！**」最後還是高力士說出了眾將士的心裡話，也絕了玄宗心裡最後的一點希望：「**貴妃誠無罪，然將士已殺國忠，而貴妃在陛下左右，豈敢自安！願陛下慎思之，將士安，則陛下安矣。**」

今天一眾將士非要楊貴妃的性命，不是在乎她有沒有罪，而是因為他們已經殺死了楊國忠。事已至此如果不殺楊貴妃，他日局勢穩定下來，玄宗重新掌控所有人的生死，以楊貴妃的受寵，今日參加兵變之人誰還能有安穩日子過？所以他們今天鐵了心要殺楊貴妃無非是為了求得日後的安全而已，如果玄宗保證了他們日後的安全，他們才肯保證玄宗現在的安全。

唐玄宗經過一番深思熟慮，最終決定，只能棄車保帥，唯一的要求，就是留楊貴妃一個全屍。楊貴妃得知了這個消息，沒有唐玄宗預料中的那樣驚慌，彷彿一切都已經順理成章，她平靜的跟隨高力士走上了佛堂，曾經的恩愛情緣，纏綿悱惻，曾經的回眸一笑，百媚頓生，都即將化作煙雲過眼而去。這一天，楊貴妃被縊殺在佛堂之上，唐玄宗最鍾愛的妃子死在了亂世之中。

楊貴妃死後，唐玄宗不得不忍住心痛，讓陳玄禮等人進來驗屍，讓所有人徹底安心。陳玄禮檢驗已畢，確定楊貴妃是真正的死了，這才解下盔甲，跪地請罪。唐玄宗自然知道，他們不過是做作一番，其實哪裡有將他這個皇帝放在眼裡。卻也只能虛以委蛇一番，安慰他們說大家非但無罪，反而有功，到了四川之後，定然要為大家論功行賞。唐玄宗只能以此來安定軍心，否則更大的亂事就在眼前。

這是事變便是歷史上著名的馬嵬坡之變，在《辭海》中解釋「馬嵬坡」時道：「**唐安史之亂，玄宗從長安西奔成都，縊死楊貴妃於此。**」可見正是出現了這個事件，這個再普通不過的驛站，才就此進入了史冊。

第五章　亂世登基，走出戰亂的艱辛之路

自由的味道真好

炙手可熱的楊氏家族雖然覆滅了，但朝廷內部的利益糾葛卻還遠遠沒有結束。眼見兵變成功，當初一言九鼎莫敢不從的父皇如今受制於人，連最心愛的女人都保不住了，蟄伏隱忍多年的太子意識到，翻身的時機已經到了。

李亨當初能夠坐上太子寶座，不是因為他得到玄宗的寵愛，而是由於當時玄宗愛子壽王李瑁與原太子李瑛爭奪太子之位，落了個兩敗俱傷，玄宗這才退而求其次，立了年長的李亨為太子。由於李亨不是很得父皇寵愛，因此當上太子之後日子過得戰戰兢兢、如履薄冰，很是艱難。先是遭到李林甫以謀反大罪反覆陷害，李亨被迫連休了兩個姬妾自保，才有驚無險地渡過了重重難關，後來又多次遭到楊國忠的排擠，好在他一向在玄宗面前小心謹慎，這才保住了太子之位。

楊國忠也知道自己將太子得罪得狠了，安祿山舉兵反叛以後，很快便攻克了大唐的北方重鎮陳留，

唐玄宗見戰局急轉直下，便準備御駕親征以鼓舞士氣，並且理所當然地留下太子在長安監國。楊國忠聽說玄宗要留太子監國，心中十分恐懼不安，便將這件事情告知自己的親人，楊國忠對三位堂妹韓國夫人、虢國夫人和秦國夫人說：「**太子素惡吾家專橫久矣，若一旦得天下，吾與姊妹並命在旦暮矣！**」可見他十分清楚太子對他的忌恨，雖然後來楊貴妃說服唐玄宗改變了御駕親征的主意，但是太子和楊氏家族的矛盾卻是更加深重，到了此時已然是水火不容，你死我活的局面。

所以當陳玄禮和李輔國要誅殺楊國忠，太子雖然十分贊成，但是在唐玄宗多年的積威之下，仍然十分忌憚事後父皇可能做出的處置，便只默默地表示了自己的支持態度。現在大患已除，而唐玄宗也已經不再有任何力量可以約束限制太子了，太子終於可以名正言順地擺脫唐玄宗控制下朝不保夕的生活，開闢自己的新天地了。於是太子身邊的大宦官李輔國便為太子獻了一計，請太子分玄宗麾下的軍隊前往朔方去建立自己的根據地。於是太子召來高力士、陳玄禮等人商議一番，訂下了一個計謀。

第二天，唐玄宗打算離開馬嵬驛繼續向蜀郡前進，誰料再次遭到了禁軍將士們的阻攔。楊國忠是蜀人，在蜀中經營多年、勢力極大，這些參與剿滅楊氏家族的官兵們擔心遭到楊國忠餘黨的報復，誰也不願意去那裡，於是便紛紛請求玄宗：「國忠謀反，其將吏皆在蜀，不可往。」然後七嘴八舌地討論應該去哪，有的說去河西，有的說去隴右，有的說去靈武，有的說去太原，甚至還有人想回長安。

唐玄宗一心想去蜀中，借助楊國忠之前留下的布置擺脫禁軍的控制，恢復自己的權威，但是又不敢貿然違逆眾意，於是就放任他們亂哄哄地討論，也不加制止。韋見素的兒子韋諤見此情景便高聲說：「**還京，當有禦賊之備。今兵少，未易東向，不如且至扶風，徐圖去就。**」眾人聽了都覺有理，便紛紛應是，玄宗見大家都要去扶風郡，便也只得答應了。

玄宗一行正要啟程，真正的好戲開鑼了，在這個官吏百姓早已逃散，連食物都不知向何處措置的地方竟然出現了一群百姓父老，他們聚集在道路之旁勸阻唐玄宗：「**宮闕，陛下家居；陵寢，陛下墳墓，今捨此，欲何之？**」唐玄宗見此情況十分驚訝，拉住馬韁琢磨了很久這夥兒人是從哪兒冒出來的，然後命令太子留下安慰這些父老。

這些人一看正中下懷，趕緊說：「**至尊既不肯留，某等願率子弟從殿下東破賊，取長安。若殿下與至尊皆入蜀，使中原百姓誰為之主？**」呼啦一下子站出來數千人請求太子留下，太子看了一眼默然不語的父親，推辭說：「**至尊遠冒險阻，吾豈忍朝夕離左右。且吾尚未面辭，當還白至尊，更稟進止。**」太子手下的李輔國和太子的兩個兒子李倓、李俶也極力勸太子留下，一眾百姓趕緊上前攔住太子的馬，不讓太子離開。於是太子便派李俶去將這裡的情況報告玄宗。

唐玄宗在前面還騎在馬上等太子勸服了百姓們一起上路呢，等到稟報之後才明白真相，只得仰天長歎一聲：「天也！」便認命地分出兩千軍隊和飛龍廄馬交給太子，並且對將士們說：「太子仁孝，是可繼承大統之人，你們要好好地輔佐他。」又對太子說：「你好好努力，不要顧念我，我一向待西北各部落不薄，你此去可以向他們尋求幫助。」

在史書中記載，當時唐玄宗還準備傳位給太子，只是太子堅持不接受。同時，也有很多史學家懷疑，這可能是李亨後來找的一個藉口，增加他在靈武即位為帝的合法性。甚至還有人懷疑，馬嵬坡的一場鬧劇，也不過是他精心策劃導演的一齣好戲。蜀地已經不能去了，而如果自己提出不去，又會讓別人覺得不孝，讓皇帝心生警惕，所以只能借助民聲民意了。此番自己離開了這個高大得難以超越的皇帝，從此便海闊憑魚躍、天高任鳥飛，太子躊躇滿志的想著，自己終於可以大展身手了。

一個時代的結束，正是意味著另一個時代的開始。玄宗毫不猶豫地走去四川，在遠離了殘酷的戰亂和難料的政治鬥爭的同時，也偏離了權力的中心。而太子在去向戰爭的前線之時，也開始一步步的走進了時代的前沿，面對金甌殘缺的局面，太子只能孤注一擲，全力以赴的收拾舊山河。擺在他面前的，是重重困難和步步危機。

幸運的是，此時的叛軍剛剛攻入長安，只知道燒殺搶掠，對於太子一行基本上構不成威脅。河西行軍司馬裴冕為河西留後，對朝廷一直是忠心耿耿，太子很信任他。因此，最終太子和臣子們商議決定，就去朔方重整山河。

很快，太子一行便到達了渭水河邊，然而誰也沒有料到，在這裡，太子一行竟然遇上了從潼關一戰敗退的官軍。雙方還沒有開口，太子這邊便草木皆兵的以為這些都是安祿山的叛軍。於是不管三七二十一，拔刀便殺，兩軍交戰死傷很大，幸好後面有人識得是太子，雙方才罷戰。

收拾殘眾，太子的人馬減少了很多，如今他也只是在心中默念，以後可不能再這麼馬虎，不分青紅皂白便和別人交戰，只有能夠合理的利用各方角力，才能夠在亂世中圖存和發展。此役之後，太子一行渡過渭水，北上三百餘里，沿途兵士和器械四散而去，到了新平郡，隊伍縮小到只剩下數百人。

本以為到了新平郡，可以好好的吃上一頓飽飯，睡上一個好覺，誰曾想，這裡的太守竟然臨危變卦，太子一行剛剛到，他就慌不擇路的逃跑了。太子當機立斷，將這個不稱職的太守抓回來當眾處死，以震懾群雄，表達自己力抗叛軍的決心。

無獨有偶，到了安定郡，這個郡的太守徐穀（音決）也逃走了，太子還是效法前面新平郡的做法，將之抓回來處死。好事不出門，壞事傳千里，這件事情很快便天下皆知，當太子到達彭原郡之時，終於太守沒有再逃走，反而在城門前迎接太子，為隊伍送上了衣服和乾糧。

在當地太守的支持下，太子還招募到了數百名士兵。到達天涼郡，太子還在唐朝的一個大型牧馬場上挑選了幾萬匹優良戰馬。再招募了五百軍士，至此，太子的實力終於開始穩步擴張。

「被」太上皇

為了能夠擴大部隊反叛的合法性，安祿山也派遣了許多宣慰使去各地安撫百姓，宣揚自己的主張。只是各地百姓對於盛唐和平安靜的生活已經習慣下來，不管是出於何種原因，都不願意戰亂四起。更何況如今楊國忠已經死去，按說安祿山已經沒有了出兵的理由，而他遲遲沒有退兵，反而四處攻城掠地，所以安祿山謀取天下的心思，已經算得是司馬昭之心路人皆知了。

明白了這一層，本來對安祿山掀起叛亂就心懷怨憤的百姓就更加的不滿了，一旦宣慰使前來，百姓無不抵制。當安祿山的宣慰使薛總到達扶風之時，竟然被當地百姓當場擊殺，他所帶來的人馬也被殺了二百多人。陳倉縣令薛景仙更趁機殺了敵人在扶風的守備將領，和四處的勤王軍隊遙相呼應。足見大唐人心尚在，江山仍然可以保證不失。

在此之前，安祿山本來有機會抓住帝國的最高領導人唐玄宗，只可惜安祿山稍稍來遲，白白的錯過了時機。安祿山萬萬沒有料到，唐玄宗會不顧一切的逃離長安。當得知唐玄宗已經離開長安之後，安祿山又覺得，不必急著進入長安了，反正已經抓不住唐玄宗，長安也已經成為了自己的囊中之物，犯不著急於一時，便派人到潼關去命令崔乾祐將部隊留在潼關。

十天之後，安祿山派帳下大將孫孝哲率兵入長安，派安守忠領兵屯於西京苑中，鎮守關中。同時還任命張通儒為西京留守，崔光遠為京兆尹。到了長安之後，安祿山倒是很快行動起來，他下令，凡是官員、宦官和宮女，都抓來押送到洛陽，充實東都。而跟隨唐玄宗一起進入四川的大臣家眷，只要抓住就立即誅殺，無論老幼、絕不放過。

在長安的那些唐朝重臣們中，前任宰相陳希烈，素來就對唐玄宗有怨言，於是直接投靠了安祿山，被楊國忠排擠遭到貶官的張均、張洎也投靠了安祿山，並且得到了安祿山的重用。陳希烈、張洎還被安祿山任命為宰相，其他投降安祿山的原唐朝官員也都被授予官職。叛軍因為接受了大量的唐朝重臣而聲威遠播，士氣大振之下，河東道全部為叛軍所佔領，同時叛軍還向南部的江漢地區與西部的汧、隴地區進犯。

而另一邊，太子正秘密北上，謀求號令天下，誅殺逆賊。這是安祿山做夢也沒有想到的事情，他只知曉唐玄宗進入蜀中，一時半會難以發動反攻。如此一來，安祿山便被太子所麻痹，因而產生鬆懈之情。他沒有料到，就在靈武方向，一股反對叛軍的洪流正在悄然形成。同時，安祿山也覺得，唐玄宗在蜀中翻不起什麼大浪，所以也沒有立即下令追擊唐玄宗。只要唐玄宗不死，唐軍的正統地位便不容挑戰，天下民心便也大多在唐朝的掌控之中。

當太子到達靈武之時，只剩下朔方留後杜鴻漸、六城水陸運使魏少游、支度判官盧簡金、鹽池判官李涵、節度判官崔漪等尚在。朔方軍隊最高統帥郭子儀則在外征戰。聽說太子駕到，這些留任的官員紛紛前來迎接。

在此之前，眾人便商議，覺得要將朔方的軍事重心放在靈武郡，而且太子也應該被接到靈武來。要知道，此前太子暫居的平涼，不過是一個孤城，四周無險可守，也沒有兵力可以相互馳援。靈武則不同，它的城池堅固異常，而且儲備了充足的糧食和兵器，只要將太子接過來，登高振臂一呼，天下勤王義士定會雲集回應。太子可從西面調發河西、隴右的精騎，北集守軍，南定中原。如此千載難逢的天時地利人和，大家自然不會放過，遂讓李涵帶著統計朔方武器、糧食、兵馬、布帛等軍需物資的帳簿前去面見太子，勸他到靈武領導軍隊。

太子見到李涵，知曉了他的來意，正和自己的想法不謀而合，心中大喜。與此同時，被任命為御史中丞的河西行軍司馬裴冕也趕來勸諫太子前去朔方，太子欣然同意，擇日不如撞日，索性現在就準備啟程。而靈武方面，得知太子即將前來的消息，也是振奮不已，派遣了開元時宰相杜暹的兒子杜鴻漸負責建造太子行宮，安排太子的衣食住宿。經過一番有序的繁忙，此時的靈武，終於萬事俱備，只等太子前來，一切便會快速有序的運轉開來。

杜鴻漸接受了建造太子行宮的任務之後，便讓魏少遊著手負責此事，自己則去迎接太子。七月九日，太子一行終於到達靈武，一見魏少遊建造的宮室，竟然和長安的宮室別無二致。太子以為這樣太過奢侈了，遂將那些陳設全部撤除。群臣一見太子如此作為，無不交口稱讚，認為太子勤儉，更能勇於涉險，為社稷黎民不辭辛勞，實在是為君者的典範。

暗地裡，群臣再將太子和現在的唐玄宗一比，實在是有天壤之別。於是，裴冕、杜鴻漸等人便向太子上奏，請他遵從唐玄宗在馬嵬坡的囑咐，即位為皇帝。如此。便可以挽狂瀾於即倒、扶大廈於將傾。

太子自然要假意推辭一番，以堵住悠悠眾口。因為他知道，裴冕、杜鴻漸等人一定會找到更加冠冕堂皇的理由讓自己登基稱帝。果然他們勸諫太子說：「將士皆關中人，日夜思歸，所以崎嶇從殿下遠涉沙塞者，冀尺寸之功。若一朝離散，不可復集。願殿下勉徇眾心，為社稷計！」的確，現在天下大亂、天子蒙塵，這些跟隨太子的人們無非是為了能夠博取功名。只要太子即位，他們便可以隨之晉升，太子威信大增，對於打敗叛軍十分有利，為了國家社稷考慮，太子非上位不可了。經過了五次反覆，太子最終半推半就的答應了群臣的請求。

天寶十五載（西元七五六年）七月十二日，太子李亨即位，是為肅宗。在靈武郡內，群臣百姓無不爭相舞蹈以示慶賀，太子更是喜極而泣。為了彰顯自己大孝的美德，太子即位為皇帝之時，立即宣布尊奉唐玄宗為上皇天帝，並且大赦天下，改天寶十五載為至德元載。

既然登基稱帝，唐肅宗對那些扶持自己上位的人，也就少不了要論功行賞，這也是他們支持自己上位最為重要的原因。肅宗遂任命杜鴻漸、崔漪為中書舍人，裴冕為中書侍郎、同平章事。在這樣一個非常時期，這幾個人看準時機，抓住機會，從小小的藩鎮幕僚一舉成為了大唐的股肱之臣。

另一邊，得到了上皇天帝稱號的唐玄宗依然被蒙在鼓裡毫不知情。七月十五日，唐玄宗一行到達了劍門關所在地——晉安郡。在這裡，唐玄宗終於可以暫時鬆一口氣了。為了能夠早日的平定叛亂，唐玄宗特意下達了一紙詔書：「以太子亨充天下兵馬元帥，領朔方、河東、河北、平盧節度都使，南取長安、洛陽，以御史中丞裴冕兼左庶子，隴西郡司馬劉秩試守右庶子；永王璘充山南東道、嶺南、黔中、江南西道節度都使，以少府監竇紹為之傅，長沙太守李峴為都副大使；盛王琦充廣陵大都督，領江南東路及淮南、河南等路節度都使，以前江陵都督府長史劉匯為之傅，廣陵郡長史李成式為都副大使；豐王珙充武威都督，仍領河西、隴右、安西、北庭等路節度都使，以隴西太守濟陰鄧景山為之傅，充都副大使。應須士馬、甲仗、糧食等，並於當路自供。其諸路本節度使虢王巨等，並依前充使。其署置官屬及本路郡縣官，並任自簡擇，署訖聞奏。」

此外，唐玄宗還下令對一些地方州郡的建制進行了調整，正是透過這一紙詔令，外人才知道唐玄宗自潼關失守之後，從長安逃到了四川。到了巴西郡之後，唐玄宗得到了當地太守崔渙的熱情接待，因而很喜歡他，經過房琯的推薦，玄宗任命韋見素為左相，又任命崔渙為門下侍郎、同平章事。雖然他在極力完善這個流亡政府，但是也似乎料到，這不過是自己苦心尋求的一個自我安慰，過後自己還能不能做皇帝，還是一個未知數，經過唐玄宗整頓後的唐軍布局，士氣得到了很大提升，對於太子稱帝後的軍事行動有積極意義。

八月十二日，從遙遠的朔方傳來消息，肅宗僭越自立為皇帝。唐玄宗很釋然，似乎這一切都是理所應當的事情。六天過後，唐玄宗讓大臣們帶著自己皇帝身分的象徵物玉璽，前去朔方靈武，覲見這位新即位的皇帝。唐玄宗所開創的開元之治和他一手所造成的天寶危局，隨著他的退位而步入了一個新的階段，玄宗朝到此正式結束了，從此唐玄宗真正的退出了歷史舞台。

收復兩京

唐肅宗即位以後，將全部的精力都放在了收復兩京這個目標上。其實自從長安失陷之後，官軍就一直在試圖收復兩京。天寶十五年秋到次年春天，官軍首次開始嘗試對叛軍佔領的長安發動進攻，只可惜都被叛軍擊退，而且遭受了巨大的損失。勝利之後的叛亂軍，開始了以洛陽和長安為中心的輻射性擴張，北方已經暫時落入了叛軍的手中，眼下叛軍將自己的戰略重點放在了西方和南方。

而遠在蜀中的唐玄宗則下令將仍屬唐朝控制範圍內的幾個地區交到了自己的幾個兒子手中。在皇帝無力控制全域的情況下，給予諸王化整為零、各自為戰的自由，以期激起諸王的戰意。此外，唐玄宗也希望能夠透過這個策略，加上大家的忠心來維持皇朝的穩定。然而唐肅宗登基之後，這些各自擁兵出戰，不聽肅宗指揮的諸王們便成為了反叛者，遭到了來自官軍的打擊。

至德二年（西元七五七年），唐玄宗的另外一個兒子，永王李璘根據唐玄宗的聖旨此前，他被派到長江中游地區鎮守，這是一個很有利的位置，不僅兵多將廣、糧草充足，更有奪天地造化之功的天時地利。李璘自信滿滿的認為，只要自己在坐擁這個魚米之鄉、天險之地起兵，就有可能取代私自登基稱帝的太子李亨，繼而領導大唐中興。

李璘在反叛之後，迅速溯江而下奪取富饒的長江下游地區，企圖透過這個舉動，穩固後方，繼而奪取天下。只可惜，李璘出師未捷身先死，他的大軍剛剛與唐勤王軍交鋒，便敗下陣來，李璘被俘虜後遭殺害。

就在這叛軍大肆擴張，李唐王朝內部不穩的危殆情勢下，一個收復兩京的機遇悄然到來。原來安祿山稱帝之後，便常常居住在深宮之中，很少見將軍和大臣的面，所有政事大多透過他的心腹大臣中書侍郎嚴莊上奏。而安祿山最寵愛的妃子是段夫人，愛屋及烏，他的兒子安慶恩便成為了他心目中太子的不二人選。安祿山的次子安慶緒聽到了這個消息，心中惶恐不已。

嚴莊素來富有遠見，又極其接近權力中心，很敏銳地嗅到了這洛陽城內將會有大事發生的信號。他一旦變亂起，則自己很可能會遭受不利，遂在私下面見了安慶緒，他對安慶緒神秘兮兮地說：「**事有不得已者，時不可失，**」請他在關鍵時刻大義滅親。長期以來，安慶緒便用心觀察何人可用，漸漸將嚴莊收為己用。對於嚴莊的提議也表示贊同。並且讓嚴莊為自己想想辦法。

嚴莊又找到安祿山的貼身宦官李豬兒，安祿山自從起兵以來，身體情況十分不妙，而且性格也便得十分暴躁，時常隨意責打甚至殺死身邊伺候的僕人，李豬兒因為貼身伺候安祿山，因此挨打最多。現在嚴莊要籌畫殺死安祿山，很自然地就找上了既有機會接近安祿山，又對安祿山懷有怨恨的李豬兒，嚴莊對李豬兒說：「**汝前後受撻，寧有數乎！不行大事，死無日矣！**」李豬兒一想，如果不殺了安祿山，自己早晚有一天會被打死，還不如趁此機會先下手為強，於是便爽快地答應了。

至德二年正月初一，安祿山召集了群臣，準備商議對抗勤王軍的事情，只是剛剛上朝，便感到身體不適，只能草草說了一些軍事戰略布置，就散朝了。

入夜以後，安慶緒便和嚴莊一起手持兵器在安祿山的大帳外面把守，李豬兒拿著一把刀溜進帳中，狠狠地砍上了安祿山的腹部。安祿山頓感一陣刺痛，趕快去自己一向摸放在枕頭旁邊的寶刀，然而一摸之下竟然摸了個空，知道必然是早已被人偷偷挪走了，於是大怒地搖晃著帳篷的支柱大喝：「必家賊也。」然而，如何憤怒也無濟於事了，安祿山帳外的衛士早就被安慶緒的人控制了，他的最後一聲呼救漸漸的淹沒在夜色之中，待得血液流盡，這個叱吒風雲一生、厲兵秣馬、南征百戰無數次的梟雄，就此溘然長逝、夢斷黃泉。

一時之間，整個叛軍處於四分五裂的狀態。安慶緒在殺死父親之後，草草地將屍體就地埋在了床下，然後秘不發喪。之後才由嚴莊出面宣布安祿山已死，遺詔立晉王安慶緒為太子，並且立刻登基，然後才為安祿山發喪。由於安慶緒生性怯懦，又沒有什麼才能，嚴莊唯恐他不能服眾，因此讓他像安祿山一樣住在深宮之中不見大臣。安慶緒樂得每日尋歡作樂，將一眾朝廷大事全部交給嚴莊處置，並加封他為御史大夫、馮翊王，還厚賞了他的親信手下以取悅嚴莊。

安慶緒和嚴莊在穩定洛陽之後，沒有進一步採取措施，對於長安也無心經營，似乎漸生懶惰。安慶緒開始將自己的政治中心放在自己幽州的老巢，甚至開始覺得，洛陽也不再適合他當作一個帝國的權力中心。另一方面，洛陽雖然暫時穩定了下來，卻忽視了遠在河北的巨大威脅。尤其是史思明，實力強橫，不服從安慶緒的管制，他的眼睛，一直盯著洛陽的最高位置。

在這種情況下，唐軍收復長安和洛陽的時機宣告成熟。至德二年（西元七五七年）八月，唐肅宗感到自己兵少將少，實力弱小，遂召集李光弼和郭子儀來和自己會合。這二人帶著五萬多人馬來到了靈武。經過千里跋涉，郭子儀和李光弼終於到達了皇帝的行宮所在。頓時，靈武地區軍威大振，人民心中也開始燃起了希望，平定叛亂、復興大唐也就不再是一句空話。唐肅宗很快任命郭子儀為兵部尚書、同中書門下平章事，同時還兼任靈州大都督府長史、朔方軍節度使。

宰相房琯率先請求帶領軍隊一萬人馬，去收復京都。見房琯主動請纓，唐肅宗很欣慰的同意了。只可惜，房琯雖然忠心可嘉，卻無甚謀略，比之叛軍的英勇善戰，實在是有著天壤之別。當房琯的軍隊開到了陳濤之時，還沒有明白過來怎麼回事，便中了伏擊，被賊軍打的大敗虧輸，所帶的一萬人馬損失殆盡。攻取長安的大計也就暫時告一段落，此時，朔方唐肅宗只能完全仰仗郭子儀和李光弼所帶來的大軍了。

此時郭子儀認為承平日久、武備蒙塵，導致大唐沒有足夠戰鬥力強悍的軍隊，只能倉促召集一群烏合之眾來抵禦叛軍是戰爭初期屢戰屢敗、喪失大片土地的重要原因。因此如果要收復兩京，空有幾位有勇有謀的大將不夠，必須要有一支精銳的軍隊才行，於是便向唐肅宗建議向軍事力量比較強的回紇借兵，唐肅宗答應了。

於是不久以後，回紇的懷仁可汗就派他的兒子葉護和將軍帝德等人率領發四千精兵來到鳳翔，與唐肅宗談判借兵事宜。求勝心切的唐肅宗對回紇使者許以重利：「**克城之日，土地、士庶歸唐，金帛、女子皆歸回紇。**」回紇見自己能夠獲取如此大的好處，便答應了借兵之事。

至德二年（西元七五七年）九月十二日，天下兵馬元帥廣平王李俶率領著戰鬥經驗豐富的朔方等鎮軍隊和從回紇、西域借來的精兵共十五萬，從鳳翔出發，向長安挺進。為了拉攏回紇方面，廣平王李俶與葉護結為兄弟，回紇軍隊到了扶風郡，郭子儀還大宴三天以為招待。看到唐朝方面如此有誠意，葉護高興地說：「**國家有急，遠來相助，何以食為！**」

九月二十七日，各路大軍在長安城西郊會合，列陣於香積寺北澧水之東，郭子儀率大軍居中，李嗣業部、王思禮部分別為前軍和後軍。而叛軍方面也在北邊布置了十萬大軍，交戰之初官軍被叛軍衝了陣腳，略有落敗的跡象。前軍大將李嗣業一看不好，立刻脫掉上衣，手執長刀，立於陣前大喝一聲：「今

日不以身餌賊，軍無孑遺矣！」由於李嗣業過於神勇，以一人之力竟然砍殺了數十敵軍，叛軍士兵被嚇呆了，於是官軍得以喘息，稍稍站住了陣腳。

正在李嗣業身先士卒率領部下排成人牆、高居長刀緩緩前進，殺得敵軍望風披靡之時，叛軍埋伏在東側的精銳騎兵突然偷襲官軍的後方。在此危急時刻，朔方左廂兵馬使僕固懷恩率領回紇騎兵迎面而上，將偷襲的叛軍殺了個片甲不留。就這樣官軍與叛軍交戰近八個小時，斬首六萬級，墜入壕溝而死者無數。殘餘的叛軍終於支援不住，敗退入城中。

見此情狀，官軍在城外紮下營來，第二天，叛軍守將安守忠、李歸仁、張通儒、田乾真等全部棄城而逃。官軍避免了殘酷的巷戰帶來的無謂損失，兵不血刃地進入了長安城。

回紇王子葉護見收復了長安城，便提出要按照事先的約定搶掠長安的金帛子女，廣平王李俶當然不能任由自己的勝利果實被回紇破壞。更擔心一旦放任回紇軍隊搶掠百姓，一旦消息傳到洛陽，那麼必然激起洛陽百姓的守城之心，洛陽也就再難攻克了，於是李俶一咬牙跪在葉護的馬前乞求道：「**今始得西京，若遽俘掠，則東京之人皆為賊固守，不可復取矣，願至東京乃如約。**」

葉護見狀大驚，他一向稱呼李俶為大哥，十分尊重，怎麼能讓大哥跪拜自己呢？於是立刻跳下馬來回禮，並且按照回紇的禮節捧著李俶的腳說：「**當為殿下徑往東京！**」然後率領部下退出長安城，在滻水之東紮營。李俶此舉為自己賺取了大把人心，長安的百姓、士兵們都感激地說：「**廣平王真華夷之主！**」唐肅宗聽說之後也感慨說：「朕不及也！」李俶在長安整軍三日，然後將太子少傅王巨任命為西京留守，自己帶領大軍向東而去，準備收復洛陽。

逃走的長安守將張通儒等人收拾殘部逃到陝郡固守，同時安慶緒又派御史大夫嚴莊率領洛陽軍隊前來支援，兩處合軍大約有步兵騎兵約十五萬人。郭子儀部在新店與叛軍遭遇，一開始被叛軍打得很狼狽，幸好回紇騎兵及時趕到，偷襲了叛軍的後方。叛軍聽到響亮的弓箭聲，驚恐地大呼：「回紇至矣！」聽見的叛軍聞風喪膽，頓時潰不成軍。官軍趁此機會與回紇軍隊兩面夾擊，將叛軍打得大敗。

在新店戰敗的叛軍已經是洛陽城附近所有的軍隊了，失去了這些部隊，洛陽城幾乎就成了不設防的城市。於是嚴莊連夜逃回洛陽報告新店大敗的消息，安慶緒大驚失色，只得趁官軍沒來之前帶人逃出了洛陽，順便還將之前俘虜的唐朝大將哥舒翰、程千里等三十餘人統統殺光，然後向河北逃去。

十月十八日，廣平王李俶率軍進入洛陽。這次他再也沒有理由阻止回紇兵的搶掠了，於是只得放任凶悍的回紇兵在洛陽城中大肆掠奪金帛子女。洛陽的百姓在回紇兵的鐵蹄下慘不忍睹，只能挨家挨戶搜集了羅錦萬匹獻給回紇兵，回紇兵這才心滿意足地收刀。

作為唐朝的兩京，長安和洛陽的收復極大地鼓舞了大唐軍民的士氣，在戰火流離中掙扎了兩年多的百姓們終於看到了安定的曙光，大唐王朝也看到了重新統一天下的希望。

歸義王不義

安慶緒稱帝之前，史思明便開始私下收攏在河北地區的叛軍殘部，安慶緒坐上了帝位，頓時對史思明產生了不滿，欲要處之而後快。史思明也漸漸生出了不服安慶緒管制的現象。尤其是在太原圍攻李光弼遭遇慘敗之後，史思明便返回了范陽，為了暫時穩住史思明，安慶緒封其為嬀川王，兼范陽節度使。

范陽是什麼地方，那可是安祿山的老巢，是安氏家族起家的地方。從洛陽和長安掠奪到得金銀珠寶，都被安祿山運到了這裡儲藏。史思明順勢接收了那富可敵國、堆積如山的財富，面對這樣的飛來橫財，加上安慶緒的無所作為和威望，讓史思明漸生叛離之心，一心想著能夠將范陽據為己有。

唐軍佔領東都後，安慶緒便逃到了鄴（音業）郡，將鄴郡改為安成府，並將年號改為天成。此時安慶緒可謂狼狽之極，身邊只有騎兵不到三百、步軍不到一千，各位大將如阿史那承慶等人也都風流雲散，流落到常山、趙郡、范陽等地。為了能夠東山再起，安慶緒開始在鄴郡招兵買馬，召集舊部。田承嗣、蔡希德、武令珣等安祿山的老將都先後率領所部來投奔於他，又在河北諸郡招募軍隊，很快安慶緒手下軍隊就達到了六萬人馬之眾，遭到嚴重打擊的士氣重新高昂起來。

然而，在所有的大將中，惟獨史思明沒有派兵前來，甚至連一個使者都沒有過來，這不得不讓安慶緒懷疑史思明心懷二志。越想越不放心，安慶緒遂派遣自己的心腹阿史那承慶、安守忠帶五千精騎到范陽去徵兵。當然，名義上是徵兵，實際上是要探查范陽的情況，找準時機發動突然襲擊，除掉史思明。

史思明何等人也，一聽到這個消息，立馬便看出來，這定然是安慶緒的陰謀詭計。於是便找來心腹商議對策，判官耿仁智對史思明說：「**大夫所以盡力於安氏者，迫於凶威耳，今唐室中興，天子仁聖，大夫誠帥所部歸之，此轉禍為福之計也。**」裨將烏承玼則說得更加直接露骨：「**今唐室再造，慶緒葉上露耳。大夫柰何與之俱亡！若歸款朝廷，以自湔洗，易於反掌耳。**」

史思明思量再三，一方面覺得安慶緒對自己已經起了殺心，自己已經不能繼續留在安氏政權下了；

另一方面，唐王朝已經收復了兩京，明眼人都看得出整體局勢開始傾向於唐朝一邊，安氏的滅亡已經是指日可待之事了。趁著如今局勢尚未完全明朗，如果帶領手下歸順朝廷，朝廷為了收取人心，吸引叛軍將領投誠，一定會對自己十分禮遇，這也許是眼下最好的辦法。因此，史思明決定先下手為強，與其讓敵人前來，逼到自己處於被動地位。不如先動手，給敵人來一個措手不及。

於是，史思明在營帳之內布滿甲士，設下埋伏，然後親自率領了數萬兵馬前去迎接阿史那承慶和安守忠。雙方一見面，史思明立即下馬行禮，並熱情地寒暄，這讓幾位使者都有些不忍心對付史思明了，他們不相信，對安慶緒使者都如此恭敬，史思明又怎麼會有反叛之意呢？然後史思明又客氣地請求：「相公及王遠至，將士不勝其喜，然邊兵怯懦，懼相公之眾，不敢進，願弛弓以安之。」阿史那承慶和安守忠對史思明戒心已除，便欣然同意，命令部下放下弓箭。

到了營帳以後，史思明親自引導阿史那承慶和安守忠進入內廳飲宴，還有舞樂歌姬為之助興。弄得阿史那承慶如同身處仙宮，待得酒興正酣之時，史思明悄悄派人收繳了二人部下的兵器，然後發給糧食就地遣散，有願意留在史思明軍中的都給予厚賜，然後分到各個營房裡去任職。

第二天，史思明派人將宿醉未醒的阿史那承慶和安守忠囚禁了起來，然後派部將竇子昂帶著自己寫的表章和竇子昂統領的十三郡以及八萬兵馬前去京師請降，史思明手下的河東節度使高秀岩也帶著自己軍隊準備投降。竇子昂一行人到達長安之後，唐肅宗很高興地接見了他們，並且當即下旨封史思明為歸義王、范陽節度使，他的七個兒子也被授予了很高的官職。然後肅宗又派遣宦官李思敬與史思明的部下烏承恩一起到范陽去宣旨，命令史思明率軍去討伐安慶緒。

為了表示自己對朝廷的耿耿忠心，史思明在得到冊封之後，將安慶緒派來的使者安守忠當眾斬殺，卻留下了阿史那承慶，因為他早年和史思明有著深厚的交情，史思明不忍心殺他。帶著朝廷招降叛將的聖旨，史思明又開始在四處遊說，幾個州郡的人馬都相繼歸降了唐朝。而烏承恩則在前往范陽的一路上不停地宣布朝廷詔令，招降了滄州、瀛洲、德州等許多州郡，這樣一來河北地區就只剩下了鄴郡還在安慶緒的手中。

明眼人都知道，史思明所作的這一切，不過為了增強自己的威望，同時也取信於唐朝。在史思明的內心深處，對於天下懷有必得之野心。用史書上的話說，便是「**外示順命，內實通賊**」。顯然，史思明成功的取得了皇帝的信任。

然而，不是所有人都被史思明恭順的假象所欺騙，例如宰相張鎬就對肅宗說：「**思明凶險，因亂竊位，力強則眾附，勢奪則人離，彼雖人面，心如野獸，難以德懷，願勿假以威權。**」但是由於肅宗太過相信史思明，加上派去范陽勘察情況的宦官也在肅宗面前極力為史思明說好話，所以肅宗反而將張鎬貶為荊州防禦使。與張鎬一樣，平叛名將李光弼也不相信史思明，不過作為久經戰陣又有軍權的將軍，李光弼的做法比張鎬更加實際。

烏承恩的父親烏知義曾經是史思明的老上級，而且對史思明很好，安史之亂爆發後，時任信都太守的烏承恩又帶領全郡投降了史思明，看在老上級的面上，史思明對待烏承恩十分親近信任。當初史思明投降唐朝，也聽取了烏承恩的意見，如此機密要事，烏承恩都能夠與聞，可見史思明對他的信任，卻不料這個烏承恩竟然背叛了史思明。

李光弼知道史思明久後必反，因此早早地布置計畫對付史思明，他說服唐肅宗將烏承恩由信都太守升任范陽節度副使，並且向他承諾幹掉史思明之後可以讓他取而代之，以此將烏承恩收買過來，暗地裡指使他設計史思明。另一方面，唐肅宗又在李光弼的建議下賜給留在史思明身邊的阿史那承慶鐵券，命他與烏承恩一起對付史思明。

之前烏承恩背著史思明做了一些手腳，史思明知道之後雖然產生了懷疑，但是沒有派人查清。後來烏承恩離開京城與李思敬一起回到范陽宣讀唐肅宗封賞史思明的聖旨，史思明便將烏承恩留在自己家中過夜，趁此機會埋伏了兩個人在烏承恩的床下竊聽。安頓好一切，史思明派人請來烏承恩的兒子來拜見父親，到了夜深人靜之時，烏承恩對兒子說：「**吾受命除此逆胡，當以吾為節度使。**」

聽到此話，在床下等待多時的二人大聲呼喝著跳了出來，於是史思明命人綁了烏承恩，從他的行囊中搜出了鐵券和李光弼的信，信上寫著：「**承慶事成則付鐵券；不然，不可付也。**」又搜出了數百頁的花名冊，上面全是忠於史思明的將士名字。史思明看到這些證據，憤怒地咆哮：「**我何負於汝而為此！**」

讓人大跌眼鏡的是，這個烏承恩雖然野心勃勃，卻是個膽小怕事之人，見到史思明和眾將領怒髮衝冠的樣子，頓時嚇得咕咚一聲跪了下來。同時把責任完全推給了李光弼。於是，史思明高聲大呼：「**臣以十三萬眾降朝廷，何負陛下，而欲殺臣！**」

大怒的史思明將烏承恩及其兒子、隨從及相關人等二百多人全部格殺。然後囚禁了唐肅宗派來的宦官李思敬，並且上表質問唐肅宗，唐肅宗無奈只得派人勸慰史思明，並且將一切責任全部推倒了死無對證的烏承恩頭上：「**此非朝廷與光弼之意，皆承恩所為，殺之甚善。**」史思明表面上接受了朝廷的解釋，但是內心之中已經下定決心要重新反叛，史思明的這種心態在官軍討伐安慶緒的過程中表露無遺。

史思明的率眾投誠，使唐肅宗認為徹底消滅安慶緒的時機已經到來了。乾元元年（西元七五八年），唐肅宗頒下了討伐安慶緒的總動員令，命令朔方郭子儀、淮西魯炅、興平李奐、滑濮許叔冀、鎮西北庭李嗣業、鄭蔡季廣琛、河南崔光遠等七鎮節度使和平盧兵馬使董秦統率步兵騎兵共二十萬大軍征討安慶緒；又命河東李光弼、關內澤潞王思禮兩位節度使各率本部兵馬從旁援助。由於郭子儀和李光弼資歷相當，立下的功勳也差不多，如果任命其中一人為元帥，另外一人一定不會心服，因此唐肅宗乾脆就沒有設元帥。只是派他信任的宦官魚朝恩前去監軍，不過由於宦官監軍實在惡名卓著，因此改稱觀軍容宣慰處置使。

十月，郭子儀渡過黃河，進圍衛州。眼見衛州局勢危殆，安慶緒將鄴郡中全部的七萬軍隊分成三軍，由當年攻破潼關的大將率領上軍，安慶緒自己率領中軍，田承嗣率領下軍，浩浩蕩蕩地馳援衛州。結果在與郭子儀會戰之時，中了郭子儀的誘敵深入之計，落得大敗而歸，弟弟安慶和也被俘處死。丟了衛州的安慶緒只能逃回鄴郡，郭子儀一路追擊而至，此時許叔冀、董秦、王思禮及河東兵馬使薛兼訓也帶領兵馬及時趕到。安慶緒被迫在愁思岡與官軍一戰，結果再次戰敗，損失了三萬餘兵將。

安慶緒只得逃回城中固守不出，郭子儀便率軍圍城，此時李光弼的大軍也趕到鄴郡城下。安慶緒見官軍越聚越多，情急之下不得不派人去向史思明求救，並且不計代價地承諾，只要史思明肯來救援，安慶緒就把皇位讓給他。史思明此時既不相信安慶緒，也不再相信朝廷，於是率領十三萬大軍出征，但是不急於前進，只是先派手下部將李歸仁率領一萬人駐紮在鄴郡，觀察時局隨時準備趁火打劫，從中漁利，不久之後果然被史思明佔到了便宜。

十一月，河南節度使崔光遠攻下了魏州，史思明一見魏州城剛剛經歷大戰，城牆等防禦設施損毀嚴重，而崔光遠剛剛進城立足未穩，還沒來得及修補城牆，正是進攻的大好機會。於是，史思明便親率大軍兵臨城下。崔光遠派部下將軍李處崟出戰，結果李處崟不敵史思明的大軍敗退而還。

史思明追到城下命令軍隊大聲呼喊：「**處崟召我來，何為不出！**」崔光遠竟然相信了史思明的離間計，輕易地處死了李處崟。李處崟一向驍勇善戰，是崔光遠帳下最得力的一名幹將，見李處崟這樣死於敵人的離間計之下，崔光遠的部隊頓時失去了鬥志。於是崔光遠再也無力守住魏州，只得棄城逃入汴州。

得到了魏州的史思明欣喜異常，便在第二年的正月初一築壇於魏州城北，自稱大聖燕王，重新舉起了反唐的大旗。李光弼認為：「思明得魏州而按兵不進，此欲使我懈惰，而以精銳掩吾不備也。」於是想要與郭子儀的朔方軍一起進逼魏州，史思明一定不敢輕易出戰，只要將史思明的部隊拖在魏州，被官軍團團圍困的鄴郡等不到援軍就一定會很快被攻克。只要安慶緒一死，史思明背上背信棄義，不及時救援的惡名，也就沒有託辭來收用安慶緒的部下了。

這本來是一個一箭雙雕的好計，誰知唐肅宗派來的觀軍容宣慰處置使魚朝恩就是不同意，也許是為了顯示他的權威，也許是為了顯示他的軍事才能比李光弼更高，也許是其他荒唐的理由，總之魚朝恩就是不允許李光弼依計行事。由於魚朝恩是唐肅宗的心腹之人，又有高仙芝、封常清的前車之鑑，李光弼和郭子儀兩員大將誰也不敢得罪魚朝恩，這個將安慶緒、史思明兩方勢力畢其功於一役的妙計就這樣擱淺了。

在魚朝恩這樣的無能而又霸道的宦官的帶領下，九鎮節度使雖然實力強橫，卻無法施力，同時史思明又親率大軍馳援鄴郡，在他的強大攻勢下，官軍只能節節敗退，多虧郭子儀當機立斷截斷了河陽橋才好不容易地保住了東都洛陽，連東京留守崔圓與河南尹蘇震都逃走了。唐肅宗聞訊，心中痛悔不已，知道是自己用人不當。所以當九鎮節度使前來請罪之時，唐肅宗沒有追究他們，即使是臨陣逃脫之人，也不過是貶官削爵而已。

打敗了圍攻鄴郡的官軍，安慶緒日夜不安的心終於放了下來，於是就反悔不願意依照前約將自己的皇位讓給史思明了。於是史思明便使了個計策將安慶緒騙入自己的營帳，並且斥責他：「**棄失兩都，亦何足言。爾為人子，殺父奪其位，天地所不容！吾為太上皇討賊，豈受爾佞媚乎！**」然後將安慶緒和他的四個弟弟以及高尚、孫孝哲、崔乾祐等心腹大將統統處死。

安慶緒稀裡糊塗地便丟了自己的腦袋，鄴郡的守軍一下子群龍無首，史思明很容易地便帶軍進入了城中。然後史思明下令將安慶緒的軍隊收為己用，並打開府庫大肆獎賞將士們，安慶緒之前所掌控的州、縣及其軍隊全部歸入史思明手中。

史思明穩定了鄴郡之後，擔心自己的後方不穩固，便留下他的兒子史朝義留守，自己帶領大軍回歸范陽。回到范陽之後，史思明宣布繼承安祿山的國號大燕，自稱大燕皇帝，改元順天，改稱范陽為燕京，立妻子辛氏為皇后，兒子史朝義為懷王，又任命了周摯為宰相、李歸仁為將軍。

大唐官軍與安慶緒大戰一場，損失人力物力無數，結果卻讓史思明漁翁得利，成為了最大的受益者，不僅殺死了安慶緒，還收用了安祿山多年經營所留下的大片勢力。

這個句號不很圓

繼承了安祿山遺留下來的力量，史思明的勢力一時之間迅速膨脹，足以與大唐朝廷分庭抗禮，並且在之後的三年中始終保持著優勢。史思明的叛軍積極進攻進攻，而唐朝官軍被迫防禦，甚至於屢立戰功的天下兵馬副元帥郭子儀也受到大宦官魚朝恩的排擠而去職。史思明雄心不已，奪回長安和洛陽，開闢比安祿山更恢弘的局面，然而卻沒有料到他不僅擁有了安祿山留下的一切，卻也步上了安祿山的後塵。

與安祿山相似，史思明晚年也多疑殘忍，動輒殺人甚至滅人九族，使得身邊的大臣隨從人人自危。同時他又犯了另外一個與安祿山相似的錯誤，史思明的長子史朝義為人謙和恭謹，而且多年來一直跟隨史思明南征北戰，又非常愛護士兵，因此在軍中威望很高。然而史思明卻不喜歡這個大兒子，反而十分寵愛他的小兒子史朝清，總想殺了史朝義，將小兒子立為太子。於是史朝義和他身邊的將領們都很惶恐不安，唯恐哪一天就會大禍臨頭。

有一次史朝義隨史思明在外征戰，晚上史思明住在鹿橋驛，由他的心腹曹將軍帶兵守衛。而史朝義則住在客棧裡，他的部將駱悅、蔡文景趁機對史朝義說：「**悅等與王，死無日矣！自古有廢立，請召曹將軍謀之。**」於是，史朝義便派人將曹將軍請來商議大事，曹將軍見大部分將領都十分怨恨史思明，於是不敢拒絕，唯恐會惹禍上身。

當夜，駱悅等人帶領史朝義部下三百士兵來到鹿橋驛，衛兵們看到負責護衛史思明的曹將軍也在其中，便沒有阻攔。駱悅帶領眾人衝入驛館，史思明正在如廁，還沒反應過來發生了什麼事，身邊已有數人被殺。見此慘狀史思明回過神來，趕快跳牆跑到馬廄裡，準備騎馬逃脫，這時一支冷箭飛來，正中史思明手臂，史思明當即痛得掉下馬來，就此被擒。

由於擔心史思明一日不死，史朝義的地位一日就不安穩，於是駱悅作主縊殺了史思明，用毛氈裹了放在駱駝背上運回洛陽。史思明死後，史朝義登基為帝，改元顯聖，為了斬草除根、解決後患，史朝義派人秘密到范陽傳令散騎常侍張通儒等人將史朝清及其母親辛皇后和數十名不服從自己的人全部處死。這一行為在范陽城中引起了軒然大波，各方勢力互相攻擊，死者超過數千人，亂局過了幾個月才慢慢平定。

然而史朝義的號召力顯然不及安慶緒，經過反覆的拉鋸戰洛陽周邊的州縣都幾乎成了廢墟，很難再招募到軍隊或籌集到軍糧。而鎮守其他地方的將軍大多是安祿山的舊部，與史思明平輩論交，都是史朝義的長輩，誰也不願意聽這麼一個毛頭小子指揮，因此史朝義多次召集部將，卻沒有幾個人肯來他麾下聽用。

眼下要向唐軍發動新的攻勢已經是不可能的事情，曾經高漲的勝利決心已經在爾虞我詐的內部鬥爭中嚴重的動搖。昔日安慶緒在誅殺了安祿山之後，很快就被史思明解決掉了。子奪父權，不管是外部還內部都離心離德，可想而知這場叛亂已經沒有了勝利的希望。

不過，此刻的叛軍剛剛大勝，實力上還是不容置喙的，而且史朝義也感到頭頂上懸著一把利刃，所以異常努力的維持戰果。只可惜人心所向才是大勢所趨，叛軍的高層軍事將領不滿史朝義陷害功臣、殺父弒君的舉動，如同除掉安慶緒一般，準備除掉史朝義。

寶應元年（西元七六二年）三月，唐肅宗去世，太子李豫也就是原先的廣平王李俶繼承皇位成為了帝國的最高統治者，唐代宗登基之後，為了收攬人心，大肆封賞朝臣之中擁護自己的人，使得朝局漸趨穩定。同時唐代宗還宣布大赦天下，對於叛將回歸者，一律寬大為懷，這對叛亂者的軍心產生了極大的動搖作用。

十一月，唐朝官軍在回紇大軍的幫助下，與史朝義的叛軍在洛陽城外進行決戰，叛軍幾乎全軍覆沒，洛陽重新回到了唐王朝的手中。同時，洛陽又一次遭受了官軍和回紇軍的聯合洗劫。經過這場大戰，史朝義的叛軍不僅在軍力上開始處於劣勢。在河北的那些手握重兵的叛軍軍事將領也認為，史朝義時日無多、大勢已去。

寶應二年（西元七六三年）春天，史朝義的大將，也是史思明的舊部田承嗣獻莫州投降，還將史朝義的母親及妻子一起獻給了唐軍。史朝義倉皇帶人逃往范陽，誰知部下李懷仙也投降了唐軍，並獻出了范陽。走投無路的史朝義無奈之下只能自縊而死，他的部下很多人都投降了唐軍。就這樣持續了多年的安史之亂以史朝義之死戛然而止，沒有慷慨激昂的京城保衛戰，沒有轟轟烈烈的最後大決戰，這場叛亂就似馱著重物蹣跚行走了七年的駱駝，在最後一根稻草下轟然倒地。

安史之亂結束以後，只要不是安祿山家族、史思明家族以及他們的直接支持者、主要領導人，朝廷都對其餘叛軍大多寬大為懷、既往不咎，甚至還可以繼續為朝廷效力，在當地或者中央擔任官職。朝廷可以保證他們的生命安全甚至權力、兵力都不受到任何的威脅和削弱。

漫長的安史之亂雖然結束了，但是它卻猶如一道永世之傷在大唐的肌膚上劃下了一道難以磨滅的疤痕，從此以後大唐發生了翻天覆地的變化，也為之後百餘年的政治經濟軍事的變化和逐漸突顯出來的痼疾推波助瀾。

首先，藩鎮的權力被推向了極致。地方的行政權力和戰略要地，都被武將們掌控。在地方上，超過七十五萬軍隊不受中央的控制，而軍人因為戰功，他們在政府中得以加官晉爵，甚至成為宰相。從此以後武將在朝堂上的地位得到了明顯的提升，成為了國家政治中不可小看的一支重要力量。

更為後來的藩鎮割據提供了源頭，如宣武的（今河南開封、商丘一帶）李靈曜，淄青的（今山東淄川、益都一帶）李正已，淮西李希烈等，紛紛各地據守，不服從朝廷的統一管轄。「自補官吏，不輸王賦」，或「貢獻不入於朝廷」，有甚者甚至僭越稱王稱帝，列鎮相望，互相攻伐，進而形成了藩鎮割據，進而導致了一系列的社會矛盾。

第二，經濟中心開始南移。由於國家的政治經濟文化中心聚集的黃河流域和關中地區遭到戰火塗炭最為嚴重，導致戰後北方經濟的恢復和發展受到了極大限制。同時由於南方戰火比較少，相比起來較為安全，因此在安史之亂中大量的北方人口南遷。史稱「**自至德後，中原多故，襄、鄧百姓，兩京衣冠，盡投江、湘，故荊南井邑，十倍其初。**」

人口的南遷帶動了經濟的發展，安史之亂後長江和淮河流域逐漸成為了唐朝的生命線所繫，不僅成為了國家財政賦稅的主要來源地之一，也是糧食等生活必需品的重要產地，而漕運也隨之成為了大唐帝國奮力搏動的大動脈，維繫著關中地區甚至整個國家的生死存亡。

第三，再次，戰亂年連，兵連禍結，整個社會都遭受到了物質上的沉重打擊。「**宮室焚燒，十不存一，百曹荒廢，曾無尺椽。中間畿內，不滿千戶，井邑榛荊，豺狼所號。既乏軍儲，又鮮人力。東至鄭、汴，達於徐方，北自覃、懷經於相土，為人煙斷絕，千里蕭條**」。整個黃河中下游地區，曾經繁華無限，富貴無比的地區，變得一片荒涼淒慘，斷壁殘垣比比皆是。杜甫有感而發的寫道「**寂寞天寶後，**

園廬但蒿藜，我里百餘家，世亂各東西。」經過這場兵亂，然許多百姓流離失所、家破人亡。

而反觀政府，在這關鍵時刻，不僅沒有勵精圖治，改善民生；反而是貪官污吏橫行霸道，階級之間的矛盾和壓迫更加嚴峻。尤其是趁著戰亂把持了大量土地的地主，對農民進行殘酷的剝削。為求三餐溫飽，農民只能揭竿而起。

此外當初威震東亞的大唐帝國也失去了對原來版圖的控制能力，西域、甘肅寧夏地區逐漸脫離大唐的控制，此外，北方的契丹、女真、蒙古等民族也開始發展壯大起來，為後來一直困擾宋朝的邊患問題埋下了伏筆。

開始往往都在結束之後，安史之亂雖然告終，但是它留下的影響卻是難以磨滅的，為了換取這場勝利，唐朝不惜付出過於沉重的代價，也埋下了更大的隱患。烽煙寂滅，一個黑暗的時代即將到來。

第四卷　夕陽西下——無可挽回的衰敗

第一章　曇花一現，再建盛世的努力

搬起石頭砸自己的腳

大曆十四年（西元七七九年）五月，唐代宗李豫因病薨逝於長安宮中，時年五十八歲。代宗死後，皇太子李適遵遺旨在父親的靈前即位，次年改元建中，這便是唐朝歷史上第十一位皇帝——唐德宗（除殤皇帝李重茂外）。

德宗李適於天寶元年（西元七四二年）四月十九日生於長安的大內宮中，是唐代宗的長子，唐肅宗的長孫。天寶年間的唐朝正處在鼎盛的局面之中，可謂是「鮮花著錦，烈火烹油」，幼年的李適作為帝國的皇子更是享盡了這盛世繁華。但物極必反，經歷了極度的奢華過後，唐朝終於迎來了一場亙古少見大災難，那就是安祿山和史思明在天寶十四年（西元七五五年）發動的那場叛亂。那一年，李適才只有十四歲。

「漁陽鼙鼓動地來」，這場暴亂隨著時間的發展變得愈發不可收拾。到了天寶十五年（西元七五六年），唐玄宗眼見局勢不能控制，不得已只得帶著皇室成員們從長安逃亡四川，而年幼的李適就在其中。李適在帝國的盛衰之中渡過了自己的童年和少年，飽嘗戰火和家國之痛的他比其他的皇帝更能體會民生之苦。

廣德二年（西元七六四年）正月，李適以皇長子身分被立為皇太子。李適這個太子之位雖然來的順利，但也並非名不副實。早在唐代宗即位之初，他就封李適為天下兵馬元帥，率軍前去征討祿山和史思明的叛軍殘部。李適此時雖然經驗尚淺，但還是沒有辜負父皇的重托，順利完成了任務。叛軍平定之後，李適官封尚書令，並和郭子儀等人圖入凌煙閣，成為大唐帝國的萬世功臣之一，可見李適本人在行軍打仗方面還是有一定的能力的。

剛剛即位的唐德宗還在服喪期間就迎來了一次「考驗」，也正是因為這次的事件使他收穫了他在位期間內的第一位新宰相——崔祐甫。這件事的起因很簡單，代宗死之前在遺詔有「天下吏人，三日釋服」的要求，意思是說臣子們在他駕崩之後，為了不耽誤國家大事的處理，只需為他服喪三日即可。但宰相常袞卻認為臣子們為表對先帝仁愛的感激，也應該向皇子們一樣服喪二十七天。不僅如此，他還以身作則，在靈前不時放聲大哭，讓其他的人都進退兩難，不知如何是好。

不管是出於什麼原因，常袞如此懷念和尊敬代宗本是無可厚非的，但如果所有的大臣都像他一樣未免會影響國事的處理，更何況他的這些做法在別人眼中未免有些矯情和做作。為了這件事，當時的中書舍人崔祐甫就和他發生了爭執，於是舉朝上下就臣下們的「喪服期限」展開了討論。

朝會上，常袞堅持自己的看法，他認為當初漢文帝將臣子服喪三年的古制改為三十六日，那是為了從權變通。雖然從本朝開始，臣下只需為君主服喪二十七天。當年玄宗、肅宗也在遺詔中說臣下「三日釋服」，但當時的臣子們也是二十七天之後才除去喪服。正因如此，代宗朝的臣子們也應照例為先帝服喪二十七日。

雖然常袞振振有詞，但崔祐甫也有自己的看法，他認為先帝在遺詔中說：天下吏人，三日釋服，因此應該尊崇先帝的遺志，三天之後除服。常袞和崔祐甫二人一人出於「情」，一人出於「禮」，雙方你來我往，鬧得不可開交。常袞見崔祐甫態度強硬，絲毫沒有退讓之意，便率先將這件事告知了德宗，他說崔祐甫輕易改變禮法，有悖為臣之道，希望德宗下旨把他貶為潮州刺史。唐德宗聽了常袞的奏報後非常震驚，但崔祐甫所說也是為國事考慮，不無道理。

那麼身為一朝宰相的常袞為什麼偏偏和一個小小的中書舍人過不去呢？原來他二人早在代宗朝便有過結。常袞此人雖然剛正，但喜歡擅用職權，雖為宰相，卻喜歡斤斤計較。崔祐甫剛任中書舍人的時候，常袞就經常利用宰相的權勢來干涉他的工作。

崔祐甫是個不畏權勢的人，對於常袞的做法他更是不以為然。為了刁難崔祐甫，常袞讓他管理吏部選官的事宜，但對於他每次上報的人選，常袞不僅不予贊同還經常斥責崔祐甫，說他選人不當。又有一次，幽州節度使朱泚的手下趙貴的家中發生了一件奇怪的事，「貓鼠同乳而不相為害」。貓和老鼠本來是水火不容的天敵，又怎麼會相處甚恰呢？且不管這件事是真是假，朱泚也是深以為罕，便將這件事作為一件祥瑞之事上表了朝廷。

聞得出現祥瑞，作為君主的唐代宗自然也是十分欣喜。常袞見龍心大悅便率領百官麼向天子祝賀。此時，崔祐甫又「獨樹一幟」，他認為「貓鼠同乳」是違反常理的，是不祥之兆，根本不值得慶賀。不僅如此，他還向皇上上書道，「須申命憲司，察聽貪吏，誡諸邊境，無失儆巡」。崔祐甫的說法得到了了代宗皇帝的認可，這無疑就是對常袞的一個巨大的諷刺。因為這件事，常袞對崔祐甫的偏見和恨意愈發地加深了。

常袞和崔祐甫之間的瓜葛唐德宗顯然是不知情的，但對於一個剛登基不久的帝王來說，如何處理眼前的這件事可以說是對他的一個「考驗」。此事一旦處理不好，不僅會使忠良的臣子受到冤屈，更嚴重的是會影響君王在臣下們心中的形象。經過多番考慮，唐德宗採取了一個折衷的辦法，他沒有聽取常袞的意見將崔祐甫貶為潮州刺史，而下旨將崔祐甫降職為河南少尹，以此作為他「輕論禮制」的懲罰。

常袞的做法本來就有很多人看不過去，只不過是崔祐甫率先站了出來。如今常袞又是添油加醋地向皇帝告狀，這更是引起了很多大臣的不滿。再加之崔祐甫此人為人剛正，在朝中上下很有口碑，所以降職的詔書一出，就引起了朝臣們的議論。就在德宗左右為難的時候，一封奏疏是這件事情發生了轉機。

原來此時朝中雖是常袞主政，但依據唐朝三省共同審理政事的原則，朝中還有兩位宰相，那就是德高望重的汾陽王郭子儀和大將軍朱泚。這二人雖然不太干預朝政，但遇事時奏章還是需要三人聯合署名方能上奏君主。因為當時常袞實在政事堂處理事務，所以都是由他代郭子儀和朱泚署名，但此次彈劾崔祐甫之事，常袞沒有知會郭、朱二人，只是為了意氣之爭擅作主張。所以貶斥崔祐甫的詔書下發之後，郭子儀和朱泚便聯名上書力保崔祐甫無罪。

看著郭子儀和朱泚的奏疏，唐德宗一頭霧水。他召來二人說道：「卿等早先說崔祐甫有罪，現在又言其無罪，這到底是為什麼？」郭、朱二人對皇帝說當初常袞彈劾崔祐甫之事，他二人不知情。德宗聽後大怒，如此一來，常袞不僅是欺君罔上，獨斷專行，而且還利用職權之便誣告同僚，罪不可恕。德宗大怒之後，局勢一時天翻地覆，宰相常袞在眾目睽睽之下被貶斥到潮州，而崔祐甫則被調回長安擔任門下侍郎、同平章事，職同宰相。

崔祐甫一朝之內位極人臣固然讓人羨慕，但「伴君如伴虎」的道理也是眾人皆知，一著不慎，誰知明日又是什麼下場呢？在回京途中的崔祐甫又陷入了深深的憂慮之中，他本來就是個剛正不屈的人，更不會為了權勢取悅主上。一旦入朝為相，以他的性格勢必會引發很多爭端。

唐德宗在少年時期經歷的苦難使他立志做一個有所作為的君王，而此時他新君登位，信心滿滿，精力尤其充沛，再加上他對國家政事充滿了抱負和激情，此時正是他大展拳腳的時候。於是在崔祐甫進京之後，唐德宗便馬不停蹄地召見了他，向他詢問治國良方。崔祐甫畢竟是兩朝的臣子，對於代宗時期的種種弊端他更是深有體會。面對唐德宗的詢問，他從容地答道：「陛下君臨天下，首先應該將前朝的舊弊一一革除，只有開創新風才能有治世的指望。」

崔祐甫此言正中唐德宗下懷，便問他對於「革除舊弊，開創新風」有什麼具體的計策。崔祐甫答道：「皇上首先要做的是廣開才路，選拔有才能之人。因為只有人才的充裕，國家才能興旺。前朝常袞為相之時，為了防止天下人賄賂官員的弊病，所以規定非登科第者不得進用，這是因噎廢食，因小失大。」

唐德宗又問他道：「朕近來罷除了梨園和宮廷樂工三百餘人，並下旨免除了四方對皇宮的進獻，不知天下反應如何呢？」崔祐甫答道：「陛下此舉可謂是民心大悅，如今朝野內外，儼然是耳目一新。尤其是陛下下旨免除四方貢獻一事，臣在入京途中，就聽過往行人說過。聽說現在河北各藩鎮的士兵都感歎陛下是明主出世，不敢再有反意了。」

聽了崔祐甫的稟報，唐德宗大喜過望。在他的心中，重振帝國雄風的決心又進一步加強了。在唐德宗君臣的攜手努力下，大唐王朝就將迎來翻天覆地的變化。

天上掉宰相

唐朝三百年之所以產生了「貞觀」和「開元」這樣的盛世，在於當時的經濟基礎十分雄厚。「安史之亂」發生之時，唐朝的社會經濟受到了很大的創傷，於是唐朝的政治、軍事等各個方面都開始走下坡路。唐德宗深知「國之命脈，在於經濟」，想要恢復大唐的盛世氣象，首先要做的就是恢復經濟基礎，於是他即位之後便著手開始進行經濟政策的改革。

想要給國庫累積雄厚的資產，歷朝歷代的做法其實都是相差無幾的，那就是「開源節流」。那麼，面對著紛繁的財政該如何下手呢，唐德宗首先想到是大開節儉之風，為國庫減少開支。為了給天下臣民做出表率，唐德宗還以身作則，首先削減了皇室的費用。

按照以往的慣例，全國各地的官府在每年的冬至、端午等年節還有皇帝的生辰，都要向朝廷繳納貢品。向皇帝進獻是歷朝歷代都無法革除的弊端，這不僅加重了百姓的負擔，還給地方官員剝削百姓提供了一個藉口。

德宗即位之後，為了革除這種弊端，下令從此以後各地不許再向宮廷繳納常規賦稅之外的貢品。這個詔令剛下發，轉眼就到了唐德宗的生辰。這是新帝即位之後的第一個生辰，各地官員當然不敢怠慢，於是便紛紛進貢了不少奇珍異寶。沒想到唐德宗竟然下令將這些貢品悉數交送度支，以此來抵用這些藩鎮的賦稅。

唐德宗這麼做有兩層意思：其一，他對自己之前做出的承諾實施了兌現，其二，他沒有直接將這些貢品退回去，而是用它們來抵消百姓的賦稅，這不僅給各藩鎮的長官留足了面子還減輕了當地百姓的負擔。

如果說以上的「節流」措施都皮毛的話，那麼德宗時期最為著名，影響最為深遠的就要數楊炎的「兩稅法」了。如今說到兩稅法，就不得不提及他的創始者，也就是德宗年間的大為有名的宰相——楊炎。楊炎，字公南，鳳翔人。生得儀表堂堂，又寫得一手好文章，可謂是才貌雙全，在當時頗有名氣。楊炎有個雅號喚作「小楊山人」，是因為他和他的楊播父親一樣有隱士之風。楊炎可以說是出生在官宦家庭，他的父親自號「玄靖先生」，在玄宗時代中過進士，但他卻厭惡官場，遂兩次棄官回家。

楊炎才華橫溢，早在唐代宗時期就官至中書舍人。當時的宰相元載和楊炎是同鄉，他非常欣賞楊炎的才能，便舉薦他為吏部侍郎。楊炎也因為元載對他有知遇之恩，因此和他十分親近，元載大有培養楊炎繼承他衣缽之意。但世事難測，大曆十二年（西元七七七年）三月，曾經一人之下的宰相一夜之內便獲罪被誅，楊炎也因為這件事受到了牽連。但不幸中的萬幸，楊炎因為在朝中的聲譽一直都較好，所以只被貶到道州做了司馬。

被貶道州的楊炎雖然心中充滿怨恨和時不待我的憤懣，但俗話說「山重水盡疑無路，柳暗花明又一村」，不久之後這件事情便發生了的轉機。時人都說唐德宗之所以重新啟用楊炎是因為他所撰寫那篇舉世聞名的《李楷洛碑》，正是因為這篇碑文，楊炎的才華早就被還在做太子的德宗所認同。據載，唐德宗設置把《李楷洛碑》鑲在太子宮的宮牆之上，每日誦讀，所以在代宗死後，德宗便自然而然地將楊炎召回了京城。

話雖如此，但楊炎再次任官京師還與一個人有著莫大的聯繫，這個人不是唐德宗而是當時的宰相崔祐甫。關於崔祐甫代替常袞為相之事前文已有詳細敘述，在此就不再多言。崔祐甫在出任宰相之後，自然而然要革除常袞在任時的舊制，推行新法，選舉一些新的官員來幫助實施自己的政治抱負。正是因為崔祐甫的推舉，再加之自身傲人的才華，楊炎才得以如此迅速地再次步入萬眾矚目的政治中心。

官場沉浮，一切都來得那麼突然，楊炎此次的出任，基本上可以用「平步青雲」這個詞來形容。在接到詔書的那一刻，楊炎的心中恐怕也是忐忑不安的，但既然命運註定要讓他成就一番大事業，楊炎也只得接受這一切的安排。大曆十四年八月初七，楊炎踏上了從道州返回京師的道路。於楊炎來說，一段新的人生旅途即將展開，是福是禍都不得而知，而之餘大唐王朝來說，它將要迎來一個新的時代，一個屬於楊炎的時代。

楊炎拜相之後，一方面為了實現自己的政治抱負，一方面為了報答皇帝和朝廷的恩德，自然要努力成為一個為人所稱讚的賢相的。從他後來在處理政事方面的表現來看，他也確實做到了這一點。

在唐朝的西南有個叫南詔的小國，原本南詔和中原的關係一直是比較和睦的。但就在這一年，南詔的老國王合羅風因病逝世了，即位的是他的孫子異弁尋。異弁尋即位之後奉行的是和其祖父不同的外交策略，或許是看唐朝的勢力在戰亂之後大不如前，南詔竟然和吐蕃聯合，公然進犯中原。南詔和吐蕃此次來勢洶洶，兵力也算浩大，有十萬之眾，分三路向唐朝進發。

南詔和吐蕃的軍隊想要進入中原，四川是必經之地，但不巧的是當時駐守四川的將軍崔寧正好奉旨在京師。這樣一來，四川的守軍在沒有將領的情況下接連喪失了數州，情況十分危急。唐德宗聽說了此事後馬上將崔寧召來問話，言下之意是向讓崔寧馬上回川抗擊敵軍。

這次的戰亂對崔寧來說是個大好的機會，他本就是駐紮四川的大將，手握重兵，但這些年來，天下太平無事，崔寧也無施展的機會。此次南詔和吐蕃來犯，正好可以利用手下的兵馬稱霸一方，所以崔寧毫不猶豫地接受了唐德宗的安排。

就在眾人都以為萬事妥當的時候，楊炎站了出來，認為此事萬萬不可。楊炎之所以有這樣的舉動是因為他深知蜀地對於唐朝的重要意義，它的險要位置不僅易守難攻而且還是中原地區的重要的屏障。不僅如此，從唐朝的歷史發展來看，在「安史之亂」後，四川似乎就成了一方霸主，中央對其的控制也是似有實無。楊炎更知道崔寧的心思，一旦他回蜀之後，四川日後就更無法控制了，會對以後的藩鎮叛亂埋下隱患。

聽了楊炎的分析，唐德宗也覺得不無道理，但如果不派崔寧回去，南詔和吐蕃的叛亂又該如何處置呢？就在唐德宗左右為難的時候，楊炎又一次向他提出了中肯的建議。他認為應該派中央禁軍前往四川，再遣范陽節度使朱泚帶領手下的兵馬一同前往，而將崔寧留在京師。等到邊境太平之後，再將崔寧更換，將蜀地重歸中央所有。

楊炎此計可謂令人拍案叫絕，西南邊境的戰爭結束之後，唐德宗大喜過望，楊炎的仕途也自此如日中天。就在此時，又發生了一件事，使得楊炎的政治地位進一步提升，也為日後「兩稅法」的施行打下了基礎。

自「安史之亂」後，唐朝的經濟一直是處於混亂的狀態之中的。為了改變這種混亂的局面，使朝廷的經濟政策能重新跟上時代的潮流，給天下萬民們謀福利，楊炎可謂是著實費了一番心思。他一開始便觸動了經濟的敏感部位，將國家財政和皇家私藏清楚地劃分開來。

歷史發展到了唐德宗時期，國家的賦稅和皇帝的私藏不是分開的，而是統一由皇家內庫的宦官進行管理，所謂「天下公賦為人君私藏」，說的就是這種情況。之所以會出現這種「國」「家」不分的現象是有很深的淵源的。在唐朝前期，天下的財富都是收歸左藏庫所有的，是屬於國家財產。

但到了代宗時期，由於京城的皇室貴族們奢侈無度，當時的判度支、鹽鐵使第五琦根本無法管理和控制，於是就上書給代宗皇帝，將左藏庫併入了大盈庫。左藏庫本是屬於國家的財產，而大盈庫卻是皇家的內庫，是由宮中的宦官們掌權的。第五琦這麼做雖然把管理貴族消耗的責任推卸了出去，卻使得國家和皇家的財產分割不清。自此之後，皇室成員的花費根本不用經過國家財政部的同意，愈發地養成了他們驕奢淫逸的作風。更為嚴重的是，由於大盈庫是宦官們管理，這項制度一開始實施，便大大方便了宦官們貪污腐化，可謂是弊多利少。

唐德宗即位之後，為這個問題也是大傷腦筋，不知用什麼辦法解決才好。而新任宰相的楊炎對於這個問題的態度卻是十分明確，在他看來，財政是國家的根本，是天下的治亂的關鍵。據此，他提出了一點建議，那就是請唐德宗下旨恢復以往的財政制度。新制度的弊端是很多人都看在眼裡的，但楊炎的可貴之處就在於他敢於為人之先，首先將這個問題提到議程上來。

但從唐德宗的角度來看，他之所以遲遲不肯下定決心的原因也是因為這樣做會損害到他作為天子的尊嚴和皇室的切身利益。但楊炎不愧是名相，他早就看出了唐德宗的顧慮，所以他也做出了一些退讓，那就是朝廷會先保證天子的用度，其後才將錢財用於政事之上。這樣一來，唐德宗不僅保障了自己的私用，還向天下顯示了大公無私的寬廣胸襟，何樂而不為呢？於是他馬上更換了主管財政的大臣，並下令恢復以往的制度，把國家的財富和皇家的府庫重新分開，革除了宦官們貪污腐化的弊端。

一件事的益處往往不是單向而是雙向的，這件事不僅給朝廷和天下百姓帶來了利益，也使得楊炎在朝廷的地位直線上升。左藏庫重新劃分出來之後，唐德宗對楊炎的辦事能力大為讚賞，對他的信任程度也與日俱增。這樣一來，楊炎實施自己心中大計的時機也逐漸成熟了。

一年兩次，輕鬆交稅

西元七八〇年是唐德宗即位後的第二年，按照慣例，德宗將年號改為「建中」，新的年號意味著一個新的時代即將到來。也是在這一年，唐朝廷完成了這四五年來的一件大事，就是開始推行新的財政政策——「兩稅法」。

趙劍敏先生在其著作《細說隋唐》中說過這樣一段話：「中國經濟史上，曾有過兩次影響深遠的改革，一次是兩稅法，一次是一條鞭法。」此言不假。「兩稅法」在唐代歷史，甚至是整個中國古代史上的地位自不必言，它對於後代經濟體制改革的影響力也是眾所周知的，關於它的優勢和弊端的論爭從古到今也沒有停止過。

自唐高祖李淵建國以來，唐朝沿襲的是北周和隋朝的土地制度，即所謂的均田制。均田制創始於北魏孝文帝太和九年，一直為後代沿用。按唐朝均田制的規定，「凡男女始生為黃，四歲為小，十六為中，二十有一為丁，六十為老。每一歲一造計帳，三年一造戶籍。縣以籍成於州，州成於省，戶部總而領焉。」從上述記載來看，唐朝的均田制也是以人口為基礎，將男子分為「黃」、「小」、「中」、「丁」、「老」五個等級，以此來授予田地。例如「丁男、中男以一頃，老男篤疾廢疾以四十畝，寡妻妾以三十畝，若為戶者則減丁之半」，而寡婦和殘障者只可授予三十畝等等。不僅如此，唐朝的均田制還放寬了對土地買賣的限制，還鼓勵百姓開墾荒地。

為了和均田制配合，唐朝施行的稅制是租庸調制。唐代「凡賦役之制有四：一曰租，二曰調，三曰役，四曰雜徭」，而「租庸調之制，以人丁為本」，根據租庸調制的規定，唐朝的百姓是按人口數來繳納賦稅和承擔徭役的。均田制和租庸調制配合施行，不僅保證了百姓的日常生產，也使得國家的稅收有了充分的保障。不僅如此，經過唐朝歷代皇帝的改革和完善，均田制和租庸調制到了唐代中期已經相對完備，對唐朝的經濟發展有著不可忽視的作用。那麼既然均田制和租庸調制有這麼多的好處，楊炎又為什麼要改變它而推行「兩稅法」呢？

均田制和租庸調制雖然於國於民有益，但仔細分析其內容，不難看出這其中是存在著很多弊端的。例如均田制就有這樣的規定，「凡道士給田三十畝，女冠二十畝，僧尼亦如之。」不僅如此，對於官僚貴族，均田制也規定了他們的特權，例如親王可授予田地一百頃，職事官正一品可授予六十頃，郡王及職事官從一品可授予五十頃，國公及職事官二品可授予四十頃等等。

這樣的規定就給官僚貴族階級以各種手段佔用土地提供了可能，起初這種現象還不是十分明顯，但隨著時間的發展，官僚經濟和寺院經濟等極具地發展起來，土地私有化的現象就日益嚴重了。土地兼併的出現使得眾多百姓在地主豪強的勢力下丟失了自己的土地，不得不逃亡他鄉。根據敦煌出土的文物記載，唐朝時期百姓的授田數往往是不足的，而這些土地就以各種各樣的方式轉歸到了地主豪強們的名下。

官僚貴族們不僅可以無償地佔有土地，而且還有特權可以不必向朝廷繳納賦稅。長此以往，繳稅和服役的人越來越少，國庫的收入也急遽下降。國庫的入不敷出最終受害的只有百姓，不會對貴族們產生衝擊力。但如此地惡性循環，均田制就變得名不副實。而且因為賦稅不能按時按量地收繳，朝廷官員們就想盡辦法向百姓們收取各種苛捐雜稅，以至於「所在賦斂，迫趣取辦，無復常准，賦斂之司增數而莫相統攝，各隨意增科，自立色目，新故相仍，不知紀極。」在「安史之亂」以後，這種現象就更為嚴重，根本不能控制，百姓們可以說是苦不堪言，社會矛盾也在極具地激化。面對這種情況，楊炎開始推行「兩稅法」，目的就是改革已經不合時宜的租庸調制。

租庸調制是唐朝一直都奉行的經濟制度，有著很深的傳統意義，楊炎想要撼動它是需要一定的勇氣和魄力的。根據楊炎的分析，弊端產生的根源是租庸調制以人丁為基礎的規定，因為隨著土地兼併的日益嚴重，很多失去土地的百姓已經變成了沒有戶籍的遊民，而這些遊民的數量更是多於有戶籍的百姓。既然如此，如果還以人丁為基礎來收稅，那顯然是收不到什麼實效的，而「兩稅法」就是針對上述情況而提出的新的經濟制度。之所以稱之為「兩稅法」指的是百姓們的賦稅每年繳納兩次，分別稱為「夏稅」和「秋稅」。

建中元年（西元七八〇年）正月，唐德宗在楊炎的建議下開始推行「兩稅法」。根據「兩稅法」的規定，原來的戶籍全部取消，而按百姓的實際居住地點來登記其戶籍。不僅如此，每戶所要的承擔的賦稅也不再按照人口數，而是按照家庭的實際財產來劃分，改變了原來按照年齡來承擔賦稅的規定。新的基礎建立之後，楊炎還對朝廷的收稅方式做出了改革。

在新的制度下，朝廷在每年的開始都要根據國家的財政收支來計算出一年所需的財政金額，其後再根據這個金額來分派賦稅。這種「量出為人」的方法不僅使得財政能夠得到合理的運用，還在很大程度上遏制了各地隨意收取苛捐雜稅的現象，百姓的負擔也得到了減輕。至於所有稅收中最為重要的土地稅的收取，則是根據全國百姓在代宗大曆十四年所登記的土地所有情況為標準。

關於「兩稅法」的價值，趙劍敏先生有這樣的評價：「兩稅法是根據現實經濟狀況而制定的，它較為實際，適應了經濟變動的形勢。它使國家擴大了稅源，擴大了納稅對象，進而極大地改善了國家財政拮据的窘況。它也減少了無地者的賦稅負擔，同時取消了名目繁多的苛捐雜稅，抑制了貪官污吏的橫徵暴斂，使民眾稍稍得以安居樂業。」

的確，「兩稅法」的推行徹底改變了原來以人口為基礎的賦稅制度，按照土地和財產來收稅較之以前更為公開和公平，也確實給當時的經濟發展有了很大的作用，更改善了之前較為混亂的財政狀況。

然而事實總是和願望有一定差距的，「兩稅法」的實施無疑大大損害了各地地主和官僚貴族的利益。為了逃脫繳納賦稅的責任，他們想盡一切辦法來隱瞞自己名下的土地。至於朝廷方面，唐德宗雖然採納了楊炎的「兩稅法」，但在施行的同時為了保證自己和宮廷的用度，他又頒行了茶稅和間架稅等苛捐雜稅，這些稅收很大程度上抵消了兩稅法帶來的正面效果，反而給百姓們增加了不少的負擔。但不管怎麼說，「兩稅法」推行還是相當成功的，它的出現也是歷史發展到此的必然趨勢，而它的推行則象徵著唐朝的財政改革向前推進了一大步。

楊炎因為「兩稅法」得以聞名天下，而「兩稅法」也因為楊炎的努力而成為後來一千多年間財政變革的不二法則。「兩稅法」的成功使得楊炎最終站在了德宗朝大臣中的最高位置，也走上了他仕途的巔峰。

削藩不成蝕把米

唐代的藩鎮稱之為「道」，設置的初衷是為了形成區別於州縣的觀察區，以此來保衛中央的安全。藩鎮本來是不屬於行政範圍之內的，但隨著時間的發展，它的長官節度使的權利越來越大，使之成為了在州縣之上的行政實體。自「安史之亂」後，唐朝的藩鎮割據問題不僅沒有得到妥善的解決，反而是愈演愈烈。

經過了肅宗朝和代宗朝的發展，到了德宗時期，藩鎮割據的狀況進又一步加重，各地的藩王和節度使們擁兵自重，勢力非常強大，隨時都有可能威脅到中央政權的統治。唐德宗在即位之後，一直就試圖改變這種狀況。為此，他採取了很多措施，其中最有力的就是武力削藩。

在唐中後期的藩鎮中，以河北道的魏博、成德、幽州三鎮的勢力最為強大。這三鎮的節度使都和當年引發「安史之亂」的安祿山有很深的淵源，例如成德節度使李寶臣就是安祿山的義子，幽州節度使李懷仙也曾經參加過安祿山的叛軍。即使如此，為了安撫地方勢力，在「安史之亂」後，朝廷還是不得不將這些人冊封為節度使，可見唐朝到了中後期中央的實力是如何的衰微。雖然這樣的做法存在著較大的風險性，但幸運的是，自肅宗朝以來，這幾個藩鎮還相對太平，沒有鬧出什麼大的爭端。

除了河北三鎮外，齊魯之地的淄青鎮實力也是不容小覷。淄青節度使原本是侯希逸，但後來被他的表弟，高麗人李正己所驅逐。淄青從代宗時期開始就是對抗朝廷的一股強大力量，也是當時朝廷防範的重要對象之一。但奇怪的是，唐德宗即位之後，李正己卻表現出了和往常不一樣的態度。他主動派出使者到都城覲見德宗皇帝，還表示願意向皇帝進獻銅錢三十萬緡，以表他和淄青的將士、百姓對新君的敬仰之情。

李正己不合常理的殷勤自然引起了唐德宗和朝中大臣們的懷疑，宰相崔祐甫首先站出來表示絕對不能接受李正己進獻的錢財。在崔祐甫看來李正己只不過是想藉此機會試試新登基的皇帝對藩鎮的態度，可以說的「司馬昭之心，路人皆知」。唐德宗雖然也明白這個道理，但又害怕拒絕會惹怒李正己而引發事端。最後還是崔祐甫解決了這個尷尬，他建議德宗將這三十萬緡賞賜給淄青的將士，這樣不僅不會拂了李正己的面子，還維護了皇帝在百姓心中的仁君形象。

對李正己事件的處理展現了崔祐甫出色的處事能力，從這件事也可以看出唐德宗還在積攢實力，這麼做只不過是暫時的妥協，為以後的削藩做好完全的準備。除了想盡辦法安撫各地的節度使外，唐德宗還做了一件事，那便是解除了大將郭子儀和崔寧的兵權，其後又解決了一些小的叛亂，穩定住了西北地方的局面。準備工作完成的差不多之後，唐德宗就要開始大刀闊斧地實施他心中醞釀已久的削藩大計。在他的計畫中，首先要除去的就是為患已久的河北三鎮。就在不久之後，改革的機會便適時地到來了。

按照朝廷以往的規定，各地的藩鎮由節度使控制，節度使不僅擁有強大的地方管理權，還擁有大量的土地。節度使死後，他們的子嗣有權繼承他們的職位和土地還有其他的一切特權。之所以當初有這樣的規定，也許是為了安撫各地的節度使，使他們為朝廷效力並使其有所依靠，避免引發爭端和叛亂。但隨著藩鎮勢力的擴大，這樣的制度便引發了許多弊端。

首先是這些節度使的職位代代相傳，就使得家族勢力在地方生根發芽，很多地方的百姓只知有藩鎮，不知有朝廷。這樣一來，越來越多的節度使就不像原來那樣聽從朝廷的號令，自成一家，中央政權對地方的控制力大大減弱。

其次，原本從中央派到各地的節度使都是經過朝廷甚至是皇帝親自挑選的人才，對於地方的管理都具有不可忽視的作用。但這批節度使陸續死去，他們的後代卻並非各個都繼承了祖上的才能，其中也不乏有碌碌無為的庸才，這就違背了當時朝廷選派節度使駐紮地方的初衷。

建中二年（西元七八一年）的正月，河北成德鎮節度使李寶臣病死。李寶臣死後，他的兒子李惟岳秘不發喪，向朝廷上表請求繼承父親的職位。本來按照常理，這件事情很快就能得到批復，但讓李惟岳吃驚的是，唐德宗一改代宗當年對藩鎮姑息的政策，竟然拒絕了他的請求。朝廷堅決的態度讓李惟岳大為惱火，生氣的同時，他也意識到皇帝要削弱藩鎮勢力的決心。為了維護自己的利益，李惟岳聯合了山南節度使梁崇義、淄青節度使李正己等各地的節度使武力對抗朝廷。

雖然這次的叛亂範圍比較大，但唐德宗心裡早有準備。李惟岳等人發動兵變的消息傳到朝廷之後，唐德宗毫不示弱，馬上就將駐紮在京西的一萬多兵力調到關東抵抗。為了壯大中央軍的聲勢，他設置親自在長安設宴犒勞了去前方征討叛軍的將士。雖然地方勢力來勢洶洶，但畢竟勢力不敵中央政權，很快便紛紛敗落下來。李惟岳最後被自己的部將王武俊殺死，李正己父子一個病死，一個被打得大敗。眼見局勢完全倒向中央政府，駐守在成德鎮的大將張忠和主動向朝廷投降。

各地的削藩戰爭節節勝利，就在唐德宗覺得大計就要成功之時，局勢陡然發生了逆轉。原來唐德宗在削藩的過程中，不僅徵調了中央的軍隊，還有一個重要途徑，那就是利用藩鎮的軍隊來攻打藩鎮。這一做法不僅觸犯到了各地藩鎮的權益，還使得節度使們的危機感與日俱增，他們會認為，李惟岳等人的今天或許就是他們的明天。建中三年（西元七八二年）年末，駐守在淮西的節度使李希烈自封為天下都元帥，成建興王，並聯合盧龍節度使朱滔（稱冀王）、淄青節度使李納（稱齊王）、魏博節度使田悅（稱魏王）、成德節度使王武俊（稱趙王）四人發動叛亂。

李希烈等人這次發動的叛亂相對於前期可謂是聲勢浩大，戰火一下便從河北蔓延到了河南。唐德宗聽聞之後大吃一驚，但隨著時間的發展，叛亂越來越嚴重，眼見東都洛陽就要落到叛軍的手中了。在如此危急的局勢下，唐德宗馬上派大將哥舒曜率軍前去征討，建中四年（西元七八三年）十月，又下旨命涇原節度使姚令言率涇原兵馬前往淮西助哥舒曜平亂。但卻出乎意料的是，在途經長安時這支軍隊發生了歷史上著名的「涇師之變」。

事情的起因是朝廷沒有處理好部隊的後勤事宜，軍隊士兵們所吃的糙米和素菜根本不能使他們負荷長時間的行軍作戰，再加上朝廷沒有賜予他們應有的賞賜，士兵們便在生理和心理的雙重壓力下發生了譁變。當時憤怒的將士們將粗糙的飯菜倒到地上，放聲說道：**「吾輩棄父母妻子，將死於難，而食不得飽，安能以草命捍白刃耶！國家瓊林、大盈，寶貨堆積，不取此以自活，何往耶？」**姚令言見狀馬上上前勸阻，並許諾到了洛陽皇上一定會有賞賜。但已經極度失望的士兵根本不聽姚令言的敷衍之詞，依舊向城中衝去。

與此同時，譁變後的涇原之師擁立朱泚為帝，改元應天。朱泚是此時正在反叛的盧龍節度使朱滔的哥哥，也曾經擔任過涇原軍的統帥，他在稱帝之後便即刻率大軍圍困了唐德宗的避難之所——奉天。李唐王朝的實力雖說大不如前，但在全國還是有一定號召力的。皇帝在奉天被困的消息傳出後，朔方節度使李懷光等人便火速率軍回撤，前來奉天勤王。

奉天危機的解除也宣告著唐德宗削藩政策的失敗，興元元年正月，他向天下人頒布了一道「罪己詔」，稱這次戰亂的責任都在自己。在詔書之中，他說道：「**朕撫御乖方，致其疑懼。**」意思是說是自己的失誤最終引發了各地的叛亂，而李希烈等人都是被逼無奈，完全沒有責任。最終的結果是，這些參與叛亂的藩鎮和節度使全部被赦免，皇帝「**一切待之如初**」。王武俊等人見皇帝如此，便見好就收，馬上取消了自封的王號，上表向朝廷請罪。而這次的削藩之亂就以唐德宗的完全妥協而告終。

第二章　永貞革新，烏雲正在逼近

癱瘓也不能阻擋登基的腳步

貞元二十一年（西元八〇五年），唐德宗李適薨逝，享年六十四歲，死後葬於崇陵，諡號「神武孝文皇帝」，廟號「德宗」。唐德宗在位共二十六年，是唐朝歷史上在位時間較長的皇帝之一。

縱觀唐德宗的一生，可以說其是一位充滿著悲劇色彩的皇帝，他的前半生為了改革而勵精圖治，唯一的理想便是在自己在位期間內使唐朝恢復以往的盛世氣象。這位果敢的皇帝為了實現自己的政治理想採取了很多措施，但不幸的是都收效甚微。

「安史之亂」後，唐朝在各方面的積重難返是當時的社會現實更是歷史發展的局限，更也是人力不可能輕易變更的。正所謂「當局者迷，旁觀者清」，處在時代洪流中唐德宗不能清楚地看到這一點，縱使他明白也無法改變現實。政治上的挫折使得這位雄心壯志的皇帝逐漸變得力不從心，於是他的銳意改革之心也在晚年逐漸消失殆盡。晚年的他寵信宦官，好斂錢財，所以得到的評價不過是「失敗」二字。可以說，德宗時期的改革失敗不僅僅是他的個人悲劇，更是這個時代的悲劇。

唐德宗死後，繼承他皇位的是皇長子李誦。據史料記載，唐德宗共有十一個兒子，其中舒王李誼和文敬太子李謜並非唐德宗所生，所以實際上德宗的兒子共有九個。

舒王李誼本是鄭王李邈的兒子，也是唐代宗的孫子。鄭王去世的早，所以李誼很小就失去了父親。德宗看李誼孤苦，就將他收做自己的兒子，因為當時德宗還沒有子嗣，所以李誼在名義上就是長子。

至於文敬太子李謜則是李誦的兒子，從血緣關係上來說是德宗的孫子。但因德宗特別鍾愛於他，所以也當作自己的兒子。除了李誼和李謜外，在剩下的九個兒子中，宣王李誦為其長子，生於肅宗上元二年正月。代宗大曆十四年六月，李誦被冊封為宣王，德宗登基後的一年內又以長子的身分被冊立為皇太子，成為大唐的儲君。

本來皇長子繼承皇位時完全符合「嫡長制」的繼承傳統的，但唐順宗這個皇位卻來之不易。因為父親唐德宗在位時間較長，所以李誦前前後後做了二十六年的太子。建中元年他被冊封時是十九歲，到了貞元二十一年即位時，順宗已經四十四歲了，這在歷朝歷代即位的新君中也算得上一個特例了。

在史書的記載中，順宗李誦是個「慈孝寬大，仁而善斷」之人。他在當太子的時候愛好學習各種技能，對書法尤為鍾愛，寫得一手好字。每當唐德宗賜予臣下詩作時，幾乎都是讓太子執筆的。李誦不僅精通文墨，更為可貴的是他武藝出眾且勇氣過人，當年的奉天保衛戰就有他的一份功勞。建中四年（西元七八三年），長安暴發了「涇師之變」，唐德宗倉皇的向奉天逃竄，負責斷後的就是太子李誦。

後來奉天告急，也是他身先士卒，率領將士們守城抗敵。就在奉天即將失陷之時，李誦親自到城門上督戰，還為受傷的士兵包紮傷口。因為李誦的努力，軍心受到了極大的鼓舞，將士們無不奮勇抵抗，終於取得了戰爭的勝利。

李誦在其二十六年的太子生涯中最為可貴的就是為人不張揚，事事都小心謹慎。但縱使他再小心，皇位這個巨大的誘惑還是使很多人想盡辦法來陷害他，目的就是取而代之。在這些事件中，尤以發生在貞元三年八月的郜國大長公主之獄影響最大。

郜國公主是唐肅宗的女兒，所嫁的駙馬名叫裴徽，因為裴徽早死，後又嫁給蕭升。郜國公主與有蕭升一個女兒，因為和李誦年紀相當，就親上加親，許給李誦做了太子妃。因為是當朝公主，又是太子的岳母，郜國公主經常無所顧忌地出入東宮，並和當時的太子詹事李昪（音變）等人交往甚密。駙馬蕭升去世得早，郜國公主兩度喪夫，心情十分沮喪。可能是對生活失去了信心，她竟然和彭州司馬李萬等人私通。這件事的確是皇室的一大醜聞，但就是有一些小人無端生事，將這件事情牽扯到了皇太子的身上。

晚年的德宗對宦官極其寵信，但太子卻十分看不慣這些仗著權勢囂張跋扈的宦官，對他們從來沒有好臉色。這些宦官在宮中多年，深知皇室的規矩，現在太子這般厭惡他們，等到他繼承了皇位，他們的下場就可想而知了。所以為了保證自己的未來，這些宦官秘密商議想要讓德宗另立儲君。正當他們苦於沒有藉口的時候，卻發生郜國公主之事。這些人不但向皇帝告發了郜國公主的「淫亂」，還稱她在宮中行「巫蠱之術」。「巫蠱」在皇室是一個很忌諱的話題，歷朝歷代宮廷之人只要沾上了「巫蠱」的嫌疑，幾乎都沒有什麼好下場。

德宗聽聞這件事之後大為震驚，馬上召太子前來問話。李誦自然知道父親召他前來所謂何事，為了洗刷自己的冤屈，他主動請求廢除自己的太子妃蕭氏。這件事雖然是子虛烏有，但卻使得德宗父子之間產生了隔閡，自此之後，德宗便動了廢除太子，改立舒王為嗣的心思。有了這個想法之後，德宗召來了宰相李泌前來商議。

李泌是三朝元老，在德宗面前還是有一定地位的。聽了德宗想改立子嗣的想法後，李泌堅持認為此事不妥。不僅如此，他還舉了太子廢立所引發禍端的例子來勸諫皇帝，最終使德宗打消了這個念頭。經歷了郜國公主一事之後，李誦變得更加小心謹慎。之前他還敢於表達自己的政見，但這件事後凡事都不敢頂撞父親。

和其他的皇子不一樣，李誦到了德宗後期便患有嚴重的疾病，身體狀況一直很不好，根本不能承擔繁重的政務。據《舊唐書·順宗本紀》記載，唐德宗在貞元二十年就患上了中風，到了後來甚至到了不能說話，不能行走的地步。

到了德宗病危的時候，諸位皇子都在父親身邊侍奉湯藥，唯獨太子李誦因為身體有病不能前來。而德宗在臨死之前因為想見太子而不得見，涕咽久之。更為嚴重的是，由於皇帝去世時太子不在身邊，所以朝中就皇位的繼承人究竟是誰這個問題引發了一場爭執。關於此時的帝位之爭，《資治通鑑》中有如下記載：「（正月）癸巳，德宗崩；蒼猝召翰林學士鄭絪、衛次公等至金鑾殿草遺詔。宦官或曰：禁中議所立尚未定。眾莫敢對。次公遽言曰：太子雖有疾，地居塚嫡，中外屬心。必不得已，猶應立廣陵王；不然，必大亂。絪等從而和之，議始定。次公，河東人也。太子知人情憂疑，紫衣麻鞋，力疾出九仙門，召見諸軍使，人心粗安。」

可見當時反對李誦，擁立廣陵王李純的應該就是以劉貞亮為首的宦官集團。他們的目的很明確，就是為了保住自身的利益。

李誦此時雖然臥病在床，但他也知道這是一個關鍵時刻。為了保住自己的皇位，他拖著病體召見了禁軍的將領們。貞元二十一年正月二十四日，朝廷公布了立太子李誦為新君的遺詔。

兩天之後，李誦在太極殿即皇帝位，改元永貞，是為唐順宗。事情發展到了這個地步，還是有很多將士懷疑即位的人到底是不是太子，等到他們親眼目睹唐順宗登上皇位時，才喜極而泣地說道：「那真是太子！」從這些將士的表現也可以看出一點，那就是李誦在當時還是頗得人心的，只是因為他因為自身的疾病，在即位的關鍵時刻沒能出現在公眾的視線之中，進而才造成了恐慌，也給了宦官們一個可乘之機。好在順宗終於繼承了皇位，那麼朝廷上下的疑慮就自然而然地消除了。

天黑請閉嘴

和父親唐德宗一樣，唐順宗李誦也是一個飽受過戰爭之苦的皇帝。正是因為如此，年輕時的他就下定決心做一個聖賢的君主，成就一番大事業，為天下蒼生造福。因為太子宅心仁厚且又胸懷大志，所以在他還是太子之時身邊就圍繞著很多有識之士。這些東宮官員時常和李誦探討國家大事，是李誦在政治上不可或缺的支柱。而在眾多的東宮官員中，尤以王叔文最得李誦信任，可以稱得上是東宮集團的核心人物。

「弱冠遊咸京，上書金馬外；結交當時賢，馳聲溢四塞。」出於對朝政和民間疾苦的關心，同時也是為了實現自己心中的政治抱負，德宗時期，大批南方的有識之士跋涉到長安，而叔文就是其中之一。

王叔文是越州山陰人，因為棋藝精湛而被德宗皇帝選中，擔任東宮待詔一職。王叔文雖然是因棋藝發跡，但最為擅長的還是為政之道。自進入東宮的那一天開始，王叔文就忠心不二地陪伴在李誦的身邊，為李誦出謀劃策。李誦的太子之位在德宗末年之所以能夠保全，主要得益於兩個人，一個是前文所提到的宰相李泌，另一個就是王叔文。

太子宮坐落在宮城以東，所以通常被稱為「東宮」，是皇太子生活起居之所。按照封建王朝的傳統，皇帝一般都會給儲君配備一些官員，這些人負責教導和幫扶太子，使之熟悉政治並加強其處理國家大事的能力，為日後成為一國之君做好充足的準備。

眾所周知，皇帝和太子直接的關係是十分微妙的，他們雖為父子，但又是君臣。皇帝一方面希望自己的接班人能夠在各個方面能夠超越他，成為讓世人敬仰的君主，另一方面又害怕儲君功高蓋主，藉機篡奪皇位。正是因為這微妙的關係和地位，歷朝歷代的東宮都是個多事之地，在這裡不知發生過多少父子、兄弟相殘的慘劇。所以不論是東宮的官員還是它的主人皇太子處事都需萬分小心，一不小心就會面臨殺身之禍。

唐順宗李誦二十六年的太子生活可以粗略地畫為兩個部分，其中斷點就是「郜國公主之亂」。從他的表現和處事態度來看，之前的李誦在政治上還是較為主動的，遇事也敢於向君主進諫因而得到了韓愈「**居儲位二十年，天下陰受其賜**」的評價。例如當年唐德宗十分寵信裴延齡和韋渠牟，想任用他們為相。但李誦早就聽說這兩個人沒有什麼才華且在外聲譽不佳，所以便找准機會力勸唐德宗。正是因為李誦的努力，裴、韋二人一直沒有得到重用。又有一次，唐德宗在魚藻宮大擺筵席，命宮女們在彩船上戲水遊玩，齊唱船歌，又名樂官大奏樂曲，好不熱鬧。唐德宗十分歡樂，興致勃勃地問一旁的太子：「幾天宴會如何啊？」李誦沒有多言，只是說了一句「好樂無荒」。這句話語出《詩經》，意為勸諫人不要沉湎於享樂。

李誦的所作所為雖然得到眾人的稱讚，但身為師傅的王叔文卻頗為擔心，如果太子鋒芒過露，一定會引起小人的嫉恨。再加上唐德宗到了晚年猜忌心很重，對太子沒有之前那麼信任，更有不少人對太子之位虎視眈眈，所以眼下最為要緊的是「韜光養晦」，用低調的態度來保住自己的地位。王叔文雖然想到了這一點，但卻一直沒有找到合適的機會來勸說太子。也是機緣巧合，因為當時宦官們引發的宮市弊政，李誦才明白了王叔文的一片良苦用心。

唐德宗晚年好斂錢財，所以大量地任用宦官。這些宦官打著皇上的旗號貪污腐化，流毒甚廣，造成了當時著名的「宮市之弊」。因為宦官們深得皇帝的信任，所以御史和諫官們也是敢怒不敢言。這天，李誦和東宮官員們談到這件事，可謂是群情激憤。

李誦見眾人都義憤填膺，但卻懼怕威勢不敢進諫，便有意擔起責任，請求德宗革除這一弊端。眾人見太子如此為國為民著想，紛紛稱讚他賢德，只有王叔文一人坐在旁邊默默不語。等到眾人都散去之後，李誦特意將王叔文留下，詢問他剛才為何一言不發。

王叔文對李誦說道：「微臣蒙太子信任，自是知無不言，言無不盡，請問太子，身為國之儲君應當以什麼為重呢？」李誦不解其意，王叔文又接著說：「太子侍奉皇上關心的應該是皇上的飲食起居，他事又何必過問呢？如今陛下在位已久，倘若有小人從中挑唆，懷疑太子以此來收買人心，您又如何向皇上解釋呢？」

聽了王叔文的一番話，李誦恍然大悟。之前「郜國公主」一事就是因為他得罪了宦官，如果這次再出面建議罷除宮市，等於就是公開和宦官宣戰了。想到這裡，李誦嚇出了一身冷汗，他對王叔文說：「如果不是先生提醒，我怎麼會知道這件事，險些鑄成大錯啊！」

自此之後，李誦就奉行王叔文所教導的「韜光養晦」之術，在東宮閉門修養，儘量不參與政事，以免給人以把柄。也是因為這件事，李誦對王叔文愈發地敬重，將他引為心腹，事無巨細都與他商議。為了報答太子對自己的信任，王叔文為其詳細地分析了朝中的勢力發展，並建議他即位之後對朝政做出一番新的改革。

得到了太子的支持後，王叔文便開始了實際行動，確切地說就是為太子網羅人才，為將來做準備。王叔文暗中結交了大批在當時大有前途的人士，並經常向李誦推薦何人可以為相，何人可以為將。不僅如此，他還有意結交了許多軍事將領，希望這些人能在關鍵時刻力保太子。

在王叔文的努力下，李誦身邊很快就集結了許多才德兼備之人，陸淳、呂溫、李景儉、韓曄、韓泰、陳諫、柳宗元、劉禹錫、韋執誼等人都在其列。這些人多是年輕的文人，平均年齡不超過三十歲，官職不高，所以不引人注目。他們以「二王」（王叔文和王伾）為核心，經常在一起討論時政，結成了生死之交，為了共同的政治理想而努力。

在東宮集團中，較為有名的除了王叔文和王伾，就要數劉禹錫和柳宗元了。這二人在文壇上頗負盛名，在政治上也是順宗朝不可忽視的任務。關於劉禹錫和柳宗元將在后問中詳細敘述，在此要瞭解東宮集團的另一重要人物——韋執誼。

韋執誼是德宗時的翰林學士，出生於名門望族，自幼就聰敏過人。年紀輕輕的他因為才華橫溢深受唐德宗的喜愛。唐德宗喜歡詩歌，韋執誼便常常陪侍左右，與之唱和。韋執誼在德宗後期的地位是較高的，作為皇帝的親信，他可以自由地出入皇宮。一次恰逢德宗的壽辰，無論是皇親國戚還是官僚貴族都要向皇帝進獻賀禮，而作為皇太子的李誦當然也不例外。李誦自青年時期就喜好佛教且頗有建樹，而這次他進獻給父皇的禮物便是一尊佛像。收到佛像的唐德宗很是高興，馬上命韋執誼為之做了一篇讚詞。

這篇讚詞文辭優美，德宗於是下旨皇太子賜縑帛給韋執誼表示謝意。按照慣例，接受答謝的韋執誼來到東宮謝恩。韋執誼雖然是德宗的寵臣，但卻和裴、韋二人不同，很受太子的倚重。趁此機會，李誦鄭重其事地對韋執誼說：「學士你對王叔文熟悉嗎？他的確是個有才之人啊？」而對於韋執誼，王叔文也是耳聞已久，二人相見恨晚，自此之後關係日益密切。作為東宮集團的重要成員之一，韋執誼後來也是官至宰相。

除了擁有韋執誼這樣的天子近臣，東宮還結交了宮中的宦官李忠言。這些人在李誦最困難的時期陪伴和扶持著他，如果沒有他們，在德宗病重的那段時間裡，身患重病的李誦和可能就與皇位失之交臂。

李誦在貞元二十年九月患上了嚴重的風疾，面容扭曲，口不能言。不久之後，唐德宗也因為年老多病為臥床不起。因為兩宮都身患重病，不能互通消息，朝中也因此產生了恐慌。就在德宗生病的這段時期內，是王叔文陪伴在李誦的身邊，為他傳遞消息。李誦雖然不能說話，但看著師傅的一言一行，對朝中大事的發展也有了大概的瞭解。後來宦官俱文珍等人見李誦病重，並以此為藉口，想立舒王李誼為帝。

德宗薨逝之時，俱文珍等人秘不發喪，準備謀取李誦的皇位。就在這個關鍵的時刻，是王伾和宦官李忠言偷偷地將這個消息告知了王叔文，讓他們早做準備。得到消息後的王叔文馬上找來了劉禹錫、柳宗元等人商議對策，也是他們想盡辦法取得了朝中大臣的支持，最終擊敗了俱文珍等圖謀不軌的宦官，保住了李誦的皇位。

貞元二十一年正月二十六日，李誦克服了種種困難，拖著病體在太極殿即位。自此，東宮眾人的努力終於收到了成效。順宗登基之後，一場聲勢浩大的改革即將拉開帷幕，那便是歷史上著名的「永貞革新」，而王叔文等人也終將走上歷史的舞台，創造出一個屬於他們的時代。

新皇帝，新風尚

唐順宗的病情沒有因為即位之事的順利進行而好轉，隨著時間的發展，他的中風越來越嚴重，面目扭曲，身體不能動彈，只能靠點頭和搖頭來處理政務。貞元二十一年三月二日，新即位的唐順宗第一次召見了百官，大臣們見皇上病體如此，也沒有人敢當面奏事。既然皇帝不能理政，那麼大權自然而然地落入了原來的東宮集團的手中。對於王叔文和王伾等人來說，一展抱負的時機終於到來了。

正所謂「一朝天子一朝臣」，順宗即位，王叔文等人得到重用也是意料之中的事。但此時王叔文等人卻要面對一個十分尷尬的問題，那就是他們的職務，也就是官銜。因為資歷不夠，恐不能服眾，王叔文和王伾只能擔任翰林學士和翰林待詔的職位。雖然職位上不是宰相，但所有的實權都是掌握在王叔文手中的，所以說此時的王叔文是以翰林之名擔宰相之職。

順宗朝這種這種官位和實權不相等同的現象在歷朝歷代的歷史上都是極其少見的，這種尷尬的身分不僅使王叔文等人無所適從，更嚴重地影響了他們與重病皇帝的直接交流。關於此時朝中的情況，《資治通鑑》、《舊唐書》、《順宗實錄》等史籍中都有較為詳細的記載：「時順宗失音，不能決事，常居宮中施簾帷，獨宦者李忠言、昭容牛氏侍左右；百官奏事，自帷中可其奏。自德宗大漸，王任先入，稱詔召王叔文，坐翰林中使決事。伍以叔文意入言於忠言，稱詔行下，外初無知者……辛亥，以吏部郎中韋執誼為尚書左丞、同平章事。王叔文欲掌國政，首引執誼為相，己用事於中，與相唱和。」

從中可以很明顯地看出，身為手握實權的官員，王叔文卻因為官職低下，奏事都要透過王任，極為不便。為了防止大權旁落，王叔文推薦韋執誼為相。韋執誼出身望族，在前朝又頗受德宗寵愛，論資歷論聲望都可以勝任。但實際上，韋執誼這個宰相可以說是有名無實，只不過是負責傳達皇帝的詔令而已。

除了「二王」和韋執誼外，東宮集團的其他成員如柳宗元、劉禹錫、呂溫、陸質等人都得到了重用。在其後的時間內，這些大臣以「二王」為核心，頒行了一系列的改革措施，因這段時間後來改元「永貞」，所以歷史上便稱其為「永貞革新」。

也有一種觀點認為「永貞革新」的說法不準確，因為唐順宗自登基到禪位給憲宗李純，前後還不到一年，沒有改元。而「永貞」這個年號是貞元二十一年（西元八〇五年）八月五日，順宗退位為太上皇的時候才議定的，所以這場變革應稱為「貞元革新」，而不是「永貞革新」。

當然，這些問題都是細節上的爭論，無論如何，由王叔文等人主導的這場運動的確確地是在順宗朝發生了，而且還影響頗大。而此時的唐順宗雖然病重，但卻沒有忘記心中造福蒼生的理想，所以不遺餘力地支持著這場革新運動。

「永貞革新」以貶黜道王李實為開端，包括了控制財政、抑制宦官、裁減藩鎮等多方面的內容，在當時產生了極大的轟動效應。道王李實是皇室成員，是道王李元慶的玄孫。他為人剛愎自用且為政十分殘暴。李實當初在山南節度使李皋的麾下效力，身為判官卻故意剋扣士兵的糧餉。

對於他的這種行為，將士們十分氣憤，群起而攻之，差點把他殺死。李實從山南逃出之後，憑藉自己的皇室身分又獲得了京兆尹一職。原以為李實會「經一事長一智」，做些好事為百姓造福，沒想到他死性不改，反而變本加厲。

貞元二十年，關中大旱，糧食歉收。當德宗問及京兆的情況是，李實竟然回答道：「今年雖然大旱，但莊稼收成良好，不影響秋稼。」他不僅不減輕百姓的賦稅，反而為了向皇帝邀寵，繼續督徵租稅，以此來向德宗進貢。

當時有個叫成輔端的優人，就此事編了幾句歌謠，李實就說他「誹謗國政」將他殺死。監察御史韓愈也因為此事上書彈劾他，但最終被貶職。貞元二十一年年初，唐德宗還是知道了京兆的災荒情況，為了安撫受災的百姓，他下旨免除了京兆百姓的賦稅。而李實卻陽奉陰違，逼著百姓賣田繳稅，並因此殘害了幾十個百姓。永貞元年二月，唐順宗據李實的種種惡行，將他貶為通州長史。李實被貶之後，「**市人爭懷瓦石邀劫之，實懼，夜遁去，長安中相賀。**」可見當地百姓對他的恨意。

貶斥李實本來是一件小事，但卻顯示了朝廷一改舊弊的決心。自此之後，一系列的改革措施如火如荼地鋪展開來。王叔文等人首先做的是罷除「宮市」，這也是他們一直想做而沒有做到的一件事。「宮市」這個名稱產生於唐德宗後期，來源是因為皇帝任用宦官為自己採購所需之物，而這些宦官卻假借皇帝的名義在各地收攬錢財，造成了極壞的影響。唐代著名詩人白居易的名作《賣炭翁》描寫的就是當時宦官盤剝百姓的真實情況，這些宦官表面上說是採買，實際上就是強取豪奪，百姓們對其都是恨之入骨。

除了罷除「宮市」之外，「永貞革新」中還有許多內容是針對宦官的，目的就是抑制宦官的權力，防止他們專權。而在這之中，較為重要的就是罷「五坊小兒」。「五坊小兒」小兒指的是為宮廷的雕坊、鶻坊、鷂坊、鷹坊、狗坊服務的差役，這些人終日無所事事，專以刁難和危害百姓為樂。這些人被罷除之後，百姓們無不歡欣鼓舞，拍手稱快。

其後，朝廷又下旨釋放了宮女和教坊女樂共九百人；蠲免了民間對政府的五十二萬六千多貫石匹束的舊欠。為了將改革進行到底，唐順宗還下旨廢除了各地的「月進」和「日進」，為百姓減輕了負擔；降低了全國各地的鹽價，使百姓們不必再為買鹽而苦惱。

以上措施都出現於「永貞革新」初期，完成了這些準備工作後，王叔文等人就著手向財政和軍事等問題進發了。自德宗朝以來，財政問題就一直是讓人頭疼的大問題。財政是國家振興的關鍵，德宗在位的時候雖然也對此花費了很多心思，但一直也沒有得到妥善的解決。

唐順宗登基之後，下決心要興除利弊，徹底地解決這個棘手的問題。唐順宗命杜佑為「度支」和「鹽鐵使」，主理帝國的財政。杜佑是當時的理財名臣，聲望很大，唐順宗選擇他自然是經過一番深思熟慮的。為了保證財政改革政策的推行，唐順宗又派王叔文為他的副手，表面是協助杜佑，實際是將大權掌控在當年的東宮集團手中。

控制了財政之後要做的便是奪取宦官的兵權和抑制藩鎮了，這也是所有改革措施中最為艱難的一步。至於到底如何進行，王叔文等人花費了很多心思，經過詳細的討論，終於達成了共識。永貞元年五月，朝廷封右金吾大將軍范希朝為左右神策京西諸鎮行營兵馬節度使，希望借助范希朝的威望奪回宦官手中的兵權。

除了任命范希朝外，王叔文等人還任命度支郎中韓泰為左右神策軍行軍司馬，目的是進行對神策軍的控制。唐朝的神策軍雖是禁軍，但卻分別駐紮在禁京西北諸鎮，而駐紮京西北的神策軍的指揮部設在奉天。所以范希朝和韓泰接到詔令之後，便火速趕往奉天。沒成想這個消息傳到了宦官俱文珍等人的耳中，這些人感覺到大事不妙，馬上下密令，命神策軍的將士們不許聽從范、韓二人的命令。等到范希朝和韓泰趕到奉天的時候，根本沒有人前來拜見。至此，奪取宦官禁軍兵權的計畫也無果而終。

不僅奪取兵權沒能成功，其後的裁抑藩鎮也因為實施不利，同樣宣告失敗。王叔文早有裁抑藩鎮，革除其弊端的想法，但卻一直苦於沒有機會，更不知從何下手。永貞元年四月，劍南西川節度使韋皋派人來到長安，希望朝廷能夠將「劍南三川」全部封給他。

對於這種無理要求，王叔文當然是嚴詞拒絕。與此同時，王叔文也看準了這是個絕佳的機會，能夠給其他的藩鎮一些警示，為今後的裁抑藩鎮打開缺口。所以王叔文隨即與韋執誼商量，希望將韋皋的使者劉辟處死。但韋執誼和王叔文的想法不同，因為在這個問題上二人達不到共識，最終這件事也是不了了之。

以上基本就是順宗朝「永貞革新」的全部內容，這些措施總體來說力度都不是很大，其目的也主要是為了革除舊弊，沒有什麼新的創新。話雖如此，「永貞革新」還是以它全新的改革姿態給那個沉悶的年代吹去了一股新風，在當時也很得的百姓們的擁護。

然而，這場革新運動中的許多措施都觸及到了當權的大宦官和各地節度使的利益，這些人對改革派非常不滿，想盡一切辦法阻撓改革。再加上改革派自身後來也出現了一些問題，所以「永貞革新」和歷史上很多的革新運動一樣，最終不得不以失敗告終。

誰殺死了皇帝？

「永貞革新」進行了不到八十天就草草收場，那麼到底是什麼原因使得這場革新運動這麼快就落下了帷幕？從淺層次來看，造成運動最終失敗的原因不過有二，一是來自於內，二是來自於外。

從內部原因來看，就如上節所述，集團成員內部本身就出現了許多問題，在價值其核心領導者王叔文的書生之氣，面對宦官們的挑戰只知消極抵抗，最終喪失了主動權。從外部原因來看，這次革新所要打擊的勢力，如宦官和藩鎮根本沒有受到任何的損害。從改革開始的那一天起，他們就有計畫有目的地開始了一系列的抵制和報復計畫，而且次次擊中要害。不僅如此，連改革派自身出現的失誤也成為他們利用的把柄。

引起宦官們出離憤怒的原因很明顯，就是這些改革的措施從根本上觸及到了他們的利益。但王叔文等人沒有想到的是，朝中反對他們的不僅只有宦官和各地的節度使，還有不少的大臣。這些大臣之所以站在王叔文集團的對立面，原因有兩個，一是王叔文等人的掌權使得他們手中的權力大大喪失，這部分人就包括高郢、賈耽、鄭珣瑜等四位宰相。

順宗朝的宰相共有五位，除了韋執誼是屬於集團內部的，其他四人都是唐德宗時期的舊臣。王叔文等人的上台讓他們手中的權力逐漸消失，王叔文雖名不為宰相卻有宰相之權，而他們雖身為宰相確實名不副實，這怎麼能不讓他們心裡產生極大的不平衡呢？

除了四位宰相之外，此時還有為數不少的朝臣都是不認同王叔文等人的。這些人一部分是因為本來就反對新法，一部分是因為受到王叔文集團內部人員的傷害而轉投到其對立面的。正是因為如此，改革隨著時間的發展阻力越來越大，奪取宦官禁軍之權和裁抑藩鎮的失敗已經顯現出這個集團在當時的不得人心。最為重要的是，宦官等人早就看到了事情的根源，於是想盡辦法冊立了太子，這就使得王叔文等人愈發地無計可施，只得任由人擺布。

從一開始，俱文珍等人的行動就很有計畫性。他們先是靜觀其變，不論王叔文等人怎麼折騰，就是不買他的帳。等到改革派內部出現的破綻，他們就將目標瞄準了他們的靠山——唐順宗。皇帝的態度發生的動搖，他們就開始施行他們的立太子計畫，寄希望於新即位的皇帝。李純一旦被立，王叔文等人就自然而然地陷入了被動局面，他們如今既不能取得順宗的絕對信任，又不能討國之儲君的歡心。

等到局勢開始倒向宦官集團的時候，俱文珍等人才開始拿王叔文等人開刀，而這個過程也是緩慢的。他們先是逐步削弱王叔文的權力，將他趕出了翰林院，其後又和藩鎮聯合對改革派掣肘。緊接著，為了進一步的掌握實權，他們又上表請求太子監國，將王叔文等人一步步趕出了中央，然後趕盡殺絕。就這樣，「永貞革新」和它的宣導者一起走向了滅亡。

縱觀歷史，可以很清楚地看到這樣一個事實。一個王朝如果想要革新政策一直以來都是一件極其困難的事情，尤其是在一個帝國由繁盛變的衰落的時期，想靠改革來扭轉頹勢，那就更是難上加難。歷朝歷代這樣的例子不少見，而「永貞革新」就是其中之一。唐王朝在歷經「安史之亂」後，政治、經濟各方面已經開始轉向頹敗的趨勢。那逐漸朝著更為嚴重的方向發展的時代弊政已經使得這個曾經輝煌的國家不堪重負。

然而，這些都是歷史必然的發展趨勢，王叔文等人想靠著一個重病在床的皇帝，憑著這一己之力就扭轉乾坤，這顯然是不合時宜的。所以，這場變革從一開始就註定了它曇花一現的悲劇，但卻不能就此否定王叔文等人作為時代的領先者為國家的興盛和自己治國平天下的理想做出的努力。誠然，這不是任何人都能做到的，尤其是隨時可能為此付出自己的生命。

「永貞革新」雖然就這樣結束了它的歷史征程，但對於它的爭論一直存在著。關於「永貞革新」的價值和對其宣導者們的評價歷來都是存在著很大爭議的，其中爭論的焦點主要集中在以下幾個問題上：一是王叔文等人的這些措施是否真的達到了內抑宦官，外制藩鎮的效果；二是改革派和當時的宦官以及藩鎮豪強等人真的是所謂的「庶民地主階級的新興力量」和「豪門地主階級的舊勢力」之間的對抗嗎？

首先看第一個問題，「永貞革新」雖然採取了一系列的措施，但其目的不外乎抑制宦官和裁抑藩鎮，而其中更為重要的就是抑制宦官的權力。一開始施行的罷「宮市」的舉措是取得了成功，但後來觸及到宦官手中的兵權的時候，改革派可以說是毫無還擊之力。至於裁抑藩鎮，更是還沒有開始實施就宣告失敗。

所以，針對改革目的來看，「永貞革新」從根本上來說是不夠成功的，它所做到的就是廢除了一些時代的弊政，然而這些也都只是皮毛而已。不僅如此，改革派和宦官集團本應該是屬於水火不容的兩個對立面，但作為領袖的王叔文卻一而再地對其妥協，最終葬送了改革。

再者，王叔文集團真的是代表所謂的「庶民地主階級的新興力量」嗎？其實門閥制度到了唐代已經不復存在了，所以在唐代將家族分為庶族和士族本來就沒有多少意義，之所以還有這樣的說法，都是一些歷史遺留問題。也有觀點認為「豪族」這個詞從根本上屬於庶族地主的範疇之內的，所以這樣的劃分根本就是毫無根據的。

「永貞革新」因其「虎頭蛇尾」和「無果而終」在歷史上得到的評價是很低的。現在去翻看《新唐書》、《舊唐書》和《資治通鑑》，無一不是對它進行嚴厲的譴責。但在如此強大的聲討聲中，也有人持不同的意見，例如宋代著名的政治家、文學家范仲淹和清初的學者王夫之就認為這種說法有失偏頗。

范仲淹認為：「《唐書》蕪駁，因其成敗而書之，無所裁正。」新舊唐書以「永貞革新」的成敗來決定它的歷史地位和意義是不公正的。而王夫之的態度更為明顯：「自其執政以後，罷進奉、宮市、五坊小兒，貶李實，召陸贄、陽城，以范希朝、韓泰奪宦官之兵柄，革德宗末年之亂政，以快人心、清國紀，亦云善矣。順宗抱篤疾，以不定之國儲嗣立，諸人以意扶持而冀求安定，亦人臣之可為者也。」

八月四日，唐順宗在宦官們的逼迫下，無奈地將自己的皇位傳給了太子李純，自己退居二線，當起了太上皇。唐憲宗即位稱帝之後，順宗拖著病體移居到興慶宮。憲宗元和元年正月十九日，也就是順宗移宮後的五個多月之後，年僅四十六歲的唐順宗就終老於興慶宮的咸寧殿。唐順宗李適是唐朝皇帝中在位最短的一個（不包括唐隆政權），從他即位到退位前後時間不超過二百天，而「貞元」的年號更是憲宗即位之後所議定的。

關於唐順宗的死因，史書中沒有詳細的記載。在很多人看來，唐順宗自德宗晚年開始就重病纏身，現在駕崩毫無疑問就是因病而亡。但唐代的一本名叫《續玄怪錄》的書中的記載，卻使得唐順宗的死因成為了一個懸而未決的疑案。《續玄怪錄》是唐人李復言所撰，其中有一篇《辛公平上仙》，就是用小說的筆法描寫了一位唐朝皇帝非正常死亡的過程。

據《辛公平上仙》的描述，辛公平是洪州高安縣的縣尉。元和末年，他和吉州廬陵縣尉成士廉一起入京參選，途中遇到了一件怪事。他二人在去長安的路上遇到了一個叫王臻的綠衣吏，這個人告訴他們，他並非普通人，而是一個陰吏。所謂「陰吏」就是不屬於陽間的官吏，王臻還對他們說，他這次來到陽間的目的就是迎接即將仙逝的皇帝。王臻說辛公平命中註定可以看到這一場面，並讓他夜間在灞西古槐下等候，同他一起進入皇宮。

其後，李復言就描述了這些人如何將皇帝帶走。當然，辛公平是親眼所見的。事後，王臻將辛公平送回成士廉的居所，才與之告別。辛公平一直都不敢洩露此事，數月之後也「攀髯」而去。到了元和初年，這件事才從辛公平的兒子口中傳出，最後被記載了下來。

在小說之中出現了兩個關鍵的時間點，那就是一開始提到的「元和末年」和文末提到的「元和之初」，這兩個時間點很矛盾，如果皇帝被殺一事發生於元和末年，那麼傳出的時間怎麼又會是元和初年呢？根據「元和末年」這一時間，陳寅恪先生推斷這篇小說描寫的應該是唐憲宗的死亡情況，這看似毫無可疑之處，實則疑點重重。

黃永年先生曾在他的文章《〈辛公平上仙〉是講憲宗抑順宗》中說出了自己的看法。黃永年先生的突破點是文末提到的「元和初」這一時間，他認為這篇小說根本就是描寫順宗之死而非憲宗。唐順宗於貞元二十一年（西元八十五年）八月退位，五個半月之後就駕崩離世，正是這段時間才有了文中的「更數月，方有攀髯之泣」之說。

據此他推斷，唐順宗可能在退位後不久就被宦官們殺害，直到幾個月後才將死訊公布天下。至於文中出現的前後時間矛盾的現象，黃永年認為是宋人為避仁宗趙禎之諱，才將「貞元」改為「元和」，實際這件事發生的時間應該是「貞元末元和初」，這就剛好和順宗的死亡時間相符。這些觀點雖然有一定的道理，但《續玄怪錄》中的描述畢竟只是小說筆法，就算所記載屬實，也很有可能只是當時的民間傳說了。

第三章　元和中興，朝廷對藩鎮的短暫勝利

第三天子

唐順宗的時代過去，迎來了屬於唐憲宗的年代。據《舊唐書・順宗諸子傳》的記載，唐順宗有二十三個兒子，而在《新唐書》中，這個數量就變成了二十七個。無論如何，順宗是個子嗣頗豐的皇帝，唐代歷史上除了玄宗有三十子，無人可以和他比肩了。憲宗原名李淳，後改為李純，是唐順宗的長子，出生於大曆十三年二月，生母是莊憲皇后王氏。

關於憲宗的生母，說起來頗為奇特。她本是在代宗時期以良家子的身分選入宮中的，當時是唐代宗的才人。王氏進宮的時候年齡很小，據記載只有十三歲。唐代宗十分憐憫她小小年紀就進入皇宮，於是便做主把他賜給了自己的兒子李適，也就是後來的唐順宗。王氏在李適的府邸先是孺人，後被封為太子良娣，在順宗十八歲的時候為他生下了第一個兒子——李淳。由於唐順宗在位時間很短，所以他的後宮嬪妃們還未來得及冊封。王氏這個莊憲皇后的名分應該也是順宗退位，憲宗登基之後追封的。

唐憲宗自幼聰慧過人，加之又是皇長孫，所以深得祖父唐德宗的喜愛。他六七的時候，德宗將他抱在膝上玩耍，問他道：「你是誰家的孩子，怎麼在我的懷中呢？」年幼的憲宗答道：「我是第三天子。」如此巧妙的回答竟然出於一個幼童之口，自此之後，德宗對這個孩子更加看重。從這個故事中不僅可以看到憲宗自幼時就表現出來的聰穎，也可以看出，在這個小小的孩子心中，皇位毫無疑問日後就是由他來繼承的。

但憲宗幼年的想法未免太過天真，雖然按照「嫡長制」的繼承原則，身為長子的他毫無疑問是有著絕對的優勢的。但宮廷自古以來就是一個多事之地，在過去的歷史中，又有多少長子最終得以順利地繼承了皇位呢？李純雖然為皇長子，但在父親登上皇位之後沒有被冊封，所以在「永貞革新」的那段時期內，他的內心始終是十分忐忑的。因為俱文珍托宦官們和王叔文集團的鬥爭，使得李純被宦官們推上了太子之位，其後又登上了皇位。唐憲宗的皇位得益於宦官，但他最後卻是死在宦官的手中，這也不得不說是一個巨大的諷刺。當然，這些都是後話了。

貞元二十一年八月九日，歷經坎坷的李純終於順利地登上了皇帝位，成為大唐的第十一位皇帝，是為唐憲宗。他將年號改為「貞元」，一年後又改為「元和」。這一年，憲宗李純只有二十七歲，年華正好，正是大有作為的時候。

剛登基的唐憲宗馬上便開始制裁順宗時期推行革新運動的王叔文集團，唐憲宗這麼做表面上是為了打擊當年阻礙他順利當上太子的王叔文等人，進而也給支持他的勢力做出一個交代。確實，因為王叔文等人，他在當儲君的那幾個月的心情是十分煎熬的。但從實際意義上來看，憲宗迫不及待的處理「二王八司馬」的深層次原因是因為他想迅速地將處理國家大事的權力從王叔文集團的手中奪回。畢竟，作為一個剛登基的皇帝，為自身的統治累積力量是十分重要的。

幼年時的唐憲宗親身經歷了他的祖父唐德宗和父親唐順宗時期藩鎮給朝廷所帶來的戰亂之苦，所以自他懂事以來，他就下決心解決這個危害國家多年的大問題。如今他已經登上了皇位，成為了這個帝國的主宰，他理應放眼天下，重振大唐失去已久的威望，這也是先帝們遺留下來的願望。

雖然解決藩鎮問題成為了唐憲宗登基後首先要解決的大問題，但他很清楚地知道，想要將天下藩鎮的大權都重新收歸朝廷所有，那麼戰爭就是不可避免的。一旦要開始大戰，如果財力物力跟不上的話，那一切都是空談。鑑於此，他在處理藩鎮問題之前著手處理的國家運作的核心——財政問題。

唐憲宗首先做的是將宮中的剩餘資財悉數轉入左藏庫，左藏庫是國家的正庫，這樣一來，這些皇帝私有的財產就轉為公有。這些錢財不做別用，是防備以後不時之需的，由國家統一管理。緊接著，他又下旨任命李巽為鹽鐵轉運使，掌管江淮財物的整頓。李巽是當時的名臣杜佑所推薦，在財政方面很有自己的主張和見識。李巽上任之後「掌使一年，征課所入，類晏之多，明年過之，又一年加一百八十萬緡」，整頓的效果十分顯著。《資治通鑑》稱讚他說：「**自劉晏之後，居財賦之職者，莫能繼之**」，幾乎可以與德宗時期的財政名臣劉晏比肩。

元和四年，在宰相裴洎的建議下，唐憲宗下旨改革賦稅制度。唐憲宗之所以要改變原有的賦稅制度，其中是有著深層原因的，目的無非是為了增加國家的財政收入，使中央的實力不斷加強。在元和初期，各地的地方稅收是由三個部分組成的，分別是上供、送使跟留州。意思就是說地方的財政收入除了要上交國庫和留下自己使用之外，還要留出一部分作為送使錢物，而這一部分往往是不必要的。

憲宗改革之後，「天下留州、送使物，一切令依省估」，三部分並為兩部分，原來的送使錢物則歸入了國庫。不僅如此，新的政策還規定，各地的政府所需費用從當地使府所在州的稅收中支取，如果不足才可以徵收其他州縣的賦稅。這樣一來，不僅削弱了地方的財政實力，也使得國庫日漸充盈起來。

自古以來，無論哪個朝代哪位皇帝想要增強國家的財政實力，途徑無非兩條，一是開源，二是節流。唐憲宗做到了「開源」，那如果同時做到「節流」，他改革財政的收效也就會成倍增長。和歷史上許多初登寶座的君主一樣，唐憲宗首先做的也是罷除四方進貢，給百姓們減輕負擔，使他們專心於農業生產。

他還曾經向當時的宰相李藩尋求過這方面的意見，和他探討節儉和足用的關係。李藩向憲宗皇帝進言道：「自古以來足用無不來源於節儉。倘使君主不以珠玉為貴，一心一意地對百姓勸課農桑，那麼那些所謂的奇技淫巧就沒有作用了。」唐憲宗若有所思，李藩接著說道：「如果天下百姓富足了，天子怎麼會不富足呢？反而言之，如果百姓們尚食不果腹，君主想要富足也是不可能的。」

對於李藩的看法，唐憲宗也是表示十分贊同的。他說道：「勤儉節約之事是朕誠心誠意追求的，而天下貧富的關係與你所說的也絲毫不差。所以我們應當上下齊心，方能保住此道。」正是因為明白這個道理，唐憲宗在元和初期就多次拒絕了地方進獻給他的歌舞樂伎，理由是這些人會消耗巨額的財富，不能為了他一己之樂，就使國家「剝膚椎髓」。

雖然唐憲宗致力於做一個勤儉節約的好君主，也曾下旨罷除過四方進貢，但各地的官員還是照舊將各種奇珍異寶送入皇宮。對於這些珍寶，唐憲宗也幾乎是來者不拒，但有時迫於輿論的壓力，就將所受的這些財務轉交到度支庫，受國家財政的統一支配。例如在元和三年，山南西道節度使柳晟和浙東觀察使閻濟美按照慣例來到長安述職。但他們這次來除了公事之外，還帶來了一批進貢給皇帝的珍寶。

按照皇帝之前所頒布的詔令，柳晟和閻濟美是違反了規定的，按照律令，應該受到相應的懲罰。但對於他二人這次所帶來的財物，唐憲宗不但從容不迫地收下了，還赦免了他們的違例進貢之罪。御史中丞盧坦看不下去，便上書彈劾他們，希望朝廷能夠給他們應有的懲處。

唐憲宗對此事卻回覆說，他已經下旨赦免了他二人的罪，君無戲言，如果按照盧坦的說法，那就會失信於天下臣民。事情發展到了這個地步，皇帝的態度已經很明顯了，如果是一般的臣子也就會到此為止，但這個盧坦偏偏是個執拗的性格，他認為錯的事情就一定要辯個清楚，就算對方是高高在上的皇帝也不能例外。

盧坦認為，當初唐憲宗為了天下百姓下旨罷除四方進貢這是「大信」，而這次收取供奉本來就是違反了當初的諾言，而且赦免柳晟和閻濟美只是「小信」，不能因小失大。面對執拗的御史，唐憲宗也是毫無辦法。無奈之下，他只好將這批財物交歸國庫。

自此之後，凡有反對他收取進貢之物的，他便將所收取的財物交到國庫，沒有按照之前說的拒絕納貢。所以說，事情總是知易行難，唐憲宗雖然是個君主，但也無法抵擋錢財的誘惑，以至於背棄了當初所做出的承諾。正是因為皇帝的這種做法，所以在元和年間，各地的供奉還是源源不斷地送入長安。而當地的官員為了收集各式的奇珍異寶來討好主上，也是加緊盤剝治下的百姓。

雖然唐憲宗收取供奉的這種行為在一定程度上增加了百姓的負擔，但人無完人，作為一個君王，這些財物對於他來說也許不止是物質上的滿足，更重要的是這個過程給他帶來的「高高在上」的心理慰藉。但從事實來看，唐憲宗在元和初期所推行的一些措施確實是有利於恢復經濟和累積國家資產的。在國力慢慢充實起來的時候，唐憲宗心中多年的理想即將要付諸行動，一場巨大的改變將要在元和年間拉開帷幕。

不要逼朝廷對付你

唐憲宗在元和初期所做的一切，都是為了他父輩祖輩未完成的理想，那就是將分散在各藩鎮的權力重新收回中央所有。唐憲宗未登基之前雖然憎恨王叔文集團，對他們的改革也不屑一顧。但從他登基之後的實際做法來看，他也並非完全否決了王叔文等人當年的革新措施，尤其是在裁抑藩鎮方面，唐憲宗甚至比他們做得更好，更是取得了十分顯著的成效。

在萬事俱備之後，憲宗朝與藩鎮之間的鬥爭就要拉開帷幕，而唐憲宗的目光首先落到的是一個叫西川的藩鎮頭上。西川原來的節度使叫韋皋，就是那個曾經向王叔文請求擴寬屬地最後被嚴詞拒絕的人。韋皋任節度使之時，西川還能聽命於朝廷。但唐憲宗登基後不久，韋皋就突然暴斃而亡。

韋皋死的很不尋常，關於這件事，歷史上的猜測頗多。韋皋是在憲宗剛剛當上太子時第一個向朝廷上表請求太子監國的，但卻在新帝登基後突然死亡，因此很多人都認為這背後隱藏著許多不可告人的秘密。

更為蹊蹺的是，當年韋皋上表之時，河東節度使嚴綬和荊南節度使裴均都先後向朝廷遞上了內容和韋皋差不多的表章。再加上當時敦煌壁畫《胡商遇盜圖》中透露出的線索，不少人都認為是當時掌握大權的大宦官為了逼迫唐順宗退位而指使這些節度使上表，事成之後便將這些知情者殺人滅口，而韋皋就是其中之一。

且不說韋皋是因何而死，但因為他的突然死亡，引發了一場在當時影響頗大的叛亂。事情的起因是韋皋的節度副使劉辟在其死後沒有申報朝廷批准就擅自為韋皋留後，事後才上了一封奏疏向朝廷報告此事。

雖然自唐朝建立了藩鎮以來就有節度使死後由其後代繼承的傳統，但劉辟這種先斬後奏的做法的確實有失體統。劉辟之所以敢這麼做也是有原因的，因為唐中後期藩鎮的勢力增加了之後就不把中央的政令放在眼裡，而這種做法也是各藩鎮之間產生了默契的。不僅如此，劉辟又慫恿自己的部下聯名向朝廷上書，希望朝廷能將他封為新一任的西川節度使。

對於劉辟的要求，唐憲宗馬上做出了反應。他當然不會答應劉辟，於是在貞元二十一年（西元八〇五年）十月，唐憲宗下令命中書侍郎同平章事袁滋為劍南西川節度使，至於劉辟則調入長安任給事中。從地方到中央本來對官員來說是無上的光榮，但劉辟接到調任的詔書之後竟然拒不奉詔，不肯入京。此時的唐憲宗才剛剛登基，地位還不夠穩定，他雖然不想答應劉辟的請求，卻又不想因為此事引起過多的爭端。於是在十二月，他下旨封劉辟為西川節度副使和知節度事，暫時主理西川的事務。

唐憲宗這樣的做法引起了許多朝臣的不解，當時的右諫議大夫韋丹就認為這種「姑息養奸」的做法只會留下後患，沒有任何的好處。他對唐憲宗說：「如今一旦赦免了劉辟的罪行，其他藩鎮一定會效仿他的這種做法。到時候朝廷就會只剩下東、西二京，還會有誰聽從朝廷的指令呢？」

唐憲宗也明白如此不是長久之計，但此時削藩的時機還未成熟，只有臥薪嘗膽，日後方能成就大事。但從此事中，唐憲宗也看到了韋丹等大臣對藩鎮問題的態度。於是，唐憲宗命韋丹為東川節度使，用東川的勢力暫時壓制住劉辟，並著手準備討伐西川的事宜。

唐憲宗這麼做已經是仁至義盡，但不知好歹的劉辟又提出了新的要求。元和元年正月，劉辟再一次向朝廷上書，希望他能夠兼領包括西川、東川和山南西道在內的「三川之地」，這也是韋皋當年想在王叔文那裡求而不得的東西。此時東川節度使韋丹還未上任，劉辟就提出如此無禮的要求。

唐憲宗聽到之後大怒，馬上嚴詞拒絕了他。朝廷的態度發生了如此巨大的改變，劉辟一時難以適應。可能他認為是西川方面給中央的壓力不夠大，所以他馬上將西川的兵馬召集起來，隨後就圍攻了東川節度使駐紮的梓州，並將原東川節度使李康囚禁了起來，想又一次來個先斬後奏。此時，距離唐憲宗即位也僅僅只有三個月而已。

但劉辟萬萬沒有想到的是，三個月的時間已經讓新皇帝的地位日漸穩固，此時的唐憲宗根本不會再買他的帳。在唐憲宗看來，劉辟之前就貪婪無度，如今竟敢起兵造反，完全不把朝廷放在眼裡，自己當然要還以顏色。而對付這種無恥小人的辦法只有一個，就是用武力消滅他們。就在唐憲宗決定出兵討伐西川的時候，又有許多臣子站了出來。

雖然唐憲宗一再向他們說明，這次出兵一定會小心謹慎，不會再像德宗時期那樣輕舉妄動，但他們還是認為巴蜀之地地勢險峻，易守難攻，且劉辟的軍隊在西川多年，對當地的地形和民風肯定是瞭若指掌，此戰於朝廷是大大的不利，所以請皇帝三思而後行。這些大臣之所以反對以武力攻打西川，一方面是出於上述的原因，為朝廷考慮戰機，還有一方面就是多年的藩鎮割據狀況已經使他們心中對藩鎮產生了一種恐懼感。如果這次征討失敗，不僅不能夠平息叛亂，反而會引發天下藩鎮的動亂，很有可能會因小失大。

即使是如此，當時的宰相杜黃裳還是站在唐憲宗一方的，因為他清楚地知道，藩鎮問題如果還不下狠心去解決，必定是後患無窮，前朝受藩鎮割據之苦受的還不夠多麼？正是因為有這樣的想法，所以他曾經對唐憲宗說過這樣的話，「當年德宗皇帝在經歷了藩鎮戰亂之苦後採取了妥協的政策，對藩鎮姑息而不再使用武力。各地藩鎮的節度使死後，朝廷會派中使前去視察，看誰有才能可以繼承節度使的位置。那些想要自立的人往往用錢財賄賂這些使者，讓他們回來之後在皇帝面前為他們說好話。那時德宗皇帝不知就裡，幾乎都採納了中使的意見，所以朝廷也再沒有向各地派出過節度使。如今國家想振立綱紀，必須用一定的法度來制裁藩鎮。只有這樣天下才能得到治理。」

杜黃裳的一番話正中唐憲宗的下懷，也正是因為有杜黃裳的鼓勵，唐憲宗解決藩鎮問題的決心更加堅定了。有人甚至說，杜黃裳的這些話是「一字千金」，正是因為他的幾句話，就奠定了整個「元和」年間，甚至是九世紀初期唐朝的基本格局。

雖然有許多大臣持反對意見，但決心已下的唐憲宗還是力排眾議，決定出兵討伐劉辟。而宰相杜黃裳不僅支持唐憲宗，還將神策軍使高崇文推薦給了皇帝。高崇文雖然資歷尚淺，在當時不為人所知，但卻是個文武雙全之人，此去定能不負所托。對於杜黃裳的做法，當時的翰林學士李吉甫也表示十分讚賞。

元和元年正月二十三日，唐憲宗頒布了《討劉辟詔》，下旨命左神策行營節度使高崇文為統帥，宦官劉貞亮為監軍使，率唐朝大軍前往西川平叛。這次朝廷派出的兵馬實力十分強大，除了有高崇文親率的五千精兵為前軍之外，還有神策軍京西行營兵馬使李元奕率領的兩千騎兵殿後。不僅如此，山南西道節度使嚴礪也發兵興元，和朝廷的兩路大軍一起直指西川。

前方的道路雖然艱險重重，但大軍分斜谷和駱谷兩路終於順利地進入了蜀地。「安史之亂」後唐朝中央的實力雖然有所減退，但畢竟還是有一定的基礎的。再加之憲宗之前的財政整頓，給這場戰爭提供了充足的後備力量。所以對西川的戰役一開始，唐軍就以絕對的優勢佔據了主動地位。主將高崇文也沒有辜負朝廷的一番重托，在他的率領下，唐朝大軍唐軍兵分二路，浩浩蕩蕩地向西川的治所成都開去。與此同時，山南西道的軍隊也與之相呼應，聲勢更加浩大。

在如此強勁的攻勢下，劉辟的西川軍不堪一擊，不久之後就敗退下來。無奈之下的劉辟只得帶著自己的殘兵敗將朝吐蕃逃去。但不幸的是，劉辟還沒有到達目的地就被活捉，隨後被押送長安問罪，最後被斬首示眾。

平定西川的戰役從元和元年正月二十三日開始，到該年九月二十一日結束，前後所經歷的時間不到九個月。用時之短，效果之明顯都是以前對藩鎮戰爭中很少見的。就這樣，唐憲宗平定藩鎮的計畫成功地向前走出了第一步，等待著他的，將會是更艱難的挑戰。

削藩不難

就這樣，唐朝廷順利地收回了西川的管理權。與此同時，唐憲宗又馬不停蹄地命河東節度使嚴綬前去討伐夏綏節度使的留後楊惠琳。楊惠琳是夏綏節度使韓全義的外甥，永貞元年（西元八〇五年）八月，韓全義請求到長安面聖，希望將自己的職位傳給外甥楊惠琳。唐憲宗本來就有意改變藩鎮節度使的留後問題，自然不會輕易答應韓全義的請求。

元和元年三月，唐憲宗下旨，命韓全義致仕，同時派遣了神策軍將李演為新一任的夏綏節度使。眼看計畫就要落空，楊慧琳馬上將兵馬召集起來，並在夏州自為節度使，以此來抵抗朝廷的詔令。對於楊慧琳的舉動，唐憲宗首先想到的就是武力討伐。正好此時河東節度使嚴綬請求率軍前去征討，於是憲宗就下旨命他為大軍統帥，率領河東和天德的部隊火速開往夏州。就在發兵後不到一個月的時間內，夏州內部就發生的叛亂，楊慧琳被自己的部下張承金所殺，首級也被傳送到京師。捷報傳來，夏州的叛亂就這樣輕易地被平定了。

正是因為和西川與夏綏戰爭的勝利，中央政府的威望瞬間提高了不少。再加上如今各地藩鎮的力量已經在逐漸地衰落，德宗時期那種鼎盛的局面已經不復存在了。所以在朝廷的武力威懾下，各地的節度使都不敢輕舉妄動，對朝廷的命令和安排也開始慢慢聽從了。不僅如此，大部分的藩鎮遇事也不再敢擅自做主，而是紛紛上表請求進京面聖，以朝廷的安排為行動的準則。

雖然戰爭帶來了良好的效果，但不排除有些藩鎮只是表面服從，畢竟這些節度使威風多年，怎麼會甘心被朝廷的政令所束縛呢？而在這些人中，鎮海節度使李錡就是其中之一。

李錡出自李氏皇族的一個旁支，因為這層關係，在德宗時期做到了湖、杭二州刺史的位置。他是個為了官位不擇手段的人，透過賄賂上級，竟然得以官職潤州刺史並領鹽鐵使，但後來被王叔文罷免。李錡一直因為王叔文解除其鹽鐵轉運使一直而十分不快，這次也並非真心屈從於朝廷，只是迫於局勢想保住自己的節度使之位而已。

蜀、夏被平定之後，李錡也向朝廷上了一道書，稱自己要入朝覲見。不僅如此，他還主動請辭，希望能夠讓自己的判官王澹為其留後。他的本意是藉此搪塞過去，沒想到唐憲宗卻當了真，他不僅批准了李錡的請求，還封他為左僕射，命他不日就來京任職。

左僕射雖然是天子近臣，但卻只是個虛職。而鎮海地處浙江的西部，是唐朝南方的重鎮，也是國家財政收入的重要來源地之一，是個人人都想去的好地方，李錡又怎麼會輕易放棄呢？李錡想留在鎮海這是顯而易見的，而對於唐憲宗來說，他當然知道鎮海對於朝廷的重要意義，所以這次也是收回其管理權的絕佳機會。

為了防止事情有變，精明的唐憲宗特意派遣了一位中使前去鎮海勞軍。中使前來勞軍是假，催促他入朝是真。無奈之下，李錡只得以生病為藉口推辭。消息傳到長安後，唐憲宗當然知道李錡的心思。正在憲宗考慮如何處理這件事的時候，宰相武元衡站出來說道：「李錡只不過是個小小的節度使，想來朝就來朝，想不來就不來，這成何體統！況且陛下剛登基不久，如果放縱他這種行為，以後如何號令天下。」聽了武元衡的意見，唐憲宗向李錡下了最後通牒，命他即刻入朝。

事情發展到了這一步，對於李錡來說已經是無路可走了。在這樣的情況下進入長安，結果只有一個，那就是「人為刀俎，我為魚肉」，只能受人宰割。但朝廷的詔書送抵鎮海之後，判官王澹和中使就頻頻催促李錡動身，弄得他煩不勝煩。走投無路的李錡只得走最後一步險棋，那就是起兵造反。這麼做雖然風險很大，但一旦勝利，大唐的天下就會重歸藩鎮所有，在他之前也並非沒有這樣的例子。

決定起兵之後，李錡先是將王澹和衛將趙琦殺死，隨後又將中使囚禁起來。元和元年十月，李錡謊稱鎮海發生「軍變」，正式起兵造反。起兵之後，他馬不停蹄地派人將蘇州、杭州、湖州、睦州、常州五州的刺史全數殺害，將這些州府的主導權都收歸己有。與此同時，他還派兵進駐石頭城，在此駐防，來抗擊北下的政府軍。

得知李錡造反之後，唐憲宗馬上下旨剝奪了他的一切官爵，並將他的宗室之名除去。隨後，他又命淮南節度使王愕為大軍統帥，前去征討叛軍。詔令一下，王愕率領淮南軍，和江西以及浙江的軍隊在鎮海匯合，逼向李錡的駐地。

但出乎意料的是，還沒等到戰爭打響，李錡就被活捉了。原來就在王愕率大軍前來之時，鎮海軍發生了內部分化。李錡的部下有很多不願意跟隨他作亂的，再加上他不得人心，所以其牙內兵馬使張子良等人便在陣前倒戈，率部殺進了京口，也就是當時鎮海的治所，李錡被當場活捉。隨後，李錡被火速押往長安，最終被處以腰斬的極刑。李錡被處死之後，他的財產全部被收歸國庫，以此來抵納浙西百姓該年所需繳納的賦稅。

因為對西川、河東和鎮海這幾個藩鎮的戰爭都取得了喜人的戰果，使得唐朝的南方政局逐步變得穩定起來。然而這些措施可以說都只是唐憲宗平抑藩鎮大計畫的前期準備工作，在這些事情都解決了之後，唐憲宗便開始著手於歷史的遺留問題——河北諸鎮。

在唐朝中後期的藩鎮中，河北諸鎮，如成德、魏博、淄青三鎮，都是實力最為雄厚的，也是唐政府長久以來的一塊心病。雖然如此，但時間發展到了憲宗朝，局勢卻有了很大的改觀。雖然這些北方重鎮不為朝廷所屈服，但此時勢力也是大不如前，而且內部矛盾重重，隨時面臨著分裂。再加上南方的逐步穩定，國家的財政也在慢慢恢復，這些都不得不說是唐憲宗將理想付諸行動的重要條件。

多年以來，河北各個藩鎮沿襲著子承父業的傳統，衍生了諸多弊端。這些問題由來已久，憲宗之前的皇帝也不是沒有想過要去解決，但幾乎都是以失敗告終。想要解決河北諸鎮的問題，首先必須找到一個切入點，而唐憲宗首先下手的就是「河北三鎮」之一的成德鎮。

此時成德節度使王士真已死，他的兒子王承宗依照藩鎮之間多年的傳統，繼承了父親的位置。唐憲宗見這是個機會，便想就此事開始解決藩鎮父子相襲的弊端。唐憲宗的想法一提出來就遭到了許多大臣的反對，他們認為河北諸鎮的積弊已久，不是一時就能消除的了的。不僅如此，河北的藩鎮勢力彼此交錯，根基頗深，不容易輕易撼動。倘若處理不當則會反受其亂，得不償失，所以不應該這麼草率就下這樣的決定。

正如這些大臣們所說，打擊成德鎮的時機此時還是不夠成熟的，這些從後來此戰的結果也能很清楚地看出。但唐憲宗因為之前多次的勝利而信心滿懷，根本聽不進去這些意見，而當時的一個名叫土突承璀的宦官為了在皇帝面前邀寵，告訴憲宗王承宗已經開始進攻德州。唐憲宗聽聞之後更是來不及多考慮，就馬上下令出兵討伐。

這次唐朝出動了大批軍隊，在戰爭開始時也取得了一定的勝利。但隨著時間的發展，由於朝廷內部出現了一些問題，使得討伐軍糧餉缺失，再加上行軍日久，人疲馬乏，就再沒有受到什麼顯著的成效了。與此同時，王承宗方面也是再難抵抗下去了，於是他主動表示願意向中央屈服。並提出接受朝廷委派的官吏，定期向朝廷納貢。而唐憲宗此時也正好需要一個台階下，於是他便馬上答應了王承宗的條件，草草結束了這場戰爭。其後，唐憲宗下旨命王承宗為成德節度使，統領成德的一切事宜。

其後，王承宗也有反覆，但一旦憲宗採取軍事行動，他便馬上就舉手投降，然後再與朝廷談條件。

所以從實際意義來看，成德鎮雖然表面上是歸順朝廷的，但實際從某種程度上來看還是脫離政府獨立存在的。

失敗的成功暗殺

雖然對成德鎮的處理最後的結果有些尷尬，但唐憲宗沒有放棄自己統一版圖的理想。不久之後他的目光又落到了河北另一個藩鎮——魏博鎮的身上。和成德鎮的情況頗為相似，魏博鎮的老節度使田季安已死，他的兒子田懷諫依照「傳統」被擁立為節度副使，而牙內兵馬使田興則被封為步射都知兵馬使。當然，這些都是先斬後奏，沒有事先徵得朝廷的同意的。

換個角度來看，即使是朝廷不同意他們的這種做法，他們也未必會將朝廷的意見放在心上。所以，於藩鎮看來，向不向中央報備已經是一件基本上沒有實際意義的事，所以他們自然就省去了這一環節。而對於中央政府，尤其是帝國的領導者唐憲宗來說，這就是一個巨大的諷刺和侮辱。

對魏博鎮事件的處理馬上被提到了朝廷的議程之上，宰相李吉甫認為解決這些不把中央放在眼裡的藩鎮的唯一辦法就是發兵征討，而唐憲宗也是持同樣意見。但當時的另一位宰相李絳也說出了自己的看法，在他看來田懷諫經驗尚淺，恐怕根本控制不了魏博的局面，不久之後魏博就會自顧不暇，根本用不著朝廷花費一兵一卒。

唐憲宗見李絳成竹在胸，就同意了他的意見，暫時不對魏博鎮出兵，而是靜觀其變。果不其然，魏博鎮不久就發生了內亂。在這個適時的情況下，唐憲宗封田興為魏博節度使。不管表面還是現實，魏博就這樣和平歸順了中央。

接下來，唐憲宗又發兵平定了淮西的吳元濟。此次對淮西的戰爭前前後後一共進行了四年，影響十分深遠，甚至可以說是唐憲宗一生平定藩鎮中最為輝煌的一次，史稱「淮西大捷」。元和四年十一月，淮西節度使吳少誠因病身亡，沒有留下任何遺言。當時的申州刺史吳少陽為了能夠繼承吳少誠的節度使之位，於是便偽造了一份遺書，自稱為淮西節度副使並任知軍州事。

吳少陽這種任意妄為的做法本來應當受到朝廷的嚴厲譴責，但此時的唐憲宗正忙於對成德王承宗的討伐戰爭中，根本分不開身處理淮西的事。為了穩定淮西的形勢，使討伐成德的戰役順利進行，唐憲宗只好答應吳少陽為吳少誠的留後，並正式下旨封他為新一任的淮西節度使。

時間一晃過去了五年，元和九年八月，吳少陽也一病而亡。這時朝廷對成德的戰爭早已結束，不僅如此，各地的藩鎮都開始聽命於朝廷，原來的那種父子相承的傳統早已經改變。正是因為如此，吳少陽的兒子吳元濟將父親的死隱瞞了起來。隨後，在沒有朝廷批准的情況下，他自任為吳少陽的留後，開始領兵作亂。吳元濟不僅攻佔了周圍的州縣，還縱容手下的士兵掠奪當地百姓的財物，甚至屠害百姓，無惡不作。

得知吳元濟反叛後，唐憲宗馬上下旨將吳元濟的一切封爵削去，並命嚴綬為招撫使，率領大軍討伐淮西。這次的戰爭不像唐憲宗想像的那麼順利，而問題的關鍵就在於皇帝選錯了領軍之人。以嚴綬的才略來看，根本不能勝任統領各路軍隊的重責。正是因為他的指揮不當，各路兵馬都不願主動出擊，而是集聚在淮西鎮的邊緣觀望。

就在一切處於膠著狀態的時候，忠武節度使李光顏率先出擊，斬殺了數千個敵人，也打破了戰爭的僵局。就在情況要逐漸好轉的時候，京城卻發生了一件驚天動地的大事，宰相武元衡在上早朝之時被刺客暗殺了。

這件事情發生在元和十年（西元八一五年）的六月三日。這天清晨，宰相武元衡和往常一樣去上早朝。就在他帶著兩名僕從，騎著馬走到靖安坊東門不遠處時，從街邊的樹後竄出了兩名刺客。這兩名刺客先將兩名僕人擊倒，隨後便將武元衡的左腿打傷，拖下馬來，不僅將他殺死，還將他的頭顱割下帶走。等到眾人趕到現場時，武元衡早已身首異處，一命嗚呼。宰相被殺的事件很快就傳遍了長安的大街小巷，一時之間，人心惶惶。唐憲宗聽說了這件事後，馬上下旨免除了當日的早朝，並召集眾位大臣前來商議此事。

就在皇帝焦慮萬分的時候，又傳來了一個駭人聽聞的消息。不僅武元衡遭到了襲擊，御史中丞裴度也在上早朝的路上遇到了刺客，所幸的是他沒有被殺，但也深受重傷，不能來朝。刺殺事件發生之後，長安進入了緊急的戒備狀態中，宰相出入家中和朝廷都有特定的護衛保護。那麼，武元衡和裴度身為朝中要員，怎麼會在天子腳下遭到暗殺呢？這次行動的幕後主使者又是誰，為什麼非要置武、裴二人於死地呢？

從刺殺案件發生的過程來分析，這些殺手很明顯是經過了專門的訓練的。而且他們目的明確，人數眾多，顯然在事情有過周密的計畫。武元衡和裴度之所以成為暗殺的對象，是因為他二人是朝中力主對藩鎮用兵的主戰派的重要成員，而這次活動的策劃者就是早就對其懷恨在心的淄青節度使李師道。

刺客雖然是淄青節度使李師道所派，但始作俑者卻是此時正在淮西作亂的吳元濟。原來吳元濟因為自己的實力不足以對抗朝廷的大軍，於是便向淄青的李師道求援。這李師道本來就對朝廷的削藩政策十分不滿，在他看來，唐憲宗之所以如此執意削藩，全都是聽了武元衡等人的挑唆。於是，他做了一個十分衝動而且愚蠢的決定，就是派出刺客去長安刺殺武元衡。他認為，只要武元衡一死，唐憲宗自然而然就會放棄削藩的舉動。

然而他沒有想到的是，武元衡被殺之後，憲宗對藩鎮的恨意進一步加深。武元衡和裴度被刺殺的時間雖然一度打斷了唐憲宗對淮西戰役的部署，也使得吳元濟暫時獲得了一個喘息的機會，但唐憲宗根本沒有就此放棄自己的削藩計畫。武元衡死後，唐憲宗馬上就拜裴度為相。裴度的上任很明顯代表了皇帝對藩鎮的強硬態度，不久之後，裴度就在憲宗的旨意下親自到淮西督戰。

元和十一年（西元八一六年）八月，淮西宣慰招討處置使裴度如期來到了淮西。裴度的到來陡然改變了淮西的局勢，他先是告慰了在前線苦戰的眾位將士，廢除了宦官的監軍之權，使得將領們都得到了對部隊的控制權。其後，裴度又正式頒布了軍機，明確了各路軍隊的職責。裴度的一系列做法不僅調動了軍隊的積極性，還一改征討大軍一年多來的頹廢局勢。

除了保障後方的工作之外，裴度還親自進行了戰略部署，他將南線交給李愬（音訴），而北線則由李光顏指揮作戰。裴度的信任讓李光顏十分感激，所以他在戰場分外賣力，因為北線的進攻猛烈，吳元濟被迫將淮西軍的主力都調往了北邊。李光顏的做法不僅報答了裴度的知遇之恩，也給李愬創造了一戰留名青史的可能。

李愬字元直，洮州臨潭人氏。他系出名門，是唐朝名將李晟之子。因為其父在德宗朝解奉天之圍時立了大功，所以李愬也得以進入仕途。他原是是太子詹事兼宮苑閒廄使，後經裴度推薦擔任了唐鄧節度使一職。淮西吳元濟叛亂之後，李愬也奉命率大軍前來征討，並在這次的戰爭中有了不俗的表現。裴度來到淮西之後，將南線的重責交付給他，李愬也沒有負他所托，順利解決了淮西的叛亂。

就在李光顏將吳元濟的兵馬都引到北線之後，李愬決定親自率軍突襲已經被孤立的蔡州。蔡州是淮西的軍事中心，也是吳元濟重要的後方據點。在這之前，李愬成功的抓獲了淮西騎將李枯，並用心收服了他，並和他密議奪取蔡州之計。

元和十二年十月十五日，李愬親率已經訓練好的九千精兵，連夜冒雪趕往蔡州。由於大雪彌漫，道路泥濘，一般的軍隊根本無法在這樣的天氣狀況下行軍，但李愬卻帶著兵馬在大雪中急行了七十餘里，終於到達了蔡州城下。當然，這一切，城中的守軍都不得而知。

就這樣，李愬率軍進入了蔡州城，包圍了吳元濟的牙城。天亮之時，李愬下令進行總攻，吳元濟猝不及防，只得束手就擒。元和十二年十一月一日，被俘獲的吳元濟被押往都城長安，遊街示眾後被斬殺於長安城中的獨柳樹下。

憲宗年間平定藩鎮的最後一步是在淄青李師道身上結束的。在淮西吳元濟死後，各藩鎮都在中央強大的軍事威懾力下表示了朝廷的忠誠，李師道當然也在其列。他之前和其他節度使一樣表示願意質子割地，以此來換得自己的平安。但好景不長，可能李師道一開始也不是出於自願，總之不久之後他就故態復萌，不再聽從中央的指令。李師道的這種態度激起了唐憲宗早就想對其用兵的想法，這一次，唐憲宗下定決心要讓這個不知天高地厚的李師道對自己所做出的行動後悔終身。

其後，唐憲宗火速調兵遣將，召集了包括魏博、宣武、義成、武寧與橫海五個藩鎮的兵馬前去淄青討伐李師道。但相同的戲碼又一次在淄青上演，還沒等到五鎮的兵馬到達目的地，李師道就被自己的部下，淄青軍都知兵馬使劉悟殺死。由此可以看出，朝廷對各藩鎮的影響力在當時還是十分強大的。李師道死後，淄青十二州的管理權自然而然就收歸朝廷所有。

一死成謎

在唐中期的眾位君主中，唐憲宗是頗具特點的一位。他之所以被稱為唐朝的「中興之主」，是因為唐朝自「安史之亂」以來多年的藩鎮割據問題在他的手中基本得到了解決。憲宗時天下統一的局面和德宗、順宗時期形成了較為強烈的對比，也因為唐憲宗在位期間的年號為「元和」，所以這段時期在歷史上也被稱為「元和中興」。

作為一個皇帝，唐憲宗有著雙重的宗教信仰，既崇信佛教又迷信道教。唐憲宗崇信佛教的原因可能和他一生頻繁地發動平藩戰爭，殺戮太多有關。至於迷信道教，原因更是簡單不過。和歷史上數不勝數的君王一樣，唐憲宗也希望透過服用道教丹藥尋求長生不老。

唐憲宗崇佛這是眾所周知之事，尤其到了晚年時期，這種思想發展得更為嚴重，甚至到了為迷信佛教不顧一切的地步。元和十二年四月，唐憲宗為了禮佛，特意下旨修建了通往興福寺的專用通道。這條通道從芳林門西開始，經過德修坊，直接連接了大明宮和興福寺，耗費了右神策兩千軍士的人力，其中所消耗的物力更是不言而喻。

在唐憲宗的宣導下，不僅京城的王公貴族，包括許多的平民百姓都開始信仰佛教，一時掀起了一股施捨奉養的潮流。在唐憲宗的崇佛歷史中，最有影響力的當屬「法門寺迎奉佛骨」，為此，大文豪韓愈還特上《論佛骨表》一文，表達了自己對舉國禮佛的不滿。

法門寺歷史悠久，始建於西元四世紀的東漢，地處長安以西的鳳翔府（今扶風縣）法門鎮。法門寺原來叫做「阿育王寺」，隋文帝時期改名為「成實道場」，直到唐高祖武德八年才更名為現在的「法門寺」。法門寺之所以能夠享譽天下，是因為寺內有一座磚塔，塔中供奉著佛骨舍利。相傳天竺阿育王是個崇佛之人，他在佛祖釋迦牟尼涅槃之後，將他的遺骨分為了八萬四千份，分別埋葬在世界各處。凡是埋葬佛骨的地方，都會建造一座佛塔，而法門寺「因塔置寺，寺因塔著」，自然而然就成了佛教聖地，聞名天下。

法門寺的規模較大，佔地面積有百餘畝，共分為二十四個院落，在唐朝時共有僧尼五百餘名。法門寺雖然有名，但因為建造時間太過久遠，所以在歷史上遭受過多次的焚毀。但幸運的是，因為歷朝歷代都會有一些皇帝信仰佛教，所以法門寺經常得到皇家的修葺和維護，最終得以保存至今。

在唐代，迎奉佛骨是極其隆重也是最高的禮佛形式，而法門寺作為皇家道場，自然成為了皇帝禮佛的不二之選。迎奉佛骨先是要將佛骨從法門寺迎到都城長安，在皇宮供奉之後，再送往其他的寺院，一切儀式結束之後再送歸法門寺。

元和十三年（西元八一八年）十一月，主管佛寺供奉的功德使進奏說：「鳳翔府法門寺所藏的佛骨舍利，相傳三十年一開」，更有傳言說這佛骨舍利可以使「歲豐人和」。功德使說明年就是開塔的時間，所以請奏憲宗皇帝下旨開塔迎奉佛骨。聽了功德使的奏報，唐憲宗欣然同意了他迎奉佛骨的建議。

在唐代的諸多皇帝當中，唐憲宗不是從法門寺迎奉佛骨的首人。早在貞觀時期，唐太宗李世民就曾經在岐州刺史張亮的建議下，將佛骨舍利從法門寺迎出，「遍示道俗」。唐太宗這次的禮佛行動使得「京邑內外，奔赴塔所，日有數萬。舍利高出，見者不同。」

除了唐太宗之外，高宗顯慶四年、武則天長安四年、中宗景龍二年、德宗貞元六年都有過開塔迎佛的活動，但規模都較小，影響力也不十分顯著。

元和十三年十二月，唐憲宗下旨命中使開始籌備迎佛儀式，並昭告了天下百姓。與此同時，他還召集了長安各大寺院中的高僧，由朝廷特派的中使帶領，前往鳳翔法門寺迎接佛骨舍利。元和十四年正月，佛骨順利地抵達了長安以西的臨皋驛。

因為皇帝的大肆宣導，再加之佛教在唐朝時期的鼎盛，所以京城的達官貴族和百姓們幾乎人人都信奉佛教。對於此次佛骨的到來，他們更是望眼欲穿，企盼之情猶如久旱盼甘霖。為了表達自己對佛祖的信仰，以此來求得佛祖的庇佑和恩澤，一些信徒甚至將家產變賣，恨不得將自己所有的財產都用來供奉佛骨。

自從唐憲宗宣布開塔迎奉佛骨的那一天起，整個長安就陷入了一種莫名的狂熱氛圍之中。尤其是在皇帝命宦官杜英奇率宮人手持香花，將佛骨從臨皋驛迎接到大明宮供奉之事，整個長安都沸騰了。一時之間，無論是王公貴族還是平民百姓，都紛紛拿出自己的錢物。為了表達自己的虔誠，有些人甚至在街市之上號叫爬滾，局面十分混亂。

至於唐憲宗本人，自從佛骨進入皇宮的那一刻開始，在供奉的三日之內，他除了向佛祖進獻錢物之外，每日都在舍利之前念誦佛經，希望死後能登極樂之地。在這之後，佛骨舍利又被送到各大寺院，場面之轟動自不必言。就在唐憲宗和整個長安都陷入崇佛的喜悅和期盼之中時，一篇文章瞬間擊碎了天下人的美夢。元和年間的迎奉佛骨之所以影響如此之大，一是因為它的規模和參與人數遠遠超過了以往任何一次禮佛活動，還有一個重要的原因，就是韓愈的《論佛骨表》。

韓愈，字退之，河南河陽人，因自稱郡望為昌黎，所以世稱韓昌黎。韓愈是唐朝著名的古文運動主將，有著「文起八代之衰」的美譽，被推為「唐宋八大家」之首。韓愈三歲時父母就相繼去世，他是在伯父的家中長大的。幼年的韓愈讀書十分刻苦，這也培養了他深厚的寫作功力。

韓愈是德宗年間的進士，因為在文壇頗負盛譽，所以做過宰相董晉的巡官。在這之後，他又做過四門博士、監察御史等官職。韓愈性格直率，當監察御史之時就因為向德宗進言，希望他改革宮市所帶來的弊端，最後被貶為陽山縣令。唐憲宗即位之後，因為聽說過韓愈的才名，就將他召回長安做了國子博士。因為耿直的性格不改，韓愈的仕途頗為曲折，起起伏伏多次，但他所做的最為轟動的一件事，還是在唐憲宗迎佛的時候上了一道《論佛骨表》。在這篇文章中，韓愈列舉了古往今來的眾多事實，以此來證明佛教能保佑蒼生根本就是無稽之談。不僅如此，他還勸告皇帝不要迷信佛教，更不要因為此時壞了朝綱和父子倫常。最後，他還稱佛骨舍利是「**枯朽之骨，凶穢之餘**」，應將其燒毀，倘若佛祖真有靈驗，那所有的災難都會降在他的身上，所以請皇帝不要擔心。

這篇表文無疑給此時因佛骨之事而熱血沸騰的唐憲宗澆上了一盆冷水，簡直是冒天下之大不韙。唐憲宗在接到《論佛骨表》之後十分惱火，揚言要殺了韓愈。當時幸好有宰相裴度和崔群從旁勸解，韓愈才倖免於難。但死罪能免，活罪難饒，韓愈最終還是被貶為潮州刺史。

除了信奉佛教之外，唐憲宗還非常迷信道教。早在元和五年，宦官張惟則從新羅回來之後，唐憲宗就開始相信世間確有神仙和長生不老之術。在此之後，他就廣招天下術士為自己煉製丹藥，其中較為有名的便是是術士柳泌。柳泌雖然讀過一些醫書，但實際上卻是個官場騙子。他以煉藥為名，讓唐憲宗賜予他台州長吏的職位。雖然此舉遭到了群臣的反對，但為了長生，唐憲宗義無反顧地給柳泌加官晉爵，命他專門為自己煉製丹藥。

自從開始服用丹藥之後，唐憲宗的身體每況愈下，終日渾身燥熱，焦渴難耐。身邊的大臣也曾勸諫過他，讓他不要聽信這些術士之言，不料憲宗大發雷霆，於是便再無人敢提及此事了。到了元和十五年，唐憲宗的身體越來越差，甚至連常規的朝會都無法出席。

元和十五年正月二十七日，唐憲宗暴崩，諡號為「聖神章武孝皇帝」，廟號「憲宗」，死後葬於景陵。據官方的史書記載，唐憲宗正是死於服用金丹過多，體內熱氣上湧。也有說唐憲宗並非死於丹藥，而是被當時的一個叫陳弘志的宦官所殺。

唐代劉禹錫有詩云：「汝南晨雞喔喔鳴，城頭鼓角音和平。路旁老人憶舊事，相與感激皆涕零。老人收淚前致辭，官軍入城人不知。忽驚元和十二載，重見天寶承平時。」唐憲宗在位十五年，以祖上的聖明之君為榜樣，雖然有過不少過失，但其每日勤勉於政事，與手下的大臣們共同締造了大唐的中興氣象。正是因為「元和中興」的出現，唐憲宗得以和創造貞觀、開元的唐太宗和唐玄宗並駕齊驅，成為唐朝歷史上不平凡的一位君王。

第四章　穆敬二朝，國運在兒戲中傾頹

太子與皇后不可兼得

唐貞元九年，還是廣陵王的唐憲宗迎娶了郭子儀的孫女郭氏為妻。說到郭氏，人們可能不大熟悉，但他的祖父是對唐朝立有大功的尚父郭子儀，父母就是民間所傳的《醉打金枝》中的郭曖和昇平公主。昇平公主是唐代宗的長女，所以和德宗平輩，那麼她的女兒自然也就長了憲宗一輩。但對於這種政治聯姻，輩分根本就不是問題，歷史上也不乏先例，所以憲宗和郭氏的結合也就見怪不怪了。因為郭氏出身高貴，所以她嫁到皇家之後，無論是公公唐順宗，還是丈夫憲宗都對她比較寵愛。

貞元十一年七月六日，也就在憲宗和郭氏成婚後的兩年時間裡，他們的兒子李宥在長安的大明宮出生了，這也就是後來的唐穆宗。雖然郭氏血統高貴，也與憲宗門當戶對，但她不是憲宗的第一個女人，而李宥也不是他的第一個兒子。

據記載，唐憲宗一生共有二十個兒子，十八個女兒，子嗣數量在唐代皇帝中還是比較多的。在郭氏生下李宥之前，唐憲宗已經有了兩個兒子，分別是長子李寧和次子李惲。李寧是當時的一位宮人紀氏所生，而李惲的生母在歷史上沒有記載。就在唐憲宗登基的那一年，李宥被冊封為遂王。但唐憲宗之所以遲遲沒有冊封他為太子，是因為他內心的天平一直在李宥和長子李寧搖擺不定。

到了元和四年（西元八〇九年），鄧王李寧已經長到了十七歲。他的母親紀氏雖然身分不夠高貴，但李寧自幼卻聰明好學，史稱**「學師訓謨，詞尚經雅，動皆中禮，慮不違仁」**，深得唐憲宗的歡心。按照「嫡長制」的繼承原則，李寧是很有可能被立為太子的。

果不其然，朝廷三月，翰林學士李薛等人聯名上奏，希望皇帝以宗廟社稷為重，早立太子，為免奸人有窺伺覬覦之心。聽了群臣的勸解，唐憲宗下旨冊封長子李寧為皇太子。冊立皇長子本來是無可非議的，但奇怪的是，本應該在孟夏舉行的冊封禮竟然一直拖到了冬天。

對於這個問題，史書中的解釋是元和四年夏秋的天氣狀況不好，陰雨連綿，不適宜舉行盛大的典禮。但這個理由未免有些荒唐，這其中應該和郭氏家族的阻撓有著不可分割的聯繫。

據說唐憲宗之所以不立李宥而立李寧除了自己對李寧的偏愛之外，還有一個重要的原因，那就是他和李宥的母親郭氏感情不合。早在憲宗還是廣陵王時，郭氏便是他的正妃，也就是通常所說的元配。按照規矩，憲宗即位之後，應該冊立郭氏為正宮皇后，但奇怪的是憲宗一直都沒有這麼做。正因如此，郭氏在後宮的身分一直是貴妃，後來又不知為何又改為德妃，而憲宗正宮皇后的位置也就一直空著。

無論如何，在唐憲宗的堅持下，李寧還是順利地當上了太子。但好景不長，元和六年十二月，才做了兩年太子的李寧竟然身染重疾，不治而亡。李寧的死對唐憲宗的打擊很大，悲痛欲絕的他宣布罷朝十三日，並贈其「惠昭」的謚號。不僅如此，唐憲宗還為李寧舉辦了規格隆重的喪禮，還在懷貞坊為他建了一座廟宇，派了官員負責四時的祭祀活動。

李寧死後，唐憲宗不得不重新考慮他的繼承人問題。不立長便立嫡，李宥雖然不是皇長子，但其母郭氏身分高貴，乃是皇帝的元配正妻，所以舉朝上下都傾向於立皇三子李宥為嗣。

就在局勢倒向李宥的時候，當時頗受皇帝寵信的宦官吐突承璀卻突然提出立皇次子李惲為太子。吐突承璀的提議讓原本逐漸明朗的局面瞬間變得複雜起來，那麼吐突承璀為什麼會提出這樣的建議呢？據《舊唐書・澧王惲傳》的記載，吐突承璀之所以這麼做是「欲以威權自樹」。但仔細分析，單單是出於這個理由似乎也說不過去。

當時吐突承璀已經很受皇帝的寵信，根本沒有必要以立皇嗣之事來邀寵。更何況李宥的優勢眾所周知，所以說吐突承璀這麼做是很危險的，一旦李惲沒有被立，吐突承璀的下場可想而知。吐突承璀深處宮廷多年，這些利害得失還是看得十分清楚，如果不是有特殊的原因，他斷然不會冒如此大的風險。

其實，吐突承璀提議立李惲的原因很簡單，那就是因為他最清楚皇帝的心思。作為一個頗受寵信的宦官，吐突承璀知道在唐憲宗的內心深處根本不想立李宥為太子，原因就是為了防止郭氏在朝廷的勢力越來越大，最後無法控制。正是因為瞭解了皇帝的內心想法，吐突承璀才站在皇帝的角度提出了另立他人的建議。這個建議在當時引起了軒然大波，也給吐突承璀自己埋下了禍端。

雖然唐憲宗也有意立李惲，但無奈郭氏一族在朝廷的勢力太大，而李惲的母親身分卑賤，根本無法與其抗爭。倘若這次再不立李宥為太子，恐怕會引起一場大風波。唐憲宗權衡利弊，最終還是決定立皇三子李宥為新的儲君。出於對次子李惲的保護，也為了給吐突承璀一個面子，唐憲宗命翰林學士崔群擬寫一封讓表，表示是澧王李惲主動將儲君之位讓給弟弟李宥的。

但崔群不同意憲宗的做法，他認為「凡事己合當之而不為，則有退讓焉。」言下之意就是說澧王李惲既非嫡子也非長子，本來就沒有資格被立為皇太子。既然沒有資格，就無所謂退讓不退讓，所以說最後這封讓表也沒能寫成。

元和七年七月，唐憲宗正式下詔立三子李宥為皇太子，並於當年十月舉行了冊封大典。李宥被冊封為太子之後，名字也改為了「李恆」。在這一點上，他和自己的父親憲宗是很相似的。然而，事情沒有就這樣結束，李恆雖然如願以償地被冊立為太子，但這不表示一切的爭鬥都落下了帷幕。因為皇帝對太子的不滿意，吐突承璀等人其實沒有放棄對澧王李惲的扶持和經營。也正是因為在立儲這件事情上的固執己見，使得澧王李惲和吐突承璀等人在穆宗登基之後都死於非命，就連他自己的死也成為了一個謎團。當然，這些都是後話了。

既然李恆已經被立為太子，那麼他的母親也就自然應該被冊封為正宮皇后。況且憲宗多年不立皇后於情於禮都不符，所以在太子冊封禮舉行後一年，立后之事又一次提上了日程。元和八年十月，朝臣們上表請求立德妃郭氏為皇后，但卻遭到了憲宗皇帝的拒絕，原因是「歲時禁忌」。

唐朝在唐玄宗之後，後宮的皇后一般都是死後追贈的，活著被立為皇后的只有肅宗朝的張皇后。張皇后之所以被冊立，是因為她在平叛時期對朝廷有莫大的功勳，所以在憲宗看來，郭氏根本沒有資格當皇后。

對於這件事，《資治通鑑》的記載是這樣的：「群臣累表請立德妃郭氏為皇后。上以妃恐正位之後，後宮莫得進，托以歲時禁忌，竟不許。」很顯然，皇帝不立皇后的原因根本不是他所說的歲時禁忌，而是另有目的。其實憲宗還未登基之前就頗好聲色，這一點讓郭氏很不滿意，於是夫妻二人的關係便逐漸疏遠。而且郭氏宗門強盛，唐憲宗怕立她為后，以後一定會阻礙他廣納嬪妃，所以乾脆不立皇后。不僅如此，對於這次的李太子之事，唐憲宗對郭氏的不滿與日俱增，拒絕立她為后也是他惱怒心情的一種發洩。

立后一事被拒絕之後，郭氏產生了嚴重的報復心理。她不僅用盡一切手段在朝廷內外廣結黨羽，還拉攏了許多有權有勢的宦官和吐突承璀抗衡。吐突承璀敢自始至終支持李惲是因為有皇帝在背後撐腰，所以在憲宗身體狀況逐漸下降的時候，他便開始加緊改立的計畫。對於吐突承璀等人的舉動，李恆十分擔憂。但他的舅舅郭釗卻告訴他儘管放心，只要盡好「孝謹」之心就可以了。從郭釗等人的態度來看，此時郭氏集團對於李恆繼承皇位之事還是很有信心的。

元和十五年正月二十七日，唐憲宗暴死。憲宗一死，宦官王守澄等人便擁立太子李恆登基，是為唐穆宗。不出所料，吐突承璀和澧王李惲等人馬上就被下旨處死。

關於唐憲宗的死因，歷來說法都是因為服用了過多的丹藥。但有一說是宦官陳弘志秘密將其殺死，更有學者認為是宦官王守澄等人為了爭權奪勢指使陳弘志將憲宗謀殺。譬如明末清初的著名學者王夫之就認為唐憲宗並非死於丹藥，而是死於郭氏和宦官們策劃的一場宮廷政變。在他看來，陳弘志只不過是「推刃之賊」，而真正的幕後凶手則是郭氏和唐穆宗。也正是因為郭氏等人謀殺了憲宗，所以唐穆宗登基之後便馬上下旨處死了柳泌等一干術士，為的就是掩人耳目，將所有的罪責都歸結到術士們的身上。

保鏢變敵人

自從唐憲宗駕崩，穆宗登基之後，中央對地方藩鎮的控制力很明顯減弱了不少。譬如河北的成德、魏博和盧龍三個藩鎮，雖然表面上效忠朝廷，但不久之後就稱霸一方，重新進入了唐憲宗之前的割據狀態，完全不把中央政府放在眼裡。隨著時間的發展，不僅是河北諸鎮，全國各地的藩鎮都紛紛開始脫離中央。對於這種情況，穆宗朝的大臣們雖然想盡了辦法，但無奈唐穆宗太過無能，這些措施最後都是無果而終。

由於唐憲宗的多年努力，所以在穆宗即位之初，各地藩鎮的情況還是比較穩定的。當時唐穆宗任用段文昌和蕭俛為相，但沒有想到這二人都是一介書生，只會紙上談兵而已。削藩雖然在憲宗朝收到了可觀的效果，但因為對藩鎮的戰爭太過頻繁，憲宗時期的賦稅十分繁重，國庫更多是入不敷出。

再加上各個藩鎮的軍隊數量龐大，所以給朝廷的財政支出造成了沉重的負擔。段、蕭二人認為如今已經天下太平，各地也不用再駐紮那麼多的軍隊，於是便想到了「削兵」的方法。在他們看來，削減藩鎮的兵馬不僅可以減弱藩鎮的勢力，還可以減少軍費開支，可謂是一舉兩得。至於唐穆宗，他整日都忙於有言，不假思索就准了段、蕭二人的奏請。

關於「削兵」的弊端，杜牧在他的文章《上李司徒相公論用兵書》中分析得很有道理。其文如下：

「雄健敢勇之士，百戰千攻之勞，坐食租賦，其來已久，一旦黜去，使同編戶，紛紛諸鎮，停解至多，是以天下兵士聞之，無不忿恨，至長慶元年七月，幽鎮乘此首倡為亂。」的確，「削兵」的舉措從表面上來看是沒有任何弊端的，但於時局來說卻是大大的不利。且不說這個政策能不能得到推行，就單單從它的內容來看，就存在著很多紕漏。

按照段文昌和蕭俛的說法，各藩鎮「每歲百人之中限八人逃死」，這些兵士離開軍隊之後又以何為生呢？而這一點在他二人奏請「削兵」的奏疏之中絲毫沒有提及。按照唐朝的軍隊制度，各個藩鎮的將士都是靠著軍籍，每月領固定的糧餉來養活自己和家人。朝廷既然讓他們離開軍隊，又不為他們安排後續生活，這就使很多將士失去了生活來源。

這些沒有活路的士兵被逼無奈，最後只得落草為寇，靠打家劫舍來維持生計，大大影響了社會的穩定和治安。正是因為對現實的分析不當，所以這些變故發生之後，段文昌和蕭俛也不知如何解決。事情發展到了最後，「削兵」不僅沒有取得預期的效果，反而引發了更為嚴重的禍端。

「削兵」政策沒有收到效果後，朝廷又想到了一個新的控制藩鎮的辦法，那就是將各地的節度使們進行一次大規模的調動。在這次的調動中，魏博節度使田弘正（即原來的田興，後賜名弘正）被調往成德，成德節度使王承元則被調往義成。除此之外，魏博的新任節度使是原來的昭義節度使李愬，而昭義的節度使則由原來的義成節度使劉悟擔任。

朝廷原本是想利用這種職位調度來切斷節度使和地方勢力的聯繫，這種舉措在之前也不是沒有先例。但和之前的「削兵」一樣，這一次朝廷有沒有考慮到各地的實際情況就盲目地做出調動，後果可想而知。

因為唐憲宗當年的強硬手段，大部分藩鎮對朝廷還是有一定的敬畏之心的，例如王承元和劉悟雖然都不願意被調往他處，但還是勉強接受了朝廷的安排。雖然這些節度使沒有提出什麼異議，但上任之後卻引發了不少混亂。譬如河東節度使張弘靖被調到盧龍之後就擅自將朝廷的犒賞拿出一部分挪為己用，不僅如此，張弘靖還在盧龍作威作福，對日常事務不管不顧，還經常縱容手下打罵士兵。張弘靖的種種做法使得盧龍的將士們十分憤慨，在都知兵馬使朱克融的帶領下，他們將張弘靖抓了起來，並宣布起兵造反。

不僅是盧龍鎮，成德鎮在田弘正到來之後也發生了兵變。事情的起因要追溯到憲宗時期，當時田弘正曾經受朝廷的指令多次率軍攻打過叛亂的成德，和當地的軍士和百姓結下了很深的仇怨，但此次朝廷根本沒有考慮這個情況就將田弘正派到了成德。來到成德後的田弘正每日都處在擔憂之中，生怕自己會遇到什麼不測，出入都有衛兵的保護。果不其然，不久之後成德軍隊就發生了暴亂，田弘正和其家人、將吏共計三百餘人都喪生於暴亂之中。

聞得盧龍和成德都發生兵變，朝廷馬上命河北各鎮出兵討伐。但當時魏博節度使李愬正在病中，不能領兵出戰。隨後朝廷又命田弘正之子田布領兵出征，不料手下將領根本不願合作。田弘正的死給這些將士的刺激很大，他們不願再歸順朝廷，而是要求恢復原來的割據狀態。對於這種混亂的局面，田布根本無法控制，無奈之下的他最後只好引刀自盡。田布死後，河北諸鎮幾乎是恢復了從前的狀態。

後來唐穆宗也曾派兵前去征討，但都以失敗告終。就這樣，唐朝廷再一次失去了河朔的管轄權。以憲宗時中央軍隊的實力來看，基本上還是可以和藩鎮抗衡的，再者這次成德和盧龍的叛亂範圍不是很大，朝廷何以屢戰屢敗呢？

根據《資治通鑑》中的記載，穆宗時期對河北藩鎮戰爭失敗的原因主要有兩個，一是朝廷內部的紛爭導致前線戰事萎靡，其次就是一直以來存在的宦官亂政問題。當時的征討大軍由裴度和李光顏等人率領，裴度一走，朝廷就失去了主心骨。當時的翰林學士元稹和知樞密魏弘簡相交甚深，於是便在皇帝面前求為宰相。唐穆宗很喜歡元稹，大小事情都要過問於他。這個元稹雖然在文壇上赫赫有名，但實際也是個貪圖權勢之人。他本來和裴度素無恩怨，但卻因為裴度德高望重，害怕他在前線立功之後影響到自己的政治前途。

為了一己私利，元稹利用職務之便破壞裴度所擬定的軍事方略，使他在前線一事無成，遲遲不能回朝。正是因為此事，裴度特向穆宗皇帝上了一封奏疏，稱元稹是小人誤國，奏疏中言：「**若朝中奸臣盡去，則河朔逆賊不討自平；若朝中奸臣尚存，則逆賊縱平無益。**」為了穩住裴度，讓他在前線安心作戰，唐穆宗只得罷免了元稹的翰林學士之職。元稹雖然離開了翰林院，但不久之後便被升任為工部侍郎，最後終於如願以償被拜為宰相。

當上宰相後的元稹馬上就對裴度採取了手段，為了削去裴度手中的兵權，他便向皇帝請求停止對成德、盧龍的戰爭，並下旨赦免了王庭湊和朱克融等人。按照元稹的計畫，只要裴度沒有了兵權，自己最終能夠解決掉河北的叛亂，他的威望總有一天會超過裴度。然而元稹空有書生才華，卻絲毫沒有政治能力。也正是因為自己的無知，平定河北的大好局面就這樣被白白葬送了。

當時有兩個叫王昭和王友明的江湖術士，自稱曾經遍遊河朔，對叛軍的將領們非常熟悉。于方於是便將這兩個人推薦給了宰相元稹，希望能夠不費一兵一卒就解決河北的叛亂。見到王昭和王友明後，元稹大喜過望，沒有多加考慮就相信了他們的一面之詞。不僅如此，他還將自己的錢財送給王昭和王友明。這兩個人於是就用這些錢財買通了吏部和兵部的官員，竟然弄到了二十分空白的委任狀。但這兩個人終究是個騙子，最後的結果可想而知。

除了元稹在後方掣肘之外，討伐戰爭的失敗還有一個重要的原因，那便是宦官在前線的干擾。成德和盧龍發生兵變之後，朝廷馬上便下詔命各地的節度使率軍前去討伐。這本是朝廷對付藩鎮叛亂的一貫做法，沒有什麼可爭議的，但問題出就出在朝廷派去監軍的宦官身上。其實在各個節度使的軍隊之中已經設有一位監軍，但為了以防萬一，每當有戰事的時候，朝廷還是會派一位中使（也就是宦官）前來監督。

這些宦官名義上是監軍，其實權力十分大，經常擅權，弄得軍隊主將不能發號施令。更過分的是，他們往往把功勞都歸結到自己身上，有任何過錯和罪責就推卸到將領頭上。對於他們的種種惡行，《資治通鑑》有如下記載：「悉擇軍中驍勇以自衛，遣羸懦者就戰」；「舉動皆自禁中授以方略，朝令夕改，不知所從；不度可否，惟督令速戰」；「又凡用兵，中使道路如織，驛馬不足，掠行人馬以繼之，人不敢由驛路行。」總而言之，因為這些宦官的干擾，征討戰爭幾乎是每戰每敗。正是因為唐穆宗的昏庸無能，朝中大臣們的爭鬥和宦官的擅權，唐朝的藩鎮割據從穆宗朝開始又一次死灰復燃。藩鎮割據這把大火再一次席捲了整個唐朝，最終使這個延續了三百年的朝代付之一炬。

打馬球也會出人命

因為唐穆宗將所有的心思都放在如何享樂之上，所以對於朝廷政事，他從來不放在心上。為了給自己的遊樂鋪設一條平坦的道路，從一開始他就任用宦官，用以壓制以宰相裴度為首的朝臣。唐穆宗的這種做法不但大大助長了宦官的囂張氣焰，還使得大臣們和宦官勢不兩立，水火不容。譬如當時與白居易並稱「元白」的大詩人元稹，只因為是透過宦官崔潭峻向穆宗進獻了《連昌宮詞》，進而從江陵士曹參軍升為禮部郎中、知制誥就被同僚們排擠。武儒衡甚至將元稹比為蒼蠅，將他視為異類。

不僅朝臣和宦官們之間鬥爭激烈，大臣們內部也是鉤心鬥角，關係極不融洽。例如元稹和裴度之間的矛盾不僅使得二人關係不睦，還影響了政事的處理。對河北藩鎮的戰爭失利之後，唐穆宗一氣之下將兩人的相位都罷除，重新任用兵部尚書李逢吉為相。李逢吉也是個妒賢嫉能之人，為了防止當時的浙西觀察使李德裕與他爭奪權力，所以他又向唐穆宗推薦了牛僧孺。自此之後，朝政由李逢吉和牛僧孺把持，雖無甚起色，倒也相安無事。但可悲的是，他二人官至宰相之後還不滿足，為了爭權奪勢，甚至排擠朝中剛正的大臣，使得朝中到了無人可用的地步。

至於宦官方面，此時掌握大權的是大宦官王守澄。王守澄雖是宦官，但手中權力甚至超過宰相李逢吉和牛僧孺。再加上唐穆宗不問國事，大小事都交由宦官處理，王守澄一時之間可謂是「一人之下，萬人之上」，用「權傾朝野」、「勢傾中外」來形容都不為過。

王守澄利用職權收受賄賂，貪贓枉法，壞事做盡。他的家門口經常是門庭若市，熱鬧非凡，但都是一些前來遞送錢財，求取權勢之人。正因為如此，穆宗朝的大臣和宦官終日都忙於互相爭鬥之中，根本無心處理朝政，政治局面可以說是混亂不堪。

就這樣，時間就在歌舞和酒宴之中渾渾噩噩地一天天流逝，到了長慶二年，這場荒唐的遊戲終於迎來了它的歸期。唐穆宗的興趣愛好很多，其中有一項就是擊打馬球。他非常熱衷這項運動，以至於經常和宦官們一起以此為戲。

長慶二年十一月的一天，唐穆宗又與宦官們一起擊球。沒想到在玩耍的過程中，有一個宦官不幸墜馬。唐穆宗因為此事受到了驚嚇，馬上停止了活動，回到大殿休息。突然間，唐穆宗感覺頭暈目眩，雙腳無法履地行走。這是典型的中風症狀，從此之後，唐穆宗就臥病在床，終於停止了之前近乎瘋狂的遊樂行為。

自這次中風之後，唐穆宗就為自己的不問朝政找到了新的藉口。他經常稱自己身體不適，不能上朝，後來甚至連宰相都不願意召見。由於朝臣們不知就裡，反而認為是皇帝的風疾加重，一時之間，朝廷上下都陷入了恐慌之中。為了防止意外的發生，宰相李逢吉等人接連上書請求穆宗冊立太子。然而此時的唐穆宗年紀尚輕，根本不願早立皇嗣。無奈大臣們不知所以然，還是接二連三的向他奏請，唐穆宗煩不勝煩，於是便答應了他們的請求。

唐穆宗的中風本來就不是十分嚴重，經過御醫們的診治和一段時間的精心調養，到了年底就基本痊癒了。皇帝病好之後，宮中的嬪妃、皇子公主還有一干皇親國戚都在朝廷十二月己未到寺廟之中為天子齋戒祈福。為了感謝上天的恩澤，唐穆宗下旨大赦天下，將長安城中的囚犯悉數放歸家中。長慶二年十二月，唐穆宗正式在大明宮宣政殿下詔，冊立他的長子，也就是景王李湛為皇太子。

長慶二年的新年因為皇帝的康復和太子的冊立變得格外喜慶，到了長慶三年正月初一，群臣們按照慣例來到皇宮向皇帝朝賀新年。但令人失望的是，唐穆宗根本沒能來接受百官的朝賀，原因是他又生病了。對於穆宗這次的病情，大部分人都理所當然地認為他是風疾復發，但事情的真相真是如此嗎？前面就曾說過，穆宗的中風只是突然性的，不是十分嚴重，何以無緣無故就舊病復發呢？倘若不是舊疾，那皇帝又是因為何事不來早朝？實際上唐穆宗患病是真，但原因不是上次打馬球引發的風疾，而是因為服用了過多的丹藥。

根據《唐書・穆宗本紀》中的記載，正月初一這一天發生了一件非常奇怪的事情。就在這一天，嗣郢王李佐因為「坐妄傳禁中語也」而被流放到崖州。新年伊始，就發生了如此嚴重的流放事件，這不得不引起人們的猜測。所謂「坐妄傳禁中語也」，就是說李佐說了一些宮中的禁忌，那麼他到底是說了什麼事情以至於落到被流放的地步呢？

李佐為什麼被流放，《唐書》中沒有後續記載，整件事就是以一句「坐妄傳禁中語也」來解釋。李佐被流放和穆宗因病不能臨朝發生在同一天，這兩件事顯然有著莫大的聯繫。如果說穆宗是因為舊病復發這根本就不是禁忌之事，所以很有可能穆宗患病有著其他難以啟齒的原因，而李佐卻不小心將它說了出來，因此惹惱了皇帝。

其實唐穆宗服用丹藥也並非什麼秘密，早在憲宗離世之後就已經開始了。中國古代自戰國開始就有服食丹藥的風氣，而以魏晉時期尤甚。魏晉時期在士大夫之間盛傳著一種名叫「五石散」的丹藥，這種丹藥由多種礦物質提煉而成，服後身體發熱，有飄然如仙之感。魏晉的士大夫們服用丹藥大多是為了追求一種灑脫如仙的感覺，而帝王們服食丹藥幾乎都是為了一個目的，那就是長生不老。

古往今來，長生不老就是眾多皇帝們追求的終極理想，雖然從來沒有人成功過，但後人依舊是前仆後繼，樂此不疲。唐代皇帝中相信道術而服食丹藥的人也不在少數，被稱為「千古明君」的唐太宗就是其中之一，餘者更有代宗、憲宗。既然皇帝服食丹藥已有先例，甚至可是說是公開的秘密，那麼唐穆宗為什麼還要為此遮遮掩掩呢？

事情的起因還要追溯到元和末年的憲宗之死。當年唐憲宗暴崩而亡，官方的解釋是因為服食了過多的丹藥，因此穆宗即位之後還特意下旨誅殺了柳泌等一干術士。唐憲宗真正的死因現在不得而知，但很多情況都顯示他不是死於丹藥，而是死於一場宮廷政變。

至於唐穆宗為什麼殺死柳泌等人，其實是在暗示天下人自己的父親確實是死於這些術士之手。這件事情雖然給憲宗之死做了一個很好的掩護，但卻給穆宗自己服食丹藥造成了一個阻礙。就是因為這個原因，所以唐穆宗一直都不願意他服用丹藥之事為人所知，這樣也就可以解釋為什麼李佐將此時洩露出去後穆宗的異常憤怒了。

其實，唐穆宗多年不問政事除了喜好遊樂之外，還有一個重要的原因，那就是因為服用丹藥身體狀況一直欠佳。這樣看來，長慶二年（西元八二二年）十一月的那一場風疾就是他數年病症的一次爆發。新年過後，唐穆宗的病情進一步惡化，最終他服用丹藥一事也變得人盡皆知，但縱使是這樣也沒人敢勸諫皇帝。

到了長慶四年，終於有一個叫張皋的布衣給唐穆宗上了一封十分特別的奏疏其中提到：

「……高宗時，處士孫思邈達於養生，其言曰：人無故不應餌藥。藥有所偏助，則藏氣為不平。推此論之，可謂達見至理。夫寒暑為賊，節宣乖度，有資於醫，尚當重慎。故《禮》稱：『醫不三世，不服其藥。』庶士猶爾，況天子乎？先帝晚節喜方士，累致危疾，陛下所自知，不可蹈前覆、迎後悔也。今人人竊議，直畏忤旨，莫敢言。臣蓬蔽之生，非以邀寵，顧忠義可為者，聞而默，則不安，顧陛下無忽。」

張皋的奏疏有理有據，不僅引用了醫家名言，還以剛過世不久的憲宗為例，勸告唐穆宗珍惜身體，不要重蹈先帝覆轍。在奏疏封最後，張皋表明自己並非以此來邀寵，而是以忠義之名。張皋的話雖然句句出自肺腑，但唐穆宗此時已經是病入膏肓，再也無法振作了。

長慶四年正月二十日，唐穆宗再次病倒在床，兩天之後已近彌留。他自知時日不多，於是下旨命太子李湛監國。李湛此時只有十五歲，年紀尚幼，宦官們為了能夠繼續把持朝政於是便草擬了一封詔書，請求郭太后臨朝稱制。然而郭氏不愧為忠臣之後，身居皇室多年的她也知道這些宦官不過是想利用她罷了，所以她毫不猶豫地拒絕了宦官們的請求，還當面撕毀了詔書。

不僅如此，她還義正辭嚴地對宦官們說：「昔日武則天稱制，幾乎將社稷毀於一旦。我郭家世代忠良，不是武氏所能比擬的。如今太子雖然年幼，但有賢明的宰相們來輔佐。如果你等不干涉朝政，我又怎麼會擔心國家不安定呢？況且自古哪有女子為天下主而能致唐、虞的道理啊！」一番話徹底擊碎了宦官們的念想。

長慶四年正月二十二日晚，年僅三十歲的唐穆宗因病離世，廟號「睿聖文惠孝皇帝」，葬於光陵。唐穆宗在位四年，可以說是一無是處，唯一值得稱道的是就是批准了戶部尚書楊贊陵關於財政方面的建議，既保證了國家的財政收入，也適當地減輕了百姓的負擔。唐穆宗死後第四天，皇太子李湛正式登基稱帝，是為唐敬宗。

死於宦官之手的皇帝

逝去了穆宗的年代，歷史的腳步走到了敬宗時期。

唐敬宗名李湛，出生於元和四年六月七日，乃穆宗皇帝的長子。長慶二年底，因為唐穆宗突發風疾，出於對國祚的考慮，在裴度等人的請求下，李湛以皇長子的身分被立為皇太子，長慶四年正月奉旨監國，當月穆宗辭世，他便繼承了其父的皇位。那一年，李湛只有十六歲。

相比唐朝的諸多皇子，唐敬宗這個皇位來的還是比較順利的。可以說，唐敬宗不僅沒有經歷過兄弟間的皇位爭奪，也沒有為皇位等待太長時間，從他當上太子到登基不過才一年多的時間而已。

雖然說這個世界「子不類父」的現象比比皆是，比如唐穆宗和他的父親唐憲宗，但其中還是有許多「子承父業」的，比如說唐敬宗。和其父唐穆宗一樣，敬宗也是個胸無大志的皇帝，甚至可以說到了「有過之而無不及」的地步。

唐敬宗即位之後便尊祖母郭氏為太皇太后，母親王氏為皇太后。唐敬宗從不過問政事，將所有的事情都託付給宰相李逢吉，終日只知遊宴享樂。從即位的第二個月開始，唐敬宗的遊樂生活就從來沒有停止過。唐敬宗因為無知，從即位始就開始任用宦官。他不分晝夜地賞賜給宦官各種錢財和官爵。據《資治通鑑》中的記載，唐敬宗「或今日賜綠，明日賜緋」，宮中財物不夠之時便「悉貯內藏，以便賜與」，簡直是荒唐之極。

敬宗還喜好奢靡，即位不久後就下旨大興土木。為了給皇帝修建宮殿園林，不少工匠沒日沒夜的勞作，可以說是身心俱疲，一時之間怨聲載道。他先是嫌長安宮不夠寬廣，於是便下旨另修宮殿。吏部侍郎李程以為此事不妥，在他的力諫下，唐敬宗才轉而將修建宮殿的材料運送到穆宗的陵寢給穆宗修建陵墓。重建新宮作罷後，唐敬宗又打算為遊興洛陽修建行宮，後來因為藩鎮的參與，敬宗害怕惹怒藩鎮，最後不能收場才終了此念。

正是因為皇帝近乎瘋狂的玩樂，不久之後就爆發了叛亂之事。長慶四年（西元八二四年）四月的一天，唐敬宗正在清思殿打馬球，染坊有個叫張韶的役夫夥同卜者蘇玄明一起帶著數百人殺進了右銀台門。聽到這個消息後的唐敬宗驚慌失措的逃到左神策軍躲避，其行裝何其狼狽。等到左神策軍兵馬使康藝全帶領軍隊進入皇宮平亂的時候，張韶等人已經攻打到了清思殿，並且坐在御榻上吃著東西。

蘇玄明本是個身分卑微的卜者，為何敢做出如此大逆不道之事？原來唐敬宗每日忙著遊玩，很多時間都不在宮中，於是蘇玄明便悄悄對張韶說：「依我看來，你有做皇帝的面相。如今皇上日日夜夜忙於打馬球，大事可成。」這件事情發生之後，出於對皇帝安全的考慮，不少大臣都上書勸諫皇帝不要沉迷於享樂，給這些賊子可乘之機。但唐敬宗聽過就忘，依舊是我行我素。

和唐穆宗一樣，敬宗也對魚藻宮的池塘十分感興趣，經常在宮中觀看龍舟表演。一天他又別出心裁，想於端午節之時在宮中上演一場規模浩大的龍舟競渡。於是他即刻命鹽鐵使從全國各地調運木材，為他鑄造二十艘龍舟。按照唐敬宗的說法，將二十艘船的木材運到長安，再加上人力，一共要消耗掉國家轉運經費的一半。為了這件事，大臣們又沒少費口舌，最後唐敬宗也只答應將造船的數額減為十艘。

除了終日遊宴、喜好奢靡之外，唐敬宗還縱容手下的宦官胡作非為。五坊小使倚仗權勢在外無辜毆打百姓，當地的縣令崔發見狀，便下令將這些小使抓起來審問。唐敬宗得知此事以後，不問青紅皂白就將崔發送到御史台。御史台的官員為了討好皇帝和宦官竟然將崔發痛打一頓，隨後丟進大牢。

自封建君主制產生以來，歷朝歷代都有上早朝的習慣，唐朝自然也不例外。從一個皇帝在朝堂上的表現，也基本可以判斷他到底是位賢主還是個昏君。但唐朝的歷史發展到了穆、敬二朝，皇帝上早朝已經從一件司空見慣的事變為了不可常見的奇觀。之前的穆宗就經常以各種理由不上早朝，即位後的敬宗也是一樣。

皇帝雖然荒誕，但臣子們還是要履行自己的職責。按照朝廷的規定，每位大臣都需要在規定的時間來到皇宮參加當日的早朝。有的大臣為了早朝甚至天還未亮就要起床準備，辛苦程度自不必言。對於臣下的辛苦，唐敬宗毫不理會，依舊是我行我素，經常日上三竿還不見人影。所以在敬宗朝的早朝上有一種奇怪的現象，就是經常有大臣因為等待遲遲不來的皇帝而在朝堂上暈倒。對於唐敬宗的荒唐行為，大臣們中提出勸諫的也不在少數，諫議大夫李渤就是其中的一個。

果真是「有其父必有其子」，唐敬宗不僅愛好享樂和穆宗一樣，對待勸諫的態度更是和父親如出一轍。左拾遺劉棲楚為了打動君主，甚至在龍墀之上叩頭不止，以至頭破血流。他對唐敬宗進言道：「憲宗和先帝都是年長之君，四方尚且叛亂不斷。陛下您初登大寶且又年紀尚輕，理應勵精圖治。然而陛下每日迷戀聲色，貪睡不起。況且現在還為國喪之期，宮中卻整日鑼鼓喧天。正所謂好事不出門，壞事傳千里，微臣恐怕這樣下去，社稷終將不保！」

聽了劉棲楚的鮮血力諫，唐敬宗震驚之餘也表示很受感動。他下旨擢升劉棲楚為中書舍人，並賜給他緋袍銀魚袋，但對於劉棲楚的話，唐敬宗是轉身就忘，毫無悔改之心。劉棲楚見皇帝如此無道，極為失望，自知再怎麼勸諫也是徒然。於是便拒絕了皇帝的官職，離開長安前往東都洛陽去了。

再如李德裕為了勸諫皇帝特意進獻了《丹扆箴》六首，唐敬宗雖然對李德裕的做法讚賞有加，還特意命翰林學士韋處厚寫了一篇表彰奏疏，但對於自己的行為就是堅決不改。時間一天天過去，唐敬宗的做法越來越過分，原先只是三兩日不上朝，後來甚至一個月也難在朝堂上看見他的身影。

寶曆元年十一月，唐敬宗見祖上多住於華清宮，便突發奇想要去驪山遊玩。大臣們怕他一去之後便樂於此道，紛紛上書勸阻。當時拾遺張權輿跪在大殿之上，叩頭進諫：「自周幽王以來，遊幸驪山的君主從來都沒有好結果。秦始皇就是因為葬在驪山，所以秦二世而亡。我朝玄宗皇帝因在驪山修建行宮，後來就爆發了安祿山之亂。而先帝自去驪山後不久就因病而亡！」

張權輿本意是勸阻唐敬宗不要遊幸，沒想到唐敬宗反而興致勃勃地說道：「驪山果真如此凶險？若是這樣，那朕就更應該前去，看看你等所說是否屬實。」就這樣，唐敬宗不顧眾人的反對，乘著鑾駕前去驪山遊玩。回到皇宮之後，他對身邊之人言道：「這些叩頭勸諫的大臣們所說的話也不可信。」自此之後，他就更不把大臣們的勸諫放在心上了。

唐敬宗喜好打馬球，為了自己能夠盡興，他命令所有的禁軍將士和宮人們都要參與其中。寶曆二年六月，唐敬宗親自組織了一場盛會。在盛會之上，馬球、摔跤、雜戲等活動無奇不有，幾乎整個神策軍和後宮都參與進來，陪著皇帝玩耍。唐敬宗對自己的成果非常滿意，這場大會一直延續到半夜才停止。

除了打馬球之外，唐敬宗還有許多愛好，比如飲宴和打獵等等。他經常在宮中大擺筵席，耗費的錢財數不勝數。至於打獵，唐敬宗更是熱愛到無以復加。除了白天的遊獵之外，他還在深夜中帶著隨從「打夜狐」，這樣方能盡興。

為了滿足自己享樂之欲，唐敬宗專門從各地召集了一批力士，日日夜夜都陪伴在他的左右。對於陪伴他玩耍的力士和宦官，唐敬宗的要求是十分嚴格的。因為他自己就是一位遊戲高手，馬球、摔跤、手搏等都是他的強項，再加上他性格急躁，所以這些人稍有閃失就會受到嚴厲的懲罰。據記載，宦官魚弘志、許遂振等人都因為在「打夜狐」的時候和唐敬宗配合不當被削去職位，一些力士也因為不能遂唐敬宗的意最終被流放、籍沒。

唐敬宗的荒淫無道使得後宮之人終日擔驚受怕，苦不堪言。宦官們對唐敬宗恨之入骨，不久之後就發生了謀殺事件，唐敬宗也因此葬送了自己年輕的生命。寶曆二年十二月初八日夜間，唐敬宗和往常一樣帶著隨從們出去「打夜狐」。可能是當夜收穫可觀，所以回到皇宮之後，唐敬宗依然興致不減，於是便下旨召集了眾多宦官和擊球軍將前來飲酒作樂。

酒酣之時，唐敬宗感覺渾身燥熱，於是便進入內室更衣。不料此時大殿之上的燭火驟然熄滅，宦官蘇佐明和劉克明等人便乘著黑暗將唐敬宗殺死。唐敬宗死時年僅十八歲，是除末代皇帝唐哀帝之外，唐朝壽命最短的皇帝。死後的敬宗於唐文宗太和元年七月十三日葬於莊陵，謚號「睿武昭湣孝皇帝」。

第五章　甘露之變，掃除宦官的失敗努力

他也曾經有理想

唐德宗後期對宦官的縱容雖然給後期的君主留下了嚴重的隱患，但其後不是沒有皇帝想要解決它。例如唐順宗永貞時期曾任用「二王」進行改革，其中有一項重要的內容就是抑制宦官的專權。因為種種原因，「永貞革新」只進行了八十天就宣告結束。其後宦官們為了保障自己的權利甚至逼迫病重的順宗退位，擁立憲宗登基。唐憲宗雖然是「中興之主」，在藩鎮問題上有很大的造詣，但對於宦官問題，他基本上也是視而不見，放縱多於管制。

從唐憲宗開始，唐朝後期的皇帝多數都是宦官所擁立。這些皇帝從登基開始就沒有屬於自己的政治權力，為了保住自己的地位，他們不得不縱容和巴結宦官，而對這些弊政視而不見。更有甚者，乾脆把朝政交給了宦官，自己安於享樂，做起了傀儡皇帝，比如唐穆宗和唐敬宗。這段時期，宦官不僅僅是掌握禁軍大權，而是逐漸深入到了朝廷機構的各個角落，和朝臣們分領天下。也正是因為這樣的情況，從

唐憲宗開始至唐昭宗結束一度成為了宦官專權亂政的鼎盛時期。

宦官專權問題在晚唐時期愈演愈烈，終於到了一發不可收拾的地步，而真正下定決心要解決它的是唐文宗。

唐文宗名李昂，是唐穆宗次子，也是唐敬宗的親兄弟。唐敬宗死時雖然只有十八歲，但已經有五個兒子，不是沒有子嗣，那麼為什麼他的皇位不是由自己的兒子繼承，而是傳給了自己的弟弟呢？有種說法說是因為唐敬宗死時年紀尚輕，所以子嗣都過於幼小，這顯然不符合皇位繼承的基本邏輯。縱觀歷史，歷朝歷代中年幼的皇子繼位的數不勝數，顯然年齡不是繼位與否的標準，那何以敬宗的兒子就因為年紀太小而不能繼承父親的皇位呢？這其中必定另有原因。

唐敬宗是死於宦官策劃的宮廷謀殺，這是眾所周知的事情。唐敬宗死後，劉克明等人便假傳聖旨，命翰林學士路隋擬寫了一份詔書，稱敬宗死時留下遺詔，命六弟絳王李悟掌軍國事，暫理朝政。劉克明等人這麼做無非是為了將王守澄手中的大權搶奪過來，於是便於第二天清晨讓李悟在紫宸殿外接見了百官，想另立新主。

王守澄得知此事後大吃一驚，他馬上與楊承和等人商量，帶領神策軍及江王李涵入主大內，隨後便以「謀反」之罪將劉克明等人悉數斬殺。事後王守澄找來翰林學士韋處厚商議如何善後，韋處厚知道王守澄等人的意思，便說討伐亂黨本來就是理所應當的事，當務之急是要讓江王向天下宣告，內亂已平。接著就讓大臣們請江王即位，如此大事方可成。王守澄聽後也覺得此法可行，便於當月十日把江王迎入皇宮，在紫宸殿外廊和文武百官相見。

寶曆二年年底，年僅十七歲的江王李涵改名李昂，正式繼承了哥哥的皇位，改元太和，是為唐文宗。唐文宗出生於元和四年十月十日，與唐敬宗同年。他之所以能夠繼承皇位，完全是因為宦官們之間的互相爭鬥。當時劉克明擁立李湛為帝，對於王守澄一派來說的確實一個突發事件。為了和劉克明一爭高下，王守澄在倉促之中只得選擇了李昂。

唐朝在唐穆宗之前，除了唐高宗有兩個兒子（中宗和睿宗）先後做了皇帝外，皇位基本上都是父死子繼。但奇怪的是，從唐穆宗開始就頻頻出現了兄終弟及的現象，比如唐穆宗就有三個兒子登上了帝位，他們分別是唐敬宗、唐文宗和唐武宗。

這三個皇帝都為宦官所擁立，唐敬宗十六歲登基，兩年之後就死於宮廷政變；唐文宗十八歲即位，死時也只有三十三歲；至於唐武宗，和唐文宗一樣，都是三十三歲那年喪生，三人在位時間一共不到二十三年。這種罕見的歷史現象不僅反映出了此時的皇室的大權已經旁落到宦官之手，還從側面反應出了晚唐時期政治局勢的惡化，作為一個皇帝，連自己人身安全都不能保障。

唐文宗即位之後便尊祖母郭氏為太皇太后，居住在興慶宮；奉自己的親生母親蕭氏為皇太后，居大明宮；敬宗的生母王氏為寶曆太后，居義安殿。唐文宗本想任用外戚來牽制宦官，但無奈的是蕭太后父母早亡，只有一個弟弟，但已經失去聯繫多年。蕭太后是閩人，文宗為了找到這位舅舅曾特意派福建的官員暗中尋訪，但卻無果而終。最後這件事只好作罷。

因為唐文宗的特殊身分，所以文宗朝三宮太后並存。但唐文宗為人恭順，對三宮太后都十分孝順，對太皇太后郭氏尤為尊敬。他不僅自己經常到興慶宮給太皇太后問安，還要求大臣和後宮嬪妃們也要在宮門之前請安。唐文宗每五天就會親自去給各宮每位太后問安，遇到節慶之日更是不敢怠慢。除此之外，每次臣下進獻了什麼珍稀之物，唐文宗肯定是先奉太廟，然後再送到各位太后的宮中，從來不會先行享用。原來有司在將四時蔬果送到後宮是都稱之為「賜」，唐文宗認為這是對太后的不敬，所以便將「賜」改為了「奉」。

唐文宗對長輩的尊敬之心著實令人感歎，但他之所以能夠如此孝謹恭順，也和他自幼愛好學習有著莫大的聯繫。唐文宗從小便聰敏好學，尤其喜歡閱讀《貞觀政要》，心中最佩服的人就是先祖唐太宗。

唐文宗讀書的習慣一直到登基之後也沒有更改，每當退朝之後他便手不釋卷，很少飲宴，也不近女色。他曾對身邊的侍者說過這樣的話：「如果我不能在甲夜親自處理政事，乙夜博覽全書，又怎麼能做好天下之主呢？」文宗還十分熱愛文學，對那些有學識的臣子們十分欣賞。他經常和翰林學士柳公權一起講談經義，還留下了**「人皆苦炎熱，我愛夏日長。熏風自南來，殿閣生微涼」**的佳句。

歷經三朝的唐文宗早在還在當江王的時候就深感時代的弊政，心中便產生了「中興唐室」的想法，只是礙於身分，才華不得施展。「天將降大任於斯人也」，突如其來的皇位對他來說是一個從天而降的機會，一個幫助自己完成多年夙願的機會。正是因為心中多年的理想，所以文宗登基後不久就開始對唐朝的弊政進行大規模的改革。

穆、敬二朝雖然只有短短的七年時間，但因為兩個皇帝的昏庸無道，整個朝廷已經是面目全非，了無生機。為了改變穆、敬二朝奢靡成風的現象，他即位之後便將後宮多餘的宮女釋放回鄉，人數達到了三千之多。接著他下旨將五坊內各種珍稀的觀賞動物都放歸山林，大有仁君之風。唐敬宗在位之時喜歡大肆封賞，宮中的財物都被他揮霍殆盡。唐文宗廢除了這一制度，宣布無功不受祿。他還免除了四方進貢，並將皇宮強佔百姓的土地全部歸還，並停止了唐敬宗時期一切無用的享樂設施的修建。

裁減後宮、停止營建之後，唐憲宗還擬定了裁撤朝廷冗員的計畫。唐文宗即位之初，朝廷各個機構冗官的現象較為嚴重，不少官員尸位素餐，不僅浪費國家的財政收入，還大大降低了政府部門的辦事品質和效率。唐文宗在統計了各部門的官員人數後，下旨將一千二百多名官員遣放還鄉。除此之外，唐文宗還身體力行，用自己的實際行動給天下臣民做出了表率。作為一個皇帝，唐文宗的日常生活十分簡樸，史稱「**恭儉儒雅，出於自然。**」他經常身著粗布素服，對臣下和皇親國戚們也是如此要求。

以往的皇帝每逢自己的生日都要大肆慶祝，而唐文宗卻將自己的生辰定位「慶成節」，不許屠殺牲畜，只許食用蔬果，也不許臣下飲宴祝壽。而且每當各地發生了水旱災荒，唐文宗都是痛心疾首，主動要求削減自己的膳食。唐文宗的種種做法都是在向天下人宣示他的決心，那就是他是一個勤儉的皇帝，而他的朝代將不會再有不合時宜的靡靡之音。

和穆宗與敬宗的慵懶懈怠不同，唐文宗十分勤勉，對政事也非常關心。自從他即位之候便下令恢復了原來皇帝單日聽朝、雙日放朝的制度，並付諸實踐，風雨無阻。不僅如此，他還特意將節慶之日安排在雙日，這樣就不會影響到單日上朝的時間。

為了瞭解民間的困苦，為治理國家尋找辦法，他招集臣子一起討論治國之道。到了太和九年十二月，唐文宗還下旨鑄造了「諫院之印」，賦予了諫官們權力，讓他們能夠充分發揮匡扶社稷的作用。因為他的努力，文宗朝儼然形成了一種多年未出現的政治清平的氛圍。當時的宰相裴度眼觀唐文宗的種種表現，激動得熱淚盈眶，大呼「太平可期」。在群臣和天下百姓看來，擁有了這樣一位好皇帝，那盼望多年的太平盛世還會遠嗎？

對於新帝的振作，王守澄等人沒有放在心上。在他看來，唐文宗所做的這些裁減後宮和官員、罷免進貢之事只不過是每個皇帝剛即位之後都會做的籠絡民心的小伎倆。王守澄依舊我行我素，對裴度、韋處厚等朝中大臣不屑一顧，經常和他們對著幹。不僅如此，他倚仗自己擁立有功，從來不把唐文宗放在眼裡。王守澄這麼做雖然有損唐文宗的尊嚴，但這也未嘗不給文宗積蓄力量提供了一個良好的時機。

然而，理想雖然美好，現實卻極端殘酷。唐文宗雖然銳意進取，為了朝政宵衣旰食，但他自己心裡也很清楚以他的一己之力又怎能如此輕易地消除唐朝多年的積弊呢？以他多年的觀察來看，要恢復大唐帝國原有的萬千氣象，有三個問題亟待解決，那就是藩鎮割據、宦官專權和朝廷內部的黨爭。

藩鎮割據問題本來在憲宗朝已經基本解決，雖然有些藩鎮是表面歸順，但總體還是保持了統一和穩定的局面。但到了穆、敬二朝，因為皇帝的無能，藩鎮問題又死灰復燃，已經不是那麼容易解決的了。對於這種態勢，唐文宗一時也想不出什麼好的解決之道，於是他運用了軟硬兼施的辦法，儘量將全國的政局穩定在可以控制的範圍之內。只要藩鎮不爆發叛亂，那麼基本上不會牽連到他在朝廷內部的改革。

至於黨爭問題，此時歷史上著名的「牛李黨爭」已經悄然拉開帷幕。唐文宗在萬般無奈之下只得陸續將這兩派的官員調離中央，這樣就減少了兩黨發生衝突的機率。這麼做雖然不是萬全之策，但短時間內還是取得了一定的成果的。

穩住了藩鎮和朋黨之爭後，唐文宗將要面臨的是一個巨大的挑戰，那便是多少年來也沒能解決的宦宦專權問題。雖然說在唐文宗的登基過程中，宦官立下了不少功勞。甚至可以說沒有王守澄，唐文宗根本不可能坐上皇帝的寶座。但唐文宗卻不想成為宦官手中的木偶，所以他在即位之初就下定決心要解決「天子受制於家奴」的問題。

根據趙劍敏先生的分析，唐文宗之所以對宦官們如此的深惡痛絕除了他作為一個皇室成員，親身感受到了宦官專權給國家帶來的危害，還有兩個十分重要的原因。

其一是王守澄雖然擁立他為帝，但也不過是出於自己利益的考慮。在他登基之後，王守澄將他看成了和穆宗、敬宗一樣的傀儡皇帝。王守澄不僅對他毫無尊敬之意，而且氣焰越來越囂張，簡直到了不可一世的地步，這大大損害了唐文宗作為一個皇帝的尊嚴。

其二是自己的哥哥唐敬宗雖然是個荒唐的皇帝，但他的確死於宦官之手，這是個不爭的事實。不僅敬宗如此，之前的憲宗和穆宗的死都和宦官脫不了干係。然而更為荒唐的是這些犯了大罪的宦官們不僅沒有受到任何懲罰，反而依舊過著自己逍遙的日子。這怎麼能不讓唐文宗氣憤，要殺宦官而後快呢？

唐文宗想要剷除宦官專權的想法一經提出，馬上得到了朝廷上下的一致贊同。其實朝中上下對剷除宦官的呼聲一直都很高，就在不久之後的一次制舉考試中，一位考生的對策就充分顯示了士大夫階層與宦官們日益激化的矛盾。

太和二年三月，朝廷照例舉行制舉考試，以賢良方正與直言極諫問策取士。在這次考試中，幽州昌平人劉蕡（音愧）的對策猶如平地驚雷般震撼了整個朝野。在這篇對策中，劉蕡詳細論述了宦官專權亂政的弊端，言辭十分犀利。

劉蕡的對策條理十分清晰，他先是指出了本朝宦官擅權的現象，稱宦官「褻近五六人總天下大政，外事陛下之命，內竊陛下之權，威懾朝廷，勢傾海內，群臣莫敢指其狀，天子不得制其心，禍稔蕭墻，奸生帷幄。」使得「海內困窮，處處流散，饑者不得食，寒者不得衣，鰥寡孤獨不得存，老幼疾病不得養。」隨後他又指出出現這種狀況的原因是朝廷的法度不能統一，而且任用官員的方法也有問題。最後，他甚至說宦官問題如果不徹底解決，勢必會「宮闈將變，社稷將危，天下將傾，海內將亂。」可見當時天下人對宦官是何等的恐懼和憎恨。

劉蕡的對策一舉擊中了時代的弊政，在當時的影響極大，大家都爭相傳閱他的這篇驚世之舉。不僅如此，朝中很多官員都對劉蕡的觀點十分認可，連當時主持對策的主考官馮宿更認為這篇對策堪比漢代晁錯與董仲舒的對策。

大宦官王守澄得知有個叫劉蕡的進士寫了這樣一封制書後簡直是怒不可遏，當場大罵劉蕡：「何其狂妄乃爾！」另一個宦官仇士良甚至當著滿朝文武的面質問當年進士科錄取劉蕡的楊嗣復，為什麼會錄用劉蕡這個瘋漢。楊嗣復本是個書生，見仇士良氣勢洶洶而來，一時不知所措，於是只能說：「當初劉蕡進士及第之時尚未瘋癲！」聽楊嗣復如此回答，仇士良又惡狠狠地望向了裴度和韋處厚，他二人在這種局面下也是只有沉默。宰相都如此懼怕宦官，其他的大臣更不敢多說一句話了。最後，馮宿和龐嚴只得將劉蕡的對策暗中壓下，沒有遞交給唐文宗。

雖然劉蕡一語大快人心，才華和眼光也被世人所肯定，但考官們因為懼怕宦官的權勢，都不敢錄取劉蕡。朝廷三月初九，朝廷的詔制頒行天下。該年的「賢良方正科」共取了二十二人，杜牧、裴休都在其列，就是沒有語驚天下的劉蕡。

劉蕡落榜之後，朝中的許多官員都上書為他鳴不平。就連此次考試被錄用的河南府參軍李郃認為

「劉蕡下第，我輩登科，諸位能不羞愧？」於是便上書唐文宗，稱自己的對策遠遠不如劉蕡，沒有資格上榜，願意把自己的名額讓給劉蕡。但奇怪的是，這封奏疏直遞中書省後，便如泥牛入海，杳無音訊。

宰相們也知道朝中上下對此事的議論很大，但為了穩定局面，不至於引發事端，只好大事化小，小事化了。在當時的四位宰相中，裴度和韋處厚一直對此事就沒發表態度，竇易直資歷不如裴、韋，更不敢站出來說話。至於王播，本來就是因為和宦官交好而獲得的宰相之位，就更不可能為劉蕡說話了。不僅如此，王播還對憤憤不平的御史們說：「劉蕡這個人就只會招黃門之怨而已，怎麼能解救的了呢？國家開科取士，本來就是為了求輔弼之才。這些人一定要識大體，豈勝矯直之輩狂犬吠日？所以說劉蕡不取也罷。」

唐文宗雖然沒有看到劉蕡的制書也沒能看到李郃等人為其鳴不平的奏疏，但對這件事他也是有所察覺的。但無奈當時宦官權勢熏天，而他又羽翼未豐，地位尚不穩定，根本沒有辦法公正地對待此事。但這將事情也讓唐文宗看清了朝中大臣們的態度，也加速了他一舉剷除宦官的決心。

劉蕡雖然沒有被錄用，但他的名聲卻已經傳遍天下，不少人都仰慕他的大名。其後劉蕡先後在山南節度使令狐楚、西道節度使牛僧孺的任下做過幕府，被授予秘書郎一職。但好景不長，不久之後他就因被宦官們誣告被貶為司戶參軍，最後死在了柳州任上。

劉蕡雖然慘遭毒害，但他事蹟還是被載入史冊，為後世人所敬仰。唐朝的許多詩人，如李商隱等，都先後為他做過哀悼的詩文。昭宗時的大臣羅袞甚至向皇帝感歎，如果文宗當時採用了劉蕡的對策，那麼後來國家也不至於演變到如此地步。唐昭宗對此事也深有感觸，其後追贈劉蕡為左諫議大夫，並在民間尋訪到他的子孫，授予其官職，讓他們繼承祖上遺志，為國家效力。

洩密的代價是丟了性命

劉蕡對策讓唐文宗感到了一股無形的壓力和推動力。在此之後，他便開始在朝廷上下物色可靠的、與自己志同道合的人才，準備逐步將他的計畫付諸實踐。朝廷雖是歷朝歷代天下人才彙聚的地方，但很多時候也會出現「無人可用」的現象，唐文宗此時面臨的就是這樣一個局面。唐文宗本來十分看好對他擁立有功的宰相韋處厚，但不幸的是韋處厚因為橫海鎮留後的問題太過操勞，在太和二年就去世了。

韋處厚死後，竇易直也罷職，由翰林學士路隨接替宰相之職。不久之後，李德裕也從地方回到了長安，在兵部任待郎之職。朝中元老裴度非常欣賞李德裕的才華，並向唐文宗舉薦他為宰相。但當時的宰相李宗閔和李德裕的父親李吉甫有過節，所以便想盡辦法把他從長安的政治圈子中排擠出去。李德裕無奈之下只得前往義成去擔任節度使，隨後又被調到偏遠的西川。

李德裕走後，李宗閔為了進一步掌控朝中大權便推薦了牛僧孺為相。牛、李二人結成一派，排除異己，連裴度這樣的重臣都被迫離開長安去往地方。裴度一走，整個朝廷就變成了牛、李二人的天下。與此同時，朝廷大臣之間的朋黨之爭也愈演愈烈。這些大臣為了爭權奪利往往和當權的大宦官們勾結在一起。唐文宗既不能依靠他們，還要為他們之間的鬥爭費心費力，真是煩不勝煩。就在唐文宗苦於沒有人才可用的時候，一個人走到了他的面前，這就是時任翰林大學士的宋申錫。

宋申錫，字慶臣，出生於一個平民家庭。宋申錫自幼就失去了父親，靠著自己一個人的努力才得以入朝為官。宋申錫考取進士後，曾經很長一段時間在外地節度使的幕府中任職，後來才輾轉回到長安。

之後他又先後做過起居舍人、禮部員外郎、中書舍人等官職，最後才官職翰林大學士。

宋申錫為人忠厚且辦事十分謹慎，這也正是唐文宗看重他的地方。而唐文宗之所以最終選擇了宋申錫還有一個原因就是此時大部分朝臣都陷入黨派鬥爭之中，但宋申錫卻不在朋黨之列，政治背景比較清白。

太和四年六月的一天，唐文宗將宋申錫召來為他講解《貞觀政要》。途中唐文宗為了試試宋申錫的心意，便故意歎了口氣。宋申錫不知皇帝為何如此，便站在一旁，默默不語。唐文宗問他：「你每日與朕一起講經論道，難道還不瞭解朕的心意嗎？」宋申錫心中也知道唐文宗為何事煩惱，但心中也是十分無奈，除了請罪之外也無話也說。

唐文宗見他如此，便說道：「如今宦官如此強勢，元和、寶歷年間的弒逆之徒仍然活在世間。朕每日受他們逼迫，如果就此下去，還有什麼臉面見列祖列宗？」話說到這個地步，宋申錫不得不表態了，他哽咽地說道：「陛下且寬聖懷，不必為此事太過煩惱。微臣雖然不才，也願為陛下效死力！」

君臣互表心意後，唐文宗又秘密召見了宋申錫，與他探討解決宦官問題的辦法。承蒙君主的信任和厚愛，宋申錫還不掩飾地表達了自己對宦官的厭惡，並向唐文宗提出了具體的解決辦法。宋申錫的想法和自己不謀而合，於是唐文宗下詔加封宋申錫為「尚書右丞」，不久之後又加「同平章事」，委任他來解決這個令人頭疼的問題。太和四年七月，唐文宗正式拜翰林學士宋申錫為相，一場大的變革就要上演。

太和五年初，經過了種種商討，唐文宗忠於決定開始著手解決宦官問題。一次成功的變革除了要有好的領導者和良好的措施之外，還需要有大批的人來將改革的計畫付諸行動，而宋申錫再怎麼有才華也難以一個人擔當此重任。

此時的唐文宗和宋申錫不僅要面臨手中無人的局面，要面臨一個非常可怕的現實，那就是對方是手握禁軍大權的王守澄，而自己手中既沒有兵馬也沒有任何的後援。在這種情況下，想要撼動王守澄就只有一個辦法，那就是獲得京兆尹的絕對支持。京兆尹是長安城的行政首長，手中掌握著長安的兵權，是整個行動的關鍵人物。正是因為京兆尹如此重要，所以宋申錫經過反覆考慮，舉薦了時任吏部侍郎的王璠出任京兆尹一職。

王璠本來不知就裡，升任京兆尹之後他才得知自己的任務是要和宰相宋申錫一起剷除宦官專權。為了不打草驚蛇，唐文宗和宋申錫的計畫基本上是沒有其他人知道的。但不幸的是王璠得知了此事，覺得風險太大，所以便將實情透露了出去。很快，這件事便傳到了大宦官王守澄的耳中。

王守澄得知此事之後對宋申錫恨之入骨，他馬上指使自己的手下，神策軍將領豆盧著向唐文宗遞上了一份奏章，內容是宰相宋申錫圖謀不軌，想要推倒唐文宗，擁立皇弟漳王李湊為新帝。很顯然，這是一封誣告的奏摺，據說當時唐文宗沒有多加審查，就聽信了豆盧著的話。

唐文宗之所以對宋申錫產生了懷疑完全是因為漳王李湊在朝中有些聲望，所以他早就對其有猜忌之心，而豆盧著此時所報之事於他心中的想法不謀而合。但因為心中還是有一些疑慮，所以唐文宗也沒有馬上下決斷，而是讓王守澄將此事調查清楚再說。但氣急敗壞的王守澄回到神策營後馬上就召集了兵馬，準備到宋申錫家大肆屠殺。

就在這個時候，飛龍廄使馬玄亮站了出來。他雖然也是宦官，但頗具正義之心，他對王守澄說道：「如今宋申錫的罪名還沒有坐實，倘若你殺了他全家，會引起眾怒的？如果長安因為此時亂了起來，我們也沒辦法收場。現在當務之急是和眾位宰相商議該怎麼處理，最好不要輕舉妄動。」

王守澄覺得馬玄亮的話也在情在理，於是便派人將宰相牛僧儒等人召集到延英殿商量此時。當時，宋申錫不知道事情已經洩露，作為宰相之一的他也來到了中書省。眾位宰相陸續進入了東門，只有宋申錫被擋在門外。到了這個時候，宋申錫才隱隱感覺到事情發生了變化。但此時他尚不能肯定，於是就望著延英殿，以笏叩頭而退。

雖然朝中大臣們都覺得宋申錫謀反一事不可思議，但幾乎沒有人敢站出來說幾句公道話。為了將宋申錫的罪名坐實，王守澄逮捕了一些漳王府的人，用屈打成招的辦法讓他們告發宋申錫。意圖謀反是誅滅九族的大罪，宋申錫落到了王守澄的手中，就縱有千般本事也解釋不清楚。審問還沒有開始，就傳來了唐文宗罷相，貶宋申錫為太子右庶子的旨意。

事情發展到了這個地步，馬玄亮又一次站了出來，他跪求唐文宗要慎重處理此事。唐文宗早有此意，於是便將牛僧儒等人召來商議。牛僧儒此時也說：「做人臣的官高不過宰相，宋申錫如今已為宰相，有什麼理由謀反呢？我看他應該不會做這種事。」而王守澄一方也害怕再鬧下去反而橫生枝節，所以便就此作罷。

在大臣們的百般求情之下，最終唐文宗免除了宋申錫的死罪，但還是將他貶到開州去做司馬，漳王李湊也被貶為巢縣公。就這樣，第一次剷除宦官的行動還沒實施就宣告失敗。

有人說宋申錫的失敗唐文宗要負主要的責任，正是因為他中了王守澄等人的反間計，這才導致了計畫的失敗，並由此推斷唐文宗是個不能自己做決斷的愚蠢之君。其實從較深層來分析，以唐文宗的判斷力應該不會輕易相信所謂的「謀反」之事，何況狀告宋申錫的還是神策軍中人。那麼唐文宗會做出將宋中錫貶到地方的舉動就只有一個原因，那就是他不想過早地暴露自己，無奈之下只能選擇放棄宋申錫。

醫生是危險人物

宋申錫一事給唐文宗的打擊很大，就在此後不久，黨爭問題又一次浮出了水面，弄得唐文宗無所適從。宋申錫一案發生在三月，到了九月，吐蕃的邊境上發生了糾紛。當時朝廷派李德裕前往邊境指揮作戰，本來李德裕覺得應該對其採取強硬的措施，好藉此機會穩定住邊境的少數民族，但牛僧孺因為意氣之爭，堅持不讓李德裕這麼做，而是要「和平」解決這個問題。

吐蕃人見唐朝不敢作戰，竟然將維州投誠將士在邊境之上全部處死。所以說牛僧孺所說的「和平」表面上冠冕堂皇，實則就是一種妥協策略，最後「維州事件」雖然得以解決，但朝廷卻因此丟盡了臉面。

兩個月之後，原西川監軍王踐言回到了長安。他向唐文宗彙報了吐蕃大戰投誠者之事，並對朝廷的舉措表示十分不理解。他對唐文宗說：「將這些頭盛著送回去，那豈不是斷絕了以後來向我朝投誠人的道路嗎，這怎麼會是個好辦法呢？」唐文宗聽王踐言後也沉默不語，對當朝的幾位宰相簡直是失望透頂，甚至當朝責問牛僧儒等人到底要到何時天下才能太平。

唐文宗本來只是發發牢騷，沒想到牛僧孺竟然和他頂撞了起來，說道：「如今四夷沒有侵犯我朝，百姓也沒有流離失所。我朝雖非大治，也可以說達到了小康。陛下您還要求取別的太平，那不是臣等所能做到的。」牛僧孺一番話讓唐文宗一時不知說何是好，君臣多年，牛僧孺不但不理解他的苦心，反而用這種話來搪塞他，難道作為一個皇帝想讓自己的國家富足，百姓安康還有什麼過錯嗎？

太和七年底，唐文宗將牛僧孺罷相，召西川節度使李德裕回長安接替他的位置。太和七年二月二十八日，文宗拜李德裕為相。這一天，乾旱了多時的長安竟然下了一場磅礴大雨，眾人都認為這是新宰相帶來的吉兆，天下大治有望了。聽聞此事後，唐文宗也對自己做出的決定暗暗高興。

然而此時位極人臣的李德裕不得不面對一個問題，那就是朝廷之內的黨派之爭。除此之外，還有權勢熏天頑冥不化的宦官們。自從宋申錫被貶至死後，王守澄一派更加肆無忌憚，朝中根本無人敢與之對抗。

牛僧孺雖然離開了長安，但朝中還有一個李宗閔。李宗閔對李德裕一直就心存不滿，他在自己身邊聚集了一大批親信，目的就是為了和李德裕一較高下。李德裕深知朋黨之害，所以拜相後不久就向唐文宗提出要清除朝中的朋黨。他還指出楊虞卿、楊汝士、楊漢公三兄弟和給事中蕭澣以及中書舍人張元夫公開結黨，已經引起了朝臣的猜測和不滿。

李德裕所說的這些人都是李宗閔一手提拔起來的，而且都是李宗閔的親信。所以說李德裕雖然表面是指責楊氏三兄弟等人，其實是直指李宗閔。唐文宗也不是不知道這個情況，於是他便問李宗閔，「據朕所知，楊虞卿、張元夫、蕭澣等人確有結黨之實。」李宗閔一時下不來台，開始還否認他提拔楊氏三兄弟等人，但在李德裕的追認下，他也不得不承認了這個事實。

在證實了此事後，李德裕將這些人陸續貶出長安，同時將原來被牛僧孺和李宗閔打壓的鄭覃擢升為御史大夫。李德裕這麼做等於是公開向李宗閔宣戰，李宗閔又豈會坐視不理。在李德裕提出要將鄭覃升任後，李宗閔馬上覲見唐文宗，表示此事萬萬不可。唐文宗以前就非常欣賞鄭覃的才華，所以完全沒有理會李宗閔的反對意見，最後任命鄭覃的詔書根本就沒有透過中書省就直接宣布了。

鄭覃一事讓李宗閔大為惱火，但從中他也看出了唐文宗的態度和偏向。太和七年六月，李宗閔罷相，到山南西道做了節度使。同年七月，右僕射王涯進入中書省，掌管了帝國的財政大權。不到一年的時間，朝中的局勢可以說是發生了翻天覆地的變化。

李宗閔走後，李德裕終於可以放開手腳。在這之後，他也的確是施行了不少改革舉措，例如變革科舉考試的內容等等。但需要指出的是，李德裕在之前打壓李宗閔的過程中得罪了不少人，這些人也就成為了繼牛僧孺和李宗閔後新一波與之對抗的力量。所以說，此時朝廷中潛伏著的危機還是巨大的，隨時都有可能爆發。

也是因為接連發生的一系列事件，唐文宗一直有一股鬱結之氣在胸中難以抒發。太和七年十二月十八日，身心俱疲的唐文宗患上了風疾，後來竟然發展到了口不能言的地步。在王守澄的推薦下，神策營行軍司馬鄭注前來為皇帝診脈。

鄭注是山西翼城人，因為家中十分困苦，所以便四海遊歷，以行醫謀生。他本來姓「魚」，所以又被稱為「魚鄭」。鄭注在治病方面有些手段，曾經在地方上治好了許多官員的病，所以名聲便漸漸大了起來。後來徐州的一個牙將把他推薦給了徐州節度使李愬。鄭注不負所望治好了李愬的病，隨後就被推任為徐州節度使官署的衙推。

鄭注自恃有些才能，當官了之後就對徐州的軍政有些看法，但他的這種做法卻惹怒了當時在徐州擔任監軍使的王守澄。王守澄想讓李愬把鄭注趕出軍營，但李愬卻把鄭注推薦給了王守澄，並說他是一個值得一用的奇才。

王守澄雖然大惑不解，但因為有李愬的推薦，他還是同意和鄭注談一談。李愬將王守澄應承了，便馬上命鄭注前來拜見。這一談，王守澄大喜過望，兩人氣味相投，簡直是相見恨晚。其後，王守澄被調回承安任知樞密，鄭注也隨他一起來到了都城。

起初鄭注只是在王守澄手下做些雜事，但隨著人際關係越來越寬廣，鄭注在長安也結識了不少權貴。加上他為人圓滑，能討人歡心，這些人看他是王守澄的親信也不能不買他幾分面子。久而久之，鄭注就在長安做了不少不法之事，名聲很不好。

鄭注仗勢欺人的行為很快就引起了朝中正直官員的不滿，不久之後就有個叫李款的侍御史上書彈劾他，請求將他法辦，並且在十天之內連上十幾封，在當時造成了很大的影響。王守澄怕會惹出禍端，便將鄭注藏在神策軍營裡，但鄭注在那裡也受到厭棄。當時左軍中尉韋元素、左右樞密楊承和與王踐言對王守澄很不滿，於是對鄭注自然也是沒有好臉色。左軍將官李弘楚知道韋元素等人的心思，便向其獻了一計，想致鄭注於死地。

鄭注是以醫術聞名，於是李弘楚就讓韋元素謊稱有病，讓鄭注前來診治，趁機將他殺死。韋元素認為此計可行，於是就詐病召鄭注前來。鄭注也知道韋元素等人與王守澄素有嫌隙，知道此去凶多吉少。但他「臨危不懼」，見到韋元素後就撲在地上大哭，滔滔不絕地講述了一番他的苦難經歷。韋元素見他如此可憐，心一軟就放棄了殺他的念頭，二人交談了一番後便把鄭注放了回去。鄭注走後，李弘楚歎道：「大人你今日不殺鄭注，日後肯定會受其禍的！」

這個鄭注雖然做了王守澄的手下，但醫術仍舊十分高明，半個月之後便將唐文宗的風疾治好了。太和八年的正月初五，唐文宗在太和殿召見了群臣，滿朝文武懸著的一顆心終於落下了。

病好之後，唐文宗對鄭注十分感激，以至於在後來的時日裡對他十分寵信。鄭注一時之間成為了皇帝身邊的紅人，前來巴結他的人更是絡繹不絕，而貪財的鄭注對於這些人所送的財物全部照單全收。在這些行賄之人中，有個名叫李訓的流放之徒，他送了大量的錢財給鄭注，希望他能在皇帝面前為他多說好話。李訓原名李仲言，出身名門，是李逢吉的侄子。在錢財的誘惑下，鄭注便向王守澄引薦了李訓。在王守澄的安排下，李訓很快就來到了唐文宗身邊。

李訓不僅長得一表人才，風流倜儻，而且才識過人，尤其精通《周易》，這便大大合了唐文宗的心意。王守澄引薦鄭注和李訓本來是為了間接地控制唐文宗，然而唐文宗不知就裡，反而將他二人引為知己。在多日的相處之後，唐文宗便將他心中的苦悶傾訴給了鄭、李二人。

鄭注雖然是個貪財之人，但也有些見識，而李訓自不必言，他費盡心力回到長安就是為了一展抱負。所以他二人聽了唐文宗的傾訴之後都表示願意為主上擔當起誅滅宦官的重則。繼宋申錫之後，唐文宗覺得自己又一次找到了可用的人才。於是他便下旨拜李訓為相，擢升鄭注為鳳翔節度使，再一次將自己的理想付諸行動。

大權在握之後，李訓首先想到的是解除宦官手中的兵權。這一步十分關鍵，只要沒有了兵權，宦官們可以說就喪失了安身立命之道。對於李訓的想法，唐文宗十分贊成，於是他下旨將王守澄調任神策軍右中尉，而命宦官仇士良接替了他之前的左中尉之職。

仇士良本就和王守澄有過節，所以也同意幫助李訓等人除去這個心頭大患。分割了王守澄的兵權之後，李訓等人舊事重提，將當年唐憲宗的死又翻了出來。而仇士良更是十分肯定地說，唐憲宗就是被陳弘志和王守澄害死的。李訓的本意是將陳弘志調來長安指證王守澄，但陳弘志卻在不久之後莫名其妙地被人殺害了。

這個計畫落空之後，唐文宗又將王守澄調升任為六軍十二衛觀軍容使，目的是把他調離出他的根據地——長安。失去兵權之後的王守澄毫無還擊之力，隨即就被唐文宗用毒酒賜死，對外卻宣稱「暴病身亡」。與此同時，韋元素、王踐言、梁守謙楊承和等宦官也先後被賜死或者流放。

苦澀的甘露

王守澄雖然已死，但他多年經營的勢力依舊存在著。為了徹底剷除這股勢力，李訓和舒元輿等人商量了不少對策。他本想讓鄭注在王守澄的葬禮上率兵將他的餘黨們一起緝獲，但又怕如此一來鄭注的功勳會超過自己，所以這個計畫最後只好作罷。

為了進一步掌控局勢，李訓又把自己的心腹們分派到各大重鎮去擔任節度使。其後，他召集了金吾使韓約、太原節度使王蟠、那寧節度使郭行餘共同商議如何處理王守澄的遺留問題。

在李訓的示意下，太和九年十一月二十一日，韓約在朝堂之上向唐文宗奏報說金吾廳出現了難得一見的祥瑞，後院的石榴樹上降下了甘露。聽聞祥瑞出現，唐文宗也是大喜過望。李訓和舒元輿等人趁勢向皇帝祝賀，並請求唐文宗前去觀賞。處在興奮狀態中的唐文宗馬上便下旨命文武百官們前去觀賞，這其中當然也包括了當時掌權的宦官。實則甘露祥瑞是假，李訓等人想藉此機會除掉宦官是真。

一行人到了含元殿後，唐文宗先是派了李訓前去金吾廳看看情況。李訓回來報告說甘露已經不是很明顯了，但叫唐文宗不要宣揚出去。唐文宗對此事深表懷疑，便命身邊的仇士良和魚弘志帶著宦官們前去看個究竟。

仇士良和魚弘志出去後，李訓馬上召集王璠和郭行餘等人進入含元殿布置行動。然而此時王璠已經嚇得全身發抖，根本無法動彈。最後是郭行餘帶著自己數百名親兵來到了丹陽門外等候詔命。

與此同時，仇士良等人已經進入了金吾廳的後院。眾宦官紛紛圍到石榴樹下看祥瑞何在。因為樹上本就沒有所謂的祥瑞，再加之計畫還未施行，所以韓約的情緒十分緊張，甚至汗流滿面。韓約的反常很快就引起了宦官首領神策左、右軍中尉仇士良的注意，就在仇士良詢問他何故的時候，金吾廳後院突然刮起了一陣狂風。

就是這陣風吹起了幕帳的一角，早早埋伏在裡面的將士就這樣暴露了。機警的仇士良知道情況有變，馬上帶領眾人回撤到含元殿。他來到唐文宗的前面，說金吾廳有人作亂，請皇帝趕緊回宮避難。李訓見計畫被打亂了，馬上下令手下將士們提前動手。他命金吾廳的衛士們趕快前往含元殿保護唐文宗，並許諾事成後給每人賞錢一百緡。

就在此時，宦官們率先帶著唐文宗迅速從含元殿撤離。李訓見狀，馬上攔住文宗御駕，奏報說：「臣尚有要事稟報，望陛下留步。」然而，仇士良根本不容許他說話，氣勢洶洶地稱他要謀反。唐文宗事先知道此事，於是便想掙脫宦官們的控制。就在混亂之中，仇士良和李訓扭打到了一起。然而李訓孤掌難鳴，最後宦官們還是抬著唐文宗的御駕進入了宣政門。

等到眾人率兵趕來，宣政門已經緊緊關閉。李訓等人知道大勢已去，便開始想要出逃。氣急敗壞的仇士良怎會放過他們，馬上派神策軍將領魏仲卿和劉泰倫從三面包圍了朝官們辦公的場所。大臣們不知何時，紛紛來問當值的宰相。王涯和賈餗不知情，所以便請百官們回去。但此時宮門已經全部關閉，沒能出宮的官員全部被當場斬殺，人數多達六百餘人。

因為李訓、舒元輿等人在事發之後就逃出了皇宮，所以在宮內的大屠殺之後，仇士良馬上由派了千餘名神策軍長安城內外大肆搜捕。一時之間，整個長安陷入了騷亂之中。其後，李訓、王涯、舒元輿都紛紛被捕。李訓被抓之後不想忍受宦官們的侮辱，於是就懇求押送自己的官軍說：「現在朝廷的禁軍在到處搜捕我，是因為抓到我就能得到朝廷的重賞。倘若禁軍們見到我，肯定會搶先領功。你們還不如把我殺了，拿著我的首級去長安領賞吧！」這些人聽李訓如此說，便將他殺死，並把他的首級遞上長安。

到了第二天清晨，朝會照常舉行，但皇宮內外都有全副武裝的禁軍把守，氣氛十分緊張。文武百官聚集在大殿之上，都噤聲不語。唐文宗見狀，便詢問道：「怎麼不見王涯來上朝？」站在一旁的仇士良馬上站出來稟報：「王涯等人意圖謀反，罪無可恕，已經被禁軍逮捕入獄。」唐文宗此時已經失去了人身自由，在接到仇士良遞上來的「謀反」罪狀後，他只得命令狐楚和鄭覃代行宰相之職。其後，令狐楚和鄭覃便依令擬寫了宣布李訓、王涯等人「謀反」之罪的詔書。

太和九年二十三日下午，王涯、舒元輿、郭行餘等一干人被斬殺於長安城中的獨柳樹下。在這之前，仇士良還讓禁軍挑著李訓的人頭在長安城中遊街示眾。這場事件前前後後延續了十幾天，共有六七百個朝臣被誅殺，這便是文宗朝著名的「甘露之變」。

「甘露之變」的發生標誌著唐文宗多年來想要剷除宦官的理想破滅，在這之後，唐文宗一改以前的強硬態度，對宦官問題變得不聞不問，任其發展。而宦官們在「甘露之變」更是提高了警惕，為了保障自己的人身安全，他們一邊將唐文宗軟禁起來，一方面想盡各種辦法鞏固自己手中的權力。

在此同時，全國各地也開始了多年未遇的自然災害。在開成年間，天空之中頻頻出現彗星，用古人的說法就是凶兆不斷，這對封建王朝的統治是有很強的影響的。在自然災害的影響下，糧食減產，嚴重的時候甚至顆粒無收，不少百姓都流離失所。為了安撫災民，唐文宗下發了很多賑濟的詔書，但都沒有收到什麼成效。

開成四年，旱災波及到了長安。六月，唐文宗派出許多使者去各處祈雨，但都沒有收穫。對於這種狀況，唐文宗極度灰心。他召來宰相們說：「如果上天再不降雨，朕就退居興慶宮。你等另選賢明之主吧，朕也不再做這個皇帝了。」同年十二月，唐高宗和武則天合葬的乾陵也突發發生了大火。

因為這些事情的接連打擊，唐文宗的意志逐漸消沉，原本已經痊癒的風疾也復發了。他無心問政，終日飲酒消愁。開成四年的一天，唐文宗和翰林學士周墀共飲，他問周墀：「朕可以和前代的哪位君王相比呢？」周墀回答道：「此事不是臣所能評價的。但依臣所看，陛下您堪比堯、舜。」

唐文宗慘澹地說道：「朕怎敢自比堯、舜相比。我問你，朕比之周赧王和漢獻帝如何？」周赧王和漢獻帝都是歷史上著名的亡國之君，唐文宗這麼說，周墀無言以對。唐文宗繼而說道：「周赧王和漢獻帝被諸侯鉗制，如今朕卻受制於自己的家奴。這樣說來，朕連他們都不如。」

唐文宗的一番話道盡了他心中的苦悶，「甘露之變」給予他的不僅僅是打擊那麼簡單，他的自信、他的尊嚴、他登基時的意氣風發都隨著金吾廳裡的那場刀光劍影而飛灰湮滅。如今的他已經不再是那個雄心壯志、揮斥方遒的皇帝，而是變成了一具自暴自棄的行屍走肉。

帶著自己未完成的理想，唐文宗慘澹地度過了自己的餘生。開成五年正月初四，唐文宗崩逝於太和殿，謚號「元聖昭獻孝皇帝」，終年三十二歲，死後葬於章陵。「有帝王之道，而無帝王之才」，這時歷史上對唐文宗的一貫評價。唐文宗的一生雖然抱有遠大的理想，也為此勤勤勉勉，但最終還是因為缺少治國才能而抱憾終身。

對於唐文宗為什麼會在眾多事件面前一事無成，無所適從，陳寅恪先生在他的《唐代政治史述論稿》中有這樣的論述：「夫唐代河朔藩鎮有長久之民族社會文化背景，是以去之不易，而牛李黨之政治社會文化背景尤長久於河朔藩鎮，且此兩黨所連結之宮禁閹寺，其社會文化背景之外更有種族問題，故文宗欲去士大夫之黨誠甚難，而欲去內廷閹寺之黨則尤難，所以卒受甘露之禍也。況士大夫之黨乃閹寺黨之附屬品，閹寺既不能去，士大夫之黨又何能去耶？」

第六章 會昌中興，在困局之中異軍突起

不得不死的太子

唐武宗本名李瀍（音纏），登基之後更名為李炎。他出生於元和九年，是唐穆宗第五個兒子，也是唐文宗的弟弟，即位之前的封號是「潁王」。唐文宗崩逝於開成五年正月，死時雖然只有三十三歲，但也已經有了自己的子嗣，甚至曾經冊立過太子。所以說唐武宗的即位又是一場不正常的權力鬥爭的產物，這當然也與晚唐的宦官專權亂政有著推脫不掉的干係。

武宗李瀍二十七歲時登上皇位，在此之前，作為穆宗的第五子的他可以說是根本和皇位無緣的。事實上李瀍心裡也清楚地知道這個事實，所以一直本分地做著他的王爺，任憑皇位頻繁的在父親和哥哥幾個手裡轉來轉去，也對自己沒有抱太大的希望。也正是出於這種想法，唐武宗在做王爺之時便一直寄情於山水之中，將所有的心思都花在頤情養性上。

不僅如此，他還效仿自己父親唐穆宗篤信道教，並經常與道士相往來，也煉製一些丹藥。李瀍性情

爽直，與哥哥唐文宗的關係頗好。但即使是這樣，他也沒有引起皇帝或者宦官們的過分關注。而這在那個宦官當道、權力紛爭的年代，不得不說是一種幸運。所以說唐武宗最終能夠登上皇位，也和他當時的這種幸運有著莫大的聯繫。

和唐朝的其他子嗣眾多的皇帝相比，唐文宗的兒子不多，只有長子李永和次子李宗儉，分別被冊封為「魯王」和「蔣王」。長子李永乃王德妃所生，因為是自己的長子，所以唐文宗十分重視對其的教育和培養，從朝中才德兼備的大臣中選了不少師傅來教導他。

雖然唐文宗對李永傾注了很大的希望，無奈「子不類父」，李永不僅不愛學習，甚至可以說是胸無大志，每日遊玩嬉鬧。對長子的希望破滅之後，便將目光轉到了晉王李普身上。李普是唐敬宗之子，並非文宗所生，但其生性謹慎，深得唐文宗的歡心。唐文宗甚至一度想將他過繼為自己的兒子，但現實又一次給予文宗以打擊。

太和二年六月，年僅五歲的李普夭折了。當時唐文宗十分感傷，並追贈李普為「皇太子」。也是因為這些事情的接連打擊，唐文宗對自己的子嗣問題一直是很苦惱的，所以一直都沒有冊封太子。

唐朝從憲宗死，穆宗即位之後，皇位和嗣位都極其不穩定。就在李瀍安享他的王爺生活時，哥哥文宗卻頻頻遭遇危機，後宮及朝堂暗湧不斷。唐文宗是個胸懷大志的皇帝，欲改革卻心有餘而力不足。「甘露之變」失敗之後，朝廷完全落入了大宦官仇士良、魚弘志等人的掌控之中，就連冊立太子這種關乎帝國未來的事來說，文宗都沒有實權。到了太和六年，在大臣們的接二連三的請求下，唐文宗才不得不依照「嫡長制」的規矩將魯王李永立為皇太子。

既然已經冊封魯王為東宮太子，那麼唐文宗就不得不對這位國家下一代的君王負起責任。為了教育太子李永改掉以前終日無所事事的毛病，唐文宗特意挑選了當時有名的蕭俔為太子少師，翰林侍講高元裕為太子賓客，又命給事中韋溫、兵部尚書王起等人充任太子的侍讀。

雖然唐文宗為太子費盡心思，但「江山易改，本性難移」，李永還是像往常一樣終日沉迷於享樂之中。韋溫看不過去太子的這些做法，就好言相勸道：「殿下您正處於盛年，應當每日早起，向周文王學習，雞鳴時問安西宮。」然而習慣了享樂生活的李永又怎麼會聽取韋溫的意見呢，最後韋溫實在看不下去就辭官回鄉了。

唐文宗雖然對太子不滿意，但事已至此，他也沒有其他的好的解決辦法。但奇怪的是，到了開成三年十月，唐文宗突然下旨將太子李永賜死。這件事情發生的十分突然，史書之上都沒有記載具體的原因，只說李永「暴薨」。當根據當時的情況分析，李永的死和後宮中兩個女人有關，一個就是他的母親王德妃，另一個就是當時唐文宗的寵妃楊氏。

關於這件事的前因後果，《舊唐書・莊恪太子永傳》中有較為詳細的記載。當時李永的母親王德妃晚年失去了文宗皇帝的寵愛，而文宗的寵妃楊妃又對太子李永十分不滿意，害怕其一旦登上皇位，自己將無任何地位，所以總是費盡心機想要廢掉他。

正因為如此，頗有心機的楊妃便經常在唐文宗面前說李永的不是。唐文宗對太子本來就是「恨鐵不成鋼」，聽了楊妃的話，就對李永母子日漸疏遠了。而此時楊妃的心中早有下任皇帝的人選，那就是安王李溶。至於這一人選是她自己的想法還是受到仇士良、魚弘志的唆使就不得而知了。

開成三年十月的一個風雨交加的夜晚，太子李永「暴斃」，死因不詳。李永死後，唐文宗悲慟不已，追賜其為「莊恪太子」。根據史書中的記載，唐文宗確實和李永的死有著密切的聯繫，而且在其死後他是十分後悔的。開成三年的一天，唐文宗召尚書左僕射牛僧孺入朝。當時李永剛死不久，牛僧孺便和唐文宗探討了有關父子君臣的人倫道理。據說當時唐文宗在談到此事是竟然淚流不止，可見他對當初草率地處理李永的行為深有悔意。

李永的死使得文宗十分傷感，甚至抑鬱成疾。在開成四年的一次飲宴之上，唐文宗甚至感歎自己枉為天子卻不能保全兒子的性命。說完這番話後，他便將東宮的樂官劉楚材和一干宮人等叫來，怒斥道：「都是你們這些小人讒害了太子，如今有了新的太子，你們是不是還要重蹈覆轍？」盛怒之下的他便下旨將這些樂官和宮人全部處死，這件事情說明當時的後宮也不能避免地受到朝堂紛爭的波及。

太子一死，楊妃終於如願以償。隨後她便極力向文宗推薦安王李溶為皇太弟，並希望唐文宗能將皇位傳給他。其實除了李永，唐文宗還有一個兒子，那就是蔣王李宗儉。但不幸的是這個皇子也在開成初期就去世了，所以唐文宗此時也不得不考慮楊妃的意見了。正當文宗猶豫時，宰相李珏力勸文宗立唐敬宗第六子、陳王李成美為太子。開成四年十月，文宗立李成美為皇儲。但是還沒有來得及行禮冊封，文宗就一病不起，隨後便匆匆離開了人世。

唐文宗一死，繼承人問題馬上就成為了整個朝廷的頭等大事。唐文宗生前雖然有意立陳王李成美為太子，但儀式還沒有舉行，難免還存在著變數。其實在唐文宗彌留之際，他曾密旨召宰相李珏與宦官樞密使劉弘逸等奉太子，也就是李成美監國。但是宦官神策軍左右護軍中尉仇士良、魚弘志心中卻另有打算。

從他們的角度來看，一旦李成美順利登基，宰相奉旨監國，那麼他們就很有可能地位不保。所以為了貪圖擁立之功，他們竟置文宗的聖旨於不顧，以陳王李成美年幼多病，難以制衡郭氏為由，要求更換皇太子。當時的宰相李玨雖然反對他們這麼做，但無奈的是手裡沒有兵權，根本無法跟大權在握的仇士良和魚弘志相對抗。最後仇士良等人便偽造了聖旨，準備冊立安王李溶為皇太弟，並迅速派出神策軍前往十六王宅迎請李溶即皇帝位。

但是事實上，最後被神策軍迎入宮中，在文宗柩前即位的不是安王李溶，而是潁王李瀍。這又是為何呢？說到這裡，就不得不提及潁王背後的一個女子了。這位女子姓王，原本是一名歌妓，是潁王一次去邯鄲遊玩時偶然結識的。這個王氏不僅生得花容月貌，而且歌舞俱佳，深得李瀍的喜愛。而正是這位能歌善舞的美人在這個關鍵時刻發揮了巨大的作用，進而改變了潁王李瀍後半生的命運。

被女人推上皇位

唐武宗李瀍十分喜愛出宮遊玩，早在他還是潁王時，他就遊歷過眾多的名山大川、歷史名城，而風景秀麗的邯鄲就是其中之一。邯鄲東臨滏陽河，西倚太行山，不僅自然環境得天獨厚，而且風土人情別致，古風猶存，潁王當然得去看看。李瀍到達古城一些時日，就聽說當地有一個非常有名的王姓歌妓，不僅長得美豔驚人，而且歌舞俱佳。

當時的李瀍正是年少風流，得知有這樣一位美人存在，便想去一探究竟。當李瀍見到王氏之後，馬上變發覺坊間的傳聞非虛。王氏相貌出眾，其歌舞更可以用「緩歌慢舞凝絲竹，盡日君王看不足」來形容。李瀍自與王氏相識之後，二人彼此中意，相談甚歡。隨著時日李瀍對王氏的瞭解也逐步加深。更讓李瀍驚喜的是，王氏不僅舉止談吐宜人，而且才學冠絕，絕非一般風塵女子所能比擬。

對於這樣一位奇女子，潁王又怎能抗拒，於是不久之後就決定為她贖身，迎娶她進府。好在唐朝當時世俗婚姻觀念相對開放，王爺娶一位歌妓沒有遭到太多非議，婚後王氏便隨同李瀍一起住進了十六宅中的王爺府。他二人婚後的感情一直很好，即使李瀍後來成了皇帝，依然對其寵愛有加。

李瀍的潁王府位於長安的十六王宅，這是唐朝王爺們的聚居之地，而當時的安王府也座落於此。唐文宗在世時，潁王李瀍和安王李溶都很受到哥哥文宗的喜歡。此時的大唐宗室正處於水深火熱之中，宦官掌權，帝王病危。本來李瀍只是個普通的王爺，安守本分。因為在他的前面有眾位哥哥，而他也非嫡出，所以說皇位對於他來說是遙不可及的。而正是這位他最摯愛的王姓美女，藉由自己的膽識，在關鍵時刻抓住了機會，將自己的丈夫推上了皇帝的寶座，進而開創了唐朝一段短暫的中興。

據《唐闕史》中的記載，唐文宗病重時，突然決定立陳王李成美為太子，但還未冊立便快不省人事。仇士良等人在楊妃的幫助下趁機篡改聖旨，同時派出了神策軍前去迎接安王李溶，欲偷樑換柱。但這其中突然出現了一點小波折，這個突如其來的狀況發生之後，唐朝的大局便開始朝新的方向發展。

由於當時事發突然，仇士良於匆忙之間派去十六王宅的神策軍是一幫沒文化的粗人。當他們一大群人浩浩蕩蕩地來到十六王宅時，卻連要迎接哪位親王都沒弄清楚。仇士良得知此事後，馬上派自己的親信趕了過去。但這個匆忙趕到的宦官腦子裡清楚嘴上卻講不明白，竟然大喊道：「迎接大的！迎接大的」，意思是接年長的安王李溶進宮即位。但是此時的神策軍根本聽不明白他的意思，依舊是一頭霧水，不知道該接誰進宮。

同住在十六宅裡面的安王和穎王此時雖然都聽到了外邊的喧嘩之聲，但是在沒有最終確定之前誰都不敢貿然行動，氣氛就這樣僵持著。就在這千鈞一髮之際，穎王在邯鄲帶回的王妃突然做出了一番出人意料舉動。王氏之所以敢這麼做一方面是因為她遇大事機敏而有膽略，又因為考慮到自己是歌妓出身地位卑賤所以無所顧忌，而正是因為她的勇敢和決斷，在那個混亂的時刻起到了決定性的作用。

只見王氏從容地走到此時亂作一團的神策軍將士和宦官面前，用自己清亮的嗓音完成了唐朝歷史上最成功的一次吹牛：「你們聽著，大的說的就是穎王殿下。你們看穎王殿下身材魁偉，連當今皇帝都稱他為大王。」見眾人愣住的剎那，王氏繼續說道：「穎王與你們的上司仇中尉還是生死之交，經常一塊喝酒的。擁立新君可是頭等大事，你們可要謹慎，一旦出了差錯可是要滿門抄斬的！」眾人一聽完全辨不出真假，王氏毫不含糊，接著轉身把隱藏在屏風後邊的穎王李瀍推了出來。

果然，李瀍生得高大魁梧，和王氏所說無異。當時時間緊迫，絲毫耽誤不得，神策軍便即刻擁李瀍上馬，護送至少陽院。仇士良看到站在少陽院裡的李瀍完全不知道怎麼回事，經過一番詢問才知道迎錯了人。雖然宦官們發現此時已反悔不及，但時局已經容不得再做任何改變，仇士良只好將錯就錯，擁立穎王為皇太弟。

幾天之後，被立為皇太弟的李瀍在哥哥的靈前即位，是為唐武宗。李瀍登基稱帝之後，依然對王氏寵愛有加，並封其為王才人，還時不時地帶著她去樂坊酒肆歌舞宴飲。「才人」雖然在後宮妃嬪中品階不高，但對於歌姬出身的王氏來說已經是無盡的恩寵了。後來武宗在病危之際曾問過王氏：「朕死了你怎麼辦呢？」她回答道：「臣妾願追隨陛下於九泉之下。」武宗聽完就給了她一條白綾，王才人便自縊於其帳下，隨他而去了。唐宣宗即位後，贈其封號「賢妃」，以此來嘉獎她的「節操」，這都是後話了。

唐武宗即位後，將已過世的生母韋氏追冊為皇太后。武宗在位時期，任用歷史上有名的李德裕為宰相，使得「藩鎮之亂」和「宦官之禍」得到了極大程度的遏制，並且改變了唐朝後期佛教昌盛威脅到朝廷的局面。

武宗以其個人來講，也算是頗有王者風範。他身材高大，性情豪爽剛毅，處理問題十分果斷，年少時被封為「潁王」，並被授予開府儀同三司、檢校吏部尚書。《舊唐書》中評價唐武宗：「**能雄謀勇斷，振已去之威權；運策勵精，拔非常之俊傑……戎車既駕，亂略底寧，紀律再張，聲名復振，足以章武出師之跡，繼元和戡亂之功。**」司馬光也在《資治通鑑》中也這樣評價當時還是潁王的李瀍：「**沈毅有斷，喜慍不形於色。與安王溶皆素為上所厚，異於諸王。**」

與唐文宗不喜歡歌舞聲色不同，唐武宗非常喜愛騎馬遊樂，豪爽不拘小節。武宗有位十分寵愛的王才人便是歌妓出身，武宗經常會帶著她到教坊與樂人諧戲，飲酒作樂，就像普通百姓家的宴飲一般。但是武宗又和敬宗無節制的遊樂不同，在聲色娛樂過程中他時刻保持著清醒的頭腦，沒有沉湎其中，也沒有因此耽誤了國家大事。

唐武宗讀書雖然不如文宗，但是因長年在外遊歷，接觸到社會較多，觀察社會的機會也更多些。正因為如此，他更為知人善任，同時也少了一些迂腐的書生意氣，更加能夠面對現實，為百姓們著想。唐武宗為人十分謙虛，也能夠虛心接受臣下們中肯的建議。很多時候他都敢於放下身分，向宰相當面認錯，這在歷朝歷代的皇帝中都是十分少見的。唐武宗重用李德裕並充分信任他，李德裕在任之時，提出過「政歸中書」等政策，使得國家漸漸回覆元氣，被後人稱為「會昌中興」。

常言道「一朝天子一朝臣」，幾乎所有的新帝在登基之後都要進行一番人事任免，以此來建立適合自己統治的權力機構。正是出於這個原因，唐武宗在即位之後便馬上下旨罷免了一些官員，例如曾經反對過他繼承大統的宰相楊嗣復和李珏（音決）就在這一時期被罷黜。唐武宗之所以解除楊、李二人的宰相之職，不單單只是因為他二人曾經站在自己的對立面。

以唐武宗的眼光來看，楊嗣復和李珏的能力、威望和資歷都有限，實在不能滿足他對於新任宰相的要求。更何況唐武宗一直受到宦官集團的勢力壓制，他想要擺脫打壓宦官，這些人顯然是靠不住的。

楊嗣復和李珏罷相之後，唐武宗便啟用崔鉉為相。但在他的心中有著極其遠大的政治的抱負，單單憑一個崔鉉是不足以幫助他成就大業的。唐武宗此刻急需一個人來幫助他重振李氏王朝的雄風，這個人首先必須有出色的才華，其次必須有卓著的威望，與此同時還必須擁有多年的從政經歷。因為只有在這樣的人才的幫扶之下，才有望一掃文宗時代的孱弱萎靡之風。

一朝天子一朝臣

唐武宗的願望雖然是好的，但是想找這樣一個人又談何容易呢？但幸運的是，在武宗朝確實有這樣一位全才，那就是時任淮南節度使的李德裕。事實上，李德裕此次拜相，很大程度上還得益於宦官楊欽義。李德裕任淮南節度使時，楊欽義也在淮南任職，是他的監軍使。武宗即位之後，楊欽義很快就被召回長安。至於皇帝為什麼突然將楊欽義召回，人們也是議論紛紛，都猜測楊欽義是否將出任新一任的知樞密。

雖說當時有楊欽義高升的傳言，但李德裕為人一向清高，也從來不巴結宦官，所以此時對楊欽義仍未見絲毫禮待。楊欽義雖然為此大為惱火，但也奈何不了他。但不知為何，幾天之後，李德裕竟然主動設宴款待楊欽義。李德裕在宴席之上恭賀其高遷，而且從頭至尾都禮遇甚周。席罷之後，李德裕還贈送給他珍玩。李德裕的態度在數天之內轉變的如此之快，這讓楊欽義大喜過望，對他也非常感激。

但出乎意料的是，楊欽義啟程後剛行至汴州，唐武宗便一道聖旨讓其返回淮南。君心難測，楊欽義覺得自己入主中樞無望，遂將李德裕所贈的禮物悉數奉還。可李德裕堅持不受，這讓楊欽義大為感動。其後楊欽義終於如願以償地回到了長安，並當上了樞密使。楊欽義的心中一直就對李德裕十分感激，所以便不遺餘力地舉薦李德裕為宰相。唐武宗對李德裕的才能早就有所耳聞，如今再加上樞密使的舉薦，唐武宗心中拜他為相的想法就更加堅定了。

開成五年九月初四，李德裕被唐武宗重新徵召回朝，就任中書侍郎兼同平章事，成為了大唐王朝的第一宰相。說起李德裕，大家都不陌生。他在文宗朝就一度活躍在政壇之上，雖然執政能力無可挑剔，但是作為眾所周知的黨派領袖，他的回歸是否會給朝野帶來新的一輪黨派之爭呢？

其實李德裕心裡如明鏡般清楚，如果入朝為官無依無附，以一人之力是根本無法立足的。畢竟是在政壇混跡多年的人物，當年不是吃了這份虧，他也不至於被人排擠出朝廷。或許正是因為這個原因，他才突然改變了自己的從政策略，看準時機，主動對楊欽義示好。不僅如此，李德裕也很明白該如何與宦官集團打交道，對此他更有自己的原則和策略。

雖然此次拜相很大程度上是因為與樞密使楊欽義這批宦官中的新貴保持深厚的私誼的結果，但他卻不會去刻意討好宦官，反而是讓楊欽義感受到同僚般的情誼。李德裕不會向宦官低下自己的姿態，雙方只是互利互惠而已。對於仇士良這種根深勢大、一手遮天的強權宦官，李德裕絕不妥協，千方百計地與其抗衡。因為他深知，一旦向這些人示好，就很有可能淪為其手中的傀儡，違反自己的初衷。

李德裕回到長安之後，唐武宗馬上接見了他，二人就朝局和國事深談了一番。《新唐書》中明確地記載了君臣二人的這次會面，當時李德裕很感激武宗的知遇之恩，當場便向皇帝說了如下一番話：「辨邪正，專委任，而後朝廷治。臣嘗為先帝言之，不見用。夫正人既呼小人為邪，小人亦謂正人為邪，何以辨之？請借物為諭，松柏之為木，孤生勁特，無所因倚。蘿蔦則不然，弱不能立，必附它木。故正人一心事君，無待於助。邪人必更為黨，以相蔽欺。君人者以是辨之，則無惑矣。」

一向自命清高的李德裕表示自己將一心一意侍奉君王，潔身獨立，絕不與奸佞小人結為朋黨，如果陛下能提拔賢能、罷黜奸邪、倚重宰相，必能大治天下。李德裕的這番話無疑是一封效忠狀，這讓唐武宗大為感慨，也為自己任用了這樣一位賢才為相而甚感欣慰。

雖說李德裕這番話說得有些言過其實，也著實有些令人不敢恭維，但是他所要的效果達不久之後就見了分曉。此次談話之後，唐武宗對李德裕表現了超出尋常的信任，當然這也是看重他的能力而產生的。反而言之，唐武宗之所以能成功地開創「會昌之治」，除了源自他的知人善任，其中還有一個十分重要的原因，那就是他能夠充分信任自己的臣子。作為一個高高在上的皇帝，要做到這一點是很難的，歷史上不少的皇帝就是因為不能堅持對自己的大臣的信任，最後將自己重振朝綱的夢想付之一炬。

李德裕入相後，以宰相為中心的中書省的充分發揮了其作用。他加強了宰相的權力，其目的在於提高朝官的聲威，抑制宦官權力擴張，保證中央集權統一管理。自從回到長安的那天起，李德裕就幾乎站在了仇士良的對立面。與唐武宗一樣，他不會主動去和仇士良等實力相抵抗，而是透過壯大自己的勢力，慢慢削弱對方的勢力。雖然李德裕的強權有黨朋之爭的嫌疑，但是事實證明了此做法大致上來講收效顯著，也給後來的「會昌中興」創造了條件。

唐武宗對李德裕除了信任之外還十分尊重，幾乎可以說到了言聽計從的地步。當初武宗將前宰相李玨、楊嗣復貶謫罷黜，本已下令將二人處死，但李德裕上表力諫，唐武宗也就依他的意思，赦免了他們的性命。

關於這件事情的原委，這裡有必要做個詳細說明。前面就曾提到，唐武宗在即位之初，就下旨罷免了前宰相楊嗣復和李玨。到了第二年正月，新帝改年號為「會昌」，同時依照慣例宣布大赦天下。但仇士良心裡卻不甘就此甘休，擔心已被貶為地方觀察使的楊嗣復和李玨有朝一日東山再起，便決意斬草除根。

當年三月，等到赦令的有效期一過，他便再次拿起屠刀對準這兩個政敵，不斷對天子施加壓力，上表請求除掉二人。武宗派出了兩路宦官前去誅殺二人，當時的楊嗣復身處潭州（今湖南長沙市），而李玨任職桂州（今廣西桂林市）。

李德裕在第一時間就獲知了此事，立即召集大臣到中書省緊急磋商，並請樞密使楊欽義入宮面奏皇上，反對誅殺二人。與此同時，他還聯絡另外三位宰相，在武宗下誅殺令的第二天採取行動，一天之內三度向武宗遞交奏章，勸唐武宗不要聽信仇士良之言，殺楊、李二人。

李德裕對唐武宗說：「當年德宗皇帝就是因懷疑大臣劉晏唆使太子謀反，倉促地就將其誅殺了，使得朝野上下皆替其喊冤。兩河流域的藩鎮官吏甚至以此為藉口不服朝廷的管治，德宗皇帝其後也為此後悔不已，只得錄用劉晏的子孫為官來作為補償。先帝文宗也曾因猜疑大臣宋申錫與親王串通謀反，將他貶謫流放，致使其客死他鄉，事後也是追悔不已。倘若楊嗣復與李玨真的有謀反之心，也只能再次貶謫。無論如何應當先行審訊，等到罪證確鑿，再殺他們也為時不晚。而今陛下不與百官商議便派人誅殺二人，朝中臣子無不震驚。懇請陛下能登臨延英殿，允許我們當面陳述！」

此時的李德裕很清楚，如果這次仇士良得逞，那麼其氣焰會越來越囂張。楊嗣復和李玨雖然不是他一黨的成員，但為了與仇士良對抗，也得拼盡全力保住他們的性命。武宗在接到李德裕等人的上疏之後，當天傍晚便宣他們上殿。幾人上殿時，神情異常激動，含淚勸諫：「陛下請慎重考慮，三思而後行，以免做出後悔之事！」

唐武宗斷然沒有想到，他眼下寵信的這臣子竟然如此重視兩個前朝舊臣。幾乎所有人都知道他當時為何罷黜楊、李二人，難免心生不悅，於是便說道：「朕不後悔！眾愛卿都請入座！」言下之意是讓他們不必再勸他了。武宗沒想到的是自己連說了三遍，李德裕等人還依然直挺挺地站著。雖然皇帝面有怒色，李德裕還是再次勸說：「臣等希望陛下下旨免除二人死罪，不要因其死而讓天下人皆喊冤。陛下若不同意，臣等不敢就座。」

李德裕如此固執己見，唐武宗大惑不解。但此時他也看出了李德裕眼中的決心，仔細思量許久，覺得為了兩個無足輕重的人而跟宰輔鬧僵，實在是不划算，何況這本來這就是仇士良出的主意，自己也不是非殺他們不可，於是便揮揮手說：「罷了，看在眾愛卿的面子上，就免除他們的死罪吧！」隨後，兩路使者被追回，二人性命得以保全。但「死罪可免，活罪難逃」，楊嗣復再度被貶為潮州刺史，李玨也再貶為昭州刺史，此事就算告一段落了。

仇士良雖然對這樣的結果極度不滿但又無計可施，因為此次反對他的勢力不可小覷，其中既有李德裕這樣的資深政治強人，又有明擺著要與他分庭抗禮的宦官新貴楊欽義，最重要的是唐武宗對他們的話非常重視，自己也不能與之相比。雖然仇士良明白李德裕等人不好對付，但他也不會就此罷手。

之後，李德裕向唐武宗提出了「政歸中書」的政策，並公開讓武宗簡政放權。對於李德裕的意見，唐武宗當然欣然接受。唐武宗雖然重用李德裕，但也不是完全失去自我盲目崇拜。而當時那種君臣二人共治天下的局面，幾乎就是唐太宗李世民和良臣魏徵的那種經典「君臣之道」的再現。

而對於李德裕來說，他之所以能夠將他的政治才能充分地發揮出來，還得感謝唐武宗為他搭好了一個寬廣的政治舞台。縱觀李德裕的一生，最輝煌的時期就是武宗在位的六年。在這六年的時間裡，他幫助唐武宗內制宦官、外平回鶻，而且汰冗官、定昭義，可以說功績赫赫，幾乎可以稱之為晚唐之時最著名的宰相，他們君臣之間的合作則被史學家們稱頌為「**君臣相知成為晚唐之絕唱**」。

大權是我的，你不能搶

唐武宗在位期間，除了推行了一連串對國家有利的政策之外，還在很大程度上壓制了宦官，比如罷黜仇士良就是鮮明的例子。事實上，唐武宗想要抑制宦官的想法在他即位初期就開始表現了出來。

唐武宗即位之初，朝野仍處於仇士良等人的完全掌控之下，政治狀況極其黑暗。武宗初期受其脅迫，曾大開殺戒，不得已賜死了安王李溶、陳王李成美與文宗的寵妃楊氏。當時的大宦官樞密使劉弘逸和薛季棱等人因為曾得寵於文宗，所以便引起了仇士良等人的嫉恨。為了消除自己的敵對勢力，仇士良要求武宗在文宗葬禮上殺死劉弘逸等人。唐武宗迫於權勢，便順水推舟，下詔賜死了這些宦官。

對宦官也有諸多不滿的唐武宗，不是像自己的哥哥唐文宗那樣採取極端措施來打壓他們，而是採用逐漸冷淡的態度和隱秘的手段來對其進行壓制。當初武宗拜崔鉉為相時，沒有與樞密使等大宦官商量，自己做了決定之後就直接頒旨了。

但按照中唐時期以來的慣例，皇帝選擇宰相應當與樞密使商議並達成共識，所以崔鉉拜相之後，當時的樞密使楊欽義等人頗受宮中有資歷的老宦官們詬病，認為是他們懦弱不敢任事，導致皇帝破壞了老規矩，損害了宦官集團的權益。其實楊欽義又何嘗願意如此，只是新皇決意削弱宦官的勢力，而且態度十分強硬，他楊欽義再有權勢也不過是帝王家奴而已，又豈敢去碰皇帝的逆鱗呢？

還有一次，大宦官仇士良自恃擁立武宗有功，所以在武宗即位之初，便上表要求按照慣例根據他開府儀同三司的官階恩蔭他的一個兒子為官，誰料竟然被經辦此事的給事中李中敏駁回了，理由是：「**開府階誠宜蔭子，謁者監何由有兒？**」

李中敏此舉不僅大大地削了風頭正盛的仇士良的面子，還十分毒舌地暗諷了宦官們身有殘缺，只能斷子絕孫，不可能有兒子。這句話辱及了整個宦官集團，已經不僅僅是李中敏與仇士良二人之間的恩怨了，如果在宦官專權已達極致的文宗時期，李中敏做出這樣的事必定難逃一死。正是因為看到了唐武宗堅定地要打擊宦官勢力的態度，所以李中敏才敢於這樣做，而仇士良也只能打落牙齒和血吞，不敢對李中敏有所報復。

在武宗執政的前幾年的時間裡，沒有花太多的時間處理宦官之事，而是將主要的精力都放在了對外事宜的處理之上。唐武宗可以說將所有的希望都寄託在宰相李德裕的身上，李德裕當然也沒有辜負唐武宗的期望，在對這些事的處理上都表現出了極強的能力與魄力，例如收降回鶻等地就是在這一時期內達成的。

仇士良等人因擁立武宗登基有功，加上在前朝一手遮天，所以此時在朝廷上很是跋扈，可以說是誰都不放在眼裡。然而，李德裕的出現給了仇士良一個下馬威，唐武宗對李德裕的信任和喜愛使得仇士良逐漸感到了危機和壓力。為了打壓李德裕，以便重新控制武宗，仇士良決定先發制人，給李德裕一個警告。但出乎其意料的是，這件事絲毫沒有打擊到李德裕，反而給了自己製造了難堪。

會昌二年（西元八四二年）四月，群臣上表向天子進獻尊號，稱其為「仁聖文武至神大孝皇帝」。按照慣例，唐武宗接受了尊號後便將登上丹鳳樓接受尊號並宣布大赦天下。此前一天，曾有人私下裡告訴了仇士良，宰相和度支正在草擬詔書，打算削減禁軍的日常供給以及馬匹所需的草料，並將在第二天皇帝宣告大赦令時發布。

仇士良一聽此言，便想趁著這個機會給李德裕難堪，他思忖道：「明天皇帝大赦天下，滿朝文武必將雲集於丹鳳樓。在這樣一個盛大的典禮上，要是出了什麼狀況，豈不是有場好戲看？」想到這裡，仇士良不管消息是真是假，就把這件事假裝無意地散播給了禁軍的將士們，目的就是為了引起禁軍士兵的譁變。

仇士良更是當著朝臣們的面揚言說道：「要是果真是這樣，到了明天，軍士們一定會跑到丹鳳樓前示威請願。」這一番話與其說是在向朝臣們提出警告，不如說他是在向神策軍士兵發布行動指令。

這件事馬上就傳到了李德裕的耳中，李德裕聽說了此事之後馬上就意識到了事態的嚴重性。為了穩住局面，他馬上進宮立即面見唐武宗，請求他在延英殿上親自澄清此事。武宗聽了事情的原委後大怒，馬上派特使帶著聖旨到左、右神策軍前宣布道：「大赦的詔書中根本無此事。而且赦書都是出自朕意，不是宰相擬定的，你們從哪聽說的這些話！」神策軍的將士們一時都被震懾住了，都默默無語。

皇帝親自闢謠，而且姿態如此強硬，可見武宗對宦官的態度是何等分明。仇士良聽說唐武宗派特使來到神策軍後，也知道自己完全陷入了被動的境地。在此同時他也明白了一點，當今的皇帝和宰相李德裕可不像當年的李昂和李訓、鄭注那麼簡單。他們君臣二人作風強硬，辦事滴水不漏，行動果決，不是那麼容易對付的。面對這種情況，驕橫慣了的仇士良也不得不妥協，惶恐不堪地前去覲見唐武宗，並慚愧地稱自己罪責難逃，還當面對李德裕表示歉意。

仇士良的陰謀雖然敗露了，但他畢竟在宮中多年，不僅飽經風雨、經驗豐富，而且在後宮和前朝都有著盤根錯節的關係網，不能輕易撼動。因此唐武宗不僅沒有嚴厲查辦仇士良及其黨羽，反而給他升了官，在會昌元年（西元八四〇年）八月，唐武宗忽然加派他為觀軍容使。

武宗此舉十分巧妙，因為「觀軍容使」雖然品階較高，但卻是個虛職，唐武宗這麼做表面是在擢升仇士良，實際上卻是將他慢慢從擁有實權的神策軍調離出去。此時的仇士良雖然依舊兼任著左神策軍中尉，但他在內心深處也隱隱感覺到，唐武宗也許下一步就會將他的禁軍兵權解除掉。

而作為大唐帝國的一位久經政壇的舊臣元勳，李德裕當然十分清楚「閹黨擅權」給皇帝、朝廷和社稷造成的巨大的危害。且不談他的心中有著重振朝綱、澄清宇內的偉大政治理想，單就論李德裕的個人心性和他的家世背景而言，他也絕不能容忍自己屈居於宦官集團的控制之下。更何況「一山不容二虎」，仇士良等人也不可能能容忍自己的權力受到威脅。

這樣一來，在有限的權力和利益資源下，李德裕想要爭得一席之地，就必須制約並打擊對方勢力。因此於公於私，李德裕都知道自己的地位和立場。所以李德裕和仇士良從一開始就必然處於絕對的對立面，根本不可能產生交情。

此次李德裕得以戰勝仇士良，關鍵就在於他反擊及時，使仇士良「刀未出鞘」時就宣告失敗。此次的成功，也說明他和武宗對付宦官的這套辦法出現了效果。對於他們無懈可擊的舉措，仇士良等人完全沒有招架的能力。秉持著這種戰略思想，在之後的幾個月內，宦官們的勢力大大削弱。

李德裕的成功除了措施得當之外，還有兩個重要的原因：一是唐武宗對李德裕的絕對信任，二是李德裕與宦官新貴，樞密使楊欽義的深厚的交情。如果沒有唐武宗的絕對支持，李德裕此舉根本不能發揮其作用。至於楊欽義，雖然也是宦官中的一員，但作為後起勢力的他，當然是站在皇帝和李德裕這邊的，同時也都主張中央集權，對制約仇士良一派很有幫助。

這件事過後，仇士良感覺到唐武宗似乎越來越不重視他了，一絲危險和冷意也慢慢朝自己逼來。在武宗和李德裕的統治之下，他很可能很難再掌控這個政壇了。隨著這種不妙的預感越來越強烈，仇士良決定以退為進，以身體有疾提出辭職。唐武宗看了他的辭書，於是便順水推舟，同意了他暫時從神策軍營退下。

在這之後，唐武宗下旨解除了他的軍權，改任他為內侍監。到了會昌三年，仇士良明白自己大勢已去，覺得再在皇宮待下去也沒有什麼意識，於是又一次向武宗要求致仕，而武宗這次沒有挽留他。不久之後，仇士良離開了內侍監，正式退出了他熱衷多年的政治舞台。

仇士良在離開皇宮回到私邸之前，其宦官黨徒紛紛都來送他。看著這些昔日的戰友，仇士良語重心長地說了這樣一番話：「諸君善事天子，可能聽老夫一言？你們萬萬不能讓天子閒著，必須用用各種新穎奢靡的娛樂活動來使他無暇他顧。如若不然，他一有閒暇就必定讀聖賢之書，親儒學之士。一旦他知曉了前代興亡的教訓，就必將心存優懼，聽取大臣們的諫言，專心理政。這樣一來，吾輩定然被疏遠，權力和恩寵也定然被剝奪。」

這番話是仇士良的肺腑之言，也是他對其黨徒們的諄諄訓誡，同時也是他幾十年來宦官行事的經驗之談。聽了仇士良這一席話，黨徒們可以說是心服口服，唯唯承訓。但此時的唐武宗在玩樂方面還是很有控制力的，所以仇士良的這一辦法不奏效。

仇士良致仕後不久，便於會昌三年六月死在了自己的府邸裡。第二年六月，唐武宗詔令削去了仇士良的所有官爵，並抄沒其全部家財。仇士良這一去，另一個大宦官魚弘志遂成了驚弓之鳥，再也無法力挽狂瀾。有李德裕這樣強勢的宰相撐腰，唐武宗終於在宦官面前重拾了帝王的自信。為了回報李德裕，唐武宗對其的信任倍增，在朝政上也對其越發倚重，仇士良這一派徹底喪失了專權的基礎。

不過看到仇士良的衰敗，李德裕心裡也感受到了危機。會昌三年（西元八四三年）四月，李德裕就屢次向武宗提出隱退或調任閒職。對李德裕的請求，唐武宗坐立不安。在他看來，如今大業未成，怎麼能離開他的輔佐呢？經過唐武宗的再三挽留，李德裕這才放下心來，沒有固執地棄武宗於不顧。

第七章　宣宗之治，最後的希望之光

裝傻裝出來的皇位

「知我者希，則我者貴。是以聖人被褐而懷玉。」——老子《道德經》

唐宣宗名李忱（原名李怡），是唐憲宗的第十三個兒子。他的生母鄭氏本姓朱，乃潤州人士，是原浙西觀察使李錡家中的一個小妾。李錡之所以納鄭氏為妾是因為在他到達浙西任職之後，有個術士從曾告訴他，鄭氏的面相以後會生出天子。其後李錡作亂被朝廷處死，鄭氏就隨同李錡的家眷們沒入掖庭為奴。當時憲宗的貴妃郭氏看中了她，便把從掖庭調到自己身邊充任侍女。

鄭氏天生麗質，不久之後被唐憲宗臨幸，從一個普通的宮女成為了後宮的妃嬪中的一員。憲宗元和五年六月二十三日，鄭氏在大明宮生下了兒子李怡，這就是後來唐宣宗。李怡並非唐憲宗的嫡子，而且名次比較靠後，所以幾乎是沒有可能繼承皇位的。長慶元年（西元八二一年）三月，繼承了憲宗皇位的唐穆宗封李怡為「光王」，所以自此之後他就一直以親王的身分住在十六宅中。

十六宅是位於長安城西北角的一個獨立坊區，南鄰興寧坊，西邊是長樂坊。這片區域內的建築和普通的民宅不同，都是一些十分華麗的住宅，而住在這裡的就是本朝的諸位親王。

和其他朝代親王駐守各地的情況不同，唐朝自建國始，尤其是唐玄宗之後，親王們除遇特殊情況，一般都不離開長安，這可能也可抑制親王們的權力發展有關。自從唐朝的繼承制度在唐敬宗之後由原來單一的「父死子繼」逐漸開始出現「兄終弟及」後，十六宅裡就誕生過不少皇帝，唐敬宗的弟弟唐文宗就是其中一例。

和其他的皇子不大一樣，光王李怡從小在智力方面就有些缺陷，而且為人沉默寡言，不善與人交談。由於李怡的這種特殊情況，所以他在當時成為了對皇位最沒有威脅的一位親王。

也正是因為他和其他人在政治上幾乎沒有利益衝突，所以十六宅中的其他王爺對他的態度也很特別，他們既同情這個呆頭呆腦的王爺，又忍不住經常戲弄和取笑他。之後的敬、文、武三位皇帝都是以兄終弟及的方式繼承了皇位，李怡就自然而然成了三代天子的皇叔。李怡雖是皇叔，是他們的長輩，但因為心理上的缺陷幾乎從來沒有受到過這幾位侄子的尊重。

唐文宗是十六宅中第一位登上皇位做天子的王爺，但他在即位之後還會不時地回到自己的潛邸，和自己的皇叔以及兄弟們敘敘舊。一日，唐文宗又來到十六宅與親王們飲宴，李怡作為皇叔，當然也在其列。宴席之上，眾位王爺與唐文宗觥籌交錯，歡聲笑語不斷，只有光王一人在旁默默不語。

唐文宗見他如此，便笑言道：「你們誰能讓皇叔開口說話，朕重重有賞。」王爺們本來就經常戲弄光王，如今聽說皇上有賞便紛紛離席前去逗弄他。但奇怪的是，無論眾人怎麼捉弄，光王就是一言不發，而唐文宗看著他木訥的樣子和其他王爺無奈的表情竟然大笑不止。

文宗之後的武宗性格頗為爽直，對這位皇叔更是無禮，經常以捉弄取笑他為樂。武宗在位之時還一度懷疑光王的沉默寡言和那種與世無爭的態度都是故意裝出來的，其實內心深處有著不可告人的秘密。正是因為有這樣的猜疑，所以唐武宗即位之後從內心深處對自己的叔叔產生了一種厭惡感，經常讓他難堪，在眾人面前下不來台。

為了徹底消除光王對自己的威脅，唐武宗甚至想將他殺死，以絕後患。根據《續皇王寶運錄》中的記載，唐武宗為了除去自己的皇叔，偷偷命宦官將光王幽禁起來，並把他沉於宮廁之中。宦官們十分同情光王就對皇帝說：「光王不應被沉於廁中，還不如就此將他殺死吧！」唐武宗聽了也覺得有些道理，便同意了他們的做法。其後這些宦官將光王解救出來，並秘密地供養起來，並對上謊稱光王已死，這樣才保住了他的性命。

也有說是唐武宗借打馬球之機，命宦官仇士良趁機將光王殺死。仇士良於心不忍，於是便讓手下的宦官將光王抬出皇宮，並向唐武宗奏報說：「光王不小心落馬，已經救不活了。」就是因為仇士良的一絲善心，可憐的李怡才保住了一條小命。據說為了遠離紛爭，李怡選擇了出家為僧，自此之後他就離開長安，一直在江湖之中遊蕩。但這件事是否屬實也還存在著很大的爭論。

無論如何，唐武宗雖然用盡辦法打壓和折磨他，李怡還是堅強地活在這個世上，而他對生活的樂觀態度和對一切人事都豁達的胸懷漸漸地打動了眾人的心。這也就可以解釋為什麼在諸多的記載中，唯一不變的一點就是，他人都是因為不忍和同情冒著欺君之罪保存了他的性命。

從光王之前的經歷來看，他的人生可謂是坎坷不斷。但縱觀他的一生，他所受到的苦難還遠遠不止這些。武宗時期，還在做光王的李怡曾經有一次和唐武宗外出。在回來的途中，李怡不慎落馬，頓時就昏迷了過去，但周圍竟然沒有任何人發現。

那時正值寒冬，室外更是冰天雪地，李怡的命運又一次懸在了生死之間。也許是上天特別眷顧宣宗，半夜二更的時候，他竟然甦醒了過來。醒來的他渾身冰涼，沒有一點力氣，但此時四周空無一人。就在這個危急的關頭，一個巡夜之人發現了奄奄一息的李怡。

此時的李怡猶如抓到了救命稻草，對他說道：「我是光王，不幸墜馬落在此處，能不能給我一碗水喝？」巡夜之人看他實在可憐，便取了一碗水給他。李怡喝了水後，身體逐漸恢復了一些知覺，便踉踉蹌蹌地自己走回了十六宅的住所。所謂「天將降大任於斯人也，必先苦其心志，餓其體膚，空乏其身」，飽受磨難的光王在武宗死後終於迎來了自己的春天。

唐武宗英年早逝，死時長子也只有幾歲，還是個懵懂無知的幼童。在這種情況下，光王李怡慢慢地走進了人們的視野。其實早在唐武宗病重之時，宦官就已經蠢蠢欲動。因為對於晚唐的宦官來說，皇帝的更替是一次進行權力重組的大好機會。只要在這個關鍵時刻選準了對象，日後的富貴榮華便唾手可得了。

正是因為這種強大的利益驅使，內侍仇公武首先提出可擁立光王李怡為帝。仇公武之所以會提出這樣的建議是有其深刻原因的。在宦官們看來，光王李怡是個憨癡之人，即位之後肯定會被人擺布，無所作為的。如果擁立他當上了皇帝，那日後的天下就如同自己的一樣了。所以仇公武擁立光王的想法一經提出，馬上就得到了左軍中尉馬元贄的贊同。

會昌六年三月二十日，朝廷向天下人宣布了唐武宗的遺詔：「**皇子沖幼，須選賢德，光王怡可立為皇太叔，更名忱，應軍國政事令權勾當。**」意思是武宗的皇子年齡太小，而光王李怡賢德，可立為皇太叔，而所謂的「應軍國政事令權勾當」就是在正式即位之前代領國事。遺詔公布後的第二天，已經被立為皇太叔的光王李怡在少陽院接見了文武百官。

在之後的日子裡，皇太叔李忱開始代病重的唐武宗處理政事，而他舉手投足見表現的自信和果敢和之前木訥呆滯的光王簡直判若兩人，積壓了數月的政務在他的手中都迎刃而解。李忱的出色表現讓所有的人都大吃一驚，他們甚至不知他們該為此時高興還是擔憂。群臣們高興和欣慰的是擁有這樣英明睿智的皇帝後，國家治理有望，擔心和恐懼的是這樣一來光王之前的表現的確只是在韜光養晦，真實的目的可想而知，那麼新君的心機深重就可見一斑。

無論如何，李忱還是在重重阻礙下名正言順地成為了皇位的繼承人。會昌六年三月二十三日，唐武宗駕崩，皇太叔正式即皇帝位，是為唐宣宗。這一年，李忱已經三十六歲，算是唐朝即位新君之中年齡較長的一位了。唐宣宗登基之後不久便尊稱其母鄭氏為皇太后，並將她安置在自己的出生地——大明宮，朝夕侍奉，絲毫不敢怠慢。

小太宗

「宣宗性明察沉斷，用法無私，從諫如流，重惜官賞，恭謹節儉，惠愛民物，故大中之政，訖於唐亡，人思詠之，謂之小太宗。」——《資治通鑑》

雖然在宣宗即位之初，朝中的大臣都對這位有些「癡呆」的皇叔沒有抱多大希望，但宣宗卻憑著自己的努力，讓天下人對他另眼相看。因為之前的人生經歷，唐宣宗的心中一直又重振帝國朝綱的強烈願望。再加之閱歷頗深，他對於朝政和為君之道的成熟看法也是唐朝後期的其他皇帝無法比擬的。

大中元年，剛登基不久的唐宣宗就因為天氣乾旱，下旨減膳撤樂，並釋放宮女五百人。除此之外，又釋放五坊鷹犬，停止各處的營建，並且下詔大赦天下。

大中二年二月，唐宣宗召見了翰林學士令狐綯（音桃），與他探討了唐太宗所撰《金鏡》中的治國之道。在這個過程中，唐宣宗對這位翰林學士十分尊重，君臣二人相談甚歡。而令狐綯也明顯能感受到這位皇帝的成熟穩重與其心中對於國家所寄託的希望。

《金鏡》中有言：「**亂未嘗不任不肖，理未嘗不任忠賢。任忠賢，則享天下之福；任不肖，則受天下之禍。」唐宣宗極為讚賞。他曾說過：「《尚書》也說：任賢勿貳，去邪勿疑，朕每至此，未嘗不三復然後已。欲致昇平，當以此言為首！」**

在吏治改革方面，唐宣宗也在武宗朝的基礎上做出了自己的努力，而「**任賢勿貳，去邪勿疑**」正是他所信奉的標準。唐朝的官員人數眾多，宣宗年間已有近三千人。為了瞭解官員們的情況，以便能夠將他們的才華用在可用之處，唐宣宗特意命宰相們編撰了一部《具員御覽》，並放於案頭，以便隨時流覽。

唐朝在地方施行的州縣制，各地的最高長官便是刺史。刺史作為地方的行政長官，直接關係到朝廷政令的推行和百姓的生活好壞，所以對於刺史的任命唐宣宗更是格外重視。

他曾經說過這樣的話：「朕認為如果刺史選擇不當肯定會危害當地的百姓，所以朕要一一面見，親自詢問他們到地方之後如何施政。這樣才能瞭解其優劣，確定他是否可以擔當此重任。」正因為如此，以至於在宣宗一朝，刺史凡被選定之後一律要經過皇帝的親自審查方可上任。

前朝的高官太過氾濫，而唐宣宗則十分珍視高官的授予，不是對朝廷有大功勞的是不可能在他手中獲得這樣的殊榮的。不僅對高官如此，就算是一般官吏的任免，唐宣宗也要親自審查，絕不只聽信他人的一面之詞。

一次他到涇陽遊獵，恰巧聽到當地的一位砍柴之人說涇陽縣令李行言為人剛正，不懼怕權勢，經常為民做主，是個難得的好官。唐宣宗聽後便將此人牢牢記在心中，回宮之後就授予李行言紫服。

唐宣宗任命官員還有一個特點，就是獎懲分明。對於有政績的官員他肯定給予鼓勵，而對於那些貪官污吏，一經發現絕對是嚴懲不貸，毫不留情。例如淮南發生了嚴重的饑荒，百姓流離失所，而節度使杜棕卻只知每日遊宴，完全不管任下百姓的死活。這個杜棕雖然身為淮南節度使但還帶著宰相的頭銜，威望頗高，唐宣宗為了不引起事端就馬上把他調離淮南。

宣宗為人十分公正，不任人唯親。他在位期間有一個叫梁新的醫官治好了他的厭食之症，梁新便想以此向宣宗求取一官半職。唐宣宗雖然對梁新心懷感激，但還是嚴厲地拒絕了他的請求，以賞給他金銀作為補償。

他即位之後曾任命自己的母舅鄭光為平盧、河中節度使，但後來發現他無甚才華，而且語多鄙淺，就把他調回長安，留在身邊任右羽林統軍一職。地方節度使是個美差，右羽林統軍當然不能與之相比，於是鄭太后就曾多次對宣宗說，希望能將鄭光依舊放回地方。宣宗雖然是孝謹之人，但卻沒有因此將沒有政治能力的舅舅放到地方，而是賜予了他田地金帛作為補償。

不料鄭光儀的手下仗著自己的主人是皇親國戚，竟然不繳租稅。時任京兆尹的韋澳為人十分剛正，將這些人全部抓捕入獄。之後唐宣宗為此事還頗為擔憂，怕舅舅知道後鬧事，於是還想替其求情，讓韋澳看在自己的面子上不要追究此事。

但韋澳卻勸他道：「國舅爺倘若不繳賦稅，那麼朝廷的律法就是只針對貧戶，留之何用？陛下任臣為京兆尹，清理京師之弊是臣的職責，萬萬不敢奉詔。」最後韋澳責令這些人補足了所欠稅款，並重杖一頓才將他們放歸，以儆效尤，而宣宗也再未有他言，甚至為之前替舅舅求情向韋澳道歉。

唐宣宗不僅對自己要求嚴格，對子女的管束也頗為嚴厲。他十分寵愛自己的女兒萬壽公主，並把她嫁給了起居郎鄭顥（音皓）。鄭顥有個弟弟鄭顗（音結），病危之時，唐宣宗還特意遣使前去探望。使者回到宮中之後照例要去皇帝面前覆命，唐宣宗就問他萬壽公主在做些什麼。

使者不敢隱瞞，就如實回稟道：「公主殿下正在慈恩寺戲場看戲。」唐宣宗聞得此事後大發雷霆，說道：「難怪士大夫之家不願與皇室結為姻親，原來是因為這個原因！」，言下之意是埋怨自己沒有教育好女兒。說完之後，他馬上下旨召萬壽公主入宮。

公主接到詔令之後也知道父親召見所為何事，於是便匆忙趕去。等到公主來到宣宗寢殿之時，唐宣宗對她不理不睬，只讓她站在台階之下反省。萬壽公主十分惶恐，泣涕漣漣，馬上向父皇謝罪。畢竟是自己的愛女，宣宗也於心不忍，於是便教育她道：「豈有自己的小叔子病重自己還去看戲的道理呢？」這件事情過後，皇親國戚們都謹守禮法，不敢有絲毫越矩的行為。

至於唐朝的邊境地區，到了宣宗時期也出現了新情況。吐蕃自唐武宗時期發生內亂之後，勢力削減了不少。唐宣宗初年，本來被吐蕃所有的秦、原、安樂三州和原州七關都陸續歸順了朝廷，這一情況也大大提高了剛即位的唐宣宗的政治聲望和資本。

在此之後，唐朝在宣宗時期還收回了河西走廊的控制權，並在沙州設置了歸義軍，命領導這次戰役的張議潮為沙州節度使。河西走廊和沙州地區收復之後，唐宣宗抑制不住內心的激動，興奮地說：「先父憲宗皇帝生前有志收復河、湟地區，但因忙於中原藩鎮戰爭，一直沒能完成這個心願。如今朕竟然完成了他的意願，足以告慰列祖列宗的在天之靈了。」

在唐宣宗的屏風之上書寫的是一整部的《貞觀政要》，而他自己也是經常閱讀此書。他自小就十分仰慕先祖太宗皇帝的為君之道，而他之所以被稱為「小太宗」，其中很大一部分原因就是他和唐太宗李世民一樣善於納諫。

他在位期間，不論是朝臣們的意見還是門下省的封駁他都能欣然接受，每逢大臣們提出了良好的建議，他甚至要洗手焚香，大有唐太宗當年的風範。有一次他想要去唐玄宗修建的華清宮去遊玩一下，但大臣阻止，他也就放棄了這個想法。

唐宣宗還因為羨慕太宗和魏徵之間的「君臣佳話」，特意從民間尋訪到了魏徵的後代——魏謩。魏謩是魏徵的第五世孫，入朝為官後便被唐宣宗拜為宰相。魏謩頗具其祖魏徵的風采，對於勸諫之事是「知無不言，言無不盡」，連唐宣宗也稱讚他有「祖風」，故十分看重他。

宣宗此人公私十分分明。每當上朝之事必然是正襟危坐，不論多久都不露一絲倦怠之意。他甚至經常提醒大臣們，「卿等好自為之，朕常擔心卿等負朕，日後難以相見。」以至於當時的宰相令狐綯說每次上朝之時都緊張地汗流浹背，不敢出一絲差錯。但公事一旦結束之後，他便和顏悅色起來，或談天說地或一起遊玩，和大臣們相處的如同朋友一般。

朕不是軟柿子

對於自己之前的幾位皇帝，唐宣宗的態度是不盡相同的。對穆、敬宗和大哥文、宣宗稱不上有什麼特別明顯的厭惡之情，但對於前一任的武宗，唐宣宗就難以抑制住自己內心的憤怒了。這也可以解釋唐宣宗為甚一即位就對武宗朝的官員和政治進行大規模的清洗了。

但對於自己的父親唐憲宗，宣宗則是充滿了無盡的懷念和敬仰的。從他前半生坎坷的經歷來看，只有憲宗在位的元和年間，他是相對平安幸福的。因為對父親的這種美好的映象，所以在即位之後他便開始追究當年父皇到底是因何那麼早便離開了人世。

唐憲宗雖然名義上是死於道教丹藥，但其實是死於宦官之手，這在當時可以說是人盡皆知的事實。在手中權力日漸增大，政治地位初步穩定之後，唐宣宗便開始著手處理為害唐朝多年的宦官問題。唐宣宗之所以如此迫切地想解決宦官問題，目的是為了恢復唐朝的清明政治，但間接目的卻是為自己的父親唐憲宗報仇。

為了解決宦官問題，他特意召來翰林學士韋澳密談。唐文宗雖然聽韋澳說宦官近來有所收斂，但內心還是十分擔憂，於是便問韋澳有何良策對付宦官專權。韋澳認為與其用朝臣的力量剷除宦官，不如在宦官內部提拔一些人才，不然很有可能會釀出像「甘露之變」那樣的慘劇。唐宣宗覺得此計不妥，於是又招宰相令狐綯前來商議。

令狐綯對唐宣宗說：「要想清除宦官勢力不可操之過急。有罪必究，有缺必補。等他們的勢力自己消耗殆盡就可以了。」晚唐的宦官勢力過於強大，要想畢其功於一役確實很困難，從此看來令狐綯的辦法也不是沒有道理，但深究之又未免太過消極。然而令狐綯的建議還未被採納，就很快傳到了宦官的耳朵裡。因為這件事，朝臣和宦官之間的矛盾又進一步加深了。

對於強大的宦官勢力，之後唐宣宗也沒有和哥哥文宗一樣採取強硬的手段，而是聽取了令狐綯的意見，一直抑制其發展，不讓它愈演愈烈就行了。當時有個叫李敬宴的宦官為人十分囂張，遇到宰相鄭朗竟然不迴避也不下馬。唐宣宗得知此事後大怒，馬上召李敬前來問話。宣宗問他：「你奉命出使，自可通行無阻。但怎麼能因私外出，遇宰相而不迴避？」沒想到李敬卻稟報宣宗道：「供奉官照例不必迴避。」唐宣宗聽他如此說，更加憤怒，馬上下旨收回李敬宴的一切職權，發配到南衙去當賤役。

再如宣宗年間朝廷有個宦官奉旨外出辦差，途徑砍石時在一個驛站歇腳。砍石地處深山之中，物資十分匱乏。而這個使者僅僅因為驛站的小吏呈上來的餅食有些發黑，就揚起鞭子將這個小吏打的血流不止。這件事很快就傳到了陝貌觀察使高少逸的耳中，憤憤不平的高少逸馬上將使者所食之餅上呈給了唐宣宗，並向他報告了此事。等到那個鞭打小吏的使者一回到長安，唐宣宗馬上將他召來痛斥了一頓，最後將他發配到恭陵去守陵。

唐朝有宦官監軍的傳統，為了防止這些宦官在地方上擾亂軍政，作威作福，唐宣宗重新制定了相關規定。在新的法規中，一旦地方的節度使出現了什麼差錯，那麼該地的監軍使與節度使一起領罪，這樣也就實現了當時設立監軍使的初衷。唐宣宗的一系列舉措雖然沒能徹底地解決宦官問題，但也確實大大打壓了宦官們的囂張氣焰，頗受朝臣和天下百姓的讚揚。

不僅如此，據說當時唐憲宗的皇后郭氏也參與了此事。唐宣宗早就對這件事頗有瞭解，也是因為這一層原因，他即位之後對郭太后不是十分禮遇。作為四朝太后的郭氏認為受到了羞辱，甚至大中二年五月中的一天登上興慶宮中的勤政樓想要自盡，但被身邊的人所阻止。這件事讓唐宣宗大為惱怒，甚至揚言道：「讓她去死！」

奇怪的是，郭太后雖被救下，但在自盡未遂的當夜就突然死去。這件事在當時影響很大，唐宣宗也因此受到不少猜測，因為當時在他得知郭太后要自盡的時候曾經憤怒的說過這樣的話：**「太后身為國母，聽任先陵商臣之酷而不懷慚懼，猶藏異心，言死尚輕！」**

除了「宣宗因憲宗之死加害郭太后」一說外，也有說是唐宣宗的母親鄭氏曾經是郭太后的侍女，兩個人本來就有些恩怨糾葛，因為此事，宣宗才對郭氏禮遇不加，所以郭太后才想到了自盡。

郭太后死後，於情於理都要作為后妃陪葬在憲宗皇帝的身旁。而唐宣宗確認為郭氏根本不配享有陪葬父親的資格，所以便想把她葬在景陵的外園。郭氏是唐憲宗的正宮皇后，這麼做顯然不合禮制，當時太常寺有個叫王皞（音皓）官員就站出來反對宣宗的這一做法。

王皞很顯然不清楚唐宣宗心中的真實想法，竟然將自己的想法寫成了一封奏疏遞了上去。唐宣宗見狀後，大怒不止，馬上讓宰相白敏中去調查此事。白敏中馬上去見了王皞，詢問他為何遞上這樣一封奏疏。此時王皞依然理直氣壯，說道：「太皇太后是汾陽王郭子儀的孫女，是憲宗皇帝的正宮娘娘，身經五朝，是天下之母。憲宗死時之事現在尚不清楚，怎麼能因為這樣不清不楚的是就廢除了正嫡之禮！」

白敏中與他理論，但孤直的王皞還是堅持自己的看法。但這件事發生的第二天，王皞被貶為句容縣令。宣宗死後，懿宗即位，王皞又被召回朝中。但固執的他又舊事重提，唐懿宗也就依了他的奏請，將郭太后的神位移至唐憲宗廟內配享。

郭太后死後，唐宣宗便開始著手處理當年憲宗被謀害一事，將當年涉及憲宗謀害事件的大批宦官和外戚處死或者流放。這次的清洗活動前前後後共進行了六年，直到大中八年初才告一段落。

對於發生在文宗時期的「甘露之變」，唐宣宗心裡也有著誣陷的感慨。他雖然為自己的哥哥文宗所惋惜，但又頗看不起李訓和鄭注兩人，所以在後來為在「甘露之變」之變中被枉殺的官員平反的過程中獨獨缺少李訓和鄭注。從唐宣宗為在「甘露之變」中冤殺的臣子平反昭雪這件事來看，他對宦官和朝臣的選擇問題還是十分在意的，所以對於大臣們和宦官之間的來往他也密切關注，嚴厲禁止他們交往過密。

一日朝會之上，宣宗看宰相馬植腰間佩戴了一條十分貴重的腰帶，便問他從何而來。馬植不敢隱瞞，就對宣宗稟報說是左神策軍護軍中尉馬元贄所贈。馬元贄（音志）在擁立宣宗的時候立有大功，而這條腰帶就是唐宣宗當年為了嘉獎他特意賞賜給他的。因為馬元贄在宣宗朝極受皇帝的恩寵，所以大臣們都爭相與之交好，而宰相馬植就是其中之一。因為他二人同姓，馬植就與馬元贄攀為本家，往來十分密切。為了表示自己的情誼，所以馬元贄便將唐宣宗當年所賜的這條腰帶轉贈給了馬植，沒想到卻被宣宗一眼認出。

唐宣宗看到腰帶的時候也大概明白了是怎麼回事，心中十分不快。第二天，他就下旨將馬植貶為天平軍節度使，後又貶為常州刺史，他的從屬們也都受到牽連。這件事後，朝臣們都知皇帝不喜他們與宦官交結，所以都斷了此念。這舉措也對抑制宦官與朝臣勾結，擅權奪政也產生了一定的效果。

除了抑制和打壓宦官之外，唐宣宗對宮廷之內的樂工、倡優也加強了管理，不准他們在外仗勢欺人，危害天下。這些樂工、倡優之所以氣焰如此囂張完全是因為前朝，尤其是穆、敬兩朝皇帝的嬌寵。

但唐宣宗一反常態，對他們絕不過分寵信，更不允許他們干涉朝政。

例如宣宗朝有個樂工名叫羅程，琵琶堪稱一絕，深得唐宣宗的喜愛。然而這個羅程卻仗著皇帝的喜愛在外仗勢欺人，甚至因為一件小事就鬧出了人命官司。羅程因為此時被逮捕入獄，樂坊的樂宮們紛紛向唐宣宗求情，希望宣宗看在往日恩情上網開一面，不要因此就損失了一位有絕藝之人。

這些樂官恰好犯了唐宣宗的忌諱，皇帝怒聲說道：「你們心中惋惜的是羅程的技藝，而朕所惋惜的卻是高祖和太宗皇帝所立下來的法律！」像羅程這樣的事在宣宗朝屢見不鮮，優人祝漢貞也是因為干涉朝政被流放。久而久之，這些宮中之人也慢慢收斂自己，再也不敢胡作非為了。

要命的「長生藥」

雖然唐宣宗早期對長生之道持有一定的懷疑，即位之初還親自下旨將唐武宗寵信的術士趙歸真等人處死。但到了大中後期他依舊抵擋不住「長生不老」的誘惑，走了先帝們的老路。他不僅拜衡山道士劉玄靖為師，還下令整修武宗時期在大明宮內建造的望仙台，開始崇奉道術並服用丹藥。

他對這件事的態度之所以會發生轉變很明顯是因為對自己後半生的健康產生了擔憂。然而宣宗雖然開始服食丹藥，卻不想讓其他人知道這件事情，進而對他產生猜測疑慮之心，所以他一直都是讓醫官李玄伯和術士們一起為他秘密煉丹。

在道士盧紫芝和山人王樂的指導下，一種名叫「長生藥」的丹藥誕生了。其實「長生藥」也沒有什麼特別之處，無非是用一些丹砂和藥材合練而成。但於普通丹藥不同的是，這種「長生藥」所含的金屬成分十分高，所以藥性較之其他丹藥更為猛烈。

唐宣宗服用了這種丹藥之後，常常覺得渾身燥熱難耐，冬天甚至只需要穿一件單衣。見自己能夠以這種不同尋常的方式生活，唐宣宗十分開心，於是便將所有的功勞都歸結到術士們身上。隨著唐宣宗對道術的熱情愈來愈高，他聽信術士服用丹藥的事也變成了人盡皆知的事。在這之後便不停地有大臣們上書勸諫他停止這種荒唐的做法，但唐宣宗絲毫不予理會。到了大中末期，唐宣宗為了獲得「長生不老」的秘訣，甚至派人找到了羅浮山人軒轅集，並向他求取「長生之道」。

皇帝如此執迷不悟，做臣下的當然有義務提出規勸。但唐宣宗根本不想聽取他們的意見，為了安撫大臣們的心情，他將宰相召來說道：「你們替我轉告大臣們，朕絕不會被方士所蠱惑。朕只是聽說軒轅集乃一代高士，只是和他談談治國之道。」到了大中十三年初，軒轅集向唐宣宗請旨說他要回到羅浮山中繼續修煉，而且態度十分堅決。唐宣宗自然捨不得他，便以在羅浮山為他修建的道觀還未竣工為由，勸他多留一年，但軒轅集還是執意要走。

軒轅集如此堅持，絲毫不給一國之君面子，這令唐宣宗大惑不解。他詢問道：「先生如此著急回山，難道是社稷有災嗎？朕的天下竟得幾年？」軒轅集沒有說話，只是拿過一支筆，默默地寫下一個「十」字上挑的「四十」，這也正是唐宣宗在位的時間。唐宣宗見狀，也知道自己活在世間的時日不多了。軒轅集如此神奇，可預知未來之事恐怕是時人的附會之說，但隨著時間的發展，丹藥的副作用確實逐漸顯現了出來。大中十三年（西元八五九年）六月，唐宣宗因為長期服用超金屬含量的丹藥，體內毒素淤積，後背長出了毒疽。

兩個月過後，唐宣宗的病情絲毫沒有好轉，反而愈來愈嚴重。唐宣宗也知道自己朝不保夕，便開始考慮到自己身後之事了。和之前的幾個皇帝不同，唐宣宗此時已到中年，而且已經有十幾個兒子，可以說是子嗣頗豐，那麼他為什麼也遲遲沒有冊封太子呢？

其實早在大中十年（西元八五六年），裴休就曾向上請示過立太子一事，但卻被唐宣宗一口否決。他之所以不想立太子除了不滿意稍年長的幾個皇子的才華之外，還有一個重要的原因，那就是生性多疑的他根本不能相信自己的儲君。不要說前代，就是在本朝，太子篡位奪權的事件也是屢見不鮮。所以裴休一提出這個想法，唐宣宗下意識的反擊道：「倘若立了太子，朕不就成了閒人了嗎？」既然皇帝這麼說，裴休再說下去就是有「不軌」之心了，所以立太子一事就暫時被擱置了下來。

唐宣宗的並本來就是事發突然，這樣一來，訂立儲君就從一件懸而未決之事變得迫在眉睫了。前面說過，唐宣宗雖然有不少兒子，但在年齡上能繼承皇位的唐宣宗都不大滿意。但事已至此，已經容不得再多做考慮，一旦皇帝駕崩而儲君未定，那麼便不知道會引發出什麼腥風血雨了。

在眾多兒子之中，唐宣宗還是有較為喜歡的，那就是他的三子夔至（音葵）王。但夔王之前還有兩個年長的哥哥，這麼做顯然不符合規矩，很可能會引發眾怒，所以必須將此事做到萬無一失。大中十三年八月七日，唐宣宗下旨召樞密使王歸長和馬公儒，以及宣徽南院使王居方前來寢殿商議大事。這幾個人一直都頗受唐宣宗的寵信，所以唐宣宗的意願他們應該會堅決執行。當他們三人奉旨進入皇帝的寢殿時，唐宣宗已經是臥床不起，奄奄一息了，而此時陪侍在左右的正是夔王。

當時唐宣宗支撐著病體，指著夔王對他三人說道：「朕百年之後，可讓夔王繼承大統。他經驗尚淺，輔佐之事就託付給你們了！」對於病重的唐宣宗來說，這一番話基本上可以說是臨終遺囑了。王歸長等人見皇帝將此重任託付給他們，只有流著淚接受。一切交代妥當之後，唐宣宗嚥下了最後一口氣，離開了人世。

就這樣，唐宣宗走完了自己的歷史征程。他是唐朝三百餘年歷史上唯一一位繼承侄子皇位的皇帝，同時也是在晚唐的皇帝中聲譽較高的一位。他在位的十四年間，用自己的智慧和氣魄成功地延緩了唐王朝滅亡的速度，但終究不能徹底地扭轉頹勢。雖然如此，也不影響他成為唐朝後期皇帝中的「英主」和「明君」。他死後的第二年二月被葬於貞陵，謚號「聖武獻文孝皇帝」，廟號宣宗。

關於唐宣宗的死因，在這裡還是有必要說明一下。因為新舊《唐書》中對此沒有明確的記載，再加上《資治通鑑》中有「**上餌醫官李玄伯、道士虞紫芝、山人王樂藥，疽發於背**」之說，所以一般都認為唐宣宗是因為服用丹藥，體內中毒而死。但也有說法認為唐宣宗並非死於丹藥，而是和晚唐的其他君主一樣死於宦官之手。而之所以會有這樣的說法，疑點就是史書之中記載的唐宣宗和軒轅集的那次關於「得天下幾年」的談話有關。

據《舊唐書・宣宗本紀》中的記載，當時軒轅集所寫的乃是「四十」，但「十」字挑上，那麼真實的意思就是「十四」年。這個軒轅集究竟有何手段，竟然能預知後事，所以這就引起了人們的懷疑。史書記載軒轅集曾經也是唐武宗寵信的道士，但宣宗即位之後就和當時的其他術士一起被流放了。有人猜測軒轅集可能是因為這件事情，所以在為宣宗配置的丹藥中做了什麼不為人知的事，這才可以推測出唐宣宗的死期。為了免於受到懲罰，他便在唐宣宗病發之前提出回羅浮山的想法，而且態度十分堅決。

既然如此，那麼也可以說唐宣宗是死於金石丹藥，又為什麼說他是死於宦官之手呢？根據《新唐書》中的記載，宣宗大中年間確實是發生過一起宮人謀殺皇帝的事件，但最後行動未遂。而軒轅集是宦官吳德鄘所引薦，這些宦官很有可能是因為唐宣宗一直追究元和年間的謀逆之事，所以就想對將皇帝殺死，保住自己的身家性命，所以才將與宣宗有舊怨的軒轅集推薦給皇帝。這樣說來，唐宣宗就很有可能是死於一場謀劃已久的宮廷謀殺了。

第八章　盛世末路，起義蜂起的亂局

眾人皆醒我獨醉

唐懿宗李漼（音璀）是一個氣度非凡、相貌英俊，很有帝王之氣的人，正是他的外表給予大臣們一種將要天下大興的錯覺。在他剛剛登基為帝之時，大臣們都對他寄予了厚望。那時，剛剛成為皇帝的唐懿宗李漼也還是有些雄心壯志的。

大中十四年的二月，這一年是懿宗即位的第二年，他剛剛忙完宣宗的葬禮，作為皇帝，他要開始考慮自己的將來了，首先他為自己選定年號為「咸通」。因為剛剛登基為帝的唐懿宗心中嚮往著成為一個和他父親一樣明君，於是他選了唐宣宗《泰邊睡樂曲詞》中「海岳晏咸通」一句中的「咸通」二字，這是他在位期間唯一使用的一個年號。

但是遺憾的是，唐懿宗沒能成為一位明君，他的行事作風中完全沒有宣宗的影子，被皇權迷住了雙眼的唐懿宗不久以後就成了晚唐著名的荒淫無道的昏君，在他的統治之下讓國家從宣宗時的清明迅速地變得腐敗不堪，正是他將大唐徹底的拖入了毀滅的泥潭。

所謂的明君，他的每一個決定都應該經過深思熟慮，他的每一個官職的任免都要充分的考核，這些唐懿宗都做不到。他之所以會被稱為昏君原因之一，就是他在政令上的昏庸無能和肆意妄為。作為一個氣量狹隘的君王，唐懿宗不僅自己荒唐享樂、不思朝政，在官員的任免上十分的隨意。他在登基之後所做的第一件事是下令處死當初沒有署名同意讓他監國的宰相。這道完全出於私怨的命令雖然最終沒有被執行，但是從這之後，唐懿宗就不停地更換宰相，他在位期間，一共任用了二十一位宰相，這些宰相中幾乎全都是庸碌奸詐的人，真正的能臣良相卻是寥寥無幾。

唐懿宗即位不久之後任命的第一任宰相是白敏中，應當說白敏中作為前朝老臣能力非常不錯，而且也很有宰相氣度。但是這些都不是唐懿宗選擇他的原因，唐懿宗選中白敏中的原因只是因為白敏中是一個不能上朝的宰相，他在入朝時不慎摔傷了自己，因傷臥床在家四個多月無法上朝辦公，對於唐懿宗的任命白敏中曾三次上表請求辭職，但是懿宗都沒有批准。

宰相作為皇帝的左右手，本應是十分重要的職位，宰相的優劣更是攸關國運的大事，但是唐懿宗卻拒絕選用能幫助他治理朝政的宰相，一個臥床不起的宰相正好給了他一個肆意玩樂、不理朝政的理由。

在唐懿宗即位之初，大臣們對他寄予和厚望，所以那時對於他的一些任免諫官也會提出進諫。像是任命白敏中這件事當時的諫官右補闕王譜就上書唐懿宗表示：「陛下即位之初，是宰相盡心之日。陛下與各宰相交談，未嘗滿過半個時辰，白敏中病了數月，又怎和他交談，如此如何治理天下之事！」

作為諫官，王譜所做的本是分內之事，但是氣度狹小的唐懿宗完全接受不了，在他的眼中王譜所做的事情是對皇權的藐視，是對他的忤逆，所以他下定決心要狠狠的懲罰他，他下令將王普貶為縣令。那時的朝廷還有著宣宗的遺風。所以當時有封駁之權的給事中認定唐懿宗的命令不符合體制，拒絕執行唐懿宗的這個命令。

給事中的這種做法激怒了唐懿宗，他不能接受這種對自己皇權的挑戰，憤怒的唐懿宗決心無論如何都要處罰王譜，所以懿宗將此事交由宰相們進行覆議，這些由唐懿宗一手任命的宰相們為了討好唐懿宗不顧國家的體制，判定王譜有罪而且他的言論還涉及到了宰相白敏中，這是對朝廷的不尊重，他們一致同意皇帝將王譜貶職。

唐懿宗甚至還不顧國家法度，肆意濫殺，他最寵愛的女兒同昌公主因病去世，唐懿宗竟然毫無理智地處死了所有為公主診治的醫官，並且逮捕了他們家屬。這個決定震驚了朝野，當時宰相劉瞻希望諫官能夠上表進諫，但是被懿宗嚇怕了的諫官們不敢進諫，所以劉瞻親自出面，希望勸懿宗能夠釋放那些醫官的家屬。

對於劉瞻的諫言懿宗感到十分的生氣，於是將劉瞻貶為荊南節度使。這時原本就和劉瞻不合的駙馬韋保衡趁機公報私仇，向懿宗編造了同昌公主是劉瞻和醫官合謀投藥毒死的謊言，懿宗就將劉瞻連續貶為康州刺史、驩州司戶參軍，其他與劉瞻關係密切的朝廷官員如高湘、楊知至、魏篤、孫湟、鄭畋、尹溫璋等人也受到牽連貶職，尹溫璋更實在被貶之後自殺了。

唐懿宗在任命官員上十分的隨性，與不輕易授人官職的宣宗不同，懿宗經常會隨心所欲地賞賜官職、錢財，不在乎所授之人是否有受賞的資格。懿宗的授官已經到了毫無節制的地步，可能就連他自己也不知道自己到底給多少人授予了官職，

科舉制度原本是朝廷取士的重要途徑，唐朝士子們也將它看做是入仕的途徑，但是在唐懿宗時期，

原本具有崇高地位的進士科也被搞得烏煙瘴氣，這是因為只要是懿宗的親信就可以不參加每年春天由禮部主持進行的科舉考試，而以「特敕賜及第」的方式被皇帝直接授予進士出身。進士的選擇完全依靠懿宗的個人的愛憎，他的敕書取代了禮部的金榜。這對於那些寒窗苦讀的人十分不公平，同時也導致了奸佞之臣充斥朝堂而賢良之士遺之於野的情況。

在這些人中比較有代表性的就是咸通初年的宰相杜悰和咸通五年擔任宰相的路岩。杜悰本身是一個十分平庸的人，他能夠得到高位完全是憑藉身分，作為德宗宰相杜佑的孫子、憲宗的駙馬，他有著足夠顯赫的身分。而路岩則是一個更加惡劣的人，本是一個昏庸無能的人的他因為唐懿宗的偏寵成為李唐王朝的宰相，他在職期間大肆搜刮民脂民膏，他結黨營私，公開收受賄賂，他肆意妄為，視王法為無物。更是後來拜相的駙馬都尉韋保衡沆瀣一氣，在那時他們兩人曾經權傾天下，在人們的心中像厲鬼一樣陰惡可畏。

由此可以在懿宗統治的時期，那些宰相們是如何昏庸無能、貪污腐化，當時的長安城還流傳著一首關於曹確、楊收、徐商、路岩等幾個宰相的歌謠：**「確確無論事，錢財總被收。商人都不管，貨賂幾時休？」**這首歌中包含了這幾個讓人痛恨的宰相的姓名。

唐懿宗雖然極其昏庸，但是同時他又十分嚮往成為一名明君，他希望被世人稱頌。他十分的愛慕虛榮、好大喜功。為了表彰自己他為自己添加了字數眾多的尊號，也就是「睿文英武明德至仁大聖廣孝皇帝」。在唐朝高祖、太宗在活著時都沒有為自己加尊號，後來，歷代皇帝的尊號大都也就四到六個字，達到八到十個字就已已經很少了，比較多的是唐玄宗的十四字尊號「開元天地大寶聖文神武孝德證道皇帝」，懿宗自稱的尊號字數雖然只比唐玄宗差了兩個字，兩者的功績則相差十分懸殊。

就這樣唐懿宗統治時間的政治越來越腐敗，他任命的大臣們大多是一些魚肉百姓、橫行霸道、貪污腐敗之流。他們做盡所有中飽私囊之事，唯獨不會去做有利國家的事，就這樣在對政事沒有興趣的唐懿宗身邊圍繞著的都是一些或庸碌、或諂媚、或陰險的人。正是這些人和唐懿宗一起加速了李唐王朝的毀滅。

骨灰級玩家唐僖宗

唐僖宗李儇（音宣）出生於懿宗咸通三年五月八日，他是懿宗的第五子，他的母親是王氏，最初冊封為普王。關於這位皇帝，《資治通鑑》有這樣的記載：「上年少，政在臣下，南牙、北司互相矛盾。自懿宗以來，奢侈日甚，用兵不息，賦斂愈急。關東連年水旱，州縣不以實聞，上下相蒙，百姓流殍，無所控訴，相聚為盜，所在蜂起。州縣兵少，加以承平日久，人不習戰，每與盜遇，官軍多敗。是歲，濮州人王仙芝始聚眾數千，起於長垣。」

照理說作為皇五子，李儇原本是沒有資格繼承王位的，他的即位是由當時特定的環境所決定的。那時的李唐王朝已經日薄西山，社會矛盾日益尖銳，朝政腐敗，民不聊生。

唐懿宗一生有八個兒子，但是由於這些兒子的母親不是很受寵愛，而且唐懿宗的皇后也沒有為他生出嫡子，所以唐懿宗在太子的人選上一直拿不定主意，遲遲沒有冊立太子，這就給了宦官們以可乘之機。

整日沉迷於佛事之中的懿宗將朝廷中的政事都交給了韋保衡。這使得韋保衡獨掌大權排斥其他的宰相，他打擊異己，專橫跋扈。到了咸通十四年六月，懿宗得了重病，醫治無效，七月時病情加重，這時懿宗自知時日不多，此時他想要安排後事，但他和外界的聯繫管道早已被宦官們完全的切斷了，皇帝見不到到宰相和群臣，選擇皇位繼承人的權力又一次落到了宦官手中。

懿宗病危的當天，在皇宮中權力最大兩個宦官左右神策軍中尉劉行深和韓文約就開始考察哪一位皇子適合成為方便他們掌控的新君。從唐憲宗時代開始，掌握京城主要武裝力量、負責守衛宮城的神策軍就成為了宮廷政變中最主要的力量，所以左右神策軍統帥的態度對於擇立新君十分重要。

劉行深和韓文逐一考察了唐懿宗的幾個兒子，他們發現普王李儼既年幼又貪玩而且威望不高，既沒有足夠的能力，也沒有堅實的後台，非常易於掌控。於是他們選擇立李儼為太子，然後殺掉了懿宗其他的兒子。就這樣年僅十二歲的李儼順利登基稱帝，並改名李儇，史稱唐僖宗。

唐僖宗因為是幼年登基，對於什麼是國家政事完全不瞭解，他將國家大事全都交給了臣下們去做，每天所做的事就是不停地遊玩，這也是他廟號僖宗的原因。在僖宗即位的第二年，改國號為乾符，在唐僖宗時期，唐朝的政治變得更加的混亂了。

咸通十四年，唐朝的西南方的南詔，已經發展壯大到了足以威脅大唐的地步，南詔王將雲南設為自己根據地，然後派遣大量的軍隊去進攻巴蜀和黔南等地。但是此時的唐朝軍隊已經十分腐敗，幾乎毫無戰力，完全無法阻擋南詔軍的步伐，南詔軍長驅直入，一直到了成都，然後將這座繁榮興盛的城市搶掠一空，臨走時還不忘放了一把大火。

面對唐軍的節節敗退，朝廷能做的只有不停地更換將領，但是都無法成功阻擋住南詔軍的軍勢，最後還是派出了功勳卓著的大將高駢，才終於反敗為勝，將南詔軍打回了雲南，收回了失地。唐軍還來不及慶祝擊退南詔的勝利，第二年，黃巢起義就爆發了。在黃巢軍的逼迫下，唐僖宗被迫逃亡到了成都，直到光啟元年才得以返回長安。

面對混亂的政局，僖宗一生都沒有停止過遊樂。他的日常生活除了吃喝玩樂，就是走馬鬥鵝，國家大事絲毫不理。僖宗年幼時，雖然不喜歡讀書和處理政務，但是他本身是一個十分聰明的人。可以說僖宗在玩的方面十分博學多能，才華橫溢，他玩什麼精什麼，像騎術、射箭、舞槊、擊劍、音律、法算、蒲博、蹴鞠、鬥雞、鬥鵝、弈棋等僖宗無一不是箇中高手。

僖宗十分擅長蹴鞠，這是他最拿手的把戲，他身邊有一位優人名叫石野豬，很得僖宗的歡心，常常伴在皇帝身邊陪他玩樂，有一天僖宗得意地說：「如果設了擊球進士，朕去應試，一定會獲得狀元。」石野豬應聲答道：「陛下前去應試，要是碰到堯舜當主考官，恐怕陛下就要落第了。」可見雖然身為優人，石野豬也看出僖宗不理朝政、整日玩樂不是明君所為，因此大膽地用巧妙的話語做出勸諫。

然而，此時國勢傾頹已經不是僖宗一人之力所能扭轉的了，面對凶狠霸道而又大權在握的宦官集團，僖宗只能耽於逸樂才能保住自己的性命和皇位，更遑論效仿堯舜成為明君聖主呢？然而，這些心思不能對任何人談起，面對石野豬的諷諫，他只是笑笑，沒有解釋，也沒有怪罪。

就這樣在宦官們的引導之下僖宗整日醉心於聲色犬馬、遊戲人間，為了使他耽於逸樂而不生出憂心國事、整頓朝綱的念頭，宦官們大肆地搜刮財貨來供僖宗揮霍。僖宗年幼登基，長於婦人、宦官之手，本身就不解世事，再加上宦官們的刻意引導，作為天子的僖宗完全不瞭解國家政治黑暗、百姓民不聊生的境地。

因為喜愛遊樂，僖宗經常在宮中和一眾隨從親昵狎戲，玩到高興之時他經常會揮金如土地將大量的黃金珍寶賞賜給那些陪他玩耍的樂工和伎兒們，可見他花錢十分大手大腳，不會同情民生多艱，在唐僖宗的觀念中「率土之濱，莫非王土」，所以他將毫不猶豫地大肆揮霍民脂民膏。

據記載，僖宗曾經在十六宅和諸王比賽鬥鵝，其中參與比賽的一隻鵝的賭注竟高達五十萬錢。對於給予那些伶人、藝伎的賞賜，更是動輒上千萬。面對揮霍無度的唐僖宗，本就空虛的國庫完全無法承受，同時此時各地農民起義蜂擁而起，鎮壓起義也需要軍費。於是僖宗便命令地方官員加大搜刮的力度，當時的兵部侍郎、判度支楊嚴盡全力的東挪西湊，甚至用政府的名義向商賈富豪借貸錢糧以籌集農民鎮壓起義的軍費。

儘管如此，籌集到的錢財仍然是杯水車薪，於是朝廷又開始賣官鬻爵，但仍然無法滿足唐僖宗和宦官們的需求。以至於黔驢技窮的楊嚴不得不上書請求辭職，但是他已經是朝中最好的財政官員，所以僖宗沒有批准他的請求。

面對這種窘境，大宦官田令孜對皇帝說，可以將京城兩市商人的貨物都徵調過來，當時的兩市指的是京城中的兩大貿易區，東西兩市，西市大多是胡商，東市大多是華商，在唐朝時期，中國的商業貿易十分的繁榮，在集市上寶貨堆積如山。因此田令孜認為只要掌握了這兩市就能緩解國庫的空虛。

這種行為無異於殺雞取卵、白日搶奪，影響十分惡劣。然而為了充實國庫唐僖宗竟然不顧後果地下令實施。這就引起了很多人的反對和不滿，對於這種情況唐僖宗命令宦官作為執行時的監視人，要他們在現場監視那些商人，如果發現有商人對這徵調令稍有不滿就將他捆起來，送到京兆府中亂棍打死。雖然朝臣們明知皇帝的行為十分不明智，但是迫於淫威沒有人敢出面勸阻。

黃巢義軍就快要打到長安的時候，急需軍費和逃亡的路費的僖宗再一次想出了籌錢的辦法。這一次唐僖宗的目標不只是商賈，他還想要將富戶大室一半的財產充入國庫，表面上唐僖宗說的是要借，但是人們都知道這種形同搶劫的借貸是有借無還的。當時被派去鎮壓農民起義的大將高駢上奏勸諫他說：「天下盜寇蜂起，就是因為百姓饑寒交迫走投無路，只有富戶、商賈未反。」高駢的意思就是，現在天下百姓都要反叛，只有這些富商尚未造反，現在皇帝要搶佔他們的財產，這不就是在逼迫他們也造反嗎。這樣的一番話，使得僖宗不得不放緩了搜刮的步伐，他的強取豪奪的行為稍稍有所收斂了。

光啟四年初，僖宗將國號改為「文德」，在這之後不久，僖宗就舊病發作，沒有多久就不治身亡了。作為唐王朝史上最為年輕的皇帝，僖宗在位的這十四年朝政黑暗、戰亂紛起、生靈塗炭，而僖宗也在享盡了富貴的同時飽嘗了顛沛流離之苦，他死的時候只有二十七歲。

在僖宗統治時期國勢開始急轉直下，作為一名皇帝，僖宗沒有太大的才幹，但他也不是一個凶狠殘暴的人，只是他生不逢時。在那樣的環境中，僖宗甚至沒有幾乎明白什麼是明君，更沒有機會去嘗試做一位明君。因為大唐的覆滅的命運，已經無法逆轉。

皇帝的避難所

唐朝末年起義不斷，社會矛盾十分的尖銳，被生活所迫的人民不斷地爆發起義，像是在懿宗時期爆發的裘甫、龐勳起義，都是唐朝政府在花費了大量的人力和財力之後才平息的。但是這都是只是一時的鎮壓，在那個社會矛盾非常激化的時代，也只能是治標不治本。在唐僖宗統治的時期，不但沒有勵精圖治，反而變得更加的腐敗，這個時期百姓身上的負擔變得更重了，所以在僖宗統治的時期又爆發了王仙芝、黃巢的起義，這些鬥爭都給李唐王朝以沉重的打擊，使得日漸腐朽的政權變得更加的破爛不堪。

廣明元年潼關以東的廣大地區已經是戰火連綿了，這些事情無心政事的僖宗完全不知道，但是掌控大軍的田令孜早就已經知道了當時的大局，所以他提前做好了逃跑的準備。當然，因為皇帝是他榮華富貴的保證，所以他要為皇帝事先準備好逃跑的道路。

十一月，東都洛陽被黃巢義軍攻下，田令孜知道危機已經臨近了，於是當黃巢的義軍兵臨長安城下時，僖宗在田令孜的引導之下，甚至沒有來得及通知文武百官，也沒有召集軍隊，就只帶著身邊的五百名神策軍和福、穆、澤、壽四王及幾個妃子，一起步行到了長安西門。

因為起義軍的進攻十分迅猛，很多的大臣沒有來得及逃離長安，宰相盧攜飲鴆自盡，屍體被後來攻入長安的黃巢軍隊從棺材裡拖了出來，當眾將他碎屍萬段，其他的一眾高官如崔沆等人紛紛遭到殺害，一時之間，長安城到處一片慘象。

就在長安城陷入一片混亂之時，僖宗在五百神策兵的保護下從長安城的金光門逃出了長安，他們一行人匆忙的向西逃去，連一匹馬都沒有來得及帶。就在他們急忙出逃的時候，恰好遇到了一行騎兵，他們向著僖宗喊道：「黃巢是來清君側的，如果皇上西遷，置關中父老於什麼境地？請陛下快回長安！」面對這些言論，田令孜急忙命人將這幾名士兵處死，然後將他們的馬搶了過來，就這樣僖宗才終於擺脫了步行的窘境。

僖宗本身是一個喜好玩樂的人，所以他的騎術十分的了得，這一路上他沒有受太多的苦。但是和他一起的幾個嬪妃從小都是嬌生慣養、養尊處優的，所以這一路上她們體會到了前所未有的顛沛流離。由於馬匹有限，甚至連福、穆、澤、壽四王也只能步行，壽王李傑走不動了停在半路上的一塊大石上休息，田令孜擔心拖慢行軍速度，被起義軍趕上，竟然揮鞭抽打壽王並且喝斥著命他快走。面對著跋扈的田令孜，李傑感到十分的憤恨，他狠狠瞪了田令孜一眼，在心中暗暗下定決心，將來一定會報復回來。之後李傑只能在小宦官的攙扶下繼續前進。這件事情就是田令孜為自己留下了滿門抄斬的種子。

十二月十三日，唐僖宗等人終於到達了興元，這時僖宗命令全國的兵馬一起進攻黃巢，收復京城，在全國軍隊的圍攻下，黃巢軍被孤立在了長安近郊的一塊狹小的土地上。然而由於各路官員紛紛趕到，偏僻貧窮的興元難以支持越來越大的開支，錢財糧草等物資出現了周轉不靈的現象。面對這種境況，僖宗在田令孜的勸說下又來到了成都，在很長的時間裡這裡就成為僖宗新的避難所。

田令孜之所以選擇這裡是因為他的哥哥陳敬瑄是西川節度使，早已在此處進行經營。在這裡田令孜可以最大限度地拓展他的勢力與權力。昏庸的僖宗不知道田令孜的用意，當他知道可以去一個物產豐富的地方時，就滿心歡喜地答應了。中和元年正月二十八日，在長途跋涉之後，僖宗到達了成都。在成都安頓下來的僖宗，完全不懂得吸取教訓，他依然獨寵田令孜，將所有的權力都交給了他，對於大臣們的諫言不聞不問，他任命田令孜為行在都指揮處置使，這就等於是將自己在成都的一切事務都交給了他。

僖宗最初來到成都時，曾經給蜀軍的每個將士賞錢三緡，後來從其他地方進獻的金帛越來越多，這時田令孜就私自將這些獎賞給了自己的親信，而再也不發給蜀軍的將士，對於這件事，當時在蜀軍中不滿的人很多。這種不滿積攢到了一定程度之後就爆發了出來，當時田令孜在宴請諸軍將領，在所有將領中只有西川黃頭軍使郭琪沒有接受田令孜的敬酒，他威脅田令孜說希望蜀軍能和其他保護皇帝的軍隊得到同等的待遇，如果再有賞賜不均之事發生，那麼難免會發生變故。

聽了這話，田令孜十分不悅，便換了一杯毒酒給郭琪，郭琪明知此酒有毒，但田令孜勢大不敢違抗，也只能喝了下去。好在此酒毒性不烈，郭琪回家以後延醫治療，保住了性命。憤怒之下，郭琪果然帶兵作亂，在城中燒殺搶掠了一番，然後逃出了成都，前去揚州投奔了高駢。

在四川生活的僖宗，雖然滿意在成都的奢侈的生活，但是再怎麼說繁華的程度和長安是不能相比的，所以每當他望向長安的方向都會傷心地哭泣，每次都是因為田令孜的安慰，才稍稍得到寬慰。這一時期田令孜為了討好皇帝，經常拿打勝仗的捷報給僖宗看，對於那些打敗仗的戰報則是隱瞞不報的。

這時的僖宗偶爾也會為朝政費心，當時諸道都統高駢和相鄰的鎮海節度使周寶之間有衝突，這直接對和起義軍的作戰產生了影響。為了使他們盡快地和解，僖宗這一次親自看了大臣們給高駢與周寶寫的詔書，他一連看了幾份翰林學士起草的詔書，都覺得不是十分的滿意，最後田令孜找人代筆寫了一篇詔書，才博得了僖宗的歡心。

中和四年七月二十四日，黃巢起義失敗之後，僖宗在成都舉行了一場盛大的獻俘之禮，然後帶著官員們高興地準備返回長安了。因為黃巢軍隊對長安造成了非常嚴重的破壞，所以很多宮殿都需要整修，再加上那些官員們大都忙於爭權奪勢，所以僖宗真正從成都啟程返回長安的日期是中和五年的正月。在歷經千辛萬苦之後，僖宗在三月二十二日回到了已經離開四年之久的京師，然後宣布大赦天下，並改元光啟，希望從此以後唐王朝的統治拿能夠和平穩定，天下太平。但是遺憾的是，這樣的願望最終沒有實現。

被牆頭草坑了一把

朱溫是宋州碭山人，他「家世為儒，祖信，父誠，皆以教授為業」，但是由於幼年喪父，只能與母親一起給別人做傭僕為生。朱溫天資過人，孔武有力，史稱「勇有力，而溫尤凶悍。不事生業，以雄勇自負。」

年僅二十多歲的朱溫，在看到黃巢帶領大軍渡淮之後，感到勢如破竹黃巢軍一定能成就一番大的事業，於是便加入了黃巢的軍隊。生活在社會最底層的朱溫，對於金錢和權力他的慾望十分的旺盛，他不畏強暴、敢於抗爭，同時也陰險凶虐、首鼠兩端。當遇到困境之時，他首先會想到的就是自身的利益，如果現狀已經不能滿足他們的需求了，他就會毫不猶疑地改弦易轍，另投明主。

在黃巢攻入長安時，朱溫已經是深受黃巢重用的一員大將了，他官拜東南面行營先鋒使，負責駐守在東渭橋，還成功地讓唐夏州節度使諸葛爽投降了起義軍。之後朱溫又奉命轉戰到了河南一帶，他很快就攻佔了鄧州，當朱溫凱旋返回返長安的時候，恰好是黃巢在灞上犒勞士兵的時候。

黃巢又派遣朱溫駐守長安西面的興平，命令他阻擊從邠（音賓）、岐、鄜（音福）、夏等州的唐軍，這次戰役朱溫又一次取得了勝利。在之後的戰役中，朱溫憑藉自己的能力一直不停的取得勝利。就這樣五年的軍旅生活之後，朱溫從一個毛頭小子變成幫黃巢完成「大齊政權」的重要功臣。

中和二年正月，起義軍被困在了長安，當時黃巢任命朱溫為同州刺史，原本這應該是一件值得慶祝的事，但是當時的事實是，那個時候的同州城不在黃巢的統治之下，朱溫如果想要走馬上任他就必須要親自去攻打那裡，所以黃巢的任命其實是一紙空文。

萬般無奈的朱溫只得自己帶兵向同州進軍，比較湊巧的是當時負責鎮守同州守將竟然不戰而逃，將同州拱手讓給了朱溫。與同州一河之隔的地方是河中節度使王重榮的駐地，與朱溫相似，王重榮也是一個首鼠兩端之輩，他曾經投降過起義軍，後來當僖宗在四川要求各地得將領圍攻起義軍時，他為了自保又再一次的投降了朝廷。

在和王重榮鬥爭的過程中，朱溫經常因為兵力不足而吃虧。在多次戰敗之後，萬般無奈的朱溫只能選擇向黃巢求助，但是他的求援信，卻被當時主管軍務的孟楷給攔阻扣壓了下來。面對這種情況，朱溫覺得束手無策，就在這種情況下，朱溫的一位謀士謝瞳趁機進言朱溫說：「**黃家起於草莽，幸唐衰亂，直投其隙而取之爾，非有功德興王之業也，此豈足與共成事哉！今天子在蜀，諸鎮之兵日集，以謀興復，是唐德未厭於人也。且將軍力戰於外，而庸人制之於內，此章邯所以背秦而歸楚也。**」勸說朱溫背叛前景無光的黃巢，改投朝廷。

聽了謝瞳的話，朱溫感到非常的有道理，這些話點明了朱溫自己真實的心意。為了實現自己的目標，為了將來能有更好的機會，在一番思索之後，朱溫殺了黃巢的監軍使嚴實，帶領自己的部隊投降了王重榮。

對於朱溫的這次投降，唐軍的士氣得到了極大地鼓舞，當唐僖宗得知朱溫投降的消息之後，他很高興自己終於找到了黃巢之亂的解決契機，他認為，對李唐王朝來說朱溫的投降是上天賜予他的機會。在他的眼中，朱溫就是他復興祖業的希望。於是僖宗任命朱溫為同華節度使，沒過多久又將他升任為右金吾大將軍、河中行營招討副使，同時，皇帝親自為他賜名為「全忠」。那時的唐僖宗完全沒有想到這個朱全忠竟然就是唐王朝的終結者。

這一年的十二月，河中節度使王重榮與和行營都監楊復光成功的招降了驍勇善戰的李克用，他們許給李克用的官職就是雁門節度使，李克用同時還兼任了東北面行營都統，從此討伐黃巢的責任就從朱全忠的身上轉移到了李克用的身上。

中和三年黃巢的軍隊在李克用和朱全忠的圍攻下被迫撤出長安了，他們逃入了商山，之後四月初八的那一天，李克用第一個從光泰門攻進了長安。面對他強勁的進攻，黃巢只能在焚燒宮室之後逃亡。

光復長安的功績使得朱全忠因功被任命為宣武節度使、兼東北面都招討使，李克用也因此被任命為河東節度使，就這樣他們和忠武節度使周岌、武寧節度使時溥等人形成了圍攻合流的形式，一起圍捕黃巢的起義軍。這時的黃巢軍雖然已經是強弩之末，但是在奉國節度使秦宗權投降黃巢之後，起義軍又一次取得了優勢，他們到處燒殺搶掠。面對黃巢軍強勢的進攻，朱全忠、周岌與時溥勉等人傾盡全力才能勉強的包圍住起義軍，僅僅能夠和起義軍僵持著，完全無法取得勝利。在萬般無奈之下，朱全忠只能向李克用求援。

中和四年的二月，萬般無奈的朱全忠等人只能請求李克用來救援他們，在他們的請求下李克用帶領著軍隊渡過了黃河。在多部軍隊的圍攻下，被逼無奈的黃巢只能轉戰到了山東。中和四年的三月，朱全忠在王滿渡大敗了黃巢的軍隊。這時的黃巢軍隊已經處在分崩離析的境地，他手下的李讜、葛從周、楊能、霍存、張歸霸、張歸厚、張歸弁等人都紛紛的投降了朱全忠，面對這種局面黃巢只能帶領著剩下的部隊向東北逃去，不幸的是他們又在封丘遭遇了李克用，腹背受敵的黃巢軍隊僅剩下幾千人，他們在磅礴大雨中，艱難地前進。

李克用的到來使得局面發生了巨大的轉變，他們打敗了黃巢的軍隊，將起義軍逼迫到了兖州。取得了巨大的勝利的李克用本想乘勝追擊，但是因為連日征戰使得士兵們十分的疲憊，同時行軍糧草也十分的匱乏了，所以在萬般無奈之下，李克用只能率兵回到了汴州，他沒有進城，只是在城外安營紮寨，本打算簡單休息一下再繼續追擊的。

六月十五日的時候，武寧節度使時溥派李師悅帶領著萬名官兵和降將尚讓一起追擊在黃巢軍隊的後面，六月十七日，黃巢的軍隊被逼入了泰山，這之後關於黃巢的去向有很多傳說，有人說黃巢死在了泰山，像是《新唐書・黃巢傳》中就有這樣的記載：「巢計蹙，謂林言曰：若取吾首獻天子，可得富貴，毋為他人利。言，巢甥也，不忍；巢乃自刎。」

也有人說，其實黃巢沒有死，這一切都是人們為了保護黃巢用的障眼法，邵博在《河南邵氏聞見后錄》中指出，「唐史中和四年六月，時溥以黃巢首上行在者，偽也。東西兩都父老相傳，黃巢實不死，其為尚讓所急，陷泰山狼虎谷，乃自髡為僧，得脫，往投河南尹張全義，故巢黨也，各不敢識，但作南禪寺以言之」，陶穀愛《五代亂離記》也有類似的說法，「黃巢遁免，後祝發為浮屠，有詩云：三十年前草上飛，鐵衣著盡著僧衣，天津橋上無人問，獨倚危欄看落暉。」

但是不管怎麼說，自此以後黃巢就離開了歷史舞台，之後黃巢的兒子黃皓帶領著剩下的部隊到處流浪，被稱為「浪蕩軍」。這支軍隊在昭宗天復初年的時候，在湖南被湘陰土豪鄧進思所斬殺。到此黃巢起義正式結束，唐末的農民起義也隨之一起結束了，在不久的將來，整個唐氏王朝都將不復存在了。

在李克用追擊黃巢大捷之後，還發生過這樣的一段插曲，面對連戰皆勝的李克用軍隊，留在汴州城內的朱全忠心中百轉千回，朱全忠在汴州城看著李克用的沙陀軍隊，他感歎這不愧是一支驍勇善戰的部隊。但是一想到自己投奔了李唐，現在軍功卻全都被李克用取得了，長此下去，自己將無法和和李克用爭奪權勢和地位了。朱全忠知道，作為降臣，如果不能取得軍功，將再也沒有機會得到唐王室的信任，也就失去了當初背叛黃巢的意義了，於是堅定了要和李克用拼個你死我活的決心。

為了得到了主動權，朱全忠決定要先下手為強。中和四年的五月十四日，朱全忠寫了請帖熱情地邀請李克用來參加宴會，把原本想要當天出發的李克用硬是請進了汴州城內，他將李克用安排進了上源驛的高級賓館內，為了招待他朱全忠舉辦了一場十分盛大的宴會。

可以說朱全忠的這場宴席是一場標準的鴻門宴，在宴會中朱全忠對李克用十分的禮遇，即使李克用一直以高高在上的態度，神情倨傲、盛氣凌人的對待著朱全忠，朱全忠的態度也十分的謙卑。他一直對李克用陪著笑臉，不停地向李克用敬著酒，沒過多久，李克用就已經喝得酩酊大醉了，這時朱全忠向自己的心腹大將楊彥洪使了個眼色。楊彥洪作為朱全忠的心腹大將，早就知道了朱全忠的意圖，他趁人不注意悄悄地離開了宴席。

這場酒宴一直到黃昏才結束，李克用已經醉的不省人事了，只能在手下的攙扶下，勉強地站起來。

就在這個時候李克用的四周突然響起了震耳欲聾的喊殺聲，朱全忠的軍隊全副武裝的到了李克用等人的面前，持刀砍向李克用等人。面對這種場面，李克用的親兵們一下子都酒醒了，他們奮力抵抗，但是醉的厲害的李克用依然不省人事，士兵們只能用冷水澆醒他。

好不容易清醒的李克用，直到這時才弄清楚朱全忠的用心，他拖著沉重的身體慌忙抵抗，而朱全忠則指揮士兵放火用烈火和濃煙包圍李克用等人。李克用手下的士兵們將李克用圍在中間翻過院牆，拼盡全力為李克用殺出一條血路，在朱全忠的槍林箭雨的包圍中成功突圍。

李克用一行人來到汴州城的南門時，城門緊閉無法入城，李克用的親兵們用繩索將他放到了城外，這才幫助他逃離了朱全忠的追殺。但是就在這一天，李克用失去了和他一起進城的三百多名親兵以及監軍宦官陳景思，這些都是他的心腹，這個仇恨一直埋藏在了李克用的心中。

就這樣朱全忠為自己樹立了一個死敵，在後來李氏王朝最後的二十多年中他們一直處在對立的關係，並且這種仇恨一直延續到了他們的後代的身上，這也就是後來五代時期後唐與後梁之間連年征戰的原因。

第九章　日落長安，眾叛親離的大唐殘照

冷廟燒香

唐懿宗咸通八年二月二十二日，宮人王氏在大明宮誕下了一個嬰兒，不久以後這個出身微賤的女子便在默默無聞之中去世。然而沒有人能夠料到幾十年後，正是這個嬰兒為她帶來了世間女子可以得到的最高榮譽，因為這個嬰兒就是日後的唐昭宗李曄。

李曄是唐懿宗的第七子，唐僖宗之弟，出生以後，他的父親為他起名李傑，希望他日後能夠成為傑出的人才。而幼小的李傑也不負父親的殷殷期望，十分聰穎好學，六歲時就被封為壽王。隨著李傑慢慢成長，他的才華也逐漸顯露，少年時代的李傑不僅書讀得很好，而且雅善文學，時常與文采出眾的大臣們吟詩作賦、詩詞唱酬，此外李傑在音樂方面的造詣也很高，精於填詞譜曲，史籍中有不少他親自譜曲與大臣一同欣賞的記載。

廣明元年，黃巢帶領起義軍攻下了唐朝的東都洛陽，並勢如破竹地向長安進發，僖宗皇帝望風而

逃、西幸蜀中，壽王李傑就在隨行之列。由於出逃十分倉促、準備不足，而入蜀的道路又「難於上青天」，一路上李傑吃了不少苦，也看盡了亂世艱辛，從此更加注重對於騎射武藝的練習，練出了一手精妙箭術，一箭就能射下高空中翱翔的凶悍禿鷲，稱之為百步穿楊也不為過。

光啟四年二月，流亡蜀中的唐僖宗終於得以返回長安，只是此時他已經在長期愁苦憂患的顛沛流離中重病纏身、天不假年了。

回到長安的僖宗拖著沉重的病體，用繁複的禮儀拜謁了太廟，然後下令改元「文德」，並大赦天下，希望藉此穩定民心，一掃過去的風煙塵跡，開啟另一個嶄新的時代，然而事與願違，一個月後，年輕的僖宗就在武德殿「暴疾」而終，享年僅二十七歲。僖宗年輕而崩，生前沒有立過太子，也沒有成文的遺詔指定下一位皇帝的人選，所以在三月三日僖宗「暴疾」之時，朝臣和宦官們就開始考慮擁立誰來繼位的問題了。僖宗雖然年輕，但已育有兩位皇子，只是他們年紀幼小、不通世事，所謂「國賴長君」，何況又是如此叛亂紛起、內外交困的亂世，無論是朝中大臣還是實際上掌握皇權的宦官集團都不願擁立這兩位小皇子，而傾向於在懿宗諸子中擇立新君。

唐懿宗李漼共有八子，其中僖宗是皇五子、吉王李保是皇六子、壽王李傑是皇七子。按照中國古代立嫡立長的原則，壽王李傑本沒有繼位的資格，而眾位大臣也大多認為吉王李保賢能仁善，有人君之相，年紀也長於壽王，如果繼位一定能夠勵精圖治、愛護百姓，成為一位明君，因此願意擁立吉王李保為皇嗣。

然而掌握軍權的宦官楊復恭卻力主擁立壽王李傑，一方面因為李傑受到僖宗器重，在僖宗多年的流亡生活中一直隨侍左右，與僖宗身邊的宦官們關係也比較不錯。更重要的是眾多朝臣都擁立吉王李保，如果宦官集團也擁立吉王，那麼只能算錦上添花，而擁立相對來說比較冷門的壽王李傑則能獨得擁立之功，待李傑登基之後自然能夠得到皇帝的寵信，攫取更多的利益。

事實證明，晚唐宦官專政的環境下，在廢立皇帝的問題上，宦官對朝臣擁有壓倒性的優勢。三月五日，僖宗進入彌留之際，已經不能言語，楊復恭對臥於榻上的僖宗提出立壽王李傑為皇太弟、繼承皇位，命垂一線的僖宗不知是表示同意還是無意識地略點了一下頭，楊復恭就認為已經得到了僖宗的恩准。

於是立即命人下詔立壽王李傑為皇太弟，監軍國事，並更名為李敏，又派右神策中尉劉季述率領禁軍到諸王聚居的十六宅去迎接壽王入宮，安置在少陽院。為了給朝臣一個交待，楊復恭又派人請來宰相孔緯、杜讓等到少陽院參見壽王，其實此時大事已定，無論朝臣對於壽王是否滿意，都已經沒有變更的餘地了，好在群臣見到李傑後發現他「**體貌明粹，饒有英氣，亦皆私慶得人。**」就這樣李傑得到了宦官集團的支持和朝臣們的認同，皇位歸屬就此塵埃落定。

第二天，唐僖宗李儇駕崩，皇太弟李敏在靈柩前即位，又更名為李曄，成為了歷史上的唐昭宗，也是唐朝最後一個以皇太弟身分即位的皇帝。

挖角的藝術

唐昭宗李曄是唐懿宗第七子，根據立嫡立長的原則，本來沒有資格繼承皇位，因此他在十六宅居住時沒有參與朝政的念頭，只將精力花費在了讀書、音樂、騎射等業餘愛好上，或者與二三同好飲酒暢談、吟詩作對來打發時間。後來他隨僖宗皇帝出逃蜀中，一路上看到亂世烽煙、刀兵處處、十室九空、民不聊生的慘景，受到震撼的李曄對於如何解決晚唐宦官專權、藩鎮林立、叛亂紛起的亂局進行了深入的思考，由於隨行人員有限，於是從不參政的李曄也得到了參與政事的機會，並且受命掌管隨侍禁衛。

回到長安後不久，僖宗駕崩，李曄被立為新皇，初掌大權的李曄意氣風發，他很高興自己成為了大唐的皇帝，掌握全天下至高無上的權力，終於可以為飽受荼毒的李氏王朝以及天下蒼生做些什麼。

他一腔熱血地準備重整河山，恢復祖宗基業，他禮遇賢臣、重視儒家經典、勤奮地研讀經史，力圖尋求為萬世開太平的治國之術，又招募十萬大軍，試圖以此增強朝廷的軍力，以威懾天下各自為政的諸家藩鎮。《舊唐書・昭宗本紀》稱：「**帝攻書好文，尤重儒術，神氣雄俊，有會昌之遺風。以先朝威武不振，國命浸微，而尊禮大臣，詳延道術，意在恢張舊業，號令天下。即位之始，中外稱之。**」

然而，沉屙難返的大唐已經日薄西山，昭宗這劑藥即使下得再猛，又怎能治癒病入膏肓的病人呢？百年來諸家藩鎮各自為政，在各自的地盤經營勢力、延伸觸角，盤根錯節地紮根在本屬於大唐的土地上。而本屬家奴之輩的宦官們也登堂入室，不僅參與政事，甚至可以肆無忌憚地謀殺、廢立皇帝，成為了皇權的實際掌控者，連受儒家教育薰陶，以忠君愛國為道德準則的朝廷大臣們也與這些宦官們相互勾結，往往牽一髮而動全身。

面對這些多年痼疾，勇如武宗、智如德宗都無法撼動分毫，更何談這位二十出頭的年輕人呢？這樣的衝動和熱血，得來的也只能是冷水和打擊以致一次次挫折後的絕望了。

潑到他頭上的第一盆冷水來自擁立他的「盟友」宦官楊復恭。昭宗即位後，楊復恭身兼六軍十二衛軍容使、左神策軍中尉之職，掌握著戍衛京師的禁軍，而且自恃擁立有功，不僅獨攬朝政大權，凌駕於宰相之上，甚至連皇帝都不放在眼裡，將昭宗視為他的門生，在昭宗面前以座主自居，大失人臣之禮。但是楊復恭權大勢大，剛剛登基實力薄弱的李曄也只能忍氣吞聲，看著楊復恭在朝廷和後宮橫行無忌，還不得不為他的擁立之功賜予豐厚獎賞，並加封金吾上將軍。

為了鞏固自己的地位、擴大自己的勢力，楊復恭廣收義子、培植黨羽，任命他們為禁軍將領、節度使等重要職務，例如其心腹義子楊守立被任命為天威軍使，楊守信則任玉山軍使，楊守貞授龍劍節度使，楊守忠為武定節度使，楊守貞出任綿州刺史等等，這些義子遍布天下，控制著地方上的軍政大權，號稱「外宅郎君」。

此外，還有六百餘義子派遣至諸藩鎮為監軍使，維持楊復恭與藩鎮的聯繫，楊復恭還與河東節度使李克用關係十分密切，有了最強藩鎮作為後盾，楊復恭在朝廷的地位就更加穩固了。

勵精圖治、力求恢復河山、剪除宦官勢力、重振朝綱的皇帝對上實力雄厚、目中無人的大宦官，一場衝突在所難免，這衝突由暗轉明則來自於一次對話。一次昭宗召宰相入宮商討如何解決天下紛起的叛亂，孔緯說在陛下身邊就有反叛者尚未剪除，又何談平定四方呢？昭宗便問孔緯指的是誰。

孔緯凌厲地瞪了一眼楊復恭，平靜地說：「**復恭陛下家奴，乃肩輿造前殿，多養壯士為假子，使典**

禁兵，或為方鎮，非反而何！」

叛亂是禍延九族的大罪，囂張如楊復恭也承當不起，於是急忙澄清說：「子壯士，欲以收士心，衛國家，豈反邪！」孔緯不再作聲，只看著昭宗，於是昭宗一聲冷笑，說出了一句誅心之言：「卿欲衛國家，何不使姓李而姓楊乎？」

這件事就此作罷，因為昭宗畢竟還沒有除掉楊復恭的實力，但是楊復恭卻已懷恨在心，不過他也不敢直接對皇帝下手，於是便將矛頭對準了皇帝的舅舅王瓌，打算殺雞儆猴。於是楊復恭上奏昭宗請將王瓌任命為黔南節度使，讓王瓌離開繁華的政治中心長安而前往荒僻貧瘠的黔南，已經是形同流放，但是懾於楊復恭的威力昭宗也只能同意，然而楊復恭仍然不滿意，於是他又派人追殺王瓌，最後在吉柏江上鑿沉了王瓌的座船，可憐王瓌和一船人就這樣無辜地葬身魚腹，成為了政治鬥爭的犧牲品。

痛失親人的昭宗胸中憤懣無人可解，於是更加堅定了除去楊復恭之心，但是羽翼未豐，畢竟不可輕舉妄動。日子平靜地過去，突然有一天，昭宗找來楊復恭談話說：「聽說你的義子中有一個名叫楊守立的十分英勇，朕想讓他入皇宮來做侍衛。」有了之前在御前說過的「欲以收士心，衛國家」的大話，楊復恭無法拒絕，只好將楊守立派給了昭宗。

楊守立不是一個普通的義子，他任職天威軍使，統領禁軍，兼且十分勇悍，是楊復恭的得力幹將。昭宗將楊守立召到身邊正是為了剪除楊復恭的羽翼，所以楊守立入宮之後，昭宗沒有真的讓他做一個普通的侍衛，而是重加厚賞，並賜姓李，改名李順節，不到一年的時間內就將他拔擢為天武都頭、兼鎮海節度使，不久又加封同平章事，當然同平章事這樣的宰相職銜只是虛授，不是真的賦予李順節宰相的權利，不過昭宗命他掌管六軍管鑰，信任有加。

聰明的李順節自然明白皇上如此扶植自己的目的，那就是對付楊復恭，他自然不會辜負這個新靠山的期望。於是羽翼漸豐的李順節開始於楊復恭爭權奪勢，並且一一揭露楊復恭以前的隱私。有了李順節的投效，昭宗不僅加強了對禁軍的控制、削弱了楊復恭的勢力，更為楊復恭樹立了一個大敵，可謂一箭三雕。

對楊復恭來說雪上加霜的是，與他互為犄角的河東節度使李克用被朱全忠、李匡威、赫連鐸的聯軍打得大敗，後來昭宗也派宰相張濬率軍加入攻打李克用的聯軍，雖然這一次李克用反敗為勝，大敗官軍，但是新崛起的強大藩鎮節度使朱全忠卻站在昭宗的一方，這樣一來楊復恭在地方上的勢力也遭到了打擊。

到了大順二年，昭宗自認羽翼已豐，便斷然採取行動，免去楊復恭的觀軍容使、神策中尉之職，貶為鳳翔監軍。楊復恭自然不甘心就此被趕出京城，便聲稱自己身染重病要求致仕歸家，昭宗沒有看出貶為鳳翔監軍與致仕回家的重大差別，便順水推舟地同意了，這就為日後的叛亂埋下了伏筆。

楊復恭在長安的家位於昭化里，距此不遠便是玉山軍營，正好其義子楊守信正擔任玉山軍使，於是致仕回家之後楊復恭便與楊守信密切往來，謀劃發動叛亂。然而他們的陰謀很快便敗露了，昭宗收到情報說楊復恭與楊守信密謀叛亂，於是命令天威都頭李順節、神策軍使李守節率領手下禁軍攻打楊復恭的家。

不甘束手就縛的楊復恭十分勇悍，竟然率領家丁與禁軍對抗，楊守信也率玉山營兵加入戰局。楊復恭和楊守信的部下不敵不斷增援的禁軍，很快便潰敗逃散，而楊守信則保護楊復恭逃出京城，來到楊復恭從弟楊復光的養子楊守亮任節度使的興元，聯合一批義子公開造反。

大順三年，昭宗任命鳳翔節度使李茂貞為招討使，聯合邠寧王行瑜、華州韓建、同州王行約等出兵攻打興元所在的山南西道，楊復恭等人大敗而逃，途經華州時落到了宿敵韓建手中，楊復恭和楊守信被韓建下令處死，其他黨羽如楊守亮等則被送往京師，被昭宗下詔處死，一代權監楊復恭就此慘澹收場。

喝酒喝出仇人來

唐末農民戰爭雖然失敗了，可唐帝國也陷入了四分五裂的境地，遷回長安的唐僖宗只能勉強直接控制長安周圍的十幾個州，在皇宮內苟延殘喘。靠和黃巢作戰發家的各路節度使，以及從黃巢軍中叛變出來的野心家，紛紛擁兵自重，佔據一方土地，彼此征戰不休。唐失其鹿，天下共逐之。究竟誰會成為笑到最後的人呢？

這一時期，在諸軍閥中勢力最大的莫過於蔡州的秦宗權。秦宗權是許州人，後來進入忠武軍擔任牙將。如果天下太平，可能秦宗權會是個忠心耿耿的中級軍官。然而造化總是弄人，身處亂世之中，秦宗權的野心膨脹得很快。

廣明元年秦宗權發動兵變，將蔡州刺史驅逐下台，佔據了蔡州。隨即他要面對著的是渡過淮河，進逼蔡州的黃巢大軍。秦宗權先是死守城池擊退了敵軍的數次進攻，接著在援軍的支持下又親率精兵逆襲黃巢，大獲全勝，受封蔡州牧。然而好景不長，三年之後，黃巢退出長安，再次東進。這次秦宗權抵擋不住黃巢軍的攻勢，只得投降了起義軍。或許是秦宗權的勇猛善戰讓黃巢也頗為敬服，他搖身一變又成了黃巢軍的得力大將。

歸降黃巢的秦宗權與黃巢合兵攻打陳州，雖然在陳州刺史趙犨（音抽）的抵抗下，陳州始終沒有淪陷，但前來救援的宣武節度使朱溫、忠武軍節度使周岌和感化軍節度使時溥的兵馬卻也久戰不勝，雙方僵持了一年，戰況極其慘烈，甚至發生了人吃人的慘劇。直到李克用出兵南下，方才解圍。可見秦宗權所部戰鬥力之強，可見一斑。

黃巢敗死之後，秦宗權乾脆在蔡州稱孤道寡，當起了皇帝，並且迅速擴張自己的勢力範圍。其部將秦彥東進江淮，秦賢南下江南，秦誥攻陷襄陽，孫儒則西進長安。秦宗權勢力極盛之時，陝、洛、懷、孟、唐、許、汝、鄭州皆歸其節制。中原一帶除了陳州之外，只有朱溫所在的汴州沒有陷落。秦宗權生性殘暴，其軍隊所過之處，城邑殘破，百姓流離。據說其部隊行軍，從不帶糧秣，而是用車子載著用鹽醃過的人屍，以吃人維生。他在中原地區的迅速坐大，給野心勃勃的朱溫造成了嚴重的危險。

朱溫也算得上是一名亂世梟雄，從參加黃巢起義成為得力大將，到搖身一變成為保唐的忠臣。朱溫一直在為自己的生存發展和榮華富貴用盡手段。在殘唐五代這個道德淪喪人心叵測的時期，兄弟相殘，朋友反目，甚至父子相爭，都是司空見慣之事。而朱溫毫無疑問把這一套用的得心應手。他在坐穩了汴州刺史，宣武軍節度使的位置之後，便開始將秦宗權作為自己進一步擴張自己實力的障礙，著手予以翦除了。

話雖如此，但秦宗權地盤廣大，軍勢強盛，要如何才能取勝呢？這難不住朱溫。他一方面派部將朱珍到淄州、青州等地招兵買馬，充實自己的部隊，另一方面又聯合兗州的朱瑾、鄆州的朱瑄共同攻打秦宗權。秦宗權此時兵強馬壯，未免有些懈怠，其部下連連被朱溫擊敗，得知出師不利的秦宗權親自進攻汴州，反而被三鎮聯軍在汴州北面的孝村打得大敗，自此元氣大傷，一蹶不振，秦宗權部的將領也先後紛紛向朱溫投降。朱溫趁機調集大軍圍攻蔡州。

光啟四年，蔡州陷落，秦宗權被部下郭璠擒住，砍去雙足獻給了朱溫。倒楣的秦宗權被押送到長安，在京兆尹孫揆的押解下遊街示眾，最後在一棵柳樹下被斬首。據史料記載，此時的秦宗權絲毫沒有了昔日的威風和霸氣，竟然對孫揆說道，我秦宗權不是造反的人，只是不夠忠誠而已。旁觀的人對他這句話報以無情的嘲笑。但秦宗權這句看似可笑的話卻揭示出一個殘酷的事實：在天下大亂，唐帝國徒有虛名之時，誰是正義？誰又是叛逆呢？

如同秦宗權看到的那樣。由於討賊有功，被唐昭宗大加提拔，官拜檢校司徒、同中書門下平章事為使相，又被先後加封為沛郡侯、沛郡王、吳興郡王的朱溫早在擊退了秦宗權對汴州的攻勢之後，就立刻翻臉不認人，對曾經援助自己的朱瑄和朱瑾兩兄弟下起毒手。他聲稱朱瑄拉攏他的部隊，並故意寫了一封言辭激烈的信件辱罵朱瑄，朱瑄對朱溫的恩將仇報非常不滿，看到這封書信更是火冒三丈，便在回信中大罵朱溫。

朱溫以此為藉口，發兵擊敗朱瑄兄弟，並襲佔了曹州。此後，朱溫以曲阜為據點，頻頻向朱瑄發起進攻。乾寧元年，朱溫在魚山之戰中以火攻之計大破朱瑄、朱瑾二軍，第二年又包圍了兗（音演）州。面對朱溫凌厲的攻勢，儘管楊行密和李克用先後派兵支援，但朱瑄也只有招架之功，全無防守之力。經過兩年多的圍城戰，兗州守將康懷英開城投降，而鄆州也被朱溫攻破，朱瑄被擒殺。

朱溫向江淮地區的滲透引起了佔據淮南的楊行密和駐紮在徐州的感化節度使時溥的不滿，雙方關係日趨緊張。大順元年，宿州發生兵變，唐將張筠將刺史驅逐，宣誓效忠時溥。朱溫趁此良機，迅速出兵討伐，而時溥也發兵宋州，牽制朱溫的兵力。

不料此時的朱溫早已不是與秦宗權作戰時缺兵少將的光景，朱溫長子朱友裕率軍擊敗了時溥，而朱溫手下大將丁會也以水攻之策順利攻下了宿州。見此情形，時溥手下將官紛紛投向朱溫，從此時溥再也無力與朱溫對抗。朱溫則步步進逼，景福二年（西元八九三年），在朱溫的親自指揮下，大將龐師古攻克徐州城，時溥率全家在燕子樓自焚而死。

將黃淮一帶控制在手中之後，朱溫將目光轉向了河北地區。早在唐昭宗初年，魏博鎮發生兵變時，朱溫就積極參與此事，試圖從中漁利。由於之前朱溫派去魏博與時任節度使樂彥禎商量軍糧問題的雷鄴在兵變中被反對派所殺，朱溫軍本來是支持樂彥禎之子樂從訓的；可是當朱溫得知樂從訓在突圍時已經被發動兵變的羅弘信部下襲殺時，便改變了主意，支持兵變。接管魏博的羅弘信自然對朱溫感激不盡，願意效忠，而朱溫也藉此在河北安插了自己的勢力。隨後，朱溫又發兵救援在李罕之和李克用聯合攻擊下危在旦夕的張全義並收服之，從此洛陽一帶也為朱溫所有。

朱溫這麼做，當然是為了和佔據河東的李克用一較高下。其實朱溫和李克用不陌生，前面已經提到，正是李克用帶兵南下，解了陳州之圍；後來黃巢兵發汴州，朱溫向李克用告急，李克用再次率沙陀騎兵將黃巢殺得大敗，可說是朱溫的救命恩人。可是寡情薄義的朱溫見李克用只有二十八歲，又如此驍勇，深感假以時日，此人必是勁敵。

正好在慶功宴上，年輕氣盛的李克用多喝了幾杯酒，藉著酒力說了幾句不恭敬的話，朱溫便以此為理由，當夜就派人放火圍攻李克用下榻的驛館，想趁其不備斬草除根。誰知也許是老天都看不過去朱溫的惡行，當夜狂風暴雨，火攻沒有起到作用，又加上李克用的部下拼死相救，李克用狼狽突圍，僅以身免。從此雙方結下了天大的怨仇。

到光化元年，朱溫自覺周邊形勢穩定，便發兵攻打李克用。一開始，戰事相當順利，朱溫大將葛從周先後攻克太行山以東的邢、洺、磁三州，隨後駐守潞州的李罕之也開城投降。到第二年朱溫已經打下了榆次，進逼太原。不料在洞渦驛和石會關兩戰中，李克用以地道之法擊敗朱溫手下大將氏叔琮，又兼之兵糧不繼，士氣低落，朱溫只得撤兵。雖然終朱溫一生，也沒有攻下太原，但這不妨礙朱溫在河東地區取得了決定性的優勢。

從二十五歲開始參加黃巢軍的朱溫，在這場天下大亂的混戰中不斷沉浮，率領著一支普通人馬，東征西戰，南討北伐，期間有勝有敗，勝多敗少，經過二十餘年的苦心經營，到光化二年，四十七歲的朱全忠已經成為天下最強大的軍閥。河南淮北一帶已盡歸他所有，淮南的楊行密無意北上；河北的羅弘信已經結為同盟，幽州的劉仁恭也不足為懼；而李克用這個朱溫的一生之敵，在後者兩次圍攻太原的壓力下，也堪堪僅能自保而已。

羽翼豐滿的朱溫野心被撩撥得更加膨脹了，他的志向絕對不僅僅是做一個久居他人位下的節度使。下一步，他的眼睛盯上了長安皇宮裡那張金碧輝煌的龍椅。

被宦官囚禁的皇帝

朱溫在中原大殺四方之時，唐昭宗卻在長安城內過著朝不保夕的日子。和每日花天酒地不理朝政的兄長唐僖宗相比，唐昭宗對國事政務要上心的多。可是在軍閥混戰不休，中央政府名存實亡的殘唐，唐昭宗的這種性格反而使他的處境更加危險。此時的唐帝國，甚至連長安附近的地區都無法控制。鳳翔、邠寧和華州三鎮，就像達摩克利斯之劍一樣懸在唐昭宗的頭上，讓他日夜坐臥不安；而各節度使的驕橫自大，更讓他氣憤難忍。

為了解除藩鎮對自己的威脅，唐昭宗曾經組織宗室諸親王建立軍隊用以自保，甚至直接派禁軍攻打日益強大的藩鎮。可是久疏戰陣的禁軍根本不是從修羅場裡殺出來的藩鎮軍的對手。唐昭宗一次次的努力換來的只是無數次的出奔和被囚。長此以往，唐昭宗終於放棄了無謂的努力。

如果說他之前還有些重振大唐的偉大志向，那麼如今也早已被殘酷的現實擊得粉碎。地方上的藩鎮爭鬥絲毫沒有停止的趨勢，反而戰火越燒越大，蔓延整個中原地區；而在中央，儘管朝廷的威權已經消失殆盡，但南衙北司之間的鬥爭卻依然如故，甚至有愈演愈烈之勢。為了在政治鬥爭中獲勝，朝臣和宦官都借助藩鎮的力量，說到底，朝廷也不過是藩鎮的傀儡而已。

光化三年，依附於鳳翔節度使李茂貞的宦官宋道弼、景務修和宰相王摶勾結，聲稱宰相崔胤與朱溫內外聯絡，把持朝政，唐昭宗聞聽此言勃然大怒，當即將崔胤貶為清海節度使，命其即日離開長安。誰知崔胤即刻給朱溫修書一封要他幫忙。

果然，崔胤前腳剛走，後腳朱溫的奏摺就送來了，聲稱崔胤是值得信賴的重臣，絕不能離開長安，否則將危及朝廷。宰相王摶勾結宦官，禍亂朝廷，理應處死云云。見到這封語帶威脅的信，唐昭宗無計可施，只得將崔胤又追回來，重新任命為宰相，同時免去王摶、宋道弼和景務修的職務並流放外地，不久乾脆又處死三人。在這場鬧劇中，宦官與朝臣攻訐不休，只可憐唐昭宗就像玩偶一樣，被藩鎮玩得團團轉。

外有藩鎮不時作亂犯上，內有朝臣鉤心鬥角。唐昭宗看著這一切，深知李唐皇室的天下就要完了。無可奈何之際，只得整日醇酒美人，聊以遣懷，對國事不聞不問，聽憑官員們胡鬧。右拾遺張道古忠心耿耿，見唐昭宗這樣，甚為痛心，毅然上書，耿介直言，不料唐昭宗聞言大怒，立刻將張道古貶職並流放到蜀中。朝臣尚且如此，那些宮內的小宦官和宮女就更是倒楣，經常被喝的酩酊大醉，性情大變，喜怒無常的唐昭宗因為丁點兒大的小事處罰甚至處死。一時之間，宮中人心惶惶，人人自危。

唐昭宗如此行事，未免沒有韜光養晦，藉以避禍的想法，可是他畢竟還是棋差一著，唐昭宗沒想到，他在宮內大開殺戒，引起了高級宦官們的疑慮和擔心。雖然受罰的只是些底層宦官，但誰知道哪一天唐昭宗會不會忽然拿他們出氣呢？而且，景務修、宋道弼之死，也讓他們大有兔死狐悲之感。於是，以樞密使，神策軍左中尉劉季述為首，一個陰謀集團逐漸形成了。

劉季述原本出身低微，後來做了左神策護軍中尉劉行深的養子，在唐僖宗時接替父職，逐漸成為在朝中頗有影響的人物。唐昭宗的即位，就是他和楊復恭合謀的結果。在楊復恭、宋道弼、景務修等人死後，他成為了宦官集團的首領。此人素與李茂貞關係密切，又對唐昭宗打擊宦官的政策十分不滿。

此外，在依靠朱溫的崔胤掌握大權之後，朝臣的勢力明顯見長，而宦官的地位則日漸動搖。劉季述眼見日益危險，便決定先下手為強，打算趁唐昭宗不備，發動兵變，擁立太子李裕為皇帝，逼迫唐昭宗遜位，並聯合鳳翔節度使李茂貞和匡國節度使韓建等藩鎮，對付可能有所動作的朱溫。在劉季述的奔走下，右軍中尉王仲先、樞密使王彥範、薛齊偓等宦官都參加了密謀。

光化三年十一月初四，唐昭宗到城北的皇家苑囿狩獵，收穫頗豐；興高采烈的唐昭宗當晚大宴群臣，觥籌交錯，甚是開心。直到夜半時分，酒足飯飽，酩酊大醉的唐昭宗跌跌撞撞回到寢宮，順手又殺了幾個躲閃不及的小宦官和宮女，然後沉沉睡去。沉浸在黑甜鄉中的唐昭宗不知道，多災多難的李唐皇室，又面臨著一場劫難。

由於唐昭宗喝得爛醉，一直到第二天天光大亮，他還在呼呼大睡，自然，皇宮的大門也就沒有開啟。這本是十分正常之事，但在劉季述看來，這卻是個天大的好機會。於是，他假作關切地對正在中書省的崔胤表示，宮門緊閉，萬一出事，做臣下的當如何自處？不如我們進去看看如何？崔胤不疑有他，便同意了劉季述的要求。沒想到，劉季述卻趁機調集千名禁軍，裹挾著崔胤，打破宮門，長驅而入，將皇宮圍了個水泄不通。

劉季述同崔胤進得宮來，自然看到了昨夜殞命的幾個宦官宮女屍橫滿地的慘狀。崔胤正在皺眉心想解決之法，早有準備的劉季述卻緩緩地發話了：「眼看皇上如此荒唐，如何君臨天下，治理國政？倒不如廢了這昏君，另立太子為善。為了國家社稷，你我也顧不得許多了。」

崔胤也不是笨蛋，他立刻明白了這一切都是劉季述早就安排好的，故意叫原本與其不睦的自己進宮當個唐昭宗「荒淫無道」的見證人。原本，崔胤還打算反駁兩句，可是當他看到四周弓上弦劍出鞘殺氣騰騰的禁軍時，就一下子什麼都說不出來了，只好唯唯諾諾地附和劉季述的意見。

拿住了崔胤的劉季述迅速以崔胤等朝臣的名義寫了一份聯名狀，要求唐昭宗遜位，請太子監國，此時崔胤已是身不由己，只好聯合百官在上面一一簽名。得到這份聯名狀的劉季述膽子更大、底氣更足了。於是，已經做好萬全準備的劉季述一面召集了文武百官入宮見駕，一面授意禁軍在進入皇宮大聲鼓噪。唐昭宗在思政殿甫一坐定，耳邊聽到的卻都是士兵的喊殺之聲，唐昭宗哪裡見過這個陣勢，當即嚇得面無人色，從龍床上直跌下來，手腳並用地就想逃走。

劉季述看著狼狽至極的唐昭宗，以及聞訊趕來的皇后，臉上泛起一絲冷笑。他拿出那張聯名狀，對唐昭宗說道：「陛下不必驚慌，這是群臣看陛下每天喝酒作樂，似乎不想做皇上了，因此百官一致建議陛下退位，請太子殿下監國！」唐昭宗聞聽此言，還想辯解，便道：「昨天和百官喝酒，只是喝多了些，怎麼就弄成這個樣子！」

劉季述哪裡還容的唐昭宗分辨，便上前一步，正言厲色道：「這是南衙文武百官的一致意見，老奴也沒有辦法。陛下還是先避避風頭，等過了這陣子再說吧！」無奈的唐昭宗只得命皇后何氏將傳國玉璽取出交給劉季述，隨即同何皇后及十幾個內侍在小宦官和禁軍的「護送」下，被軟禁在了少陽院。

被囚禁起來的唐昭宗等人，受到了劉季述極其嚴苛的對待。劉季述對唐昭宗積怨已久，好容易抓到這個機會，便像訓斥小孩兒一樣把唐昭宗罵個狗血噴頭。

據《資治通鑑》記載，劉季述用一條銀手杖指著唐昭宗，聲色俱厲講道：某年某月某日，你某件事不聽我的意見，這是一件……前前後後竟然講了幾十條。劉季述離開之時，命令左軍副使李師虔率兵把守，又親自將少陽院關門落鎖，並將鎖眼以錫水封死。只是在牆上鑿了一個小洞，用來遞送飲食。其餘物品一概不得遞送。

由於事起倉猝，唐昭宗隨身的物品攜帶極其有限，甚至連換洗衣服都沒有。至於衣衫單薄的女眷，更是凍得發抖，每日嚎啕不止。唐昭宗先後想要點兒銀錢布匹和筆墨紙硯，都被劉季述一口回絕，至於剪刀針線更是不許遞進去。唯恐這位昔日的大唐天子一時想不開自殺了。劉季述的意思很明白就是要讓唐昭宗求生不得，求死不能。

解決了唐昭宗的問題，劉季述接著又帶兵直撲太子所在的東宮，對此事毫不知情的太子李裕還不明白是怎麼回事，就被劉季述裹挾著來到了宮中，隨即被立為皇帝，改名李縝（音診）。同時唐昭宗被尊為太上皇，少陽院也被改為問安宮。

政變就這樣發生了。它發生的是如此之快，以至於全天下都毫無反應，似乎被這突如其來的變故驚得不知所措。整整一個月，各個藩鎮都毫無動作，一片沉寂。政局似乎重新回到了宦官當政的時代，新皇帝的寶座，似乎在劉季述的扶植下也坐穩當了。然而，事情沒有這麼簡單，在沉默的局勢底下，各方勢力正在暗暗較勁，這場動亂的高潮，方才拉開帷幕。

二虎相爭，朱溫得利

光化三年，太子李裕在懵懵懂懂之間被扶上了皇帝的寶座，但是這位甚至沒有在歷史上留下帝號的皇帝自然不可能成為真正的掌權者，在幕後策劃這一切的劉季述才是那個操控一切的人。

大權在握的劉季述自然也知道自己的政變不得人心，為了鞏固政權，劉季述不得不使出了胡蘿蔔加大棒的政策。一方面，他大肆為百官加官晉爵，又大赦天下，妄圖收買人心；另一方面，對平素和自己不睦的朝臣以及唐昭宗以前的親信，則舉起屠刀，大開殺戒。大量的方士、僧人、道士、宮人、隨從被殺害，就連唐昭宗的弟弟，貴為睦王的李倚也未能倖免。

劉季述每夜殺人，白天就用車子將屍體拉出宮去，為了立威，每車只裝一兩具屍體，造成一種腥風血雨的氣氛。劉季述殺得性起，甚至一度想要將崔胤處死，只是懼怕崔胤與朱溫平素交好，一時沒敢動手。正在猶豫的時候，司天監胡秀林看不過眼，痛斥劉季述濫殺無辜。劉季述也自知理虧，又實在擔心朱溫的勢力，最終還是放了崔胤一條生路，只是免去了他的度支鹽鐵轉運使等職務，崔胤照舊當他的宰相，只不過無權無勢。

劉季述深知，光在朝廷大動干戈還是不能保證自己的地位安如磐石，要想永保榮華富貴，當今之計唯有聯合藩鎮，以武力作為後盾。劉季述想來想去，只有勢力最為強大的朱溫值得投靠。於是，劉季述派自己的義子劉希度趕赴汴州，向朱溫詳細說明了此次政變的原因，並許諾將政權交付給朱溫；為了讓朱溫心甘情願地支持自己，劉季述乾脆偽造了一份唐昭宗的退位詔書，派供奉官李奉本將其送給朱溫。

前文已經提到，自從政變以來，各個藩鎮沒有貿然行動。但是一些仁人志士卻已經坐不住了。當時恰好住在華州的進士李愚得知政變的消息，立刻給節度使韓建尚書，請他敢為天下先，出兵勤王護駕，撥亂反正。不過由於韓建平時跟宦官過從甚密，並未採納李愚的建議。其實，就算韓建與朝臣交好，他也不會率先舉兵。

韓建如此，其他軍閥也莫不例外。這不是這些軍閥毫無政治頭腦，而是在瞬息萬變的政治局勢中，往往會出現槍打出頭鳥的情況。所有人都在盤算著如何從這個混亂已極的情況中獲得最大的政治資本，渾水摸魚，後發制人，坐收漁翁之利。

朱溫自然也是這麼想的。政變發生之時，他正在河北定州指揮作戰。聽說了長安的情況，朱溫便立刻返回汴州。他很清楚，以自己的實力，一定會有人找上門百般拉攏的。而情況也果然如他所料，不僅劉季述向他伸出了橄欖枝，就連崔胤也暗暗地給他寫來一封信，請他立刻出兵，清君側平定亂局。

朱溫一時拿不定主意，便導演了一齣兩虎相爭的把戲。他故意把崔胤的信交給了劉希度，並且說崔胤此人反覆無常，是個陰險小人，應該殺之以絕後患。劉季述很快得知了這一消息，立刻找來崔胤對質此事。崔胤不愧是亂世宰相，頗有急智，對此事矢口否認，一口咬定信件是別有用心的人偽造的。為了讓劉季述放心，崔胤又和劉季述假意結成了共同抵抗朱溫的同盟，這才得以全身而退。結果，崔胤一回家，立刻又寫了一封信給朱溫，再次懇求他發兵平亂，並且點出此時揮兵西進長安正當其時，合理合法。

朱溫這一下子發愁了，朝臣和宦官的條件都很優厚，說的也似乎都有道理。置身事外固然可惜，但若做出錯誤的選擇，後果非輕啊！猶豫不決之下，朱溫召集一干謀士將領討論此事。不少人都表示朝廷人事變動，藩鎮不宜輕舉妄動，不如靜觀其變。可是朱溫的重要謀士，時任天平節度副使的李振卻力勸朱溫出兵勤王。

他指出，劉季述不過是一介宦官，竟敢發動政變，囚禁天子，妄行廢立。將其擊敗，能夠獲得足夠的政治資本，號令天下諸侯也更有底氣；而且，太子年幼，朱溫又帶兵在外，如果同宦官合作，中央號令必然發自宦官，長此以往，仍然是個威脅。倒不如趁此機會，將天子控制在自己手中，挾天子以令諸侯。

如果說一開始朱溫還茫然如在夢中，那麼李振的一句「王室有難，霸者之資」則無疑使他恍然大悟。朱全忠當即做出了出兵的決定。他先扣押了劉希度和李奉本兩人，接著派李振赴長安打探消息，發現長安正籠罩在一片恐慌中。

原來，天下藩鎮對政變曖昧的態度已經足以讓宦官們心驚肉跳；而右軍中尉王仲先為了追查軍中被貪墨的錢糧，天天動刑拷問相關人員，讓軍隊中也士氣浮動，人人自危，毫無戰鬥力。朱溫得知了這些情況，更加堅定了出兵的決心。於是他又派出親信蔣玄暉到長安秘密會見崔胤，商討恢復唐昭宗帝位之事。並且先派大將張存敬兵發河中，奪取了晉州和絳州，為西進建立了橋頭堡。

得到了朱溫的支援，崔胤踏實了許多，便放心大膽地開始謀劃如何推翻劉季述等宦官的勢力。不過，朱溫雖然表示了支持，但畢竟遠在汴州，而要推翻劉季述等人，非得有相當實力的武裝力量不可。可是長安的軍權都控制在宦官手裡，這可如何是好呢？正在一籌莫展之時，老謀深算的崔胤發現了一個人：左神策指揮使孫德昭。

孫德昭雖然是赳赳武夫，但是卻頗有忠君愛國的想法。他對於劉季述等人廢立侮辱唐昭宗，大逞淫威的做法十分不滿，但是迫於時局又不敢聲張，只是時時露出憤憤不平之色。這沒有逃出崔胤的眼睛，於是他便指使親信石戩故意接近孫德昭，進一步觀察他的情況。

不久，石戩就發現孫德昭喝醉後經常痛哭流涕。石戩見有機可乘，便遊說孫德昭，他痛陳劉季述的種種惡行，指出其倒行逆施已經激起了天下人的義憤，只是迫於淫威不敢有所作為。如果孫德昭能夠為天下先，誅殺閹豎，迎接唐昭宗復位，一定能建功立業，名垂青史。此事不宜猶豫不決，否則被別人搶先就不好了。

這一番話句句都說到了孫德昭心坎裡。原來，他雖然對劉季述等宦官頗多不滿，但其地位相對較低，不敢貿然干預國家大事。如今見有人支持，頓時生出百般勇氣。石戩又將崔胤的計畫告訴孫德昭，孫德昭當即表示全力與崔胤合作。他不僅與崔胤斬帶盟誓，還找來了右軍將領董彥弼、周承誨一起行動。

經過周密的安排，崔胤等人決定擒賊先擒王，趁劉季述等人不備突襲之。天復元年正月初一清晨，右軍中尉王仲先在進宮途中，於安福門被早已埋伏在這裡的孫德昭帶兵擒殺。接著孫德昭帶著王仲先的人頭趕往已改名為問安宮的少陽院迎請唐昭宗。此時的唐昭宗等人受了一個多月的苦，已是惶惶然如驚弓之鳥。

孫德昭在宮殿外大聲呼喊唐昭宗出來，竟然被何皇后認為是劉季述布下的陷阱。無奈之下的孫德昭只得把王仲先的人頭扔到院中。這下子唐昭宗才相信宦官已經完蛋了。又驚又喜的唐昭宗連忙命宮人搗毀宮門，出外與孫德昭相見。此時，崔胤率領文武百官也趕到了。在群臣的簇擁下，唐昭宗來到長樂門樓，正式宣告復位。

緊接著，劉季述、王彥範也被周承誨擒來。支持唐昭宗的士兵們對這二人自然是切齒痛恨。還沒等唐昭宗來得及問罪，二人就被士兵一頓亂棍打死。薛齊偓聽說宮內的變故，嚇得乾脆投井自殺。至於其他黨從劉季述的二十餘名宦官也紛紛伏法。至於太子，既然是被宦官脅迫，也就沒必要過多追究，只是降為德王，令其仍回東宮居住。不久，囚禁在汴州的劉希度、李奉本等人也被收到消息的朱溫押送回長安，隨即被處死。

死裡逃生重登大寶的唐昭宗自然要論功行賞。幕後主使崔胤自然是首功之臣，唐昭宗堅持要封他為司徒，崔胤卻堅辭不受，這讓唐昭宗對他更為看重，命其輔領朝政，兼領三司諸使，相比起比政變之前的權力，有過之而無不及。唐昭宗召見崔胤時，甚至稱呼他的字「昌遐」，以示尊重。至於參與此事的神策軍三將也均受賜李姓，分別改名為李繼昭，李繼誨和李彥弼，又都提拔為同平章事，分別領靜海、嶺南西道和寧遠三鎮節度使。三人以節度使加宰相銜，被時人稱之為三使相。

光化四年四月，為了慶祝復位，唐昭宗改元「天復」。然而對於李唐皇室來講，這不啻於一個笑話，天子雖然復位，但是殘唐的政局卻因這次政變而更加混亂，朝臣與宦官的關係變得更加水火不容。而緩過神來的藩鎮也即將把手伸進朝廷，一次新的劫難即將再次降臨。

哀皇帝，很悲哀

天祐元年，唐昭宗在朱溫的脅迫下無奈踏上了前往洛陽的旅途。坐在車上的唐昭宗，從窗口望著被迫隨行，啼饑號寒的長安百姓，他心中清楚地知道，此一去再也不可能回到長安，這是一條不歸之路。儘管沿路的百姓對唐昭宗的到來仍然感到榮幸，跪在道旁山呼萬歲，但此情此景只能觸動唐昭宗內心的傷痛。面對著圍觀的民眾，唐昭宗淚流滿面地說道：「無需再喊了，朕已經不是你們的天子了。」

話雖如此，但唐昭宗仍然沒有放棄最後擺脫朱溫控制的努力。當他行至陝州時，便以洛陽宮室尚未完工，多有不便為由，羈留在陝州。之所以這樣做，是因為唐昭宗在途中曾經秘密派人向李克用、王建、楊行密各地藩鎮求救，期望他們盡快發兵，勤王護駕。唐昭宗也知道，在路上還有逃脫的希望，在洛陽則無異於進了朱溫布下的天羅地網。

唐昭宗想得到的事情，朱溫怎麼會想不到呢？他見唐昭宗滯留在陝州，便親自前往陝州覲見，向唐昭宗表示將親自至洛陽監工，盡快將宮室修建完畢。僅僅過了一個月，朱溫便聲稱皇宮落成，請唐昭宗早日起駕。可是恰巧此時，何皇后生產一子，唐昭宗便以皇后正在休養不便動身為由，請求延遲到十月動身。此時，各地藩鎮已先後接到了唐昭宗的求援，紛紛起兵攻打朱溫。

西川節度使王建與向朱溫降而複叛的鳳翔節度使李茂貞兵合一處，進擊朱溫，企圖奪回唐昭宗；而河東的李克用也在河中部署兵力，從側翼對朱溫虎視眈眈。朱溫不得不派兵分頭迎擊。在這種情況下，朱溫自然要盡快將唐昭宗安置在洛陽，徹底斷絕各敵對勢力的念想，而唐昭宗自然也有坐待援軍的打算。因此聽到唐昭宗拒絕的消息，朱溫甚為惱火，派出部將寇彥卿趕赴陝州，以武力催促唐昭宗動身。

唐昭宗見朱溫不從，又心生一計，他授意司天監稟告說夜觀星象，天子東行不利。然而寇彥卿卻乾脆殺掉了司天監的官員。

這還有什麼辦法呢？唐昭宗一行人只得在寇彥卿的威脅下匆匆動身，而唐昭宗的皇子從此也消失於歷史的記載中，成為後世一些家族抬高名望的來源。聞聽天子駕臨，朱溫親自到新安縣接駕。不久，唐昭宗在洛陽正式上朝升殿，從此完全成為朱溫的傀儡，被其牢牢地控制在手心。

儘管此時的唐昭宗在政治上幾乎是孤家寡人，孑然一身，但朱溫仍然不放心，還要大開殺戒，趕盡殺絕。之前唐昭宗從長安動身時，還有侍奉唐昭宗日常起居的少年侍從、供奉二百餘人一同隨行。朱溫竟然在一夜之間，將這些人全部勒死，並命早已選好的相同數目，年紀相仿的自己人，換上相同的服飾，侍奉唐昭宗。可憐唐昭宗過了多天才驚覺自己周圍已經遍布朱溫的耳目，從此動彈不得，只有每日在後宮與皇后嬪妃喝酒取樂——其實，就是苟延殘喘，等死而已。

儘管如此，朱溫還是對唐昭宗加著十二萬分的小心，唯恐一時不慎，落得個像崔胤和劉季述那樣的下場。唐昭宗曾經在宮內設下酒宴，請朱溫飲酒，可笑朱溫戎馬半生，歷經多少腥風血雨，卻擔心唐昭宗設下圈套謀殺自己，於是以不勝酒力為由，拒絕前往；唐昭宗只好又請朱溫手下的第一謀士敬翔赴宴，朱溫同樣拒絕。由此可見朱溫戒備之森嚴。

其實，唐昭宗周圍都是朱溫的人，上哪兒去找死士行刺呢？此時的朝堂，已完全由朱溫說了算。大小官員，皆出於朱溫的任命，幾乎都是其親信手下，蔣玄暉擔任了宣徽南院使兼樞密使、王殷擔任了宣徽北院使兼皇城使、韋震擔任了河南尹兼六軍諸衛副使，張廷範擔任了金吾衛將軍，朱友恭和氏叔琮則分別擔任左右龍武統軍。至於朱溫自己早就高居梁王之位，一人之下，萬人之上，此時的他，看唐昭宗實在是有些礙眼了。

與此同時，各個藩鎮再次掀起了反對朱溫，匡復唐室的浪潮。李茂貞，王建、李克用、劉仁恭、楊行密、楊崇本、趙匡凝等人頻頻書信往來，結成同盟，並先後發布檄文，號召天下藩鎮討伐朱溫。平心而論，這些藩鎮也並非真心想要重建唐昭宗的權威，充其量也只是一種爭權奪勢的手段罷了。但儘管如此，朱溫還是不得不打起精神應付眼前的戰爭，於是他離開洛陽回到汴州，打算親自帶兵出征。為了徹底打消其他藩鎮的念想，朱溫決定將唐昭宗斬草除根。

其實，朱溫之所以要殺掉昭宗，還有另外一個原因：原來，唐昭宗的長子，也就是在劉季述發動政變時一度登上皇位的德王李裕，年紀漸長，且生得一表人才。朱溫擔心唐昭宗主動將皇位傳給太子，不好控制，因此對德王十分厭惡，早在長安時便以其曾經在劉季述之亂中擅自繼位為由，攛掇崔胤向唐昭宗建議處死德王。

為此，唐昭宗對朱溫十分憤恨，常常在宮中念叨此事，擔憂德王的安危。誰料這事被蔣玄暉報知了朱溫，朱溫得知此事，擔心唐昭宗有所動作，終於下定了殺害唐昭宗的決心。於是他派李振回到洛陽，秘密與蔣玄暉、朱友恭、氏叔琮等人商量行動事宜。

天佑元年八月十一日的深夜，喝得大醉的唐昭宗在椒殿院中早早就寢。突然，急促的敲門聲在宮門外響起，聲稱有緊急軍情需面見皇帝裁決。河東夫人裴貞一聞聲打開宮門，看到的卻是全副武裝的士兵殺氣騰騰劈下的一刀。原來，正是蔣玄暉、朱友恭、氏叔琮帶兵闖入內宮，打算謀殺唐昭宗。

睡得正熟的唐昭宗被宮人的慘叫聲驚醒，知道事情不妙，慌忙起身，穿著睡衣就想逃命，哪裡逃得掉呢？昭儀李漸榮見皇帝有難，撲在皇帝身上哀求蔣玄暉放過唐昭宗，結果二人一起被殺，只有苦苦哀求的何皇后逃過一劫。

第二天，蔣玄暉聲稱李漸榮、裴貞一謀害皇帝，已被處死。接著按照朱溫的命令，在唐昭宗的九個兒子中挑選年紀僅有十三歲的輝王李柷（音祝）繼位，是為唐朝的第二十一位，也是最後一位皇帝，唐昭宣帝。

朱溫不愧是一代梟雄。他得知此事後，雖然心中竊喜，卻佯裝大驚，倒在地上一邊痛哭流涕，一邊嚷嚷朱友恭等人讓他背負弒主的惡名。

為了堵住天下悠悠之口，朱溫隨即趕回洛陽，假惺惺地為唐昭宗服喪，又將朱友恭、氏叔琮兩人罷官貶職，明正典刑。可憐二人為朱溫賣命一生，最終卻為朱溫背了黑鍋。臨死前，朱友恭憤憤不平，大呼道：「**賣我以塞天下之謗，如鬼神何？行事如此，望有後乎？**」

然而，詛咒已經不能阻止此時的朱溫了。第二年，為唐昭宗下葬時，朱溫為了斬草除根，又凶殘地命蔣玄暉將唐昭宗剩餘的皇子：德王李裕、棣王李栩、虔王李禊、沂王李禋、遂王李禕、景王李秘、祁王李祺、雅王李禛、瓊王李祥灌醉後全部殺死，又將屍體投於水中。

宦官死了，朝臣死了，唐昭宗也死了，就連李唐皇族也了無孑遺，只剩下一個懵懵懂懂的小皇帝。朱溫已經可以隨心所欲地按照他的意願操縱朝政，一步步向九五至尊的寶座前進。唐哀帝即位不久，就將已經貴為梁王的朱溫加封為魏王，又拜為宰相，統攝文武百官，此外，朱溫還兼任了一大堆的職務，什麼太尉、中書令、各道兵馬元帥，以及宣義、天平、護國等藩鎮的節度觀察處置，而且還有「**入朝不趨，劍履上殿，贊拜不名，兼備九錫之命**」。

就像歷朝歷代的權臣篡位一般，朱溫的野心已經是昭然若揭了。

不久之後，在朱溫的授意下，唐哀宗又改了一大堆的地名，將成德軍改稱武順軍，槁城、信都、欒城、阜城、臨城幾個縣分別被改為槁平縣、堯都縣、欒氏縣、漢阜縣、房子縣。之所以搞得這麼繁瑣，是因為朱溫的祖父叫朱信、而父親叫朱誠，地名需要避諱。為祖上避諱，這可是只有皇帝才能享受的待遇，由此可以看到，朱溫已經等不及要稱帝了。

可憐的唐哀帝則根本就是個擺設，他甚至沒有一件事兒能夠自主決定。本來，唐哀帝打算將其奶媽楊氏封為昭儀，王氏封為郡夫人，卻被宰相柳璨以一通大道理否決；後來，唐哀帝又打算舉行祭天儀式，可朱溫認為此舉是要延長大唐國祚，甚為不滿，結果此事最後也不了了之。

唐朝的滅亡已經進入了倒數計時，接下來就看朱溫要如何為其墳墓上填上最後一抔土了。

帝國日落

隨著唐昭宗的死和唐昭宣帝的繼位，明眼人都看得出來，處在風雨飄搖中的唐帝國已經難逃滅亡的命運。然而，大權在握的朱溫還沒有收起他的屠刀，他還需要更多的鮮血為自己的新王朝獻祭。

早在朱溫擊敗李茂貞，將唐昭宗奪回長安時，由於宦官勢力已經被消滅，曾經和朱溫結為同盟，在其中發揮重要作用的朝臣集團就已經失去了作用，反過來變成了朱溫篡位路上的一塊絆腳石。因此，朱溫便開始有計畫地清除朝臣。在唐昭宗在位時，他還不敢明目張膽地公開殺人，而是借助崔胤等人深文周納，羅織罪名，清除政敵。如今昭宗已死，小皇帝不過是自己的政治傀儡，朱溫可以放心大膽地在光天化日之下消滅異己了。

天佑二年五月七日，夜間忽現彗星，這一「不吉之兆」無疑讓已經搖搖欲墜的唐帝國更加人心惶惶。「可憐夜半虛前席，不問蒼生問鬼神」，不知如何是好的唐昭宣帝只得求助於陰陽鬼神之道。司天監占卜的結果，自然顯示大凶，然而卻需要殺一批人以消災免禍。

這時候，朱溫的第二號謀士李振又發話了。在朱溫為是否要西進長安解救昭宗而犯難時，此人曾經發揮了重要的作用，後來又為朱溫多次獻計獻策，因而甚得朱溫信賴。雖然李振也算是個舞文弄墨的讀書人，但他和朝中那些或是名門望族之後，或是進士明經出身的大臣們不一樣。

他雖然是潞州節度使李抱真的曾孫，也算出生於名門，但這位節度使大人卻是出自昭武九姓的胡人，原本是安姓，因此李振算不得士族之後；此外，李振年輕時曾經在咸通、乾符年間多次參加科舉考試卻都名落孫山，他不反思自己的學問是否有夠好，卻偏執的認為是主考官歧視他。凡此種種，都讓李振對朝中文臣十分仇視，處處和他們為仇做對。而李振也因此名聲不佳，得了個「貓頭鷹」的外號。

話說回來，當李振得知司天監的建議後，他頓時生出了一個惡毒的主意。他對朱溫表示，殘唐朝廷之所以混亂無能，都是被所謂的衣冠士族敗壞的，這批人自恃門第高貴，又精通學問，絕對不會為新朝廷所用，不如趁此機會斬草除根。

這番話深深地說到了朱溫心坎裡。作為一個出身草莽的赳赳武夫，朱溫其實對讀書人有著天生的輕視和厭惡。據說，朱溫有一次行軍，在一棵柳樹下休息，忽然自言自語道：「好大的柳樹，可以做車轂。」一起在樹下休息的幾個書生模樣的人便順口附和他。誰知朱溫突然翻臉，勃然大怒道：「你們這些書生，就會順口胡說八道。做車轂要用夾榆，怎麼能用柳木？」說完，竟然命手下將這幾個人活活打死。朱溫對書生的殘酷，由此可見一斑。

如此一來，朱溫自然對李振的建議十分贊同。於是在朱溫的示意下，唐昭宣帝將朝中的左僕射裴樞、右僕射崔遠、清海軍節度使獨孤損、吏部尚書陸扆、工部尚書王溥、守太保致仕趙崇、兵部侍郎王贊等一批官員共三十餘人統統貶職，流放到外地。當他們經過在滑州白馬縣的白馬驛時，朱溫又下起毒手，將其全部殺害。

行刑前，李振又建議朱溫，這幫人平常驕傲得了不得，自稱為「清流」，不如把他們投入黃河，以後他們就是濁流，永世不得翻身。朱溫獰笑著接受了他的建議，於是這些人的屍首都被投入了黃河，從此杳無蹤影。

這場史稱「白馬之禍」的大屠殺從某種意義上來說宣告了唐朝的滅亡，只剩下一個光杆司令唐昭宣帝的朝廷，已經實在不足以被稱為一個政府了。不僅如此，「白馬之禍」給後世也造成了深遠的影響：自漢魏以來逐漸崛起，在六朝時臻於極致，影響中國數百年的門閥貴族從此徹底煙消雲散，舊時王謝堂前燕再也難尋蹤跡。

「白馬之禍」過後，朝堂幾乎空無一人。為了裝點門面，朱溫又起用了一批在昭宗時不得志的士人，並強迫各地名士入朝為官。可在此亂世，稍有見識的人大多閉門不出，唯恐惹禍上身，誰會自投羅網呢？朱溫新提拔的宰相楊涉，在得知升官的「喜訊」後，竟然嚇得大哭起來，並對兒子楊凝式說：「世道崩壞，身陷羅網，真怕有朝一日連累你們啊！」於是響應者寥寥，朝堂之上，好不冷清。

不過朱溫已經不在乎這個了。他已經迫不及待地想要登基做皇帝，嘗嘗當天子的滋味了。於是，他命令宰相柳璨和樞密使蔣玄暉策劃唐昭宣帝禪位的有關事宜。柳璨和蔣玄暉經過仔細研究，拿出了一套按部就班，循序漸進，堪稱「正統」的篡位過程。按照兩人的想法，根據魏晉以來的傳統，首先要裂土封王，然後再加九錫之禮，最後才能禪位。而且考慮到各個藩鎮對朱溫虎視眈眈，貿然稱帝很可能激化矛盾，引發戰爭，因此建議朱溫不要輕舉妄動，應該緩緩圖之。

柳璨和蔣玄暉自以為這個計畫完美無缺，於是便慫恿唐昭宣帝任命朱溫為相國，統攝朝政，又封為魏王，並劃出二十一道作為封國，並賜予九錫。誰知道這個建議卻大大地觸怒了朱溫，對讀書人不屑一顧的朱溫怎麼可能看得上那一套繁文縟節呢？他所要的只是結果而已。於是面對著唐昭宣帝的封賞，朱溫竟然怒不受命，經過多方勸說才勉強接受。

柳璨和蔣玄暉恐怕做夢也沒想到，經過此事，朱溫對他們倆產生了懷疑，認為他們是為了拖延朱溫登基稱帝，好與其他藩鎮勾結，匡扶皇室。見此情況，素與此二人不和的宣徽副使王殷、趙殷衡趁機向朱溫密奏，說柳璨和蔣玄暉，以及太常卿張廷範忠於唐室，密謀恢復唐朝，蔣玄暉還與何太后有染。

朱溫聞言自然大怒，於是立刻將二人先後處死，並給了蔣玄暉一個不倫不類的稱號「凶逆百姓」；太后也未能倖免，在宮中被殺死，並廢為庶人。柳璨臨刑前，大呼道：「**負國賊柳璨，死其宜矣！**」一副人之將死其言也善的樣子。其實唐之覆亡，不能怪罪於柳璨等人，他們只是這場註定發生的悲劇中的悲劇角色而已。

不過，此後朱溫沒有忙著從早就做好禪位準備的唐昭宣帝手中接過皇位。因為此時戰爭再次爆發，朱溫親自出兵攻打幽州刺史劉仁恭。劉仁恭在朱溫的持續進攻下疲於招架，只得向李克用求援。李克用隨即出兵進攻朱溫的側翼潞州。原本鎮守潞州的是朱溫的愛將丁會，但當丁會得知朱溫企圖篡位的惡行後，對其大失所望，便趁李克用出兵之際向其投降。朱溫的老巢汴州一帶頓時門戶大開。正在全力進攻滄州的朱溫只得退兵。

這場波折雖然讓唐昭宣帝在帝位上多坐了一陣，但也沒有持續太長時間。吃了敗仗的朱溫為了安定人心，提振士氣，終於決定正式稱帝。天佑四年正月，回到汴州的朱溫趁薛貽矩前來慰勞之時，讓他向唐昭宣帝傳達了禪位給他的意願。此話一出，小皇帝怎敢不從？於是在宰相張文蔚的率領之下，百官紛紛勸進，一些支持朱溫的藩鎮也先後上表。

雖然滿心歡喜，但朱溫還是假意推辭了幾番，先演了一番周公吐哺天下歸心的戲。接著便堂而皇之地在汴州早就建好的宮殿內，接受了百官的朝賀。四月十八日，朱溫正式舉行了禪位儀式，定國號為大梁，改汴州為開封府，定為國都，改元開平，並大赦天下。唐昭宣帝則被封為濟陰王，被囚禁於曹州。第二年，年僅十七歲的末代唐皇也被朱溫斬草除根。

從武德元年唐高祖李淵建立，到天佑四年唐昭宣帝李柷禪位，立國二百八十九年，歷經二十二帝的唐朝至此覆亡。從此，中國再次進入了一個四分五裂，征戰不休的戰亂時期——五代十國。直到北宋建隆元年，宋太祖建立宋朝，中國才再次進入統一時期。然而，自此之後，正如著名美國華裔史學家劉子健所言，中國開始轉向內在發展，失去了像唐朝時那種外向，積極，主動，開放的文化特性。歷史的道標，就這樣發生了改變。

汲古閣 22

一讀就停不下來的
大唐史

作者	劉觀其
美術構成	騾賴耙工作室
封面設計	九角文化/設計
發行人	羅清維
企劃執行	張緯倫、林義傑
責任行政	陳淑貞
出版者	海鴿文化出版圖書有限公司
企劃執行	海鷹文化
出版登記	行政院新聞局局版北市業字第780號
發行部	台北市信義區林口街54-4號1樓
電話	02-2727-3008
傳真	02-2727-0603
E-mail	seadove.book@msa.hinet.net
總經銷	知遠文化事業有限公司
地址	新北市深坑區北深路三段155巷25號5樓
電話	02-2664-8800
傳真	02-2664-8801
香港總經銷	和平圖書有限公司
地址	香港柴灣嘉業街12號百樂門大廈17樓
電話	（852）2804-6687
傳真	（852）2804-6409
CVS總代理	美璟文化有限公司
電話	02-2723-9968
E-mail	net@uth.com.tw
出版日期	2023年12月01日　三版一刷
定價	450元
郵政劃撥	18989626　戶名：海鴿文化出版圖書有限公司

國家圖書館出版品預行編目（CIP）資料

一讀就停不下來的大唐史 ／ 劉觀其作.
-- 三版. -- 臺北市 ： 海鴿文化，2023.06
面 ； 公分. --（汲古閣；22）
ISBN 978-986-392-491-3（平裝）

1. 唐史　2. 通俗史話

624.109　　　112004088

SeaEagle

SeaEagle

SeaEagle